TRATADO DE
DIREITO CIVIL

III

PARTE GERAL

COISAS

ANTÓNIO MENEZES CORDEIRO
CATEDRÁTICO DA FACULDADE DE DIREITO DE LISBOA

TRATADO DE
DIREITO CIVIL

III

PARTE GERAL

COISAS
(incluindo domínio público, energia,
teoria da empresa e tutela dos animais)

4.ª edição
(revista e atualizada)

com a colaboração de
A. BARRETO MENEZES CORDEIRO, LLM
Doutor em Direito
Professor auxiliar da FDL

ALMEDINA
2019

TRATADO DE DIREITO CIVIL

AUTOR
ANTÓNIO MENEZES CORDEIRO

EDITOR
EDIÇÕES ALMEDINA, SA
Rua Fernandes Tomás n.ºs 76-80
3000-167 Coimbra
Tel.: 239 851 904
Fax: 239 851 901
www.almedina.net
editora@almedina.net

DESIGN DE CAPA
FBA

PRÉ-IMPRESSÃO
EDIÇÕES ALMEDINA, SA

IMPRESSÃO E ACABAMENTO

Maio, 2019

DEPÓSITO LEGAL
/19

Os dados e as opiniões inseridos na presente publicação
são da exclusiva responsabilidade do(s) seu(s) autor(es).

Toda a reprodução desta obra, por fotocópia ou outro qualquer processo,
sem prévia autorização escrita do Editor,
é ilícita e passível de procedimento judicial contra o infrator.

Biblioteca Nacional de Portugal – Catalogação na Publicação

CORDEIRO, António Meneses, 1953-

Tratado de direito civil – 4.ª ed., rev. e atualizada – v.
3.º v.: Parte geral: coisas

ISBN 978-972-40-7963-9

CDU 347

ADVERTÊNCIAS

A presente obra está atualizada com referência a elementos publicados até abril de 2019.

Apesar do cuidado posto na sua revisão, nem os autores nem a editora se responsabilizam pelas indicações legislativas. Cabe aos práticos, em cada caso, confrontar cuidadosamente os precisos textos em vigor.

Lisboa, abril de 2019

ÍNDICE GERAL DO TERCEIRO VOLUME

Advertências 5
Índice geral 7

CAPÍTULO I – A IDEIA DE COISA NA CIÊNCIA DO DIREITO

§ 1.° A tradição greco-romana

1. A evolução inicial.. 13
2. As "coisas" e o pensamento clássico 14
3. A dogmática de Gaio.. 16
4. As classificações romanas... 19

§ 2.° O *ius commune*

5. A evolução tardia 23
6. Elementos germânicos e canónicos.. 25
7. As receções do Direito romano 28

§ 3.° As codificações

8. O Código Napoleão (1804)... 29
9. A pandectística 31
10. O problema dos bens imateriais 34
11. O BGB (1896).. 36
12. As codificações tardias... 38

§ 4.° A experiência lusófona

13. Das origens à pré-codificação 41
14. O Código de Seabra (1867).. 44
15. O Código brasileiro de 1917 46

8 Tratado de Direito civil

16. O Código Civil de 1966 46
17. O Código brasileiro de 2002 47

§ 5.º Noção e papel

18. Coisas ou bens? 49
19. As dimensões de coisa; o objeto 51
20. Características 53
21. Sentido jurídico e papel 56

CAPÍTULO II – AS COISAS E O ÂMBITO DO DIREITO CIVIL

§ 6.º Das *res extra commercium* ao domínio público

22. Os dados civis 59
23. O Direito romano e o período intermédio 61
24. O domínio público 63
25. A construção dualista 65

§ 7.º A evolução lusófona

26. Os bens da Coroa 69
27. O período liberal 69
28. O Código de Seabra 71
29. A experiência brasileira 73
30. O Ultramar africano e asiático 74

§ 8.º A teoria do domínio público

31. Noção e conteúdo 80
32. Regime e natureza 83
33. A utilização pelos particulares 86
34. O domínio privado do Estado 90

§ 9.º Domínios públicos em especial

35. Classificações 93
36. Os domínios hídrico e marítimo 96
37. A Lei da água (2005) 100
38. A utilização dos recursos hídricos 103
39. O domínio aéreo 104
40. O domínio geológico 106

Índice do terceiro volume 9

41. Os domínios rodoviário e ferroviário 108
42. Os domínios telegráfico, telefónico e elétrico 111
43. Os domínios cultural e histórico 112
44. O domínio militar 115
45. Os cemitérios 116

§ 10.º Património cultural e artístico

46. Evolução geral 121
47. A Lei n..º 107/2001 128
48. A DGPC; outros diplomas; os bens culturais 130

§ 11.º Os baldios

49. Evolução sob a Monarquia 133
50. As I e II Repúblicas 136
51. A III República 140
52. A Lei dos Baldios de 1993; o âmbito 144
53. Uso, fruição e organização; alterações 149
54. As reformas de 2014 e de 2017 151
55. A natureza 153
56. A posição adotada 156
57. A tragédia dos baldios 159

CAPÍTULO III – MODALIDADES DE COISAS

§ 12.º Classificações; coisas corpóreas e incorpóreas

58. Classificações legais 161
59. Coisas corpóreas 162
60. Coisas incorpóreas; bens intelectuais e outras 164
61. Programação de computador (*software*) 170

§ 13.º Os imóveis; prédios, águas e partes integrantes

62. A distinção 175
63. Os prédios: rústicos e urbanos 179
64. Os limites dos prédios 187
65. Os prédios urbanos 189
66. As águas 189
67. Árvores, arbustos, frutos e direitos 190
68. Partes integrantes 191

10   Tratado de Direito civil

69. O regime: consequências 198

§ 14.º Os móveis

70. Categoria geral 202
71. Móveis sujeitos a matrícula e a registo 203
72. Coisas representativas; dinheiro; títulos de crédito e cartões 208

§ 15.º A eletricidade

73. Evolução geral 210
74. O acolhimento jurídico... 211
75. A situação atual 213
76. A eletrificação do País.. 215
77. Natureza jurídica da eletricidade e da energia 219

§ 16.º Coisas fungíveis, consumíveis e deterioráveis

78. Coisas fungíveis e não-fungíveis 223
79. Coisas consumíveis e não-consumíveis 227
80. Coisas deterioráveis e duradouras.. 229

§ 17.º Coisas divisíveis, futuras e principais

81. Coisas divisíveis e indivisíveis 230
82. Coisas presentes e futuras 232

§ 18.º Coisas simples e compostas

83. Coisas simples.. 234
84. Coisas compostas 235
85. Tertium genus? Posição adotada 238

§ 19.º Coisas acessórias, frutos e benfeitorias

86. Coisas principais e acessórias ou pertenças 241
87. Segue; o regime.. 243
88. Frutos 246
89. Benfeitorias 250

CAPÍTULO IV – PATRIMÓNIO E EMPRESA

§ 20.º Teoria do património

90. Teoria clássica (Aubry e Rau) 253
91. Teoria moderna 254
92. A doutrina de Paulo Cunha 256
93. Evolução subsequente 257
94. Posição adotada 259

§ 21.º Teoria da empresa

95. Generalidades; a tradição alemã 263
96. A empresa como centro autónomo de interesses 265
97. A tradição latina; *a*) França 273
98. Segue; *b*) Italiana 275
99. A experiência portuguesa 277
100. O "interesse" da empresa 280
101. O estabelecimento 285

CAPÍTULO V – OS ANIMAIS

§ 22.º A justificação da tutela

102. Generalidades 287
103. Fundamentação ética 289
104. Fundamentação sócio-cultural 292

§ 23.º A proteção jurídica

105. Desenvolvimento histórico 294
106. Proteção internacional e europeia 297
107. A tutela em Portugal 300
108. A proteção civil 303

§ 24.º O estatuto jurídico dos animais de 2017

109. Ambiência geral 307
110. Processo legislativo e conspecto geral 308
111. Observação de política legislativa 312
112. A natureza jurídica 313

12 Tratado de Direito civil

§ 25.º Anomalias ibéricas: touradas e tiro aos pombos

113. Aspetos gerais 316
114. Touradas 317
115. Tiro aos pombos 323

Índice de jurisprudência 325

Índice onomástico 333

Índice bibliográfico 343

Índice ideográfico 371

CAPÍTULO I
A IDEIA DE COISA NA CIÊNCIA DO DIREITO

§ 1.º A TRADIÇÃO GRECO-ROMANA

1. Evolução inicial

I. Na tradição greco-romana, diz-se "coisa" tudo aquilo que exista e, ainda, tudo o que possa ser feito, dito ou pensado[1]. O vocábulo coisa documenta, da melhor forma, a interação que existe entre os níveis linguísticos e o pensamento que comportem.

A etimologia tem, aqui, um significado de eleição.

II. Em latim, coisa diz-se *res*. Inicialmente, *res* traduzia o "bem", no sentido de propriedade ou posse de algo valioso, ou de interesse numa qualquer realidade. Pela evolução semântica, acabaria por significar os próprios bens concretos em jogo, isto é, a realidade objeto da propriedade ou do interesse[2]. Em índico antigo, encontramos a raiz *rāh* e, em védico, *rāyáh*: o que tem riqueza[3]. Digamos que *res*, numa espiral significado/ /significante, veio exprimir, sucessivamente: o valor externo apropriado

---

[1] Na definição de Aegidio Forcellini e outros, *Lexicon Totius Latinitates*, IV (1940), 102/I:

> res: vox est usus prope immensi ad omnia significanda, quae fieri dici aut cogitari possunt.

Vide Rundolf Leonhard, *Res*, PWRE 24, 2 (1914), 616-618 (616) e Pietro Bonfante, *Corso di diritto romano*, II – *La proprietà*, sez. 1 (1926), 3 ss.. Surgem outras definições similares.

[2] A. Ermont/A. Meillet, *Dictionnaire étymologique de la langue latine/histoire des mots*, 4.ª ed. (1959), 571.

[3] A. Walde, *Lateinisches Etymologisches Wörterbuch*, II, 3.ª ed. (1954), por J. B. Hofmann, 430.

14   *A ideia de coisa na Ciência do Direito*

pelo homem; a relação sujeito/valor; o objeto genérico dessa relação; os elementos concretos que integram esse objeto.

A influência semântica da evolução processada no grego é provável. O equivalente a *res*, no grego clássico, era εργομ [ergom]: aquilo que existe ou a realidade[4], induzido da ideia de trabalho ou de obra[5] ou daquilo que alguém tenha feito[6]. Surge ainda πραγμα [pragma] com o sentido de negócio ou realidade[7].

Parece uma constante: os diversos idiomas comportam uma locução que permite designar, sem dificuldade, uma realidade ou *quid* exterior. Sem precisão ou, se se preferir: em termos que apenas o contexto e a real ambiência, existentes no momento, permitem delucidar.

III. A evolução de *res* no sentido da concretização foi contrabalançada por uma evolução de sinal aparentemente inverso: no do alargamento. Aproximando, em reconstrução racional, as coisas dos objetos materiais controláveis pelo homem (portanto, os *corpora*), elas ter-se-ão estendido, por contágio, a outras realidades, como o património, a riqueza ou certas ações humanas. No termo, coisas traduzem tudo o que for abarcável pelo espírito: *res incorporales*.

A riqueza comunicativa de "coisa" só é explicável pela História e pela Cultura. E será pela História e pela Cultura que poderemos construir, para "coisa", conceitos e princípios juridicamente operacionais, no sentido de capazes de solucionar casos concretos. Não são viáveis abordagens aprioristicas: não é hoje pensável estudar o Direito civil sem recorrer à etimologia, à evolução das ideias, às origens dos institutos, à sua evolução e à reflexão que, sobre eles, tem sido formulada por dezenas de gerações de estudiosos.

2. As "coisas" e o pensamento clássico

I. A utilização de "coisas", no Direito e na sua Ciência, não é um decurso simples do uso comum dessa expressão. O manuseio do Direito

---

[4] A. Ermont/A. Meillet, *Dictionnaire étymologique* cit., 571.

[5] Pierre Chantraine, *Dictionnaire étymologique de la langue grecque/histoire des mots* (2009), 347-349 (347/II).

[6] W. Pape, *Griechisch-Deutsches Handwörterbuch* I (1954), 1020-1022 (1020/II).

[7] Henri Stephan, *Thesaurus Linguae Graecae* (1842-1847), 1547/I-1550/I; Oscar Weise, *Die griechischen Wörter im Latein* (1882, reimp., 1964), XIV + 546 pp., 499.

§ 1.º A tradição greco-romana

15

pelos jurisprudentes (digamos: pelos cientistas do Direito) associa "coisa" à reflexão filosófica. Cumpre atentar nessa dimensão, básica no pensamento ocidental.

"Coisa" corresponde a uma figuração ou a uma ideia, na linha de Platão: uma casa será uma coisa e não um conjunto de tijolos e outros materiais[8].

Isto dito: a reflexão humana conduziu a um alargamento progressivo da ideia de coisa. Digamos que perdeu conteúdo e ganhou extensão.

II. Os estudiosos comparam, a esse propósito, os pensamentos de Aristóteles, de Cícero e de Séneca.

Aristóteles isolava e explicava as coisas pelo facto de poderem ser tocadas[9]. Retomando a ideia, Cícero distinguia as coisas que existem (*quae sunt*) daquelas que são inteligidas pelo espírito (*quae intelliguntur*)[10]. Séneca, num provável reflexo de Platão, considerava existentes quer as realidades físicas, quer as espirituais[11]. Quanto à retórica: ela colocava a

---

[8] Paul Sokolowski, *Die Philosophie im Privatrecht – I – Sachbegriff und Körper in der klassischen Jurisprudenz und der modernen Gesetzgebung* (1907, reimp., 1959), 28.

[9] Aristóteles, *De anima*, II, XI = ed. bilingue grega e ingl. trad. W. S. Hett, *Aristotle in twenty-three volumes*, vol. VIII (1975), 127-129 e III, XII = *idem*, 195. A obra de Aristóteles foi criticamente fixada por Immanuel Bekker, *Aristotelis opera*, 4 vols. (1831-1835), reimpr. (1960).

[10] Cícero, *Topica*, 5, 26 e 27 = ed. bilingue lat. e franc. trad. Henri Bornecque, *Cicéron, Divisions de l'art oratoire/topiques* (1990, 3.ª reimpr.), *Topica*, 74:

> *Definitionem autem duo genera prima, unum earum rerum quae sunt, alterum earum quae inteliguntur.* E prossegue, explicando com exemplos: *Esse ea dico quae cerni tangique possunt, ut funde um, aedes, parietem, stillicidium, mancipium, pecudem, supellectilem, penus et cetera; quo ex genere quaedam, interde um vobis definienda sunt. Non esse, rursus ea dico quae tangi demonstrarive non possunt, cerni tamen animo atque intellegi possunt, ut si usus capionem, si tutelam, si gentem, si agnationem definias, quarum rerum nullum subest (quasi) corpus, est tamen quaedam conformatio insignita et impressa intelligentia, quam notionem voco.*

Vide Benedetto Riposati, *Studi sui "topica" di Cicerone* (1947), 61 e Sokolowski, *Sachbegriff* cit., 43.

[11] Séneca, *Ad Lucilium epistulae morales*, 6,58,11 = ed. bilingue lat. e al. trad. Manfred Rosenbach, com texto latino fixado por François Préchac e publ. em Seneca, *Philosophische Schriften* (ed. 1974), 474-475:

> *"Quod est" in has species diuido, ut sint corporalia aut incorporalia: nihil teryium est.* E prossegue: *Corpus quomodo diuido? Vt dicam: aut animantia sunt aut inanima. Rursus animantia quemadmodern diuido? Vt dicam: quaedam animum*

16   *A ideia de coisa na Ciência do Direito*

coisa, pela negativa, enquanto não fosse nem a pessoa, nem a palavra, em novo influxo platónico[12].

Este contínuo alargamento tornou as "coisas", de influência helénica, como referido[13], de muito difícil definição direta: Cícero avançava através de exemplos.

III. Por fim, já no campo do antigo pensamento jurídico, "coisa" veio a ser obtida pela negativa: tudo o que não seja pessoa[14]. Anteciparam-se milénios: o pensamento fenomenológico do século XX partia dessa mesma constatação[15].

A tradição greco-romana adquiriu a capacidade de lidar com realidades abstratas, de origem filosófica[16], socorrendo-se de uma aprendizagem através do real. Temos um pano de fundo rico em reflexões jurídicas. Também o Direito parte de problemas concretos para construir todo um sistema de princípios e de normas, cujo sentido só opera em síntese com as soluções.

3. A dogmática de Gaio

I. O manuseio jurídico-científico de coisa ficou, para sempre, ligado a Gaio. As explicações pedagógicas deste jurisprudente condicionaram a dogmática das coisas, até hoje[17].

> *habent, quandam tantum animam, aut sic: quaedam impetum habent, incedunt, transeunt, quaedam solo adfixa radicibus aluntur, crescunt. Rursus animalia in quas species seco? Aut mortalia sunt aut inmortalia.*

[12] B. Asmuth, *Sachlichkeit*, no *Historisches Wörterbuch der Rhetorik*, publ. Gert Veding 8 (2007), 369-393 (373).

[13] Além das obras mencionadas, cabe destacar, nesse sentido, dois vultos fundamentais da romanística civil: Helmut Coing, *Zum Einfluss der Philosophie des Aristoteles auf die Entwicklung des römischen Rechts*, SZRom 69 (1952), 24-59 (38, quanto à ascendência aristotélica das *res incorporales*) e Franz Wieacker, *Griechische Wurzeln des Institutionensystems*, SZ Rom 70 (1953), 93-126 (108, no que toca à aproximação de *res* de tudo o que existe, no sentido da Stoa).

[14] R. Leonhard, *Res* cit., 616.

[15] G. Husserl, *Der Rechtsgegenstand/Rechtslogische Studien zu einer Theorie des Eigentums* (1933), 1.

[16] Tiziana J. Chiusi, *Res: Realität und Vorstellung*, FS Theo Mayer-Maly (2002), 101-112 (101 e 110).

[17] A pesquisa básica, ainda hoje, é a de Christoph Becker, *Die "res" bei Gaius – Vorstufe einer Systembildung in der Kodifikation?/zum Begriff des Gegenstandes im Zivilrecht* (1999), IX + 93 pp., 35 ss..

§ *1.º A tradição greco-romana* 17

Gaio é um jurista que terá vivido nos finais do século II d. C.[18]. As próprias *institutiones*, aqui em causa, terão sido escritas nos finais do principado de Antonino Pio (138-161) e no início do de Marco Aurélio (161-180). Sabe-se ter sido autor de numerosas obras, incluindo um comentário histórico-dogmático à Lei das Doze Tábuas, obras essas que só muito parcelarmente chegaram até nós, através de citações, por vezes interpoladas, inseridas nos *digesta* e em outras fontes.

A figura de Gaio tomou um interesse nuclear com a descoberta de um texto original, das suas *institutiones*: apontado como a única obra romana clássica de fôlego, que chegou até nós, intacta. Tal descoberta ficou a dever-se ao estudioso alemão, Barthold Georg Niebuhr (1776-1831), em 1816. Como enviado da Prússia à Santa Sé, em viagem de Berlim para Roma, Niebuhr fez uma estada em Verona. Aí, na Biblioteca do Capítulo, verificou que um manuscrito do séc. VIII, com cartas de S. Jerónimo, fora escrito por monges sobre um texto muito anterior, apagado para permitir essa reutilização[19]. O texto subjacente, de 500 d. C. (e, portanto, anterior ao *corpus iuris civilis*), era o das *institutiones*. Niebuhr, através de reagentes químicos, logrou reconstituir parte do texto original. Outros estudiosos tiveram ainda a possibilidade de melhorar essa leitura, enquanto diversos fragmentos vieram complementar certas lacunas[20]. Infelizmente, os produtos químicos usados pelos primeiros pesquisadores continuaram a reagir, destruindo, progressivamente, o texto original: hoje conservado no Vaticano e praticamente ilegível.

Todavia, foram publicados, a partir de 1820, edições das *institutiones*, sempre melhoradas[21], até se chegar a um texto estabilizado e fiel, nos nossos dias[22]. As *institutiones* estão, hoje, traduzidas em numerosas línguas,

[18] Quanto a Gaio e à sua obra, *vide* Sebastião Cruz, *Direito romano* I – *Introdução. Fontes*, 3.ª ed. (1980), 393 ss., algo depreciativo, J. A. Segurado e Campos, *Instituições/ /Direito privado romano/Gaio*, tradução do texto latino, introdução e notas de J. A. Segurado e Campos (2010), 610 pp., 14 ss. (infelizmente, esta edição não é bilingue, perdendo interesse científico) e Ulrich Manthe, *Gaius, Institutiones/Die Institutionen des Gaius*, ed. bilingue latim/alemão, publicada, traduzida e comentada (2004), 15 ss., todos com indicações.

[19] Trata-se, pois, de um palimpsesto; o célebre palimpsesto de Verona.

[20] *Vide* pormenores em Ulrich Manthe, *Gaius, Institutiones* cit., 16 ss..

[21] Sendo de referir as publicações de Paul Krüger/Wilhelm Studmunt, *Gai Institutiones ad codicis Veronensis apographum Studemundianum* (1877), XXII + 192 pp. e de Emil Seckel/Bernhard Kuebler, *Jurisprudentiae Anteiustinianae reliquias* (1908, reimp., 1988).

[22] *Vide* indicações importantes em Leopold Wengler, *Die Quellen des römischen Rechts* (1953), 94 ss., 507 ss. e 866 ss. e em Franz Wieacker, *Römisches Rechtsgeschichte/ /Quellenkunde, Rechtsbildung, Jurisprudenz und Literatur* I (1988), § 6, 131-132.

18   A ideia de coisa na Ciência do Direito

contando-se duas versões em português. Na *Net*, está disponível uma tradução em inglês. Os especialistas preferem manusear o original em latim, confrontado com a tradução alemã de Ulrich Manthe. Mas a portuguesa, de Segurado e Campos, ed. Gulbenkian, é excelente: pena foi que não tenha sida acompanhada pela versão latina.

II. Gaio repartiu as suas Instituições em quatro livros:

    I – Introdução [Direito civil e Direito natural e repartição do Direito]; pessoas e família;
    II – Coisas;
    III – Sucessões e obrigações;
    IV – Ações.

Na sua simplicidade, este sistema passou às *institutiones* de Justiniano, integradas no *corpus iuris civilis* e, daí, às diversas exposições de Direito civil, até ao século XIX. Encontramo-lo, de resto, nos códigos civis da atualidade.

III. A exposição de Gaio é clara. Pontuada de classificações e de exemplos, ela pressupõe, por parte do seu autor, conhecimentos alargados que terão dado azo a diversas obras, infelizmente perdidas. As *institutiones* representam um enorme esforço de ordenação e de síntese, num grande plano de abstração, mas sem perder o contacto com problemas reais.

O desenvolvimento relativo às coisas (livro II) é particularmente claro. Ainda hoje, podemos segui-lo, em grande parte, nos artigos 202.º e seguintes, do Código Civil: já lá vão dezoito séculos, através de quase cem gerações de juristas!

IV. Na sua aparente simplicidade, a dogmática de Gaio manter-se-ia, atuante, até aos nossos dias[23]. Desde logo, o próprio conceito de *res* opera como elemento central da sistemática das *institutiones*[24]. De seguida, o teor didático[25], facilmente apreensível, por oposição à complexidade

---

[23] Em especial, Thomas Rüfner, no *Historisch-kritischer Kommentar zum BGB* (cit. HKK/BGB), I, *Allgemeiner Teil*/§§ 1-240 (2003), §§ 90-103, Nr. 3 (308-310).

[24] Hans Keller, *Res als Zentralbegriff des Institutionensystems*, SZRom 61 (1948), 572-599.

[25] Werner Flume, *Die Bewertung der Institutionen des Gaius*, SZRom 79 (1962), 1-27 (20).

§ *1.º A tradição greco-romana* 19

dos *digesta*, comunicou-se às *institutiones* de Justiniano, dando-lhe uma perenidade, ao longo dos séculos. Praticamente até ao século XIX, todos os juristas continentais começavam, por aí, o estudo do Direito privado. A ligação de Gaio aos clássicos pode ser discutida[26]. Mas o seu papel ao longo da História, nas diversas receções do Direito romano, mormente no que se prende com a temática das coisas[27], assume uma longevidade ímpar, na cultura do Ocidente.

V. A inclusão, junto dos objetos materiais, das coisas incorpóreas, que reapareceria ao longo da História, desde Donnellus a Jhering, representa um legado significativo, de Gaio[28]. Ela permite uma síntese entre factos e valorações, sempre atual e capaz de assegurar uma permanente abertura à evolução de qualquer sistema. Ainda hoje, muitas das suas potencialidades continuam em aberto.

4. As classificações romanas

I. A matéria das coisas apresenta-se, na tradição greco-romana, a um nível elevado de abstração. Mas a sua operacionalização jurídica requer uma capacidade de concretização. Podemos apontar várias vias nesse sentido.

A primeira consiste em atribuir, à *res*, sentidos diversos. Kaser aponta três: a coisa corpórea delimitada e relevante para o Direito; o objeto de um direito ou de um processo; um património[29]. Uma segunda via, utilizada pelos juristas romanos, passava pelo recurso a múltiplas classificações[30]. Esta tendência manter-se-ia, de resto, até aos nossos dias.

---

[26] Max Kaser, *Gaius und die Klassiker*, SZRom 70 (1953), 127-178.

[27] P. ex., Wolfgang Ernst, *Das Kaufrecht in den Institutionen des Gaius*, FS Theo Mayer-Maly (2002), 159-173.

[28] H. H. Pflüger, *Über körperliche und unkörperliche Sachen*, SZRom 65 (1947), 339-343 (340 e *passim*).

[29] Max Kaser, *Das römische Privatrecht*, I – *Das altrömische, das vorklassische und klassische Recht*, 2.ª ed. (1971), § 92, I (376).

[30] Recordemos I. 2. 1, pr.: *superiore libro de iure personarum exposuimus: modo videamus de rebus, quae vel in nostro patrimonio vel extra nostrum patrimonium habentur. quaedam enim naturale iure communia sunt omnium, quaedam publica, quaedam universitatis, quaedam nullius, pleraque singulorum, quae variis ex causis cuique adquiruntur, sicut ex subiectis apparebit.* As classificações prosseguem, depois. *Vide* a ed. bilingue de

20   *A ideia de coisa na Ciência do Direito*

Na tradição de Gaius, as *institutiones* de Justiniano abriam o seu livro II com um título dedicado a classificações[31]: *de rerum divisione*. Em rigor e como veremos, não se trata de verdadeiras classificações mas, antes, de agrupamentos de repartições típicas de coisas. Ficaram-nos, deste modo, múltiplos fragmentos relativos a coisas[32].

II. A distinção principal, no tocante às coisas, surge com alguma discrição. Gaio coloca-a nos termos seguintes[33]:

> Algumas coisas são corpóreas, algumas incorpóreas. Corpóreas são aquelas que podem ser tocadas, como um prédio rústico, um escravo, vestuário, ouro, prata e muitas outras coisas inumeráveis. Incorpóreas são as que não podem ser tocadas, quais são as que consistem num direito, como a herança, o usufruto ou as obrigações contraídas por qualquer modo.

Esta contraposição é retomada nas *institutiones* de Justiniano[34].

III. Ocorre uma contraposição controversa entre *res in patrimonio* e *res extra patrimonium* e *res in commercio* e *res extra commercium*. Em Gaio e nas *institutiones* justinianeias, usa-se a primeira contraposição, logo na abertura do segundo livro[35], enquanto os *digesta* parecem optar

---

Okko Behrends/Rolf Knütel/Berthold Kupisch/Hans Hermann Seiler, *Corpus Iuris Civilis/ Die Institutionen (Text und Übersetzung)* (1993), 45. Quanto a Gaio, II,1, cujo texto é muito semelhante, *vide Gai Institutiones secunde um codicis veronensis apographum studemundianum et reliquias in aegypto repertas*, ed. M. David (1948), 32.

[31] *Vide* o trecho das *institutiones*, citado na nota anterior.

[32] Pietro Bonfante, *Corso di diritto romano* cit., II, 10 ss., Vittorio Scialoja, *Teoria della proprietà nel diritto romano/Lezioni ordinate curate edite da* Pietro Bonfante, I (1933), 25 ss., Carlo Longo, *Corso di diritto romano/Le cose – La proprietà e i suoi modi di acquisto* (1946, reimpr.), 1 ss., Biondo Biondi, *Cosa*, NssDI IV (1959), 1006-1007, Guido Astuti, *Cosa (storia)*, ED XI (1962), 1-19, Max Kaser, *Das römische Privatrecht* cit., 1, 2.ª ed., § 93 (381 ss.), onde podem ser confrontadas numerosas indicações. Por último, neste momento, Christian Baldus, *Res incorporales im römischen Recht*, em Stefan Leible/Mathias Lehmann/Herbert Zech, *Unkörperliche Güter im Zivilrecht* (2011), VIII + 292 pp., 7-31.

[33] Gaio, *Institutiones*, 2, 12; a tradução portuguesa que figura no texto é a de Raúl Ventura, *Direito romano*, II – *Direito das coisas* (1968, polic.), 10-11. *Vide* Malte Stieper, no *Staudinger Kommentar* zum BGB, *§§ 90 124 (Sachen und Tiere)* (2017), Vorbem zu §§ 90 ff., Nr. 2 (2).

[34] I. 2.2 = Okko Behrends e outros, cit., 58, com a trad. al..

[35] *Supra*, nota 29. *Vide* Danilo Dalla/Renzo Lambertini, *Istituzioni di diritto romano* (1996), 224.

§ 1.º A tradição greco-romana   21

pela segunda[36]. Na realidade, haveria uma grande proximidade entre ambas as classificações, uma vez que a *res in commercio* o era mediante uma aferição reportada a determinada pessoa: *res cuius non est commercium*. No fundo, distinguiam-se, simplesmente, as coisas que pertenciam ao disponente, das restantes.

IV. No Direito romano clássico, tinha muita importância a distinção entre *res divini iuris* e *res humani iuris*: coisas de Direito divino e de Direito humano. Gaio considerava-a a *summa divisio*[37]. As coisas divinas pertenciam aos deuses, não sendo possível estabelecer, sobre elas, relações jurídicas comuns. No período de Justiniano, o Cristianismo – já então religião oficial – faz perder significado à contraposição[38].

V. A categoria das coisas comuns a todos – *res communes omnium* – surge em Justiniano: exemplifica com o ar, a água corrente, o mar e as praias[39]. Não se confunde com a das coisas públicas, que pertencem à *universitas* – um conjunto de pessoas – por oposição às *privatae*, próprias de cada pessoa singular. A enumeração das coisas públicas surgiu de modo empírico, à medida que a sociedade romana se desenvolveu. Abrangia estradas, rios, termas, praças e realidades similares. As *res fiscales* eram já conhecidas, correspondendo à atual fazenda pública[40].

As coisas públicas tinham um regime específico, mais expedito. Elas escapavam, em princípio, ao Direito civil.

VI. No Direito romano, as categorias jurídicas eram já filhas da história e de acasos sócio-culturais. Aparece, assim, uma contraposição entre *res mancipi* e *res nec mancipi*. Nos textos reconstituídos de Gaio, são *res*

---

[36] Marciano, D. 20. 3. 1. 2 e Ulpiano, D. 30. 39. 10 = ed. Theodor Mommsen/Paul Krüger, *Corpus iuris civilis*, I, 6.ª ed. (1954), 298 e 459.

[37] Gaio, II, 2: *Summa itaque rerum diuisio in duos articulos diducitur: nam aliae sunt diuini iuris, aliae humani.*

[38] Raúl Ventura, *Direito das coisas* cit., 27 e Bonfante, *Corso* cit., 13 ss..

[39] I. 1. 1 = Behrends e outros cit., 45; sobre esta categoria, desenvolvidamente, Bonfante, *Corso* cit., 42 ss..

[40] Durante a república romana, os bens do Estado constituíam o *aerarium populi romani*, sob administração do senado; a este cabiam o solo itálico e as províncias senatoriais. Com o império, surgiram províncias imperiais, administradas pelo imperador, cujos bens constituíam o *fiscum*. A administração senatorial seria absorvida pela imperial, assim se generalizando as *res fiscales*.

22   A ideia de coisa na Ciência do Direito

mancipi os imóveis em solo itálico, os escravos e certos animais de sela e de tiro. *Res nec mancipi* seriam as restantes. As *res mancipi* só podiam ser transmitidas pela forma solene da *mancipatio* [41].

Segundo Bonfante, em opinião divulgada[42], as sociedades têm, todas elas, coisas de relevo social. O relevo era dado pela tradição, por razões de tipo familiar ou por estruturas económicas. Tais coisas concitavam um regime mais solene, marcado por peias quanto à sua transmissibilidade. No Direito romano mais antigo, as *res mancipi* desempenhavam esse papel de "relevo social", um tanto à semelhança dos nossos atuais bens imóveis.

A evolução do próprio Direito romano teria tirado relevo à contraposição apontada; outras categorias surgiriam, historicamente, para preencher esse vazio.

VII. O Direito romano deixou-nos, ainda, diversas outras categorias de coisas. Assim, as coisas divisíveis e indivisíveis (*res dividuae* e *individuae*), as coisas fungíveis e não fungíveis, as coisas consumíveis e inconsumíveis, as coisas simples e compostas, as partes de coisas, as coisas principais e acessórias e os frutos.

As diversas categorias serão referidas, na sua colocação histórica, à medida que as encontrarmos no Direito vigente.

---

[41] *Vide*, entre tantos, Jean-Louis Halpérin, *Histoire du droit des biens* (2008), 22-24. A *mancipatio* ou mancipação, de *manu capere* (tomar em mão), dava azo a uma cerimónia minuciosa, regulada nas XII Tábuas, e que vem relatada em Gaio, *Institutiones*, I, 118 = ed. Ulrich Manthe cit., 78-79. Operava *per aes et libram* (por cobre e balança), num ritual que requeria oito pessoas: o alienante da *res mancipi*, o adquirente, o portador de uma balança (o *libripens*) e cinco testemunhas, todos cidadãos romanos púberes. A coisa a transferir devia estar presente, em espécie ou simbolicamente. Tratando-se de um escravo (no exemplo dado por Gaio), o adquirente punha a mão sobre ele e dizia: *hunc ego hominem ex iure Quiritium meum esse aio. Isque mihi emptus esto hoc aere aneaque libra* [Eu digo que este homem é meu por força do Direito dos *Quirites*. Que ele me seja comprado por este lingote de bronze e por esta balança]. *Quirites* era a designação antiga para romanos. Isto dito, o adquirente toca com o lingote na balança e remete-o ao alienante, a título simbólico.

[42] Bonfante, *Corso* cit., 179 ss. e a sua obra clássica *Res mancipi e res nec mancipi* (1888), 263 ss.; *vide* Max Kaser, *Eigentum und Besitz im älteren römischen Recht* (1943), 163 ss. e *Das römische Privatrecht* cit., 1, 2.ª ed., § 31, III (123).

§ 2.º O *IUS COMMUNE*

5. A evolução tardia

I. A evolução do Direito romano conduziu, no Baixo Império (a partir do século III d. C.), a uma vulgarização em sentido técnico. A vulgarização corresponde a um estádio descendente de uma determinada cultura, tendo sido proposta, por Brunner, para explicar a evolução tardia do Direito romano[43]. Divulgada por Levy[44], por Kaser[45] e por Wieacker[46] e aprofundado por outros autores[47], entre os quais Sebastião Cruz[48], a ideia de vulgarização é hoje usada para explicar as evoluções jurídico-científicas em fins de ciclo.

II. Em traços largos, a vulgarização implica ou corresponde:

– a um predomínio de grupos sociais menos cultos que, de súbito, surgem em posições de liderança;
– à pretensão desses mesmos grupos de controlarem ou ditarem dados científicos e culturais;

[43] Heinrich Brunner, *Zur Rechtsgeschichte der römischen und germanischen Urkunde*, I – *Die Privaturkunden Italiens, das angelsächsische Landbuch, die fränkische Privaturkunde* (1880, reimp., 1961), XVI + 316 pp., 113.

[44] Ernst Levy, *Weströmisches Vulgarrecht/Das Obligationenrecht* (1956), XX + 384 pp.; desse Autor *vide*, também, *Westöstliches Vulgarrecht und Justinian*, SZRom 76 (1959), 1-36 e *West Roman vulgar law/the law of property* (1951), XIX + 305 pp..

[45] Max Kaser, *Vulgarrecht*, PWRE 18 (1967), 1283-1304 (1284) e, em especial, no *Das römische Privatrecht/2 – Die nachklassischen Entwicklungen*, 2.ª ed., (1975), XXX + 680 pp..

[46] Franz Wieacker, *Privatrechtsgeschichte der Neuzeit*, 2.ª ed. (1967, reimp., 1996), 27 e *passim* e *Vulgarismus und Klassizismus im Recht der Spätantike* (1955), 64 pp..

[47] Grundrun Stühff, *Vulgarrecht im Kaiserrecht/unter besonderer Berücksichtigung der Gesetzgebung Konstantins der Großen* (1966), XII + 139, 1 ss., 26 ss. e *passim*.

[48] Sebastião Cruz, *Da solutio* II/1 (1974), 17 e *passim*.

24 A ideia de coisa na Ciência do Direito

– ao simplificar extremo dos problemas, com reduções substanciais nas referências literárias e jurídico-científicas disponíveis ou com a sua substituição por obras de divulgação, superficiais mas de fácil entendimento;
– ao acentuar de apregoadas dimensões práticas da matéria, com a valorização da burocracia e do pequeno pormenor (p. ex., o prazo), como modo de justificar as amputações feitas no plano cultural;
– ao desinteresse pela substância dos problemas.

Podemos apontar fenómenos de vulgarização ao longo da História e, mesmo, nos nossos dias.

III. O plano das coisas nem foi dos mais atingidos. Valeram a clareza da matéria e o próprio papel pedagógico das *institutiones* de Gaio. Todavia, houve uma evolução percetível.

Desde logo, perdeu-se a contraposição clássica entre as *res mancipi* e as *res nec mancipi*. Ela foi substituída, na prática, pela classificação das coisas em móveis e imóveis[49], antes inexistente[50]. Outras categorias de coisas foram sendo aportadas, desenhando-se uma cristalização de regras em torno de novas figuras, como a *praescriptio*.

No tocante a imóveis: Constantino exigiu a escritura, isto é, a documentação *in scriptis* para a transmissão de imóveis, a sua inscrição nos *acta municipalis* e uma tradição (uma entrega) solene. O fiel da riqueza deslocava-se do escravo e do gado para a terra, prenunciando uma nova fase da civilização.

IV. A evolução tardia foi ainda pautada por novas evoluções etimológicas. O latim *res* pode considerar-se um termo usual. Quer no uso popular, quer no corrente e quer no erudito, ele tinha o alcance muito alargado, de que acima demos conta. Hoje, ele surge, como raiz, em diversas expressões, como real (o contrário de pessoal e não de republicano; neste último sentido, real advém de *rex* – rei, soberano – e não de *res* – coisa) ou como realidade ou realizar, como exemplos.

Mas *res* perdeu-se.

---

[49] Guido Astuti, *Cosa (storia)*, ED XI (1962), 1-19 (13) e Max Kaser, *Das römische Privatrecht* cit., 2, 2.ª ed. § 237 (242 ss., 245).
[50] Pietro Bonfante, *Corso di diritto romano*, 2, *La proprietà* (1926), 183-189.

§2.º O ius commune

V. Nas diversas línguas românicas, *res* foi substituída: por "coisa" ou "cousa", em português, *cosa*, em italiano e *chose*, em francês, como exemplos. Todas essas locuções provêm do latim *causa* que, por via erudita, reencontramos em vernáculo, com o sentido de "origem", de "princípio fundante" ou de "causa"[51].

O paralelo linguístico mantém-se, na língua alemã: *Sache*, para coisa e *Ursache*, para causa.

Numa asserção rica em considerandos éticos e humanos, podemos considerar que um termo demasiado banalizado tende a perder alcance significativo. E aí, uma de duas: ou se exige uma complementação por adjetivos que reforcem o alcance valorativo em falta[52] ou se procede a uma substituição por um termo menos desgastado. A solução histórica para *res* foi esta última.

6. Elementos germânicos e canónicos

I. No antigo Direito germânico, a ideia de coisa voltou a ser imersa na do poder humano que recaía sobre ela. O termo *Eigentum*[53] (propriedade), presente na raiz de *eigen* (próprio), implicava o antigo germânico *aigan* e *haban*: transmitia a ideia de um poder sobre os cônjuges, reciprocamente e destes, sobre os filhos[54].

Objeto de propriedade, em termos atuais, eram apenas os móveis. A titularidade do solo era coletiva. Donde o relevo do poder de facto sobre os bens, traduzido pela *Gewere*[55]. Retiramos, daqui, um recuo nas classificações romanas e na preeminência das *res*, tomadas como objetos corpó-

---

[51] Esta singularidade etimológica pode ser seguida em Vittorio Scialoja, *Teoria della proprietà* cit., I, 11-12.

[52] Caso de *bona fides*: o uso alargado de *fides* retirou-lhe carga axiológica; houve que a recuperar através da antecipação do adjetivo *bona*.

[53] *Eigentum* não surge antes do século XIII; conhecido, antes, como *egendom*, equivalente a *dominium* ou *res in dominio*. *Vide* o clássico de Jacob Grimm, *Deutsche Rechtsalterthümer*, 2, 4.ª ed. (1899), 491 ss. (1 ss.).

[54] Com elementos, Karl von Amira, *Grundriss des germanischen Rechts*, 3.ª ed. (1913), com indicações.

[55] *Idem*, § 66 (209 ss.); *vide* Karl Friedrich Eichhorn, *Einleitung in das deutsche Privatrecht, mit Einschluss des Lehnrechts* (1836), § 156 (413).

26 *A ideia de coisa na Ciência do Direito*

reos. A titularidade da casa de morada envolvia poderes sobre a família, de natureza pública[56].

II. A sedentarização dos povos germânicos, processada em parte dentro das fronteiras do Império Romano, abalou a antiga propriedade comunitária da terra. Mas não *ex abrupto*: a assimilação entre a titularidade da terra e as funções públicas fez o seu curso, explicando, no plano significativo-ideológico, a estratificação feudal.

Em paralelo, desenvolvia-se uma ideia de património familiar, sujeito a regras diferenciadas. A "coisa" perdeu em individualidade material. Passou a ser aferida por referência ao seu titular ou ao seu destino, podendo englobar diversos objetos materiais e, ainda, realidades imateriais. Mas como designar essa nova realidade?

III. No Direito romano, eram usados os termos *bonum* e *bona*, para indicar os haveres ou o património das pessoas. Visava-se exprimir não já (ou não tanto) o objeto mas, antes, a própria ideia de pertença e de titularidade[57]. Na evolução subsequente, para mais após a vulgarização, estabeleceu-se alguma confusão entre as *res* e os *bona*. Essa confusão resultou reforçada por razões linguísticas: a perda do latim *res*, substituída pela não-clássica *causa* (coisa). Na área germânica, ocorreram *Gut/Güter*, equivalentes a *bonum/bona* e *Sache*, a *res*.

A receção do Direito romano implicou, nas áreas mais atingidas (obrigações e reais), a recuperação de *res*, vertida para coisa/*Sache* e entendida em sentido amplo[58]. Mas nas zonas periféricas, em que relevavam fenómenos de titularidade conjunta ou de afetação dos valores, radicou-se o termo *bona* (bens). Assim sucedeu no Direito da família (bens dos cônjuges ou regimes de bens, por exemplo)[59], no Direito canónico (bens da

---

[56] Heinrich Brunner, *Deutsche Rechtsgeschichte* 1, 2.ª ed. (1906), § 12 (92 ss.), com indicações.

[57] Salvatore Pugliatti, *Beni (teoria generale)*, ED V (1959), 164-169 (165 ss.), com indicações.

[58] Helmut Coing, *Europäisches Privatrecht 1500 bis 1800/1 – Alteres Gemeines Recht* (1985), 274 ss..

[59] António Azara, *Beni di famiglia*, NssDI (1958), 353 i Giovanni Giacobbe, *Beni di famiglia*, NssDI (1958), 353 i *idem, Beni di famiglia*, ED V (1959), 238-244.

§2.º O ius commune

Igreja)[60] e no Direito público (bens da Coroa e, depois, bens nacionais)[61]. A referência a "bens", com a origem e as implicações apontadas, manteve-se, até aos nossos dias.

IV. O Direito canónico facultou a pré-receção do Direito romano, seja pelos elementos jurídico-científicos que conservou e divulgou, seja pela influência que exerceu no Direito profano[62]. No domínio das coisas, ele contribuiu para o apuramento da ideia de "bens", centrada, como foi dito, numa titularidade comum ou numa afetação de conjunto[63].

No canonismo radicou-se uma ideia lata de *res*. No *Codex iuris canonici* de 1917, o livro III é dedicado às coisas (*de rebus*), as quais incluem os sacramentos (can. 726 a 1551), os locais e templos sacros, o culto divino, o magistério eclesiástico, as instituições eclesiásticas e os bens temporais da Igreja[64]. A abrir, insere a definição seguinte (cânone 726)[65]:

> Res de quibus in hoc libro agitur quaeque tantidem media sunt ad Ecclesia finem consenquende um, aliae sunt spirituales, aliae temporales aliae mixtae.

O conceito amplo de coisa, assim consignado, leva a distinguir *res spirituales*, *res mixtae* e *res temporales*[66]

V. A ideia de coisa foi ainda funcionalizada pela consolidação do feudalismo[67]. O feudo, fundamentalmente um imóvel, implicava, na sua titularidade, mais do que o aproveitamento natural da terra: antes o seu disfruto através de diversas prerrogativas sobre os camponeses que a

---

[60] Pio Fedele, *Beni ecclesiastici (diritto ecclesiastico)*, ED V (1959), 181-206 e Vincenzo del Giudice, *Beni ecclesiastici (diritto canonico)*, ED V (1959), 206-238.

[61] Gustavo Ingrosso, *Beni della corona*, NssDI II (1958), 352.

[62] Franz Wieacker, *Privatrechtsgeschichte*, cit., 2.ª ed., 71 ss..

[63] *Vide*, p. ex., o *Corpus iuris canonici*, publ. Justus Boehmer, Lípsia (1839), 968/ /II = *Decretais*, VI, Liv. III, tit. IX.

[64] Cânones 731 ss., 1154 ss., 1255 ss., 1322 ss., 1409 ss. e 1495 ss., respetivamente.

[65] *Codex iuris canonici*, ed. Carlo Gaspari (1917), 207. Em português:

> As coisas de que se trata neste livro, as quais são os meios para a Igreja prosseguir os seus fins, são ou espirituais, ou temporais ou mistas.

[66] Richard Riedl, *Der Sachbegriff des codex iuris canonici* (1950), III + 75 (5, 18 ss., 44 ss. E 52 ss.).

[67] *Vide* Jean-Louis Halpérin, *Histoire du droit des biens* cit., 57 ss..

28   *A ideia de coisa na Ciência do Direito*

trabalhassem, bem como uma série de deveres, pessoais, económicos e militares para com o suzerano.

Deve dizer-se que esta evolução não conduziu a uma utilização substancialmente errática de coisa graças às sucessivas e subsequentes receções do Direito romano, particularmente das *institutiones* de Gaio, vertidas nas de Justiniano.

7. As receções do Direito romano

I. Como antecipado, as receções do Direito romano, operadas sobre uma realidade já muito distinta da do Império da Antiguidade, levaram a uma coabitação entre as *res* e a dogmática de Gaio, com a ideia de bens derivada do germanismo, do feudalismo e do canonismo.

II. A primeira sistemática ou sistemática humanista, na base da ideia, muito imediatista, de coisa corpórea, procedeu a um certo reagrupamento da matéria. Trata-se de um ponto documentado em Cujacius[68] e em Donnellus[69] e que teve influência na pandetística, então a uma distância, no futuro, superior a dois séculos.

III. A abordagem racionalista manteve uma forte objetivação: Descartes apresenta a coisa como a manifestação real de uma ideia representada na consciência[70]. Pufendorf, usando uma ideia ampla de coisa, procede à sua derivação da ordem divina[71]. O passo definitivo foi dado pela pandetística, com uma estreita conexão à *res* romana.

---

[68] Iacobus Cuiacius, *Opera ad parisiensem fabrotianam editionem*, 11, *Index* (ed. 1783), 541-542.

[69] Hugo Donnellus, *Opera*, 12, *Index* (1828), 281 ss..

[70] Com indicações: H. W. Arndt, *Sache*, no HWörtPh 8 (1992), 1090-1096 (1091).

[71] Samuel Pufendorf, *De iure naturae et gentium libri octo*, Liv. IV, cap. III = ed. alemã de Frankfurt (1711), 841 ss..

§ 3.º AS CODIFICAÇÕES

8. O Código Napoleão (1804)

I. Os grandes juristas da pré-codificação francesa, Jean Domat (1625-1696) e Robert-Joseph Pothier (1699-1772), deixaram uma dogmática clara de coisas. Retomando a tradição dos jurisprudentes elegantes do século XVI (Cuiacius e Donnellus), sistematizaram a matéria, recorrendo às clássicas distinções de Gaio. Deve frisar-se que ambos usavam a expressão coisa e não bem[72].

Houve uma viragem na Revolução Francesa. Os revolucionários pretenderam ocupar-se da propriedade, libertando-a de vínculos feudais, sem se preocuparem com o concreto objeto sobre que ela incidisse. O termo "bens" tinha, aí, um uso utilitário[73], pela sua abrangência, sendo enriquecido com aportações significativo-ideológicas. Lembre-se a categoria dos "bens nacionais", resultante da nacionalização do património da Igreja. E é no rescaldo desta ambiência que foi elaborado o Código Napoleão.

II. O Código Civil francês ou Código Napoleão, de 1804, está arrumado em três livros[74]: I – Das pessoas; II – Dos bens e das diferentes modificações da propriedade; III – Das diferentes maneiras pelas quais se adquire a propriedade[75].

O livro II, aqui mais diretamente em causa, ordena-se em quatro títulos:

---

[72] Jean Domat, *Les loix civiles dans leur ordre naturel* (ed. 1756), 16 ss.; Domat usava "bens" na área da família e das sucessões; Robert-Joseph Pothier, *Traité des choses* (1772) e *Traité du Droit de domaine et de proprieté* (1772), em *Oeuvres* 9 (1846) utiliza, igualmente, "coisa" e só incidentalmente "bens".

[73] Em geral: Jean-Louis Halpérin, *Histoire du droit des biens* cit., 180.

[74] Quanto à sistematização napoleónica: *Tratado* I, 4.ª ed., 133 ss..

[75] Jean Carbonnier, *Droit civil – 3 – Les biens*, 19.ª ed. (2000), 79 e Jean-Louis Bergel/Marc Bruschi/Sylvie Cimamonti, *Traité de Droit Civil* (dir. Jacques Ghestin), *Les biens* (2000), 1.

30 A ideia de coisa na Ciência do Direito

I – Da distinção dos bens (517.º a 543.º);
II – Da propriedade (544.º a 577.º);
III – Do usufruto, do uso e da habitação (578.º a 636.º);
IV – Das servidões ou serviços fundiários (637.º a 710.º).

Finalmente, o título I, *Da distinção dos bens*, compreende três capítulos:

I – Dos imóveis (517.º a 526.º);
II – Dos móveis (527.º a 536.º);
III – Dos bens na sua relação com aqueles que os possuem (537.º a 543.º).

III. O Código Napoleão não dá qualquer noção de "bens". Limita-se a entrar na matéria dizendo (516.º) que os bens são móveis ou imóveis.

Trata, em dois capítulos sucessivos, dos imóveis, distinguindo imóveis por natureza, por destinação e pelo objeto a que se aplicam. Por natureza: os fundos e as construções; por destinação: animais e utensílios ligados aos fundos – artigo 524.º; pelo objeto a que se aplicam: o usufruto e a servidão sobre imóveis e as ações destinadas a modificá-los – artigo 526.º. Surgem, depois, os móveis, que podem sê-lo por natureza ou por determinação da lei – artigo 527.º. Por natureza: os que, por si ou por força exterior, se podem transportar de um lugar para o outro; por lei: as ações e outros efeitos mobiliários. Num terceiro capítulo, versa a disponibilidade das pessoas sobre algumas coisas – artigos 537.º e seguintes [76].

Seguidos da propriedade, os *bens* vieram, assim, na civilística francesa, a modelar o estudo dos direitos reais. Estes surgem, aliás e justamente, sob o título bens.

IV. Na codificação francesa e, em geral, naquelas que sofreram a sua influência, os "bens" mantiveram um alcance amplo, ao estilo romano: abrangiam realidades materiais e imateriais, incluindo os próprios direitos [77], dentro de uma lógica de propriedade.

---

[76] Marcel Planiol, *Traité Élémentaire de Droit Civil*, tomo I, 3.ª ed. (1904), 685 ss., C. Aubry/C. Rau, *Cours de Droit Civil français*, tomo II, 6.ª ed. (1935), § 162 (8 ss.) e Ch. Beudant, *Cours de Droit Civil Français*, tomo IV, 2.ª ed. – *Les biens*, colab. Pierre Voikin (1938), 2 ss..

[77] Helmut Coing, *Europäisches Privatrecht 1800 bis 1914* – II *19. Jahrhundert* (1989), 369.

§ 3.º As codificações

31

V. A doutrina atual acentua diferenças entre "coisas" e "bens". Nem todas as coisas são bens: estes requerem uma possibilidade de apropriação, ao contrário das primeiras. E nem todos os bens são coisas, salvo se tomadas em aceção muito vaga; com efeito, existem bens imateriais: direitos subjetivos, ações judiciais, bens incorpóreos e energia[78].

O bem é definido não em si, ou pelas suas características extrajurídicas, mas pela possibilidade, que lhe reconhece o Direito, de desempenharem a função de serem apropriados.

Na lógica do Código Napoleão, o homem tem direitos (livro I), para cujo exercício carece de bens e da propriedade sobre eles (livro II), fixando a lei o modo de os adquirir (livro III). Estamos em face de uma visão coordenada, de sabor jusracionalista e com uma clara dimensão significativo-ideológica.

9. A pandectística

I. A tradição romana, das *res incorporales* e a medieval, dos bens, jogavam no sentido da adoção de uma noção ampla de coisa. O problema residiria em não miscenizar, na coisa (ou equivalente), algo que tivesse já a ver com o sujeito. O "bem" napoleónico, no entendimento doutrinário acima apontado, fracassava nesse desafio: afinal, só havia um bem perante uma realidade aproveitável pelo homem.

A Filosofia transcendental alemã deu um passo fundamental. Explica Kant[79]:

---

[78] Jean Carbonnier, *Droit civil/Les biens*, ed. de 2004, 1595-1596; citando Dumoulin (séc. XVI), diz Carbonnier que os bens devem ser considerados menos *naturaliter* do que *commercialiter*.

[79] Immanuel Kant, *Die Methaphysik der Sitten*/I – *Metaphysische Aufangsgründe der Rechtslehre* (1798), XXIII = *Kant's Werke*, ed. Berlim, VI (1907), 223 (lin. 30). Vale a pena reter o original, dispensando o gótico:

> Sache ist ein Ding, was keiner Zurechnung fähig ist. Ein jedes Objet der freien Willkür, welches selbst der Freiheit ermangelt, heisst daher Sache (res corporalis). Na trad. do Prof. José Lamego, *A metafísica dos costumes* (ed. Gulbenkian, 2005), 33:

> Coisa é algo que não é susceptível de imputação. Todo o objecto do livre arbítrio, desprovido de liberdade, denomina-se, portanto, coisa (*res corporalis*).

32   A ideia de coisa na Ciência do Direito

Coisa é algo que não é capaz de imputação. Todo o objeto de livre arbítrio ao qual falte a liberdade diz-se coisa (*res corporalis*).

Tínhamos, logicamente, um "objeto" não-humano: essencialmente não-abstrato, no pensamento hegeliano[80]. Esta clarificação não foi, todavia e desde logo, adaptada ao Direito.

II. O ALR prussiano, de 1794, apresentava a seguinte noção[81]:

§ 1.º Diz-se coisa no sentido de lei tudo o que possa ser objeto de um direito ou de uma vinculação.

§ 2.º Também se incluem na designação geral de coisa as ações das pessoas bem como os seus direitos, na medida em que integrem o objeto de um direito de outrem.

§ 3.º Em sentido estrito, só é coisa aquilo que, pela natureza ou pela atuação do homem, tenha uma autonomia que lhe permita ser objeto de um direito duradouro.

Por seu turno, o ABGB austríaco, de 1811, dispunha[82]:

§ 285.º Tudo o que seja diferente de pessoa e sirva para uso das pessoas, diz-se, em sentido jurídico, coisa.

Estamos perante noções muito amplas, recebidas do *ius commune*[83], e que ocorrem na pandetística inicial, com exemplos em Glück[84], em Thibaut[85] e em Mackeldey[86].

---

[80] K. R. Meist, *Sache/Kant, Hegel, Phänomenologie*, no HWörtPh 8 (1992), 1096-1099 (1098), com indicações.

[81] ALR Parte I, tit. 2 = Schering, *Allgemeines Landrecht für die Preussischen Staaten* (1857), 17 e H. Rehbein/O. Reincke, *Allgemeines Landrecht für die Preussischen Staaten* I, 3.ª ed. (1885), 119.

[82] Karl Spielbüchler, em Peter Rummel, *Kommentar zum ABGB* 1, 2.ª ed. (1983), § 285 (313); Bernhard Eccher/Irmgard Griss, em Helmut Koziol e outros, *Kurzkommentar zum ABGB*, 4.ª ed. (2014), § 285 (290).

[83] Thomas Rüfner, HKK/BGB cit., 1, §§ 90-103, 311.

[84] Christian Friedrich Glück, *Ausführliche Erläuterung der Pandecten* 2, 2.ª ed. (1800), 509-510; citando Teófilo, Glück refere que as coisas corpóreas podem ser tocadas com as mãos e vistas pelos olhos, enquanto as incorpóreas só são acessíveis ao entendimento.

[85] Anton Friedrich Justus von Thibaut, *System des Pandekten-Rechts*, 6.ª ed. (1828; a 1.ª ed. é de 1805), § 247 (187) e § 256 (194).

[86] Ferdinand Mackeldey, *Lehrbuch des heutigen römischen Rechts*, 10.ª ed. (1833), § 146 (219); diz Mackeldey:

§3.º As codificações

III. Contra esta orientação amplificadora pronunciou-se Savigny[87]. E fê-lo por razões dogmáticas. Desde logo, estudando a posse, Savigny manifestou-se contra o alargamento desse instituto, para além das coisas corpóreas[88]. Quanto às tarefas do Direito, esse autor mostrou-se contrário ao alcance desmesurado do § 285 do ABGB austríaco[89]. Finalmente, no *System*, Savigny junta-se à fórmula de Kant[90]: a coisa é uma parte determinada de natureza não-livre, limitando-se, em termos técnico-jurídicos, às *res corporales*.

O conceito estrito de coisa fez o seu caminho, na pandetística pós--savignyana. Aderiram autores como Puchta[91], von Wächter[92], Wendt[93] e Regelsberger[94].

IV. A questão não ficou, todavia, encerrada. O peso do *ius commune*, vertido no ALR prussiano, manteve uma influência em autores como

Por coisa (*res*) entende-se, no sentido original, um corpo delimitado não racional (*einen vernunftlosen begränzter Körper*), o qual é suscetível de uma atuação humana arbitrária e, assim, podendo ser também objeto de direitos.

[87] Thomas Rüfner, *Savigny und der Sachbegriff des BGB*, em Stefan Leible/ /Matthias Lehamnn/Herbert Zech, *Unkörperliche Güter im Zivilrecht* (2011), já citado, 33-48 (38 ss.).

[88] Friedrich Carl von Savigny, *Das Recht des Besitzes/Eine civilistische Abhandlung*, 1.ª ed. (1803), 135: dizendo: Até aqui sempre pressupus tacitamente que qualquer posse só se pode reportar a objetos materiais (*Körper*); na 6.ª ed. (1837), 2, 112 e *passim*: parte sempre de uma situação física.

[89] *Idem, Vom Beruf unserer Zeit für Gesetzbung und Rechtswissenschaft* (1814), 162 pp., 99: o conceito é tão amplo que se torna inteiramente informe e inutilizável (*durchaus gestaltlos und unbrauchbar*).

[90] *Idem, System des heutigen römischen Rechts* 1 (1840), § 53 (338), referindo *die unfreye Natur*. A hipótese da proximidade com Kant, muito provável pela coincidência das fórmulas e pelo pensamento geral de Savigny, é aventada por Thomas Rüfner, no HKK/ /BGB cit., 1, 311 e em *Savigny und der Sachbegriff des BGB* cit., 43.

[91] Georg Friedrich Puchta, *Pandekten*, 8.ª ed. póstuma (1856), § 35 (52), quanto ao núcleo de coisa.

[92] Carl Georg von Wächter, *Pandekten* 1 (1880), § 59, II (257-258).

[93] Otto Wendt, *Lehrbuch der Pandekten* (1888), § 30 (65).

[94] Ferdinand Regelsberger, *Pandekten* 1 (1893), § 96, II (366-367): a "corporeidade (*Körperlichkeit*) é uma característica essencial do conceito de coisa".

34   *A ideia de coisa na Ciência do Direito*

Engelmann[95] e Dernburg[96], ainda que em obras não pandetísticas. E no final do período, o reconhecimento de figuras, como as patentes, deixavam adivinhar um recrudescimento de "bens imateriais". Nessa conformidade, autores significativos como Otto von Gierke[97] e o próprio Windscheid[98] abriram a noção a coisas incorpóreas.

Em Direito, nunca tudo fica dito.

10. O problema dos bens imateriais

I. A matéria atinente aos bens imateriais foi potenciada em torno do embrião do que seriam os direitos de personalidade. Efetivamente, na fase final do pandetismo, os direitos de personalidade foram facultados e enriquecidos pelo tratamento dogmático alcançado pelos direitos sobre bens imateriais, recém-conquistados para a Ciência do Direito. Trata-se de um aspeto que deve ser enfatizado: os direitos de personalidade desenvolveram-se apoiados na prática e nas necessidades de dar corpo aos vetores humanistas que, perante novas realidades, ampliaram o Direito civil.

II. No tocante às manifestações "parcelares" que, na periferia, animaram os direitos de personalidade temos, em primeiro lugar, o tema das patentes. Mercê da rápida industrialização alemã surgiu, em 1877, a Lei Alemã das Patentes. Visando explicar a tutela aí dispensada aos seus titula-

---

[95] R. Engelmann, *Das Preussische Privatrecht*, 4.ª ed. (1890), § 21 (68), retomando a fórmula do ALR: coisa é tudo o que pode ser objeto de direitos ou de obrigações.

[96] Heinrich Dernburg, *Lehrbuch des Preussischen Privatrechts* 1, 5.ª ed. (1894), § 60 (125):

> Por coisas, perante a conceção jurídica alemã, entendem-se os bens económicos, com os quais o Direito tem a ver. A eles pertencem não apenas as meras coisas corpóreas, mas também os direitos.

[97] Otto von Gierke, *Deutsches Privatrecht* I (1895), § 37 (270), trabalhando com as coisas em sentido estrito (as corpóreas) e em sentido amplo, abrangendo as incorpóreas.

[98] Bernhard Windscheid/Theodor Kipp, *Lehrbuch des Pandektenrechts* 1, 9.ª ed. (1906), § 137 (689-690). Windscheid começa por relevar a coisa como uma "parcela da natureza não racional", ao sabor de Kant. Considera que é essencial o momento da existência e da corporeidade. Mas acrescenta que realidades meramente pensadas podem ser objeto de relações jurídicas.

§3.º As codificações

35

res, Carl Gareis introduz a ideia do "direito individual"[99]. Haveria, depois, um "direito individual geral"[100]:

> (...) a ordem jurídica reconhece a cada pessoa o direito de se realizar como indivíduo, de viver e de desenvolver e valorizar as suas forças.

Neste "direito individual geral"[101] tem-se visto o "direito geral de personalidade", depois referido por alguns pandetistas e que floresceria, mais tarde, na sequência da 2.ª Guerra Mundial.

III. Paralelamente, Josef Kohler batia-se pelos direitos dos bens imateriais[102]. Eles não dariam lugar a uma "propriedade espiritual" e não se limitariam a possibilitar uma determinada defesa: pela positiva, facultariam a exploração económica de um bem imaterial[103]. Na base, todavia, Kohler acabaria por colocar o "direito individual", patente em ulterior escrito sobre o direito ao nome[104]. Segundo Kohler,

> O direito ao nome só pode ser bem apreendido como peça ou parte do direito individual. O nome como tal não é objeto do direito; o nome é caracterização tal como o monograma, como o pseudónimo; mas objeto do direito é a própria pessoa porquanto ela pode exigir que ninguém use alguma fórmula que provoque confusão, troca ou diminuição da pessoa, na exteriorização de atos[105].

Também a fotografia não poderia ser usada sem autorização do fotografado[106].

---

[99] Carl Gareis, *Das Deutsche Patentgesetz vom 25. Mai 1877 erläutert* (1877), cit. através da rec. de Paul Laband, ZHR 23 (1878), 621-624.

[100] *Apud* Laband, *Das Deutsche Patentgesetz* cit., 621.

[101] Ao qual, de resto, Laband, *Das Deutsche Patentgesetz* cit., 622, não se mostra favorável.

[102] Josef Kohler, *Das Autorrecht, eine zivilistische Abhandlung, zugleich ein Beitrag zur Lehre vom Eigenthum, vom Miteigenthum, vom Rechtsgeschäft und vom Individualrecht* I, JhJb XVIII (1879), 129-138 e II, JhJb XVIII (1879), 329-442 (478, com os três anexos), 129 e *passim*.

[103] J. Kohler, *Das Autorrecht* cit., 130-131, 337 e 338.

[104] J. Kohler, *Das Individualrecht als Namensrecht*, AbürglR V (1891), 77-110.

[105] J. Kohler, *Das Individualrecht* cit., 77; quanto à possibilidade de o "eu" dispor da própria personalidade, Kohler remete para o seu *Autorrecht*.

[106] J. Kohler, *Das Individualrecht* cit., 89.

36   A ideia de coisa na Ciência do Direito

IV. Kohler aprofundou o seu pensamento a propósito dos direitos relativos a cartas-missivas[107]. Tratar-se-ia de um direito ao substrato imaterial[108], tendo o autor o poder exclusivo do seu aproveitamento económico e o de preservar a matéria em jogo.

O cultivo destes pontos dogmáticos era dobrado pela análise – sempre apoiada em institutos concretos – do papel dos princípios jurídicos na defesa das instituições e dos ideais[109]. O nome de Kohler deve, pois, ser retido entre os primeiros dogmáticos dos direitos de personalidade[110].

V. O progressivo domínio dogmático da "periferia" da personalidade permitiu o esforço de abstração necessário para se alcançar a ideia de "bem de personalidade", base de qualquer dogmática coerente de direitos de personalidade.

Estes vêm, assim, a ser afirmados, na pandetística tardia, já sem dúvidas ou indecisões. Autores como Regelsberger[111] e Otto von Gierke[112] reportam-se aos direitos de personalidade como direitos subjetivos privados e não patrimoniais[113]. Todavia, o desenvolvimento era ainda escasso, de tal modo que o tema não logrou uma consagração geral no BGB[114].

11. O BGB (1896)

I. Prenunciava-se um novo mundo. Todavia, aquando da preparação do BGB, a ideia lata de coisa não estava minimamente madura, para

[107] J. Kohler, *Das Recht an Briefen*, AbürglR 7 (1893), 94-149.

[108] J. Kohler, *Das Recht an Briefen* cit., 94.

[109] J. Kohler, *Die Ideale im Recht* V (1891), 161-265 (250 e *passim*).

[110] Leo Burckas, *Eigentumsrecht. Urheberrecht und Persönlichkeitsrecht an Briefen* (1907), 69.

[111] Ferdinand Regelsberger, *Pandekten* cit., 1, § 50 (197-198); diz este Autor que as pessoas têm direitos ao próprio corpo e ao espírito, sem relação com coisas ou com outras pessoas.

[112] Otto von Gierke, *Deutsches Privatrecht* cit., 1, § 81 (702 ss.); os direitos de personalidade são os que concedem ao seu sujeito o domínio sobre uma parcela da própria esfera de personalidade; tratar-se-ia de direitos subjetivos, reconhecidos por todos.

[113] Otto von Gierke, *Deutsches Privatrecht* cit., 1, 705-706.

[114] Bernhard Windscheid/Theodor Kipp, *Lehrbuch des Pandektenrechts* cit., 1, 9.ª ed., 173 ss.. Quanto à luta pelos direitos de personalidade antes de 1900, Jürgen Simon, *Das allgemeine Persönlichkeitsrecht und seine gewerblichen Erscheinungsformen/Ein Entwicklungsprozess* (1981), 169 ss..

§3.º As codificações

ingressar numa grande codificação, que se pretendia estável. Apesar de algumas flutuações, acabou por dominar a ideia de *res* estrita, própria de Savigny[115]. E assim, o § 90, epigrafado (após a reforma de 2001) "conceito de coisa", veio dispor[116]:

> Coisas no sentido da lei são apenas os objetos corpóreos.

II. Esta opção, distinta da napoleónica[117], resultou da pandetística anterior e da cuidada receção do Direito romano atual.

O estudo analítico dos textos romanos permitiu recuperar a *res* latina, em detrimento dos *bona* medievais. De seguida, as coisas acabariam por ser apontadas como um elemento da relação jurídica, inseridas na parte geral – §§ 90-113 – e separadas dos direitos reais – §§ 854 e seguintes[118]. De um modo geral, podemos proclamar que este método permitiu um tratamento analítico mais aprofundado do tema das coisas. Na sequência da pandetística, foi acolhido o seu conceito[119], limitado a realidades materiais. O BGB, no seu § 90, introduziu o conceito de "objeto": *coisas no sentido de lei são apenas os objetos corpóreos*. Na altura, a iniciativa foi considerada muito promissora, tendo ocasionado um surto de investigação e de debate[120]. Pouco depois, porém, a doutrina assentou de novo nas puras categorias românicas.

---

[115] As flutuações ainda registadas, na preparação do BGB, constam de Thomas Rüfner, HKK/BGB cit., 1, 313. Quanto ao estreitamente civil de coisa, levado ao § 90 do BGB, de seguida referido: Christiane Wendelhorst, *Rechtsobjekte*, em Robert Alexy (publ.), *Juristische Grundlagenforschung*, ARSP BH 104 (2004), 71 82 (71).

[116] Malte Steper, no *Staudinger Kommentar* (ed. 2017) cit., § 90, Nr. 1-3 (16 17); Christina Stresemann, no *Münchener Kommentar zum BGB*, 1, 8.ª ed. (2018), § 90 (1054).

[117] *Vide*, numa comparação com o sistema francês, Ferid/Sonnenberger, *Das französische Zivilrecht*, II, 2.ª ed. (1986), 523-524, bem como as referências de Staudinger/Dilcher, *BGB*, 13.ª ed. (1995), prenot. §§ 90 ss., Nr. 7 (518).

[118] Horst Heinrich Jakobs/Werner Schubert, *Die Beratung des Bürgerlichen Gesetzbuchs in systematischer Zusammenstellung der unveröffentlichen Quellen/Allgemeiner Teil, I, §§ 1-240*, 1 (1985), 421 ss. (426).

[119] Helmut Coing, *Europäisches Privatrecht* cit., 2, loc. cit. na nota 77.

[120] Assim, Rudolf Sohm, *Der Gegenstand/Ein Grundbegriff des Bürgerlichen Gesetzbuches* (1905), 1 ss., *Vermögensrecht, Gegenstand, Verfügung*, AbürglR 28 (1906), 173-206 e *Noch einmal der Gegenstand*, JhJb 53 (1908), 373-394, Julius Binder, *Der Gegenstand*, ZHR 59 (1907), 1-78 (1 ss.) e *Vermögensrecht und Gegenstand*, AbürglR 34 (1910), 209-260 (219), Justus Wilhelm Hedemann, *Die Lehre von den Rechtsgegenstän-*

38   *A ideia de coisa na Ciência do Direito*

A coisa é uma parcela material não personalizada do Mundo exterior, nas palavras de Zitelmann[121]. O tema foi perdendo, depois, a acuidade científica[122]. Aparentemente, o seu alcance limita se aos Direitos Reais[123].

III. O BGB perdeu a oportunidade histórica de desenvolver a matéria das coisas incorpóreas e de introduzir, de modo mais explícito, os direitos de personalidade.

Aquando do seu aprontamento, havia já elementos jurídico-científicos que teriam permitido trilhar essas vias. Mas não estavam amadurecidas. Existe uma regra, com poucas exceções: uma grande codificação tende a acolher os elementos existentes antes da sua efetivação, desconhecendo a matéria ainda não atualizada.

A ideia de coisa como "objeto da relação" jurídica, que fez alguma carreira após a publicação do BGB, voltou à ordem do dia, tendo permitido os mais recentes avanços sobre esta matéria. Abaixo serão ponderados[124].

12. As codificações tardias

I. Denominamos como "tardias" as codificações subsequentes à do BGB[125]. Em traços muito gerais, elas correspondem a uma evolução da pandetística, traduzindo a universalização da Ciência do Direito. Têm em conta a evolução subsequente a 1900 e acusam desvios provocados pelas diversas realidades nacionais.

De entre os códigos tardios, interessa referir o italiano, pela especial influência que exerceu no Código de 1966 e no Código brasileiro de 2002 e pela atenção que lhe deram os doutrinadores do período subsequente a 1966.

---

den, AbürglR 31 (1908), 322-333 e Ernst Immanuel Bekker, *Grundbegriff des Rechts und Missgriffe der Gesetzgebung* (1910), 89 ss..

[121] Ernst Zitelmann, *Das Recht des bürgerlichen Gesetzbuchs/Allgemeiner Teil* (1900), 76, seguido por Rudolf Hübner, *Grundzüge des deutschen Privatrechts*, 2.ª ed. (1913), § 24 (146).

[122] Referimos, todavia, Herbert Hill, *Der Sachbegriff im deutschen und österreichischen Zivilrecht* (1940), 50 pp., 9 ss. e Werner Kalb, *Der Sachbegriff im Sachenrecht des Bürgerlichen Gesetzbuches* (1954, hekt.), VIII + 134 pp., 18 ss..

[123] Barbara Völzmann-Stickelbrock, no PWW/BGB, 13.ª ed. (2018), § 90, Nr. 1 (74).

[124] *Infra*, 58.

[125] *Tratado* I 4.ª ed., 144 ss..

§3.° As codificações 39

A tradição italiana recente era a napoleónica. O Código Civil de 1865[126], no seu artigo 406.°, deixava, todavia, uma aberta romanista. Dispunha[127]:

Todas as coisas que podem constituir objeto de propriedade pública ou privada, são bens imóveis ou móveis.

II. Aquando da preparação do Código italiano de 1942, surgiu um projeto, relativo às coisas, cujo artigo 1.° dispunha [128]:

Coisas no sentido da lei são todos os objetos corpóreos ou outras realidades naturais suscetíveis de apropriação ou de utilização.

A comissão da assembleia legislativa inclinou-se para a pura e simples supressão desta definição, mantendo-se o esquema do Código italiano de 1865 que, como o de Napoleão, se reportava a "bens"[129], entrando logo na distinção entre coisas corpóreas e incorpóreas. Prevaleceu, todavia, outra orientação, ditada, por um lado, pela pressão ao pandectismo e, por outro, pelas preocupações ideológicas da época, de dar um apoio supostamente institucionalista, às construções jurídicas. Entendendo-se – pensamos que contra a História – que "coisa" é uma realidade pré-jurídica e "bem" um dado jurídico, optou-se pela fórmula do atual artigo 810.°[130]:

São bens as coisas que podem ser objeto de direitos.

Parte da doutrina italiana atual critica-a, propondo-se sacrificá-la, em nome de uma harmonia – de resto difícil – com o resto dos preceitos do Código Civil italiano de 1942[131].

---

[126] Na linha dos códigos pré-unitários; *vide* o artigo 397.° do Código Sardo, de 1842.

[127] Ferrarotti Teonesto, *Commentario teorico pratico comparato al codice civile italiano*, II (1873), 5.

[128] *Vide*, com indicações completas, Mariano d'Amelio, em *Codice civile/Libro della proprietà/Commentario* (1942), 8.

[129] *Supra*, 29 ss..

[130] *Vide* d'Amelio, *Codice civile/proprietà* cit., 9.

[131] Vincenzo Zeno-Zencovich, *Cosa*, DDP/SCiv IV (1990), 438-460 (438-439). *Vide*, ainda, as considerações de Biondi e de Franceschelli cit. *infra*, notas 134 e 135.

40   *A ideia de coisa na Ciência do Direito*

III. No pensamento do *Codice* teríamos, no campo do Direito, os bens e, no dos factos, as coisas. Enquanto estas resultariam da própria natureza, os bens adviriam do Direito[132].

    Augusto Pino tenta mesmo confecionar um pequeno sistema, a propósito do artigo 810.º, aqui em causa[133]. O bem estaria para a coisa tal como a pessoa para o homem; a capacidade daria a margem da pessoa poder aceder ao Direito; teria, como equivalente do lado dos bens, a idoneidade.
    Esta estruturação é lógica. Mas o Direito, particularmente o Direito civil, tributário da sua natureza histórico-cultural, não a acolhe.

IV. No desenvolvimento subsequente do Direito italiano, as leis e a doutrina chegam a uma situação em que, nas palavras de Biondi, coisas e bens são usados de modo tão promíscuo que não é possível atribuir, a alguns desses termos, um alcance diferenciado[134]. Franceschelli fala, por seu turno, num uso arbitrário de "bens" e de "coisas"[135].
    De facto – e esse é um dado histórico, que não pode ser discutido sem aceder às fontes – as próprias *res* já eram determinadas, no Direito romano, em função de critérios jurídicos. Admitimos que os *bona* ainda o fossem mais. Dizer que os *bona* são certas *res*, pouco adiantaria: donde o uso promíscuo. Quanto ao inverso (as "coisas" são certos "bens"): é puro lapso cultural.

---

[132] Oberdan Tommaso Scozzatava, *Dei beni/Art. 810-821* (1991), 13.

[133] Augusto Pino, *Contributo alla teoria giuridica dei beni*, RTDPC (1948), 825-855 (827 ss. e 832 ss.).

[134] Biondo Biondi, *Los bienes*, trad. cast. de Martínez-Radio (1961), 34. Também Mario Allara, *Dei beni* (1984), 73 pp., 8, refere uma promiscuidade no uso das duas palavras ("coisa" e "bem"), acabando no puro jogo de palavras do artigo 810.º.

[135] Remo Franceschelli, *L'oggetto del rapporto giuridico (con riguardo ai rapporto di diritto industriale)*, RTDPC XI (1957), 1-60 (34 ss.).

§ 4.º A EXPERIÊNCIA LUSÓFONA

13. Das origens à pré-codificação

I. O Direito lusófono adotou, muito cedo, as categorias relativas a coisas que provinham do Direito romano e, principalmente, das *institutiones* justinianeias. As formulações medievais apenas vieram acrescentar algumas categorias, às classificações romanas. Assim sucedeu com a distinção das coisas em hereditárias ou de avoengo e adquiridas: as primeiras eram as recebidas dos antepassados ou, pelo menos, do avô, não podendo ser alienadas, segundo uma Lei de D. Afonso II: desapareceu com D. João I[136].

Essas particularidades foram abolidas após o século XVI, com o intensificar da receção do Direito romano. Conservou-se, no entanto, uma dimensão familiar, tipicamente germânica[137].

As Ordenações do Reino não dispensaram um tratamento sistematizado às coisas. Apenas em disposições dispersas, elas prescreviam regras atinentes a categorias especiais de coisas, com relevo para as imóveis ou de raiz[138]. O que se compreende: o sistema em si era o do *corpus iuris civilis*.

---

[136] *Vide* Pascoal José de Mello Freire, *Instituições de Direito civil português*, trad. Miguel Pinto de Meneses, BMJ 165 (1967), 49-50; quanto a este Autor, *infra*, nota 134.

[137] *Ord. Fil.*, Liv. III, tít. XLVII (= ed. Gulbenkian, Livros II e III, 631): *Nenhum homem casado poderá sem procuração, ou outorga de sua mulher nem a mulher sem procuração de seu marido, litigar em Juizo sobre bens de raiz seus próprios (...)* e Liv. IV, tít. XLVIII (= ed. Gulbenkian, Livros IV e V, 837): *Mandamos, que o marido não possa vender, nem alhear bens alguns de raiz sem procuração, ou expresso consentimento de sua mulher (...).*

[138] Expressão que ainda surge em Coelho da Rocha, *Instituições de Direito civil portuguez*, 8.ª ed. (1917, equivalente à de 1846), § 79 (1, 45).

42   *A ideia de coisa na Ciência do Direito*

II. Pascoal de Melo, nas suas *Institutiones juris civilis lusitani*[139], adotou a sistematização gaiana em pessoas, coisas e ações[140]. As coisas foram objeto de um livro próprio – o II – onde se estudavam, sucessivamente:

Título I   – Da divisão e qualidade das coisas;
Título II   – Do domínio e da posse;
Título III – Da aquisição do domínio das coisas;
Título IV   – Das prescrições;
Título V   – Da maneira de ordenar os testamentos e os codicilos;
Título VI   – Da aceitação ou renúncia da herança;
Título VII – Dos legados e fideicomissos.

Pelo prisma da Parte geral, apenas o título I é diretamente relevante. Melo dá uma noção muito pragmática de coisa: *tudo aquilo que aumenta os nossos bens e património*[141]. Nas subsequentes distinções, surge, no fundamental, o sistema das *institutiones*: coisas de Direito divino e de Direito humano; coisas comuns, públicas, da universidade e de cada particular; coisas do príncipe; coisas móveis, imóveis, hereditárias e adquiridas; outras[142]. A matéria, mesmo confrontada apenas com obras da época, era bastante elementar.

III. A arrumação de Melo foi seguida por Borges Carneiro[143]. Escrevendo já na língua-mãe, Borges Carneiro previu, no seu *Direito civil de*

---

[139] Pascoal José de Melo Freire dos Reis (1738-1798) é o Autor de referência do Direito privado português moderno – ainda que a sua obra se alargue, também, ao Direito público. As suas Instituições, em latim no original – *Institutiones juris civilis lusitani*, 4 tomos, 3.ª ed., reimp. 1842 – foram traduzidas em português, no BMJ 161 (1966), 89-200 e 162 (1967), 31-139 (*Livro I – Direito público*), BMJ 163 (1967), 5-123 e 164 (1967), 17-147 (*Livro II – Do Direito das pessoas*), BMJ 165 (1967), 39-156 e 166 (1967), 45-180 (*Livro III – Dos Direitos das coisas*) e BMJ 168 (1967), 27-165, 170 (1967), 89-134 e 171 (1967), 69-168 (*Livro IV – Das Obrigações e Acções*), por Miguel Pinto de Meneses. Sobre Pascoal de Melo, *vide* Francisco José Veloso, *Prefácio* às *Instituições de Direito criminal português*, de Pascoal de Melo, BMJ 155 (1966), 5-41 e, com outras indicações, Menezes Cordeiro, *Teoria geral do Direito civil/Relatório* (1988), 102 ss..

[140] Veja-se a arrumação dada às suas *Institutiones*, na nota anterior.

[141] Pascoal de Melo, *Instituições* cit. Liv. III, tít. I, § I (= BMJ 165, 39).

[142] *Idem*, §§ II a XI (= BMJ 165, 39-50).

[143] Manuel Borges Carneiro (1774-1833): Autor material de boa parte da Constituição de 1822, Borges Carneiro foi, antes do mais, um civilista, a quem se deve o *Direito civil de Portugal/contendo três livros/I. Das pessoas; II. Das cousas; III. Das obrigações*

§4.º A experiência lusófona 43

Portugal, um Livro II denominado *Das cousas*. Adota, para estas, a noção de Heineccius[144]:

> *cousa* ou *bens* em accepção juridica he tudo o que pode pertencer a alguem, e ter uso na vida humana (...)

Após uma breve parte I, *Das cousas em geral*, onde ocorriam distinções mais modernas do que as de Melo – assim, a distinção entre prédios rústicos e urbanos, abaixo tratada – Borges Carneiro dedica-se ao regime das coisas, no que hoje chamaríamos Direitos reais.

IV. Na pré-codificação portuguesa, a expressão coisa ou *cousa* era largamente dominante. Corrêa Telles chega à coisa por intermédio da propriedade; segundo o artigo 732.º do *Digesto Portuguez*[145],

> Propriedade é o direito de gozar de uma cousa e dos seus accessorios e rendimentos, com exclusão dos outros; e de poder dispôr d'ella como melhor parecer ao proprietario.

Subsequentemente, embora em termos um pouco desordenados, Corrêa Telles explicitava o conteúdo da categoria das coisas imóveis, na base de diversos elementos retirados das *Ordenações*.

V. Influenciado já pela ordenação pandetística, através de Mackeldey[146], Coelho da Rocha trata aprofundadamente as *cousas*, na parte geral das suas *Instituições*[147]. Define-as como:

---

e acções; saíram 4 volumes: 1 (1826), 2 (1827), 3 (1828) e 4 (1840, póstumo); este último chegaria a *Das cousas*. *Vide* Adelino da Palma Carlos, *Manuel Borges Carneiro*, em *Jurisconsultos portugueses do século XIX*, 2 (1960), 1-25 e a nossa *Teoria geral/Relatório* cit., 106-107.

[144] Borges Carneiro, *Direito civil de Portugal*, 4 (1840), 6. Quanto a Heineccius *vide infra*, nota 240.

[145] J. H. Corrêa Telles, *Digesto Portuguez* (1909, reed.), 1, 94. Nas Ordenações, de acordo com a situação existente no período intermédio, ocorre, por vezes, o termo "bens", principalmente em aplicações periféricas. *Vide*, p. ex., *Ord. Fil.*, Liv. III, Tit. XLVII = ed. Gulbenkian, II e III, 631.

[146] Ferdinand Mackeldey, *Manuel de droit romain*, trad. de J. Beving, 3.ª ed. (1846), § 151 (87); quanto à feição da obra de Coelho da Rocha, prenúncio da receção do pandetismo em Portugal, *vide* a nossa *Teoria geral do Direito civil/Relatório* cit., 110 ss..

[147] M. A. Coelho da Rocha, *Instituições de Direito Civil Portuguez* cit., 8.ª ed., § 76 (1, 43 ss.).

44 *A ideia de coisa na Ciência do Direito*

(...) tudo aquillo, ou todos aquelles entes, que, servindo de utilidade aos homens, podem ser sujeitos ao seu poder, e portanto objecto de direitos. Nesta generalidade comprehendem-se não só as cousas physicas, mas também as acções, ou factos, e os mesmos direitos, em quanto se consideram como objecto de propriedade.

Assente o conceito, Coelho da Rocha distinguia coisas *corporeas* e *incorporeas*, *moveis* e *imoveis*, *fungiveis* e *não fungiveis*, *principaes* e *accessorias* ou *pertenças*, incluindo os *fructos* e as *benfeitorias*. Atinge, assim, um desenvolvimento superior aos dos seus antecessores.

14. O Código de Seabra (1867)

I. O Código de Seabra (1867) afastou-se das ideias de coisa, divulgadas na primeira metade do século XIX. Recordamos que, na época, se agitavam duas linhas:

– a do § 285 do Código austríaco de 1811, que considerava coisa tudo aquilo que, sendo diferente de pessoa, pudesse ser usado pelos seres humanos;

– a de Savigny que, retomando a fórmula de Kant, considerava coisa uma parte delimitada da natureza não-livre, desembocando na coisa corpórea.

A primeira orientação era pressuposta por Coelho da Rocha, embora sem referir as fontes.

II. O Código de Seabra veio enfrentar o problema na sua parte II – *Da aquisição dos direitos*, livro I – *Dos direitos originários e dos que se adquirem por facto e vontade propria independentemente da cooperação de outrem*, surge um título II significativamente epigrafado *Das cousas que podem ser objecto de apropriação e de suas differentes especies, em relação a natureza das mesmas cousas ou das pessoas a quem pertencem*. Neste enquadramento, o Código de Seabra definia coisa com recurso à fórmula seguinte (369.º):

Cousa diz-se em direito tudo aquillo que carece de personalidade.

§ 4.º A experiência lusófona 45

A matéria era depois tratada em 13 artigos (370.º a 382.º)[148]. Corrigindo a imensidão do 369.º, o 370.º considerou poderem ser objeto de apropriação todas as coisas que não estejam fora do comércio. E poderiam está-lo (371.º) por sua natureza ou por disposição da lei, numa contraposição precisada pelo 372.º.

O 373.º, retomando (finalmente) o 516.º do Código Napoleão, considerava as coisas imóveis e móveis. A noção de imóveis era precisada nos 374.º e 375.º, ocupando-se o 376.º dos móveis. Os 377.º e 378.º fixavam o sentido que, "nos actos ou contractos", teriam as referências a "bens ou causas immobiliarias" e a "moveis de tal casa ou predio".

Relativamente aos titulares (379.º), as coisas dizem-se *publicas, communs e particulares*. As públicas eram largamente enumeradas no 380.º, as comuns, no 381.º e as particulares, no 382.º. Estes preceitos, apesar de comportarem desenvolvimentos próprios, seguem, *grosso modo*, os 516.º a 543.º, do Código Napoleão.

A exegese subsequente conferiu um desenvolvimento acentuado a esta matéria[149]. Com Guilherme Moreira, o tratamento das coisas assume, em definitivo, uma feição pandetística[150]: ocorre na parte geral e percorre as diversas classificações recebidas da tradição românica e assente em Seabra. Pouco depois, Teixeira de Abreu retoma o tema das coisas, dando-lhe um dos maiores desenvolvimentos da nossa literatura de ordem geral[151]. Uma certa inflexão italiana ocorreu em Manuel de Andrade[152], por influência de Ferrara; todavia, a orientação pandetística foi mantida, radicando-se, definitivamente, no civilismo português.

---

[148] *Vide* José Dias Ferreira, *Codigo civil portuguez annotado*, 1.ª ed. (1870), 369 ss. e 1, 2.ª ed. (1894), 261 ss..

[149] José Dias Ferreira, *Codigo Civil Portuguez Annotado*, 1, 2.ª ed. (1894), 261 ss. e Luiz da Cunha Gonçalves, *Tratado de Direito Civil em comentário ao Código Civil Português*, 3 (1930), 33 ss..

[150] Guilherme Alves Moreira, *Instituições do Direito Civil Português*, 1 – *Parte geral* (1907), § 29 ss. (331 ss.). Moreira socorre-se, no essencial, de bibliografia alemã traduzida e de bibliografia italiana germanizada.

[151] A. J. Teixeira d'Abreu, *Curso de Direito Civil*, 1 – *Introducção* (1910), 217-357.

[152] Manuel de Andrade, *Teoria geral da relação jurídica*, 1 – *Sujeitos e objecto* (1972, 3.ª reimpr.), 199 ss..

46   A ideia de coisa na Ciência do Direito

15. O Código brasileiro de 1917

I. O Código Civil brasileiro de 1917 acolheu o esquema pandetístico, na linha do BGB alemão. Trata das coisas na parte geral (livro II), chamando-lhes, todavia, ora bens, ora coisas. Pensamos haver uma tradição vocabular nesse sentido, assente no Direito anterior. Com essa flutuação terminológica, o tratamento da matéria era de tipo germânico.

II. O artigo 43.º enumera os bens imóveis, em termos correspondentes a "imóveis por natureza"; o 44.º elenca os imóveis "para efeitos legais". O Código distingue, depois, os móveis (47.º a 49.º), as coisas fungíveis e consumíveis (50.º e 51.º), divisíveis e indivisíveis (52.º e 53.º) e singulares e coletivas (54.º a 57.º)[153]. O nível de precisão alcançado merece o maior aplauso.

16. O Código Civil de 1966

I. A preparação do Código Civil, na parte relativa às coisas, foi entregue a Pires de Lima. Este Autor fez publicar, em 1959, um anteprojeto relativo às coisas, acompanhado por breves notas explicativas[154]. Foram tidos em conta os antecedentes nacionais, com as observações doutrinárias que eles mereceram e, ainda, alguns diplomas estrangeiros, com relevo para o Código civil italiano. Apesar dos paralelismos que adiante apontaremos, a propósito de diversos preceitos, adiantamos que o Código Civil logrou soluções originais. Aproxima-se do Código alemão pela sistemática pandectística e pelo recurso a "coisa", e não a bens; conecta-se, todavia, com a linha napoleónica pela manutenção do conceito amplo de *res*, solenemente acolhido por Seabra. Na base destes contributos diversificados, o Código Civil tem a sua identidade.

II. Tendo arriscado uma definição de coisa – 202.º – o Código Civil alinhou diversas classificações – 203.º. Distingue: imóveis e móveis, simples e compostas, fungíveis e não fungíveis, consumíveis e não consumíveis, divisíveis e indivisíveis, principais e acessórias e presentes e futuras.

---

[153] Manuel Paulo Merêa, *Codigo Civil brasileiro anotado* (1917), 36 ss..
[154] Fernando Pires de Lima, *Das coisas*, BMJ 91 (1959), 207-222.

§4.º A experiência lusófona 47

Outras classificações não estão aqui patentes, sendo ainda de considerar os frutos e as benfeitorias.

Nos preceitos subsequentes, o Código Civil parece limitar-se a dar definições dos diversos termos sem, propriamente, dispôr, de modo direto, um regime. A doutrina tem dirigido múltiplas críticas a este tipo de orientação[155]. Todavia, o progressivo envelhecimento do Código Civil faz perder acuidade às críticas, em si justificadas: deve, antes, prevalecer um espírito construtivo, norteado apenas pela cultura jurídica e pela Ciência do Direito[156].

III. A essa luz, o Código Civil, no tocante às coisas, parece muito próximo das *institutiones* de Gaio e das de Justiniano. Assume um teor didático que, não sendo diretamente precetivo, vai, no entanto, completar outros preceitos.

Além disso, a presença conceptual das coisas, não manietando o intérprete-aplicador a específicas construções que devam, depois, ser edificadas, com base nos diversos preceitos do Código, coloca um cenário evolutivo próprio da terceira sistemática. O Código Civil deve ser interpretado e aplicado à luz destas considerações, particularmente na necessária abertura às coisas imateriais.

17. O Código brasileiro de 2002

I. O Código brasileiro de 2002 reforçou a inclinação romano-germânica do Direito lusófono. As coisas são tratadas em abstrato, na parte

---

[155] Assim, José Dias Marques, *Código civil anotado* (1968), 57, Castro Mendes, *Direito civil (teoria geral)*, 2 (1968, polic.), 104 ss., Menezes Cordeiro, *Direitos reais* (1993, *reprint*), 189 ss., Carlos Alberto da Mota Pinto, *Teoria geral do Direito civil*, 4.ª ed. por António Pinto Monteiro e Paulo Mota Pinto (2005), 341, Diogo Bártolo, *Da noção de coisa no Código Civil e da distinção que este faz entre coisas imóveis e móveis*, Est. Neves Ribeiro (2007), 281-302 (281 ss.), Pedro Pais de Vasconcelos, *Teoria geral do Direito civil*, 7.ª ed. (2012), 191 e, principalmente, Oliveira Ascensão, *Direito civil/teoria geral*, 1 (1997), 322 = 2.ª ed. (2000), 351.

[156] Heinrich Ewald Hörster, *A parte geral do Código Civil português/Teoria geral do Direito civil* (1992), 177 ss., mais moderado; retomando uma ideia de Castro Mendes, Hörster delimita o artigo 202.º/1 em função do n.º 2 desse mesmo preceito.

48   *A ideia de coisa na Ciência do Direito*

geral (artigos 79.º e seguintes)[157]. Todavia, na linha do Código de 1916, o novo Código optou por "bens", uniformizando mesmo a terminologia, nesse sentido. Comporta as diversas classificações, em termos claros, que cumpre divulgar, entre nós.

II. Em moldes muito próximos do Código de 1916, distingue: bens imóveis (79.º a 81.º) e móveis (82.º a 84.º), fungíveis e consumíveis (85.º e 86.º), divisíveis (87.º e 88.º) e singulares e coletivas (89.º a 91.º). A rica civilística brasileira anterior pode, assim, ser aproveitada.

---

[157] Álvaro Villaça Azevedo/Gustavo Rene Niculau, *Código Civil Comentado* I, *Das pessoas e dos bens* (2007), 188 ss..

§ 5.° NOÇÃO E PAPEL

18. Coisas ou bens?

I. A designação tradicional, desde que se adotou a língua portuguesa nos livros de Direito pátrio[158], retomada pelos clássicos da pré-codificação[159], era a de *coisas* ou *cousas*; referia-se, embora e por vezes, com um sentido semelhante, a "bens"[160]. A influência do Código Napoleão não foi suficiente para generalizar este último termo. Tem ainda interesse assinalar que a doutrina, quando referia bens, citava as origens romanas deste termo[161], acabando por fazer a distinção correta: o bem traduz a utilidade que a coisa pode proporcionar ao homem, exprimindo as coisas efetivamente apropriadas[162]. Para além desta distinção, coisas e bens são usados com relativa indiferenciação, numa posição compartilhada pelo próprio legislador.

II. O termo romano correto é coisa (*res*). Esta é, ainda, a locução mais tradicional, entre nós. A receção do pandectismo, na sequência de Guilherme Moreira, reforça-a. Finalmente: coisa é o termo usado pelo Código de Seabra e pelo Código Civil. O próprio Pires de Lima, mau grado a sua formação francesa, ponderou o problema e optou por coisa, no âmbito da preparação do Código Civil[163].

---

[158] Borges Carneiro, *Direito civil de Portugal* cit., 4, 5 ss.. Pascoal de Melo, que ainda escrevia em latim, usava *res*, naturalmente traduzida como coisa.

[159] António Ribeiro de Liz Teixeira, *Curso de Direito civil portuguez* (1843/1844), 2 (1848), 1 ss. e Corrêa Telles, *Digesto Portuguez* cit., 1, 94 (§ 732, como exemplo).

[160] Coelho da Rocha, *Instituições* cit, § 76 (1.°, 43), mencionando, todavia, depois, sempre *cousas*.

[161] D. 50. 16. 49: *bona dicuntur ex eo quod beant, hoc est, beatos faciunt; beare est prodesse*. Vide Guilherme Moreira, *Instituições* cit., 1, 337.

[162] Cunha Gonçalves, *Tratado* cit., 3, 35.

[163] Pires de Lima, *Das coisas* cit., 208-209.

50 *A ideia de coisa na Ciência do Direito*

No coração do Direito civil, as razões estilístico-culturais apontam para "coisa". "Bens" poderá ficar para as áreas mais periféricas do Direito de família – "regimes de bens", artigos 1717.º e seguintes – e do Direito das sucessões – "bens sujeitos à administração do cabeça-de-casal", artigo 2089.º[164], como exemplos.

III. Apesar das flutuações linguísticas, parece ocorrer uma certa tendência coloquial para restringir "coisa" às realidades corpóreas, enquanto os "bens" se alargam a realidades imateriais ou humanas. Fala-se, pois, em "bens imateriais" ou "bens de personalidade", em conjunções nas quais o termo "coisa" fica inadequado ou deve, mesmo, ser evitado. Adiante veremos que esta via tem bases consolidadas, especialmente quando estejam em causa abstrações que tenham a ver com a própria pessoa humana: por exemplo, os "bens" de personalidade.

Por outro lado, "bem" pode assumir um sentido económico: traduz um *quid* raro, capaz de satisfazer necessidades humanas. Torna-se, assim, mais restrito do que coisa: esta não deixará de o ser pelo facto de não ter a mínima utilidade. Mas ainda a nível económico, "bem" tem sido restringido a realidades materiais, por oposição a "serviços". Chegamos, também aqui, a um uso indiferenciado de "bem", a precisar de acordo com o contexto[165].

IV. Nestas condições, o termo "coisa" é, tecnicamente, o mais adequado para traduzir a realidade em jogo nos artigos 202.º e seguintes: adiante veremos as hipóteses de a definir. O termo "bem" pode ser usado em paralelo, embora com conotações próprias:

– ou por surgir em áreas periféricas, abarcando elementos patrimoniais mais vastos: "regime de bens" ou "bens da herança", por exemplo;

– ou por corresponder a coisas incorpóreas: "bens imateriais";

[164] Quanto ao uso, no Código Civil, de "bens" e de "coisa" ou "coisas", José Dias Marques, *Índice dos vocábulos do Código civil português*, RFDUL XXVII (1986), 327--390 (347-348 e 356-357).

[165] A atual doutrina italiana, confrontada com uma definição legal de bem (que, de resto, critica) é muito clara: as tentativas destinadas a individualizar os "requisitos" que as coisas deveriam ter para serem "bens", em sentido jurídico, não têm conduzido a resultados cientificamente úteis; *vide* Scozzafava, *Dei beni* cit., 14 e, ainda, os elementos citados *supra*, notas 129 e 130.

§5.º *Noção e papel* 51

– ou por assumir conotações valorativas mais amplas do que a mera *res*: "bens humanos" ou "bens de personalidade";
– ou por corresponder à categoria económica oposta à dos serviços.

Em qualquer dos casos, por razões histórico-culturais e dogmáticas, o Direito português parte, neste domínio, da ideia de "coisa"; não da de "bem". E como qualquer Ciência progride especializando os seus termos, há oportunidades consagradas para utilizar, distintamente, coisas e bens: a aprofundar.

A noção de base, no coração do Direito civil, mantém-se, todavia, a de coisa: não descortinamos razões para a substituir pela de bem.

19. As dimensões de coisa; o objeto

I. Em torno de coisa podemos tecer inúmeras considerações sociológicas, antropológicas, físicas e, mesmo, filosóficas.

Como ideia reitora, vamos partir do princípio de que a Ciência do Direito tem o domínio sobre os conceitos que utiliza para desenvolver a sua tarefa reguladora e aplicativa. Por certo que, na sua atuação, o Direito socorre-se de realidades pré-jurídicas. Fá-lo, porém, dando-lhes um sentido e um papel próprios, que logo as convertem em *quia* jurídicos. Toda a moderna teoria da hermenêutica e do conhecimento mostra que a utilização da ideia não é uma via de sentido único: ao escolher uma realidade exterior, o Direito comunica-lhe o seu próprio sentido, conferindo-lhe conotações que a modificam.

Tudo isto, comum nas diversas áreas jurídicas, atinge um máximo de intensidade no Direito civil. As implicações histórico-culturais das diversas noções levam a que, fatalmente, a "coisa" seja, no Direito civil, condicionada por toda uma tradição bimilenária.

II. Uma primeira ideia a reter é a de que "coisa" se contrapõe a "pessoa". A tradição portuguesa surge marcada, neste ponto. Recorde-se que, segundo o artigo 369.º do Código de Seabra, coisa é tudo aquilo que careça de personalidade.

Essa noção era considerada demasiado ampla[166]. A doutrina tentava

---

[166] Guilherme Moreira, *Instituições* cit., 1, 336-337, Cunha Gonçalves, *Tratado* cit., 3, 34, Manuel de Andrade, *Teoria geral* cit., 1, 199, e, especialmente, Cabral de Moncada,

52   *A ideia de coisa na Ciência do Direito*

progredir, contrapondo diversas aceções. Cumpre reter a orientação de José Tavares, que distinguia[167], retomando Teixeira d'Abreu[168]:

– uma noção lata: coisa é tudo o que não for pessoa, nos termos do artigo 369.º do Código de Seabra;
– uma noção própria: coisa é tudo o que, não tendo personalidade, possa ser objeto de direitos e de obrigações;
– uma noção restrita: coisa é o objeto material apropriável, por oposição a direitos ou a bens imateriais.

Na distinção de diversos "estratos" de coisa está, seguramente, a possibilidade de a definir com alguma utilidade. Em termos linguísticos, qualquer uso – mesmo filosófico, do tipo: coisa é tudo o que possa ser dito ou pensado – será legítimo.

III. A oportunidade de definir legalmente "coisa" não parece consistente. O Código Napoleão evitou-a, enquanto o BGB se limita, no seu já citado § 90, a proclamar sobre as "coisas" relevantes para ele próprio. Mais ousado, o já referido artigo 810.º do Código italiano apresenta "bens" como coisas que possam ser objeto de direitos. Esta noção foi criticada, entre outros aspetos, pela falta de consistência com outros preceitos. Zeno-Zencovich fala mesmo, perante o Código italiano e vistas as múltiplas aplicações nele feitas, na ausência de uma teoria geral dos bens ou das coisas[169]. Não é possível apresentar uma definição única: e as diversas aceções que se deparassem teriam, ainda, de ser acompanhadas por numerosas explicações.

Não obstante, Pires de Lima, criticando o Código de Seabra pela latitude da sua noção, propôs a definição hoje inserida no artigo 202.º[170]:

> Diz-se coisa tudo aquilo que pode ser objeto de relações jurídicas.

A definição vale pelo seu sabor pandectista. Tecnicamente, é inaproveitável: basta ver que as pessoas não são coisas podendo, não obstante,

---

Lições de Direito civil/Parte geral, 3.ª ed. (1959), 11, nota 1; na 4.ª ed. póstuma (1995), *vide* 394, nota 1.

[167] José Tavares, *Os princípios fundamentais do Direito civil*, 2 – *Pessoas, cousas, factos jurídicos* (1928), 248.

[168] Teixeira d'Abreu, *Curso de Direito civil* cit., 1, 217.

[169] Zeno-Zencovich, *Cosa* cit., 442.

[170] Pires de Lima, *Das coisas cit.*, 207.

§5.º Noção e papel

ser objeto das tais relações jurídicas, enquanto os direitos reais, sendo absolutos, não implicam quaisquer relações jurídicas, embora, por definição, se reportem a coisas.

Abdiquemos, pois, da lei, para surpreender um conceito operacional de coisa.

20. Características

I. Antes de definir coisa, parece metodologicamente adequado procurar apontar as suas características[171].

Como ponto de partida, temos a noção do artigo 369.º do Código de Seabra, que corresponde hoje a uma valoração profundamente radicada nas sociedades humanas: a coisa não é pessoa. Embora meramente negativa, esta asserção não é formal:

– permite excluir as realidades humanas: a pessoa singular, o corpo humano, as partes do corpo humano, os sentimentos e diversos outros aspetos ligados à personalidade;
– permite excluir realidades não-humanas mas às quais o Direito confira os atributos da personalidade.

Este último ponto, na medida em que a concessão de personalidade coletiva seja – como, de facto, é – puramente formal, empresta ao universo das coisas um toque de formalismo. É inevitável, decorrendo do facto de se dispensar, para a personalização, qualquer especial substrato[172].

II. A coisa terá o atributo de economicidade? Se sim, ela representará um bem escasso, suscetível de ser avaliado em dinheiro. Neste sentido, a

---

[171] Manuel de Andrade, *Teoria geral* cit., 1, *maxime* 202, chega à conclusão de que, juridicamente, coisa implica: um objeto impessoal (carecido de personalidade jurídica), com existência autónoma, idónea para satisfazer necessidades ou interesses humanos e apropriável, no sentido de suscetível de controlo exclusivo por algum ou alguns homens; Pedro Pais de Vasconcelos, *Teoria geral do Direito civil* cit., 7.ª ed., 192, aponta a utilidade, a individualidade e a suscetibilidade de apropriação. Enumerações das características de coisa podem ser seguidas em Werner Kalb, *Der Sachbegriff* cit., 20 ss. e em Oliver Kälim, *Der Sachbegriff im schweizwerischen ZGB* (2002), 42 ss..

[172] Menezes Cordeiro, *O levantamento da personalidade colectiva no Direito civil e comercial* (2000), 60 ss. e *Tratado de Direito civil*, IV, 5.ª ed. (2019), 656 ss..

54   *A ideia de coisa na Ciência do Direito*

coisa não tem, necessariamente, natureza económica: pode não ser escasso – o ar atmosférico, pelo menos por enquanto – pode ser inalcançável – as rochas de Vénus, também por enquanto – ou pode, por força do Direito, não ser permutável por dinheiro. Provavelmente, haverá uma categoria de "coisas económicas"; nem todas, porém, a integram.

A moderna teoria económica do Direito sustenta – por vezes com verosimilhança – que as leis da economia enformam a conduta humana em geral e portanto: mesmo fora das zonas tipicamente económicas. As pessoas agem racionalmente, procurando maximizar as utilidades de que disponham[173]. Mas o Direito não admite que as pessoas "monetarizem" ou "economicizem" tudo aquilo em que toquem. Teoricamente, pode-se comprar a honra ou, até, a própria pessoa, sendo viável aprontar esquemas económicos para explicar e regular esse fenómeno. O Direito não o permite, em nova demonstração do seu império sobre o universo das coisas. Independentemente de tais proibições, há coisas que, de facto e nas condições reinantes, não têm teor económico.

III. A coisa terá o atributo da utilidade? A coisa útil deteria a faculdade de satisfazer necessidades humanas, surgindo como "bem", numa das suas aceções. Desde logo: há realidades úteis – e, portanto, há bens – que por terem natureza humana, não são "coisas": pense-se nos bens de personalidade. Feita essa precisão, verificamos que há coisas que, embora sem natureza económica, são úteis: o ar atmosférico ou a água do mar. Porém, a coisa que, circunstancial ou estruturalmente, não tenha a mínima utilidade não deixará de o ser. Há coisas que não são bens, por não terem qualquer utilidade. E há bens que não são coisas, por terem natureza humana.

IV. A coisa será permutável e ocupável? A permutabilidade representa a possibilidade de, sobre a coisa, se tecerem relações de mercado; a coisa será entregue, a uma pessoa, a troco de outra coisa. A ocupabilidade traduz a possibilidade de uma coisa ficar sob o controlo material exclusivo de uma pessoa. Teremos, então, a posse, base de subsequentes direitos reais.

Repare-se que estas possíveis características não coincidem com a economicidade ou, sequer, com a utilidade. Elas, podem, porém, ser afastadas:

---

[173] Horst Eidenmüller, *Effizienz als Rechtsprinzip*, 2.ª ed. (1998), 4 e *passim*; Fernando Araújo, *Teoria económica do contrato* (2007), 14 ss., com muitas indicações.

§5.º Noção e papel

– pela natureza, que ponha fora do alcance humano a coisa ou coisas consideradas;
– pelo próprio Direito, que proíba operações jurídicas sobre certas coisas.

A comercialidade poderá ser característica de algumas coisas. Não de todas.

V. A coisa será rara? Tanto quanto hoje se pensa, o próprio Universo é limitado. A "raridade" de uma coisa traduz, porém, apenas a ideia de que existe uma certa resistência à oferta, pelo que, para ser alcançada, se exige um sacrifício. Nesse sentido, a raridade também não surge como característica da coisa. É no entanto evidente que o interesse dos homens e, daí, do Direito, se vai concentrar sobre as coisas raras.

VI. A coisa será delimitada? Uma realidade ilimitada (em termos humanos) pode ser considerada "coisa", embora com escassa projeção jurídica. O Atlântico é uma "coisa" e o próprio Planeta Terra também o será.

Com esta prevenção, parece-nos que a delimitação corresponde, nos diversos idiomas, a uma ideia subjacente a "coisa". Esta, tomada enquanto tal, evoca sempre uma porção delimitada da realidade, mas com significado social. Considerar um átomo uma coisa composta (protões + neutrões + eletrões) poderá ser uma evidência física, mas sem projeção, no campo do Direito.

VII. Quanto à materialidade: a tradição platónica admite coisas imateriais a que podemos, hoje, acrescentar as energéticas. Embora as coisas materiais traduzam uma categoria nuclear de "coisa", dotada de um regime bem marcado, a cultura românica não limita as coisas à matéria. De resto, a categoria das coisas incorpóreas constitui uma das áreas de especial crescimento, nos nossos dias[174].

---

[174] *Vide* Herbert Zech, *Unkörperliche Güter im Zivilrecht/Einführung und Überblick*, em Stefan Leible/Matthias Lehmann/Herbert Zech, *Unkörperliche Güter im Zivilrecht* (2011), VIII + 292 pp. (1-5).

56 *A ideia de coisa na Ciência do Direito*

21. Sentido jurídico e papel

I. O universo das coisas é definido pelo Direito. Não o será arbitrariamente, uma vez que o Direito surge como uma Ciência que rege, com harmonia, as realidades a que se aplica. Mas essa pretensão de cientificidade não retira, à coisa, a sua natureza jurídica.

Coisa é, antes de mais, o que não for pessoa. Ora o universo das pessoas é definido pelo Direito: o escravo não era pessoa, mas sim *res*; as pessoas coletivas não são coisas, sendo certo que os critérios da personalização são, hoje, meramente formais. Tanto basta para que a própria coisa acabe por (poder) ser artificialmente definida.

II. Atualmente, a evolução do Direito privado tende para delimitar o conceito de coisa por outras vias. O cadáver humano não tem personalidade, visto o disposto no artigo 68.º/1. Não é, todavia, considerado coisa. Também os órgãos humanos, mesmo quando tratados separadamente, não são coisas, outrotanto podendo (e devendo) ser afirmado do feto humano.

Em 1990, uma reforma do BGB alemão veio determinar, expressamente, que os animais não são coisas, dispondo de proteção legal. Independentemente de quaisquer considerações sobre o sentido deste preceito – abaixo abordaremos o estatuto jurídico dos animais – não podemos ficar indiferentes a este sinal dos tempos, bem patente no ordenamento jurídico mais vigoroso do Continente europeu[175], tanto mais que essa orientação foi acolhida pelo artigo 201.º B, aditado pela Lei n.º 8/2017, de 3 de março.

Em definitivo: o universo das coisas é determinado pelo Direito. Clamar pelo formalismo desta noção só revela uma negação não assumida da própria substancialidade da ordem axiológico-normativa.

III. O Direito é sensível à realidade. A natureza das coisas impõe--se-lhe, ainda que não predetermine as soluções e, sobretudo, o modo de as alcançar.

O papel da lógica das coisas ou dos objetos e das relações que, entre eles, se estabeleçam, no Direito, não pode ser menosprezado[176]. Todavia

---

[175] Também em França, mau grado a cautela da doutrina dominante, se discute já abertamente se os animais ainda se poderão considerar "bens"; *vide* Bergel/Bruschi/Cimamonti, *Les biens* cit., 449-450.

[176] Com indicações, Heinrich Henkel, *Einführung in die Rechtsphilosophie*, 2.ª ed. (1977), 296 ss..

§ 5.º Noção e papel 57

e por muita importância que se pretenda dar-lhe, ele não vai ao ponto de oferecer, ao Direito, realidades pré-jurídicas intocáveis. A própria ideia de pré-juridicidade poderá ser questionada como inversão lógica e mesmo cronológica: o Direito é exterior aos sujeitos pensantes e a apreensão jurídica precede, com frequência, a apreensão material.

O grande óbice ao tratamento jurídico da coisa reside no preconceito neokantiano da dicotomia facto-Direito e coisa-valor. O Direito é, ele próprio, facto e coisa. Apenas por limitação humana somos levados a analisar separadamente as coisas, as pessoas e os regimes que tudo regulam. A separação é gnoseologicamente necessária mas ontologicamente irreal.

A coisa é Direito porque só o ser humano a vê como coisa. Em termos cósmicos, tudo – incluindo pessoas! – é coisa, obedecendo a uma grande Ordem universal ou ao Criador – que Esse, sim, não será coisa. A objetivação da ideia de coisa faculta a sua juridicidade.

IV. Tudo visto, poderemos definir coisa, em sentido jurídico, como toda a realidade figurativamente delimitada a que o Direito dispense um estatuto historicamente determinado para os seres inanimados.

Perante noção tão vasta, nada mais se poderá fazer do que proceder a múltiplas classificações esclarecedoras. Assim era já, de resto, no Direito romano.

V. O Código Civil, admitindo embora um conceito amplo de coisa, acabou, no fundamental, por se concentrar numa dogmática de tipo pandetístico: a dos objetos materiais. Não obstante, os quadros dos artigos 202.º e seguintes têm uma aplicação de princípio aos diversos objetos de direitos ou de "relações jurídicas". Seja em direitos reais, seja no Direito das obrigações e, através deste, nas mais diversas áreas privadas e públicas, as categorias articuladas nos artigos 202.º e seguintes são chamadas a valorar problemas e a justificar soluções. Todo o universo sobre que incide o Direito, com exceção das pessoas, acaba por lhe adotar os moldes[177].

VI. A doutrina mais recente, na sequência de Karl Larenz[178], trata este tema pelo prisma do objeto dos direitos ou, se se quiser, das relações

---

[177] Vide, de certo modo, Franz Wieacker, Sachbegriff, Sacheinheit und Sachzuordnung, AcP 148 (1943), 57-104 (57 ss.).

[178] Karl Larenz/Manfred Wolf, Allgemeiner Teil des Bürgerlichen Rechts, 9.ª ed. (2004), § 20 (350 ss.).

58   *A ideia de coisa na Ciência do Direito*

jurídicas[179]. O objeto constitui o ponto de referência (*Beziehungspunkt*) das imposições, das proibições e das permissões que dão corpo à proteção concedida pelos direitos subjetivos[180]. Em conjunto com os sujeitos (centro de imputação de normas) e com os direitos (permissões específicas de aproveitamento), o objeto constitui uma das estruturas fundamentais do Direito. Como tal deve ser estudado.

Mas podemos ir mais longe. Com a sua materialidade, a coisa evidencia o mundo exterior, pelo qual o ser humano se debate. O Direito disciplina-o. Mas fá-lo tendo, subliminarmente, em vista as figurações reais. A ordenação dos bens assenta numa dogmática dirigida para o objeto: principalmente, para a coisa. Nos planos ordenadores e significativo-ideológicos, a coisa, extrapolada para os diversos "bens" tem, também, um papel fulcral[181]. Muitas das suas categorias são extrapoláveis para outras áreas[182], com relevo para as obrigações[183] e para os bens imateriais[184].

---

[179] Christian Wendehorst, *Rechtsobjekte*, em Robert Alexy, *Juristische Grundlagenforschung*, ARSPh BH 104 (2005), 71-81 (78 ss.), Manfred Wolf/Jörg Neuner, *Allgemeiner Teil des bürgerlichen Rechts*, 10.ª ed. (2012), § 24 (279 ss.) e 11.ª ed. (2016), § 25 (300 ss.), Christina Stresemann, no *Münchener Kommentar zum BGB* I, 8.ª ed. (2018), § 90, Nr. 1 ss. (1054 ss.), Joachim Jickeli/Malte Stieper, no *Staudingers Kommentar zum BGB*, §§ 90-124; 130-133/*Allgemeiner Teil* 3 (2012), prenot. §§ 90-103, Nr. 4 ss. (3 ss.) e Malte Stiejer, *idem*, na ed. de 2017.

[180] Joachim Jickeli/Malte Stieper, no *Staudingers Kommentar*, §§ 90-124 cit., prenot. §§ 90-103, Nr. 4 (3).

[181] Alexander Peukert, *Güterzuordnung als Rechtsprinzip* (2008), XXII + 984 pp, 6, 37 ss., 137 ss. e *passim*.

[182] Oliver Kälim, *Der Sachbegriff* cit., 113 ss. e 135 ss..

[183] Gerold Hoop, *Kodifikationsgeschichtliche Zusammenhänge des Abtretungsverbots/Die vermöglichensrechtliche Konzeption ausgewählter naturrechtlicher und pandketischer Kodifikationen und deren Verflechtung (ABGB, ALR, CC, ZGB, BGB, Liechtenstein)/ /Der weite Sachbegriff als Bindeglied zwischen Sachen und Schuldrecht zum Oberbegriff Vermögensrecht* (1992), 210 pp., com elementos históricos e comparatísticos.

[184] *Infra*, 164 ss..

CAPÍTULO II

AS COISAS E O ÂMBITO DO DIREITO CIVIL

§ 6.º DAS *RES EXTRA COMMERCIUM* AO DOMÍNIO PÚBLICO

22. Os dados civis

I. O Código Civil apresentou, no seu artigo 202.º/1, uma definição de coisa. E logo no n.º 2, veio acrescentar[185]:

> Consideram-se, porém, fora do comércio todas as coisas que não podem ser objeto de direitos privados, tais como as que se encontram no domínio público e as que são, por sua natureza, insuscetíveis de apropriação individual.

Pois bem: quer a fórmula adversativa utilizada pelo legislador – "consideram-se, porém" – quer a insuscetibilidade de direitos privados ou de aquisição privada implicam que, às coisas fora do comércio, não se aplique o Direito civil ou, pelo menos, todo o Direito civil[186].

II. O conhecimento do Direito civil português implica, no tocante às coisas, a delimitação prévia do seu âmbito de aplicação. Repetidamente os nossos tribunais cíveis, a propósito da aplicação de regras de Direito civil,

---

[185] Trata-se da fórmula proposta por Pires de Lima, *Das coisas* cit., 209, logo após a noção legal de coisa; segundo esse seu autor material, ela destinar-se-ia a esclarecer que sobre as coisas do domínio público não se podem constituir direitos privados. A ideia não é inteiramente rigorosa e entra em conflito com o artigo 1304.º.

[186] *Vide*, com indicações, José Luís Bonifácio Ramos, *O achamento de bens culturais subaquáticos* (2008), 931 pp., 544 ss..

60   As coisas e o âmbito do Direito civil

têm tido de se pronunciar sobre monumentos nacionais[187], sobre bens da Igreja[188], sobre águas públicas[189], sobre ruas[190], caminhos[191] e largos[192], sobre telecomunicações[193] e sobre cemitérios[194]. Também o foro administrativo tem, como seria de esperar, produção nesse domínio[195], cabendo, todavia, aos tribunais comuns, a definição da natureza pública ou privada das coisas[196] e a existência de direitos privados sobre coisas públicas[197]. Estamos, pois, perante um problema civilmente relevante.

III. Além disso, cabe antecipar que o próprio Estado tem acesso às coisas no comércio – o "domínio privado do Estado" – e que as regras

---

[187] Lx 5.ª Vara Cível 29-abr.-1977 (Ianquel Silbarcant Milhano), CJ III (1978) 1, 324-327, confirmado por RLx 8-fev.-1978 (Raúl Moreira de Andrade), CJ III (1978) 1, 93-95 e por STJ 1-fev.-1979 (João Moura), BMJ 284 (1979), 197-201, RPt 31-mai.-1993 (Bessa Pacheco), Proc. 9210976 e STJ 24-abr.-2012 (Moreira Alves), Proc. 683/1997.

[188] STJ 26-jan.-1995 (Miranda Gusmão), BMJ 443 (1995), 374-385, RPt 29-nov.-1999 (Ribeiro de Almeida), Proc. 9950759 e RLx 5-jun-2018 (Luís Espírito Santo), Proc. 204/11.

[189] RCb 27-fev.-1974 (o sumário, sem ind. relator), BMJ 235 (1974), 362 e STJ 18-dez.-2012 (Salazar Casanova), Proc. 205/07.

[190] STJ 6-nov.-1986 (Góis Pinheiro), BMJ 361 (1986), 561-567 (567).

[191] RLx 4-jun.-1987 (José Magalhães), CJ XII (1987) 3, 113-114 (114/I), STJ(P) 19-abr.-1989 (Solano Viana), BMJ 386 (1989), 121-125 e RCb 26-jul.-1999 (Távora Vitor), CJ XXIV (1999) 4, 23-25 (24/II) e STJ 18-out.-2018 (Helder Almeida). Proc. 1334/11.

[192] STJ 19-fev.-1998 (Pereira da Graça), BMJ 474 (1998), 481-491.

[193] RPt 1-abr.-1993 (Cesário Matos), CJ XVIII (1993) 2, 203-206.

[194] REv 3-nov.-1994 (Cortez Neves), CJ XIX (1994) 5, 281-283, RCb 10-jan.-1995 (Cardoso de Albuquerque), CJ XX (1995) 1, 20-24, REv 26-jun.-1997 (Bogalhão do Casal), CJ XXII (1997) 2, 280 e STJ 19-abr.-2005 (Lemos Triunfante), CJ/Supremo XIII (2005) 2, 46-49 = Proc. 06A4210.

[195] Assim: STA(P) 29-fev.-1984 (Valadas Preto), AcD 276 (1984), 1437-1450 (1443 ss.), STA(P) 26-mai.-1994 (Correia de Lima), AcD 397 (1995), 86-93 (92-93) e STA 28-mai.-1997 (Pamplona de Oliveira), AcD 432 (1997), 1416-1425 (1421); o interesse público exige que a autarquia que exerce o domínio sobre bens públicos extraia deles o máximo de utilidade.

[196] STA 3-jun.-1998 (Pamplona de Oliveira), BMJ 478 (1998), 433: impugnando-se um ato administrativo que autorizou um particular a construir um muro com fundamento na circunstância de o solo em que esse muro é implantado pertencer ao domínio público, pode o tribunal administrativo suspender a instância, a fim de a questão da qualificação do solo ser decidida no tribunal comum.

[197] STJ 21-jun.-2012 (Pereira da Silva), Proc. 78/07.

§ 6.º Das res extra commercium *ao domínio público*   61

civis, seja direta seja subsidiariamente[198], podem ter aplicação no campo das coisas públicas.

De novo encontramos uma solicitação para que a Ciência civil aceda, minimamente, ao Direito do domínio público.

23. O Direito romano e o período intermédio

I. No Direito romano ocorria já, como vimos[199], uma contraposição entre *res in commercio* e *res extra commercium*. Estas últimas traduziam, todavia, também as coisas que não pertenciam ao disponente. Ainda no Direito romano, era sabido que certas coisas, pelas suas características próprias, não podiam ser objeto de apropriação individual: as *res communes omnium*, como o ar, o mar e as praias[200]. Finalmente e sempre no Direito romano, atribui-se a titularidade de determinados bens ao povo (*populus*), constituindo seja o *aerarium*, de administração senatorial, seja o *fiscum*, do imperador.

A própria evolução histórica, ainda na Antiguidade, deu azo a situações diferenciadas: coisas que não são do próprio, coisas que não podem, pela natureza, ser apropriadas e coisas do Estado. A todas elas haveria que aditar ainda uma outra: coisas que, não sendo do Estado e embora suscetíveis, teoricamente, de apropriação individual eram, pela tradição ou pelas circunstâncias, mantidas livres, de modo a serem usadas por uma comunidade de pessoas interessadas[201]. Genericamente, tudo isto dava azo às *res extra commercium*.

II. A categoria das coisas subtraídas ao comércio dos particulares era, à partida, de uma extraordinária heterogeneidade. Os quadros conceituais – jurídicos ou, até, meramente linguísticos – que regem o regime das coisas formaram-se em torno da apropriação privada. Foram, depois, usados

---

[198] *Vide* o artigo 1304.º do Código Civil bem como o *Tratado* I, 88 ss..

[199] *Supra*, 20-21.

[200] *Idem* e loc. cit. nota 39.

[201] Poderia tratar-se de resquícios de uma propriedade coletiva primitiva ou da consequência de conquistas, sem que tivesse ocorrido uma apropriação pelo Estado (*ager publicus*), seguida ou não da distribuição, em parcelas, a particulares. *Vide* Max Kaser, *Typen der römischen Bodenrechte in der späteren Republik*, SZRom 75 (1942), 1-81 (26 ss.) e, quanto ao período imperial, Otto Hirschfeld, *Der Grundbesitz der römischen Kaiser in den ersten drei Jahrhunderten*, KLIO 2 (1902), 45-72.

62   *As coisas e o âmbito do Direito civil*

para exprimir a heterogeneidade das *res extra commercium*. Vemos, por aqui, as dificuldades e os paradoxos a que se chegaria.

III. As coisas fora do comércio eram obtidas pela negativa: a não-pertença ao sujeito. No Direito romano – com todas as dificuldades inerentes à ausência de uma teoria do Estado – surgiu o embrião da dominialidade pública[202]. Tratava-se da definição, pela positiva, dos bens públicos, assente num duplo critério:

– a sua pertença ao Estado;
– a sua utilização por todos os membros da comunidade.

Pertencia ao Estado, entre outros, o *ager publicus*, que abrangia os vastos territórios obtidos pelas conquistas. No Direito clássico, o *ager publicus* não era suscetível de apropriação privada: apenas de concessões precárias. Mais tarde, o *ager publicus* foi sofrendo um processo de privatização, até se confundir com o *dominium* ou propriedade de tipo privado. Os bens do Estado – na linguagem atual – dispunham de meios de defesa especiais e expeditos – os *interdicta*, base das ações possessórias[203].

Na privatização subsequente, os remédios jurídicos misturaram-se: o antigo *ager publicus* passou a poder ser defendido pelos meios civis gerais – e, *maxime*, pela reivindicação ou *rei vindicatio* – enquanto os meios possessórios passaram a aproveitar a todos os particulares.

Já no tocante às *res communes omnium*, a situação era mais complexa. A sua defesa implicava o reconhecimento, ao Estado ou a outras entidades, dos poderes para usar meios tendencialmente decalcados do Direito privado.

IV. Uma teoria consistente dos bens públicos, base de uma distinção atualista entre coisas no comércio e fora do comércio, só é pensável com o aparecimento do Direito administrativo: no século XIX.

Assim, no período intermédio, os bens públicos eram genericamente os bens da Coroa. A receção do Direito romano reforçou a ideia, uma vez que a titularidade pelo soberano se explicaria em moldes de simples pro-

---

[202] Maria Ada Benedetto, *Demanio (storia del diritto)*, NssDI V (1960), 423-427 e Ennio Cortese, *Demanio (diritto romano)*, ED XII (1964), 70-74. Entre nós, Maria José Carranca de Oliveira, *Notas para o estudo da propriedade das* res publicae *no período clássico de Roma*, Estudos Martim de Albuquerque 2 (2010), 301-368.
[203] *Vide* a nossa *A posse/Perspectivas dogmáticas actuais*, 3.ª ed. (2000), 17 ss..

§6.° Das res extra commercium *ao domínio público* 63

priedade privada. Os bens públicos – ou, numa linguagem privada menos envolvida, as "coisas fora do comércio" – seriam determinados apenas pelo fator subjetivo da sua titularidade[204].

Simplesmente, mesmo nessa altura conservaram-se fatores de diferenciação estruturais. Por um lado, há certas coisas que, pela própria natureza, ou dependem da comunidade organizada ou só podem ser usadas por todos[205].

24. O domínio público

I. A ideia de domínio público deve-se aos clássicos administrativistas franceses[206], tendo sido retomada pelos italianos[207].

Na base de normas de Direito administrativo, entende-se que o Estado – ou outras entidades públicas a ele equiparáveis – eram detentores de um direito estruturalmente público, relativo às coisas (públicas) que lhes competiriam, e que seriam inalienáveis: o domínio público. Contrapor-se-lhe-ia o domínio privado do Estado, próximo do Direito privado.

Podemos reconstruir as razões da distinção. No Antigo Regime, estava consagrada a categoria – de resto heterogénea – dos bens da Coroa. Sobre eles incidiria o direito de propriedade. Com a Revolução francesa, essa categoria foi abolida e substituída pela da "propriedade" ou "domínio" da Nação. Engrossada pelas nacionalizações – pense-se nos bens da Igreja! – ela sofreu alienações maciças. Os próprios civilistas[208] introduziram, então, a distinção: certos bens do Estado, de evidente uso comum e sujeitos

---

[204] Ennio Cortese, *Demanio (diritto intermedio)*, ED XII (1964), 75-83.

[205] Gustavo Ingrosso, *Demanio (diritto moderno)*, NssDI V (1960), 427-428 (427).

[206] Marcello Caetano, *Manual de Direito Administrativo*, 2, 9.ª ed. (1972), 870 ss. e Rui Machete, *O domínio público e a rede eléctrica nacional*, ROA 2001, 1367-1411 (1367 ss.). *Vide* André de Laubadère/Jean-Claude Venezia/Yves Gaudemet, *Traité de Droit Administratif* 2, 9.ª ed. (1992), 169 ss.. Quanto ao regime do domínio público em França, Michel Rougevin-Baville/Renaud Denoix de Saint Marc/Daniel Labetoulle, *Leçons de droit administratif* (1989), 546 ss..

[207] Por todos: Renato Alessi, *Sistema istituzionale del diritto amministrativo italiano*, 3.ª ed. (1960), 454 e Ignazio Scotto, *Diritto amministrativo*, 2.ª ed. (1993), 146-147. A nível monográfico e em geral, *vide* Sabino Cassese, *I beni pubblici/Circolazione e tutela* (1969).

[208] Em que se inspirou Victor Proudhon, comummente apontado como o pai do domínio público francês; *vide* Laubadère e outros, *Traité* cit., 2, 9.ª ed. 171.

64 *As coisas e o âmbito do Direito civil*

à soberania direta, seriam domínio público do Estado, inalienável; outros, também do Estado mas sem essas características, mais não constituiriam do que o seu domínio privado.

Resta acrescentar que a atual doutrina administrativista francesa se tem vindo a bater por uma noção mais dinâmica e produtiva de domínio público: não deixa de invocar os quadros do Direito privado.

II. No Direito alemão, o tema do domínio público foi cientificamente introduzido por Otto Mayer[209]. Este Autor dispensou um circunstanciado desenvolvimento às coisas públicas, tratando-as sob o título sugestivo "Direito público das coisas"[210]. As coisas públicas pertenceriam a uma entidade pública, destinando-se imediatamente a prosseguir um escopo público[211/212]. Teríamos a propriedade pública traduzida, pelo próprio Otto Mayer, como "domínio público"[213]. Temos, aqui, uma construção unitária de propriedade pública: uma "propriedade" estruturalmente suportada por regras de Direito público[214]. E a propriedade pública ocorreria através de um ato de classificação ou de afetação, praticado pelo Estado[215/216].

---

[209] Otto Mayer (1846-1924), professor em Estrasburgo (então alemã) e em Leipzig, é geralmente apresentado como o grande clássico do Direito administrativo alemão; o seu pensamento reflete reconhecidamente a doutrina francesa, doutrina essa que contribuiu, aliás, para refinar.

[210] Otto Mayer, *Deutsches Verwaltungsrecht*, 2, 2.ª ed. (1917), 1-242 e 3.ª ed. (1924), 1-134. Existe uma versão em língua francesa, do próprio Autor e correspondendo à 1.ª ed. alemã (de 1896): *Le droit administratif allemand*, com pref. de H. Berthélemy (1905); *vide*, aí, todo o tomo 3.º (322 pp.).

[211] Otto Mayer, *Deutsches Verwaltungsrecht*, 2, 3.ª ed. cit., § 35, IV (50).

[212] De Otto Mayer, cabe ainda referir o trabalho *Eisenbahn und Wegerecht*, AöR 16 (1901), 38-87 e 203-243, onde ocorrem aplicações da sua doutrina.

[213] Otto Mayer, *Le droit administratif allemand* cit., § 35 (3, 87 ss.). Para Otto Mayer, tal tradução é correta, dada a noção por ele perfilhada de "propriedade pública"; no atual Direito administrativo alemão, onde essa conceção é, em geral abandonada, a tradução ideal seria, simplesmente, "propriedade pública". Feita a prevenção, nenhuma dificuldade haverá em adotar a expressão "domínio público".

[214] *Vide*, em especial, Hans-Jürgen Papier, *Recht der öffentlichen Sachen*, 3.ª ed. (1998), § 1, I, 4 (5 ss.).

[215] Reinhold Zippelius, *Grundfragen des öffentlichen Sachenrechts und das Bayerische Strassen- und Wegegesetz*, DöV 1958, 838-850 (842).

[216] *Vide*, ainda e sobre a propriedade pública, Karl Friedrichs, *Bürgerliches und öffentliches Sachenrecht*, AöR 40 (1921), 257-348 (307 ss. e 333 ss.).

§6.º Das res extra commercium *ao domínio público* 65

III. A doutrina de Otto Mayer veio, depois, a sofrer um longo e aprofundado labor crítico.

A afirmação de um "domínio público" tem, antes do mais, a preocupação ideológica de afirmar a submissão de determinadas coisas ao Estado[217]. De facto, a linguagem tradicional do "domínio público" é muito impressiva, designadamente nas referências ao interesse público e ao papel soberano do Estado, mas sem reflexos dogmáticos diretos. A opção de Otto Mayer é criticada[218]. À sua orientação, dita unitária, do domínio público, é contraposta uma doutrina dualista[219], normalmente confrontada à construção francesa, de tipo unitário[220].

25. A construção dualista

I. A construção dualista das coisas públicas parte de considerações simples. Ao contrário do que sucederia no Direito romano, a coisa pública não é, hoje, simplesmente uma coisa fora do comércio[221]. Sobre ela recai a propriedade do Estado, como repetidamente é reconhecido pelos tribunais[222]. Simplesmente, além desse elemento, haveria de jogar com um outro: todo um conjunto de regras de Direito público, relativas à coisa e que a colocariam numa situação de submissão ao interesse público e

---

[217] Em especial, Theodor Maunz, *Hauptprobleme des öffentlichen Sachenrechts/ /Eine Studie zur Methodik und Dogmatik des deutschen Verwaltungsrechts* (1933), 172 ss..

[218] Theodor Maunz, *Hauptprobleme* cit., 123 ss..

[219] Assim: Michael Kromer, *Sachenrecht des öffentlichen Rechts/Probleme und Grundlage eines Allgemeinen Teils des öffentlichen Sachenrechts* (1985), 168 pp., 16 ss. e 26 ss. e Ernst Pappermann/Rolf-Peter Lühr/Wolfgang Andriske, *Recht der öffentlichen Sachen* (1987), 15 e 17 ss..

[220] Herbert Hardinghaus, *Öffentliche Sachherrschaft und öffentliche Sachwaltung/ eine Untersuchung des deutschen Rechts der öffentlichen Sachen verglichen mit dem französichen Recht des Domaine public* (1966), 168 pp., 76 ss. e 107 ss..

[221] Ernst Forsthoff, *Lehrbuch des Verwaltungsrechts – 1, Allgemeiner Teil*, 10.ª ed. (1974), § 20 (379); Forsthoff (1902-1974) é, já hoje, um administrativista clássico. Este Autor iniciou-se na matéria, ainda como professor em Königberg, através das coisas sacras; *vide* Ernst Forsthoff, *Res sacrae*, AöR 70 (1940), 209-254 (219, 230 e *passim*).

[222] BGH 30-abr.-1953, BGHZ 9 (1953), 373-389 (380), BGH 18-nov.-1955, BGHZ 19 (1956), 85-94 (90 ss.), BGH 14-jul.-1956, BGHZ 21 (1956), 319-336 (327 ss.), BGH 15-jun.-1967, BGHZ 48 (1968), 99-108 (104 ss.) e BGH 30-out.-1970, NJW 1971, 94-96 (95).

66   *As coisas e o âmbito do Direito civil*

ao poder do Estado[223]. A propriedade pública seria, então, o produto das regras de propriedade (civis) e de normas de Direito público, com prevalência destas, no seu campo de aplicação, sobre as primeiras e que lhe dariam a sua especial coloração[224].

A doutrina admite ainda que, em princípio, a lei possa construir uma "propriedade pública" unitária; não é esse o procedimento normal, no Direito alemão[225].

II. A construção dualista da propriedade pública teria uma série de vantagens. Ela permitiria uma melhor integração sistemática, drenando para o Direito público normas experimentadas e totalmente coerentes – as do Direito privado – e facultando uma mais fácil coordenação com outros institutos[226], designadamente com a responsabilidade[227].

Trata-se, pois, de uma orientação cientificamente elaborada. Queda verificar se joga com o Direito positivo considerado: oportunamente tomaremos posição perante o Direito português.

III. A determinação da natureza pública de uma coisa – genericamente proclamada como visando, pelo seu uso imediato, servir fins públicos[228] – obedece a dois critérios[229]: o do uso direto pelo público e o da colocação num *status* especial. Na primeira hipótese, a qualificação é

---

[223] Hans-Jürgen Papier, *Recht der öffentlichen Sachen* cit., 3.ª ed., 9 ss.; *vide* Franz Mayer/Ferdinand Kopp, *Allgemeines Verwaltungsrecht*, 5.ª ed. (1985), 398 e, em especial, Hans J. Wolff/Otto Bachof/Rolf Stober, *Verwaltungsrecht* – 1, 10.ª ed. (1994), § 39, II (510).

[224] Além dos elementos citados: Ernst Pappermann, *Grundfälle zum öffentlichen Sachenrecht*, JuS 1979, 794-799 (798) e Hans Jürgen Papier, *Recht der öffentlichen Sachen*, em Dirk Ehlers/Hermann Pünder, *Allgemeines Verwaltungsrecht*, 15.ª ed. (2016), § 38 (815-879), Nr. 18 ss. (820 ss.).

[225] Ainda que com exceções sectoriais, nalguns Estados federados; *vide* Jürgen Saczwedel, em Hans-Uwe Erichsen (org.), *Allgemeines Verwaltungsrecht*, 10.ª ed. (1995), § 42, I, Nr. 4 (540).

[226] Papier, *Recht der öffentlichen Sachen* cit., 3.ª ed., 11 ss..

[227] Assim, como exemplo: Richard Bartlsperger, *Verkehrssicherungspflicht und öffentliche Sache* (1970), 19-20.

[228] Ulrich Hade, *Das Recht der öffentlichen Sachen*, JuS 1993, 113-118 (113/I).

[229] Wolfram Höfling, *Grundzüge des öffentlichen Sachenrechts*, JA 1987, 605-611 (605/I).

§ 6.º *Das* res extra commercium *ao domínio público* 67

imediata; na segunda, ele depende de um ato de afetação (a *Widmung*)[230]. Esse ato pode ser uma declaração de vontade pública (a interpretar e a integrar segundo o BGB), uma lei, um regulamento, um estatuto, uma norma consuetudinária ou um ato administrativo[231].

Afigura-se-nos importante reter, da experiência alemã, a ideia de que, excluindo os casos de evidente uso comunitário o qual, em regra, traduz uma inviabilidade de apropriação exclusivista por uma pessoa, se caminha da propriedade pública para as coisas públicas[232]. Ou seja: há um regime jurídico, historicamente determinado, que coloca as coisas ao serviço da Administração Pública, em moldes especializados e, nessa medida, diversos dos do Direito civil. E é a sujeição a esse regime que permite falar numa "coisa pública".

Pergunta-se se a noção do § 90 do BGB é adequada para as coisas públicas. Volta a frisar-se: a natureza pública advém do regime e não da coisa. Logo, nada inquina, à partida, o § 90, no campo público. Todavia, a estreiteza desse preceito permite, a alguma doutrina, afirmar que ele é insuficiente, no Direito público[233].

IV. Por fim, fica a questão: existe uma efetiva teoria unitária das coisas públicas, ao ponto de se poder falar numa teoria geral dos direitos reais públicos? As bases legais são frágeis e muito dispersas, uma vez que as normas públicas disponíveis, fortemente moldadas pelas realidades a que se aplicam (estradas, canais ou instalações militares, por exemplo) não permitem regras sólidas comuns. Um âmbito geral tem sido negado[234], enquanto as tentativas afirmativas assentam num paralelo com o Direito privado. Procuram-se, nas coisas públicas, os princípios do *numerus clau-*

---

[230] Peter Axer, *Die Widmung als Schlüsselbegrif des Rechts der öffentlichen Sachen als Rechtsgebiet* (1994), 251 pp., 30 ss., 34 ss. e *passim*, Wolfram Höfling, *Grundzüge des öffentlichen Sachenrechts* cit., 606/I, Franz-Joseph Peine, *Das Recht der des öffentlichen Sachen/neue Gesetze und Rechtsprechung im Überblick*, JZ 2006, 593-608 (601/I) e Malte Stieper, no *Staudingers Kommentar* (2017) cit., §§ 90-124, prenot. §§ 90-103, N. 17 (8).

[231] Ulrich Hade, *Das Recht der öffentlichen Sachen* cit., 113/II.

[232] Schmidt-Jortzig, *Vom öffentlichen Eigentum zur öffentliche Sache*, NVwZ 1987, 1025-1031 (1026/I ss.).

[233] Wilfried Erbguth, *Recht der öffentlichen Sachen*, Jura 2008, 193-200 (194/I) e Hans Jürgen Papier, *Recht der öffentlichen Sachen* (2016) cit., § 38, Nr. 3 (817)

[234] Peter Axer, *Die Widmung* cit., *maxime* 225.

68   *As coisas e o âmbito do Direito civil*

sus, da publicidade, da especialidade, da abstração e da imediação, como exemplos[235].

Tudo isto permite apreciar as vantagens, no Direito alemão, da construção dualista: aplica-se o Direito civil, quando não afastado por normas públicas especiais.

---

[235] Michael Kromer, *Sachenrecht des öffentlichen Rechts/Probleme und Grundlagen eines Allgemeinen Teils des Öffentlichen Sachenrechts* (1985), 166 pp., 86 ss. e 91 ss.

§ 7.º A EVOLUÇÃO LUSÓFONA

26. Os bens da Coroa

Os bens do Estado eram, tradicionalmente, inseridos numa rubrica dita bens do Rei. A categoria era heterogénea; ela abrangia, designadamente[236]:

- bens reais: todos os que pertencem ao Rei;
- bens dominiais ou fiscais: os vacantes, os confiscados a condenados ou os deixados a pessoa indigna;
- bens da Coroa do Reino: caminhos públicos, rios perenes, portos de mar e de rios, ilhas adjacentes, desertos, matas maiores, tesouros, bens jazentes e, em geral todos os bens não ocupados por particulares;
- direitos majestáticos: os que têm a ver com impostos e com a moeda;
- erário régio: bens públicos do Estado, que se destinam a proteger a própria República e não à sustentação dos Imperantes.

Interessa reter, deste elenco, os bens da Coroa do Reino: as Ordenações contêm uma enumeração muito significativa e que, hoje, se aproxima do domínio público[237].

27. O período liberal

I. O advento do liberalismo levou à institucionalização de classificações mais analíticas[238].

---

[236] Pascoal de Melo, *Instituições de Direito Civil Português*, Liv. I – *Direito público*, Título IV – *Do erário e do fisco*, BMJ 161 (1966), 132 ss..

[237] *Ord. Fil.*, Liv. II, Tít. XXVI, §§ 8 e seguintes (= ed. Gulbenkian, Livros II/III, 441 ss.).

[238] Com elementos históricos, Cunha Gonçalves, *Tratado* cit., 3, 108 ss. e José Luís Bonifácio Ramos, *As coisas públicas nos finais do século XX*, Estudos em Honra de Pedro Soares Martinez 2 (2000), 547-570 (547 ss.).

70   *As coisas e o âmbito do Direito civil*

Borges Carneiro[239], citando Heineccius[240/241], distingue as coisas comuns, as coisas públicas, as coisas de corporação e as coisas do indivíduo. Seriam comuns as coisas "cuja propriedade pertence a todo o género humano [e] o uso a cada pessoa": o ar, a chuva, o mar aberto ou alto e as praias. Seriam públicas as coisas "cuja propriedade pertence a uma nação ou á sua Corôa, o uso a cada um dos cidadãos": os rios navegáveis e as estradas. De uma corporação ou universidade seriam aquelas cuja propriedade lhes pertenceria e o uso aos cidadãos, "como os logradouros dos Concelhos". Privadas, finalmente, seriam as coisas de cada pessoa ou indivíduo. Como se vê, estávamos perante uma enumeração pouco clara e marcadamente empírica.

II. Coelho da Rocha trata o tema a propósito das classificações das coisas, "em quanto aos possuidores"[242]. Apresentava o quadro seguinte: bens nacionais, municipais, dos estabelecimentos públicos e particulares. Os bens nacionais pertencem ao Estado ou Nação; poderiam sê-lo por natureza, como os tributos, as estradas, os rios navegáveis, as praças, os portos, os ancoradouros e cais e os muros e fortalezas, entre outros; e poderiam sê-lo por circunstância, como os bens vacantes, as ilhas e outros mouchões em rios navegáveis, os palácios e quintas destinados à família real e os estabelecimentos do Estado. Os bens nacionais corresponderiam aos bens da Coroa, na terminologia das Ordenações[243].

Os bens municipais são aqueles cuja "... propriedade pertence aos povos de um Concelho, ou Município", cabendo subdistinguir: aqueles cujo uso cabe a todos, como as ruas, os baldios e os caminhos e aqueles

---

[239] Borges Carneiro, *Direito civil de Portugal* cit., 3, 7 ss..

[240] Johann Gottlieb Heineccius (Heinecke) (1681-1741) é considerado o mais célebre jurista alemão do séc. XVIII, embora fosse mais conhecido no Sul (particularmente em Itália e, como se vê, em Portugal), do que na sua terra de origem. Foi importante a sua técnica de *usus modernus,* ainda que conseguida à custa do rigor histórico. Particularmente marcantes foram os seus *Elementa juris civilis secunde um ordinem pandectarum* (usamos a 3.ª ed., 1732), de que há numerosas edições póstumas, algumas das quais de Coimbra e os seus *Elementa juris civilis secunde um ordinem Institutionum* (1749, ed. póstuma).

[241] Heineccius, *Pand.,* Lib. I, tit. VIII, § CXC = *Elementa juris civilis secunde um ordinem pandectarum* cit., 1, 60 (§ 190).

[242] Coelho da Rocha, *Instituições* cit., §§ 86 ss. (1, 50 ss.).

[243] Coelho da Rocha, *idem*, 51, referia ainda, como integrando a categoria, a casa de Bragança e a do Infantado.

§ 7.º A evolução lusófona   71

"... cujo uso e rendimento é especialmente aplicado para as despesas do Município".O mesmo se aplicaria aos bens das paróquias, depois: freguesias.

Os bens dos "estabelecimentos públicos" – Rocha especifica: Igrejas, Mosteiros, Hospitais, Misericórdias e Universidades – funcionam como particulares, embora com determinados privilégios, concedidos por lei, seguindo ainda as *cousas sagradas* regras especiais[244].

Finalmente, os bens dos particulares seriam objeto do Direito civil.

III. O quadro de Coelho da Rocha parece-nos bastante claro e abrangente: não se justificam as críticas que, por vezes, lhe são dirigidas, pelos atuais estudiosos do instituto dos baldios. Afigura-se, mesmo, que a doutrina de Coelho da Rocha poderia ter sido aproveitada, para desenvolver uma teoria nacional das coisas públicas. Isso não sucedeu, vindo esse sector a desenvolver-se na base da receção de elementos franceses.

28. O Código de Seabra

I. O Visconde de Seabra conhecia bem a doutrina do seu tempo[245]. Assim, levou ao Código de 1867 um esquema claro e próximo do de Coelho da Rocha:

Art. 370.º Podem ser objecto de apropriação todas as cousas que não estão fóra do commercio.

Art. 371.º As cousas podem estar fóra do commercio, por sua natureza, ou por disposição da lei.

Art. 372.º Estão fóra do commercio, por sua natureza, aquellas que não podem ser possuidas por algum individuo exclusivamente, e por

---

[244] Diz Coelho da Rocha, *Instituições* cit., 51-52:

Os bens ou cousas *sagradas*, isto é, benzidas com as preces da Egreja e immediatamente destinadas para o culto, como os templos, os calices, os altares, as imagens, estão *extra commercium*, e não podem ser objeto do patrimonio dos particulares, nem por conseguinte alienadas; excepto: 1.º depois de solemnemente profanadas; 2.º se estão de tal maneira transformadas, que não podem servir para o seu fim. Os bens ecclesiasticos, porém, destinados para a sustentação e despesas do culto, podem ser alienados, precedendo licença das autoridades competentes.

[245] António Luíz de Seabra, *A propriedade. Philosophia do Direito. Para ser de introducção ao commentario sobre a lei dos foraes.* Vol. I, Parte I (1850), cujo teor vai bem para além da estrita "propriedade".

72   *As coisas e o âmbito do Direito civil*

disposição da lei, aquellas que a mesma lei declara irreduziveis a propriedade particular.

A doutrina explicava[246] que, por natureza, estavam fora do comércio: aquelas que por impossibilidade física não podiam ser apropriadas: o ar e a luz, como exemplos[247]. Nos restantes casos, a comercialidade das coisas ficaria na disposição da lei.

II. O desenvolvimento crescente do Direito administrativo levou a que, ao projeto de Seabra, fossem acrescentados novos preceitos sobre a matéria agora em análise[248/249]. Assim, temos:

Art. 379.º As cousas, em relação ás pessoas a quem a sua propriedade pertence, ou que d'ellas se podem livremente aproveitar, dizem-se publicas, communs e particulares.

As coisas públicas vinham explicitadas de seguida:

Art. 380.º São publicas as cousas naturaes ou artificiaes, apropriadas ou produzidas pelo estado e corporações publicas e mantidas debaixo da sua administração, das quaes é licito a todos, individual ou collectivamente, utilizar-se, com as restricções impostas pela lei, ou pelos regulamentos administrativos. Pertencem a esta categoria:

1.º As estradas, pontes e viaductos construidos e mantidos a expensas publicas, municipaes ou parochiaes;

2.º As aguas salgadas das costas, enseadas, bahias, fozes, rias e esteiros, e o leito d'ellas;

---

[246] José Dias Ferreira, *Codigo Civil Portuguez Annotado*, 1, 2.ª ed. (1894), 261-262.

[247] A própria natureza ditava esta situação, o que levou a doutrina – Guilherme Moreira, *Instituições* cit., § 30, n.º 126 (1, 341) e Teixeira d'Abreu, *Curso de Direito civil* cit., 1, 245-246 – a criticar o Código de Seabra: na visão então reinante, as coisas fora do comércio por natureza não seriam, sequer, verdadeiras coisas, pelo que o Código não se lhes devia ter reportado. A evolução subsequente mostraria, porém, que tudo é apropriável, pelo que a menção é útil.

[248] *Projecto de Codigo Civil Portuguez* (1867), 60 ss., com a redação definitiva.

[249] Na altura, diversos diplomas avulsos haviam já incluído no domínio público várias das categorias referidas pelo Código de Seabra; assim a Lei de 21 de julho de 1853, a Lei de 6 de junho de 1864, quanto a estradas municipais e os Decretos com força de Lei de 31 de dezembro de 1864, quanto a estradas, ruas, caminhos de ferro e telégrafos, abaixo referidas.

§ *7.º A evolução lusófona* 73

3.º Os lagos e lagôas, e os canaes e correntes de agua doce, navegaveis ou fluctuaveis, com os seus respectivos leitos ou alveos, e as fontes publicas.

(...)

III. Deve sublinhar-se que estes preceitos, para além da sua função sistematizadora, tiveram ainda o papel de revogar anterior legislação em contrário[250]. Além disso – e tendo para mais em conta o artigo 382.º, § único, do Código de Seabra[251] – a doutrina explicava que havia ainda bens do Estado patrimoniais, de sua "propriedade particular" e bens da fazenda destinados a serviços determinados como "as fortalezas de guerra" e os "edifícios para as repartições públicas"[252].

O Código de Seabra referia ainda, no seu artigo 381.º, as coisas comuns: trata-se de matéria que iremos analisar a propósito dos baldios.

IV. Ao excluir da "propriedade particular" as coisas públicas, o Código de Seabra deixou, num primeiro tempo, ao Direito administrativo – e ainda que, eventualmente, aproveitando categorias civis – o cuidado de confecionar uma doutrina geral de domínio público. Este passaria, pois, a ser determinado pela positiva e não, apenas, pelos factos negativos: *extra commercium*.

29. A experiência brasileira

I. O Direito brasileiro recebeu as categorias jurídicas das Ordenações. O domínio do Estado começou por ser figurado como "bens da Coroa".

---

[250] Assim sucedeu com a Lei de 9-ago.-1754 e com o Alvará de 9-jul.-1767 – *vide*, quanto a este último, a *Collecçaõ das Leis, Decretos e Alvarás que comprehende o feliz reinado de Elrei fidelissimo D. José o I, desde o ano de 1761 até o de 1769*, tomo II (1801), 351 ss., que reconheciam aos então Municípios de Lisboa, de Belém e dos Olivais a propriedade das margens do Rio Tejo; com o Código de Seabra, ela passou para o Estado: STJ 30-jul.-1880 (Dias de Oliveira), DG n.º 236, de 15 de outubro de 1881, 2701 = O Direito 14 (1882), 183/II (referência); *vide* José Dias Ferreira, *Codigo Civil Annotado* cit., 1, 2.ª ed., 272-273.

[251] Que dispunha:

O estado, os municipios e as parochias, considerados como pessoas moraes, são capazes de propriedade particular.

[252] José Dias Ferreira, *Codigo Civil Annotado* cit., 1, 2.ª ed., 271-272.

74 *As coisas e o âmbito do Direito civil*

Com a independência e a primeira Constituição (1824)[253], foi prevista a categoria dos bens nacionais, a regular pela assembleia[254]. A Lei n.º 601, de 18 de setembro de 1850, veio reger as terras devolutas do Império: a grande extensão do território e as imensas riquezas nele contidas tornava-o alvo de todas as apetências.

Seguiu-se o Decreto n.º 1318, de 30 de janeiro de 1854, que regulamentou essa temática.

As Constituições republicanas de 24 de fevereiro de 1891 e de 16 de junho de 1934 retomaram o tema e elencaram os bens dominiais.

II. No Brasil, cabe lidar com os bens da União, com os dos Estados e com os das municipalidades. O Decreto-Lei n.º 9.760, de 5 de setembro de 1946, com 218 artigos, rege o tema dos bens imóveis da União.

A Constituição de 1988 enumera, no seu artigo 20.º, os bens da União, outro tanto fazendo o artigo 26.º, quanto aos dos Estados Federados.

III. Em termos dogmáticos, o domínio público é cultivado, no Brasil, por ilustres administrativistas. A dogmática adotada segue o modelo francês, temperado por referências italianas e pela necessidade de enquadrar a pujante realidade nacional.

30. O Ultramar africano e asiático

I. Os chamados domínios ultramarinos portugueses implicaram, por vezes, vastas extensões de território não povoadas ou sub-povoadas. Além disso, as áreas povoadas por nativos eram, por vezes, ocupadas por colonos.

Durante os séculos XVII e XVIII, a atenção do Estado português esteve concentrada no Brasil. Apenas no século XIX foi prestada maior atenção a Africa e aos restantes domínios. Por isso, somente nessa altura começaram a surgir regras gerais para todo o Ultramar.

A primeira medida desse tipo relatada pelas fontes consta do Alvará de 18 de setembro de 1811. Este diploma cometeu à Coroa a titularidade dos terrenos vagos no Ultramar. Admitia, porém, que os mesmos fossem

---

[253] *A Constituição Política do Império do Brasil*, de 26 de março de 1824.

[254] Sobre toda esta matéria, José Cretella Júnior, *Tratado do domínio público* (1984), XII + 618 pp., 455 ss., com indicações e com fontes.

§ 7.º A evolução lusófona   75

"divididos" ou "emprazados", numa solução que, em termos atualistas, permitiria uma aproximação ao domínio privado disponível[255].

II. Um esquema de fôlego foi o resultante da Lei de 21 de agosto de 1856. Este diploma regulava a "alheação" dos terrenos baldios do Ultramar pertencentes ao Estado, salvo determinadas exceções: artigo 1.º e seu § único. A alienação poderia ser por compra e venda – portanto, em propriedade – ou por emprazamento – artigo 5.º. O beneficiário deveria proceder ao aproveitamento dos terrenos, sob pena de multa e, decorrido certo prazo, de aforamento a terceiros – artigo 7.º.

As regras de "alheação" eram fixadas nos artigos 23.º e seguintes e 29.º e seguintes. A lei compreendia ainda importantes disposições diversas – artigos 40.º e seguintes – e significativas disposições transitórias – artigos 56° e seguintes. Entre estas cabe consignar o artigo 56°. § 3°:

> Os possuidores de sesmarias ou de prasos que não apresentarem títulos nenhuns serão, não obstante, mantidos na sua posse, que lhes será confirmada pelo competente título, que se lhes deverá passar pelo teor das antigas cartas, se os terrenos estiverem tratados e benfeitorizados; ou no caso contrario, tornando-a perfeita e legal por meio de compra ou de aforamento, na conformidade das disposições desta lei; restringindo-se a respectiva área aos limites pelo mesmo fixados, e revertendo ao domínio do Estado os terrenos que excederem esses limites.

III. A grande reforma civil do século XIX foi a resultante do Código de Seabra, aprovado por Carta de Lei de 1 de julho de 1867. O Código Civil foi tornado extensivo ao Ultramar, pelo Decreto de 18 de novembro de 1869.

O artigo 8.º revogou toda a legislação em contrário, com determinadas exceções; por exemplo, ficaram ressalvados os usos e costumes das Novas Conquistas e os de Damão e Diu, na Índia, os usos e costumes dos Chins, nas causas de competência do procurador dos negócios sínicos, em Macau e os usos e costumes dos indígenas de Timor, nas questões entre eles – § 1°.

---

[255] *Vide Regime jurídico dos terrenos do Estado no Ultramar*, sem indicação de autoria, na *Gazeta dos Advogados da Relação de Loanda*, ano II (1932), n.ᵒˢ 1 a 3, I-X (V).

76　　　*As coisas e o âmbito do Direito civil*

A usucapião prevista no Código de Seabra passou a ser genericamente aplicável[256].

IV. De seguida, cabe referir a Carta de Lei de 1901, que aprovou intruções para a concessão de terras. Segundo o artigo 5.º da Lei em causa, pertence ao domínio do Estado tudo o que não for propriedade particular. Esse diploma declarava imprescritível o domínio directo – artigo 52.º – justamente num capítulo – o I do título II – em que tratava do aforamento nas concessões relativas às províncias de Angola, Moçambique, Guiné e distrito autónomo de Timor.

Por via desta proibição, é de concluir, que, à aquisição, por usucapião, de propriedade antes pertencente ao Estado, haveria que aplicar o Código Civil. Dois argumentos devem ser ponderados:

– se a lei quisesse uma imprescritibilidade geral, teria tido toda a facilidade em dizê-lo;
– não há qualquer analogia de situações: o domínio direto do Estado está particularmente desprotegido, já que a posse efetiva do local compete ao enfiteuta, que ninguém incomodará: no caso da posse em termos de propriedade, o Estado tem mais facilidade em reagir.

Os terrenos vagos do Ultramar eram, assim, "privatizáveis" através da usucapião. Com efeito, na base da Carta de Lei n.º 1901 – diploma extenso, com 89 artigos – não se retira nenhum princípio da imprescritibilidade dos bens privados ultramarinos do Estado.

Acrescente-se ainda que não havia qualquer regra que traduzisse uma invocada necessidade de manutenção de um domínio emanente do Estado: a própria Carta de Lei de 1901, no seu artigo 47.º, 3.º, admitia a remição do foro, adquirindo o enfiteuta o domínio directo.

V. Segue-se o Regulamento aprovado pelo Decreto de 2 de setembro de 1901, que nada acrescenta: limita-se, no seu artigo 163.º, a repetir o artigo 52.º da Carta de Lei.

Veio, depois, o Decreto de 9 de julho de 1909, que fixa um regime provisório aplicável a Moçambique e que foi mandado aplicar a Angola por Decreto de 12 de novembro de 1911. Este diploma não continha qual-

---

[256] *Vide* Oliveira Ascensão, *Terrenos vagos e usucapião*, RDES XXIII (1976), 23-62 (33).

§ 7.º A evolução lusófona

quer regra de imprescritibilidade. Porém – e como faz Oliveira Ascensão – há que chamar a atenção para o artigo 220.º do Decreto em causa[257]. Segundo esse preceito,

> Toda a pessoa que na província seja senhora incontestável de quaisquer terrenos obtidos sem ser por meio de concessão (...).

Ora sem ser por concessão, só é imaginável uma aquisição ou por acessão, ou por usucapião.

VI. Consideremos, de seguida, o Decreto n.º 1145, de 28 de novembro de 1914, que alterou regras das concessões.

Tem interesse referir o Decreto n.º 5347-C, de 31 de maio de 1919. Logo o artigo 1.º vem atribuir à Província de Angola a titularidade dos terrenos vagos (e não ao Estado). O artigo 62° conserva a imprescritibilidade do domínio directo, vindo o artigo 135.º a alargá-la aos terrenos arrendados. Parece pressuposta a prescritibilidade no tocante aos demais direitos e, designadamente, no tocante à propriedade: não faria, de facto, sentido vir o legislador afadigar-se em torno de uma enumeração crescente, quando pretendesse, pura e simplesmente, declarar imprescritíveis os terrenos vagos.

VII. Um cuidado especial foi posto na Lei n.º 2:001, de 16 de maio de 1944, que promulgou as bases gerais das concessões de terrenos do Estado no Ultramar. O Decreto n.º 33:725, de 22 de Junho de 1944, regulamentou a matéria, aplicável a Angola, a Moçambique e à Guiné. Angola e Moçambique levantaram, porém, diversas objeções, vindo o Regulamento a ser suspenso pelo Decreto n.º 34:597, de 12 de maio de 1945.

O Regulamento da Ocupação e Concessão de Terrenos nas Províncias Ultramarinas foi aprovado pelo Decreto-Lei n.º 43 894, de 16 de setembro de 1961. Este diploma começava por definir o domínio público do Estado, no Ultramar – artigo 1 .º – distinto dos terrenos vagos, pertença de cada província ultramarina – artigo 2.º.

O artigo 4.º, § único, determinava que sobre os terrenos do domínio público do Estado não pudessem ser adquiridos direitos por meio de usucapião.

O artigo 41.º classificava os terrenos vagos em três classes:

---

[257] Oliveira Ascensão, *Terrenos vagos e usucapião* cit.. 35.

78 As coisas e o âmbito do Direito civil

1.ª classe: terrenos abrangidos pelas povoações;
2.ª classe: terrenos demarcados para as populações, de acordo com seus usos e costumes:
3.ª classe: os restantes.

O artigo 48.º fixava a regra: sobre terrenos vagos não podem ser adquiridos direitos por meio de prescrição ou de acessão imobiliária. Resulta do diploma, no seu conjunto, que tal esquema era inovatório. O artigo 197.º dispunha, efectivamente:

> Aos titulares de propriedade perfeita, não adquirida por concessão do Estado, sobre prédios identificados (...) poderá ser passado título.

Ora as únicas formas de, no Ultramar, adquirir a propriedade sem ser por concessão do Estado, seriam a usucapião e a acessão, seguidas, eventualmente, de aquisições derivadas; veja-se, aliás, o § 1.º, o mesmo artigo 197º[258].

VIII. Pretendendo alargar o dispositivo do artigo 48.º do Regulamento aprovado pelo Decreto n.º 43 894, de 6 de setembro de 1961, o legislador ultramarino aprontou o Decreto n.º 47 486, de 6 de janeiro de 1967, cujo artigo 1º veio determinar:

> 1. O disposto no artigo 48º do Regulamento de Ocupação e Concessão de Terrenos, aprovado pelo Decreto n.º 43 894, de 6 de Setembro de 1961, é aplicável a todos os terrenos do património das províncias ultramarinas ou das autarquias locais na posse de particulares que não possuam títulos de propriedade ou de concessão e que os não tenham adquirido por acto de concessão do Estado, província ou autarquia local, ainda que à data da entrada em vigor do referido regulamento já tivessem decorrido os prazos fixados na lei civil para a aquisição de direitos imobiliários por prescrição.
> 2. Exceptuam-se os terrenos cuja aquisição por prescrição já tenha sido declarada, à data da entrada em vigor deste decreto, por decisão judicial com trânsito em julgado.

Artigos subsequentes abriam, no entanto, a hipótese de legalização, nos casos em que houvesse aproveitamento.

---

[258] Oliveira Ascensão, *Terrenos vagos e usucapião* cit., 7.

§ 7.º A evolução lusófona

O preâmbulo do Decreto n.º 47 486 vinha apresentar o seu teor como interpretativo. Trata-se – e seja qual for a interpretação que, deste diploma, se queria perfilhar – de um esquema destinado a justificar a aparente retroatividade do transcrito artigo 1.º.

IX. Um aparente recuo nesta linha poderia ter sido significado pela Lei n.º 6/73, de 13 de agosto, que aprovou nova Lei de Terras do Ultramar[259]. Segundo a base II deste diploma,

> 1. Consideram-se sujeitos ao regime da propriedade privada os terrenos sobre os quais tenha sido constituído definitivamente um direito de propriedade ou outro direito real.

A base VIII/3 conservava, no entanto, a proibição de usucapião e de acessão:

> Sobre os terrenos do domínio público e os terrenos vagos não podem ser adquiridos direitos por prescrição ou por acessão imobiliária.

A base XXXIII previa a entrada em vigor da Lei com o Decreto que a viesse regulamentar. Tal Decreto nunca surgiu.

O Império Ultramarino português estava, aliás, na sua fase terminal.

IX. Os novos Estados lusófonos, quando acederam à independência, dotaram-se de constituições que consignam o domínio público do Estado sobre as principais riquezas nacionais. Também a situação dos terrenos vagos foi acautelada, prevenindo-se a sua ocupação abusiva.

Os casos de Angola e de Moçambique, pela extensão dos territórios respetivos e pelos seus recursos naturais são os mais emblemáticos.

Na presente edição desta obra, ficamo-nos pelas considerações históricas acima exaradas.

---

[259] *Vide* o interessante Parecer n.º 49/X da Câmara Corporativa, relativo ao Projecto de proposta de lei n.º 12/X, da *Lei de Terras do Ultramar*, em *Actas da Câmara Corporativa*, n.º 45, X Legislatura 1973, 3 de março, 1899-1961, relatado por José Fernando Nunes Barata. É interessante registar, aqui, as afirmações de função social da propriedade (p. 1905) e a preocupação de ressalvar os direitos dos "vizinhos das regedorias", isto é, da população nativa (p. ex., p. 1919).

§ 8.º A TEORIA DO DOMÍNIO PÚBLICO

31. Noção e conteúdo

I. A partir do Código de Seabra, a teoria do domínio público conheceu, entre nós, uma vincada atenção[260].

Na base da respetiva teoria, encontramos o Estado, no sentido mais lato – abrangendo, portanto, o Estado Central, as autarquias e outras entidades dotadas de poderes públicos. O Estado, para o prosseguimento das suas funções, carece de meios materiais: entre estes, as coisas. Temos, pois, de nos colocar pelo prisma da atuação do Estado[261].

---

[260] Curiosamente, trata-se de matéria mais estudada do que a relativa às coisas (civis), acantonada, normalmente, a algumas páginas nas obras de Teoria geral do Direito civil – e com a exceção das águas. Além de latos desenvolvimentos nas obras gerais de Direito administrativo – *vide* Afonso Queiró, *Lições de Direito administrativo*, 2 (1959) e Marcello Caetano, *Manual de Direito administrativo*, 2, 9.ª ed. (col. Freitas do Amaral) (1972), 855-975 – cumpre referir monografias importantes, que se lhe reportam ou a tiveram em conta, como as de Jaime de Gouveia, *A construção jurídica da propriedade* (1919), Carlos Moreira, *Do domínio público*, 1 – *Os bens dominiais* (1931), Armando Marques Guedes, *A concessão* I (1954) e Diogo Freitas do Amaral, *A utilização do domínio público pelos particulares* (1965). Apenas mais recentemente o tema veio a ser retomado. Reportando-se ao escrito clássico de Freitas do Amaral, *vide* Maria João Estorninho, *A utilização do domínio público por particulares, de Diogo Freitas do Amaral, revisitado (quase) 50 anos depois*, em Est. Freitas do Amaral (2010), 119-126 e José Joaquim Gomes Canotilho, *A utilização do domínio público pelos cidadãos*, idem, 1073-1086. Em geral, cumpre referir: João Caupers, *O domínio público*, Themis VIII (2009), 108-116; José Luís Bonifácio Ramos, *O domínio público e o domínio privado: mitos e sonhos*, Est. Sérvulo Correia II (2010), 487-522 = O Direito 141 (2009), 815-852 e Ana Raquel Gonçalves Moniz, *A concessão de uso privativo do domínio público: instrumento de dinamização dos bens dominiais*, Est. Castanheira Neves 3 (2010), 293-366. Como escrito de referência: José Luís Bonifácio Ramos, *O achamento de bens culturais subaquáticos* cit., 565 ss..

[261] *Vide* a abordagem de Marcello Caetano, *Manual de Direito administrativo* cit., 2, 9.ª ed., 855 ss..

§8.º A teoria do domínio público

II. O Estado é – ou pode ser – sujeito de Direito privado. Enquanto pessoa coletiva, ele pode agir despido dos seus poderes de autoridade, comportando-se enquanto qualquer particular. Nessa medida, como adiante melhor será enfocado, ele pode ser titular dos diversos direitos reais. Mas o Estado pode, também, aproveitar coisas corpóreas através de esquemas próprios de Direito público, isto é, de esquemas que pressupõem normas que, no seu conjunto, postulam, a favor de certas pessoas, poderes de autoridade, dentro de uma regra de competência, ou seja: uma regra que só permite agir perante normas habilitantes.

Tradicionalmente, domínio público traduz o conjunto de bens que o Estado aproveita para os seus fins, usando poderes de autoridade, ou seja, através do Direito público[262].

III. O Direito positivo português vigente, na sequência da evolução acima referida, admite a categoria técnica e conceitual de domínio público. Este designa uma categoria de coisas e, ainda, os poderes do Estado sobre elas[263].

As coisas públicas – portanto, as que integram o domínio público – são enunciadas pela lei[264]. Evidentemente: não se trata de coisas que, por si, tenham a virtualidade de ser públicas; é sempre uma questão de regime. O Direito indica-as: não a natureza[265]. Doutrinariamente e na sequência de Marcello Caetano[266], distinguem-se dois grupos de distinções, de acordo com o critério a que obedeçam:

– o critério do destino das coisas;
– o critério das características que apresentam.

---

[262] *Direitos Reais*, 1, 178. *Vide* Vincenzo Cerulli Irelli, *Beni pubblici*, em *Digesto delle Discipline Pubblicistiche*, 2 (1987), 273-303 e Vincenzo Caputi Cambrenghi, *Beni pubblici (uso dei)*, *idem*, 304-318. Apesar de desatualizados, tem interesse seguir os desenvolvimentos de Cunha Gonçalves, *Tratado* cit., 3, 104-159 e de Manuel de Andrade, *Teoria geral*, cit., 1, 279-295.

[263] Diogo Freitas do Amaral, *A utilização do domínio público pelos particulares* cit., 12.

[264] Carlos Moreira, *Do domínio público* cit., 124 ss..

[265] Quanto à distinção (fatalmente) formal entre os bens públicos e os bens privados, *vide* Aldo M. Sandulli, *Bene pubblici*, ED V (1959), 277-300 (280).

[266] Marcello Caetano, *Manual de Direito administrativo* cit., 2, 9.ª ed., 857 ss.. A distinção pode ser confrontada em Giovanna Colombini, *Demanio e patrimonio dello Stato e degli enti pubblici*, em *Digesto delle Discipline Pubblicistiche*, 5 (1990), 1-31 (16 ss.).

82 *As coisas e o âmbito do Direito civil*

O destino dos bens abrange, ele próprio, três subcritérios:

– o uso público: são públicas as coisas destinadas ao uso de todos;
– o serviço público: são públicas as coisas utilizadas pelos serviços públicos ou sobre as quais incida a atuação destes;
– o fim administrativo: são públicas as coisas que, diretamente, satisfaçam os fins de uma pessoa coletiva pública.

Estes subcritérios apresentam uma progressão no sentido da artificialidade. Têm, no entanto, o óbice de não corresponderem inteiramente à realidade: é possível, nos três casos, apontar situações concretas que não são redutíveis por nenhuma das apontadas vias.

O critério que recorre às características das coisas dá azo a dois subcritérios:

– a afetação: são públicas as coisas destinadas a produzir utilidade pública;
– a lei: são públicas as coisas assim consideradas por fonte bastante.

O último subcritério deve ser considerado o mais ajustado. Os restantes, nas palavras de Marcello Caetano, mais não são do que indícios tidos (eventualmente) em conta, pelo legislador.

IV. Quais são as coisas públicas, objeto do domínio público? A Constituição de 1933, no artigo 49.º, previa o domínio público e enumerava, direta e indiretamente, alguns bens que o integravam. Surpreendentemente, a categoria do domínio público não apareceu na Constituição de 1976, versão inicial. A supressão constitucional do domínio público era, por demais, estranha. Havia que entender ter ela subsistido apoiada, apenas, na legislação ordinária[267]. A anomalia foi reparada na Revisão de 1989. Cabe recordar aqui o artigo 84.º da Constituição, tal como resultou da Revisão em causa[268]:

---

[267] *Direitos Reais*, 1, 182-184 e STA(P) 29-fev.-1984 (Valadas Preto), AcD 276 (1984), 1437-1450 (1443); uma enumeração de diplomas pode ser confrontada em J. F. Nunes Barata, *Domínio público*, Pólis II (1984), 706-711 (707 ss.).

[268] *Vide* Gomes Canotilho/Vital Moreira, *Constituição da República Portuguesa Anotada*, 1, 4.ª ed. (2007), 1000-1007 e Jorge Miranda/Rui Medeiros, *Constituição Portuguesa Anotada*, II (2006), 70-96; *vide* TC n.º 103/99, de 10-fev. (Messias Bento), BMJ 484 (1999), 133-140 (137/I e 138/I).

§8.º A teoria do domínio público

1. Pertencem ao domínio público:

a) As águas territoriais com seus leitos e os fundos marinhos contíguos, bem como os lagos, lagoas e cursos de água navegáveis ou flutuáveis, com os respetivos leitos;

b) As camadas aéreas superiores ao território acima do limite reconhecido ao proprietário ou superficiário;

c) Os jazigos minerais, as nascentes de águas mineromedicinais, as cavidades naturais subterrâneas existentes no subsolo, com exceção das rochas, terras comuns e outros materiais habitualmente usados na construção;

d) As estradas;

e) As linhas férreas nacionais;

f) Outros bens como tal classificados por lei.

2. A lei define quais os bens que integram o domínio público do Estado, o domínio público das regiões autónomas e o domínio público das autarquias locais, bem como o seu regime, condições de utilização e limites.

Como se vê, para além da enumeração constitucional, o próprio artigo 84.º/2 remete para a lei. O regime é, também, matéria que preocupará o legislador ordinário.

32. Regime e natureza

I. O Direito público não é um Direito codificado. Assim, muitos dos regimes que nele surgem têm uma generalização problemática. Estas considerações aplicam-se ao domínio público. As diversas hipóteses dominiais têm as suas regras: pense-se no domínio marítimo, no domínio ferroviário, no domínio hídrico ou no domínio militar.

Não obstante – e ainda que à custa de uma certa abstração – é possível indicar alguns aspetos gerais.

II. Como vetores normativos gerais atinentes ao domínio público, encontramos os seguintes[269]:

– a constituição, a transmissão, a modificação e a extinção da situação dominial pública regulam-se pelo Direito público e, designa-

---

[269] *Direitos Reais*, 1, 180-181. *Vide* Sandulli, *Bene pubblici* cit., 295 ss..

84   *As coisas e o âmbito do Direito civil*

damente: (a) só a lei pode determinar a publicização de um bem ou a sua desafetação[270]; (b) a comercialidade dos bens públicos não é possível em termos de Direito privado[271]; (c) só podem ser titulares pessoas coletivas de Direito público;
– o aproveitamento decorre em termos de Direito público, de modo a corresponder aos fins do Estado;
– a sua defesa é feita diretamente pelo Estado que, sem necessidade de prévio recurso aos tribunais, faz uso do seu *ius imperii*.

III. Queda-nos a questão magna da natureza do domínio público, perante o Direito português.

Os administrativistas optam claramente por uma construção unitária do domínio público. Sob influência das doutrinas francesa e italiana, preconiza-se a ideia de uma propriedade de Direito público, endossada ao Estado ou a outros entes equiparáveis, pelas leis em vigor[272].

À partida, existe uma razão muito ponderosa para defender, no domínio público, algo de estruturalmente diverso da propriedade civil. A propriedade é o direito subjetivo por excelência: representa, no seu âmbito, um espaço de total livre-arbítrio, do seu titular[273]. Ora não é concebível que o Estado possa usar de livre-arbítrio, perante o domínio público: num moderno Estado de Direito, existe uma permanente adstrição do poder público à prossecução dos objetivos que a lei lhe comete.

Mas essa limitação funcional não atinge, só por si, todo o complexo normativo que suporta um direito de propriedade. De resto, o Direito privado conhece esse fenómeno, sempre que se trate de administrar bens alheios ou por conta alheia ou seja: perante situações fiduciárias. Noutros

---

[270] Admite-se, todavia e bem, que quando a natureza pública de uma coisa implique o seu uso público, que a desafetação possa ser tácita: STJ 30-out.-1997 (Pereira da Graça), CJ/Supremo V (1997) 3, 111-115 (115/I); em sentido diverso e exigindo sempre um ato administrativo de mutação dominial, RCb 3-out.-2000 (Araújo Ferreira), CJ XXV (2000) 4, 34-35 (35/I).

[271] STA 28-mai.-1997 (Pamplona de Oliveira), AcD 432 (1997), 1416-1425 (1421).

[272] Jaime de Gouveia, *Construção jurídica da propriedade* cit., 140, Afonso Queiró, *Lições de Direito administrativo* cit., 2, 9 ss. (13 ss.) e Marcello Caetano, *Manual de Direito Administrativo* cit., 2, 9.ª ed., 870; como verificámos, Otto Mayer não representa, de modo algum, o atual pensamento jurídico alemão.

[273] Como obra de referência: Miguel Nogueira de Brito, *A justificação da propriedade privada numa democracia constitucional* (2007), 1133 pp..

§8.° A teoria do domínio público 85

termos: as normas que estabelecem o domínio público não são as mesmas que cometem funções ao Estado[274].

IV. A partir daqui, resta averiguar quais são as (múltiplas) regras que modelam o domínio público. Tais regras devem ser procuradas no Direito civil. Saber o que o Estado pode fazer num museu nacional, numa biblioteca central, numa praia ou num navio de guerra resulta, antes do mais, do grande fundo comum que rege as relações entre as pessoas: do Direito civil. É certo que surgem numerosas outras regras, de Direito público, que se sobrepõem, no seu âmbito, às primeiras. Tais regras têm uma densidade muito variável, consoante o concreto domínio público considerado. Mas elas operam sempre pela especialidade: onde não existam e onde os princípios gerais preponderantes recomendem outra saída, o Direito privado tem aplicação.

Era esta a orientação tradicional de grandes pensadores como Guilherme Moreira[275] e Cunha Gonçalves[276]; esta, ainda, a opção do artigo 1304.° do Código Civil, que em nada contunde com o Direito público[277]:

> O domínio das coisas pertencentes ao Estado ou a quaisquer outras pessoas coletivas públicas está igualmente sujeito às disposições deste código em tudo o que não for especialmente regulado e não contrarie a natureza própria daquele domínio.

[274] Abandonamos, por isso, a conceção, que já defendemos, do domínio público como uma permissão-obrigação pública normativa específica, plena e exclusiva, de aproveitamento de uma coisa corpórea, por oposição à propriedade privada: uma permissão normativa, plena e exclusiva, de proceder a esse aproveitamento. A "obrigação" do Estado deriva, efetivamente, de outros níveis.

[275] Guilherme Moreira, *Instituições de Direito civil* cit., 1, 360-361.

[276] Cunha Gonçalves, *Tratado de Direito civil* cit., 3, 110, a quem Marcello Caetano atribui posição diversa; diz, todavia, Cunha Gonçalves, no local citado:

> A chamada *propriedade pública* é também disciplinada em parte pelo direito civil e não é intrinsecamente diferente da propriedade patrimonial do Estado (...)

Alguma doutrina depõe circunstancialmente em sentido diverso sem, todavia, realizar qualquer análise dogmática dos institutos em presença; assim, José Tavares, *Os princípios fundamentais do Direito civil* cit., 2, 362, Cabral de Moncada, *Lições de Direito civil*, 2, 3.ª ed. cit., 107, nota 1 = 4.ª ed. póstuma, 469, nota 1 e Manuel Rodrigues, *A posse*, 3.ª ed. póstuma por Fernando Luso Soares (1980), 121 ss..

[277] Pires de Lima/Antunes Varela, *Código Civil Anotado*, 3, 2.ª ed. (1984), 89 ss.; *vide*, ainda, José Pedro Fernandes, *Domínio público/Mitologia e realidade*, sep. RDES (1975).

86 *As coisas e o âmbito do Direito civil*

A jurisprudência mais recente tem vindo a consignar uma importante decorrência deste princípio: o Estado é civilmente responsável pela omissão de deveres de prevenir o perigo, em áreas do domínio público[278].

V. Pergunta-se, por fim, se por esta via não se deveria aderir à doutrina dualista da propriedade pública, defendida pelos atuais administrativistas alemães.

Em termos comparatísticos, teremos de convir em que o Direito português do domínio público é mais publicizado do que o alemão. Equipará-lo a uma propriedade privada com serventia pública não corresponderia, em geral, à realidade do nosso sistema.

Dentro de uma conceção geral de integração sistemática, admitimos que as regras civis, quando se apliquem ao domínio público, sofram um imediato desvio: não serão, pois, em rigor, as mesmas que se aplicariam a particulares. Neste sentido, propendemos para uma conceção unitária do domínio público: mas onde o Direito civil está presente.

33. A utilização pelos particulares

I. Um tema importante para o Direito civil é o da utilização do domínio público pelos particulares. Será ela possível? Trata-se de um ponto a elucidar caso a caso. Em termos gerais, podemos distinguir[279]:

– o uso comum;
– o uso privativo.

O uso comum é o consentido a todos ou a uma categoria genericamente determinada de pessoas: pense-se numa praia. O uso privativo é o facultado apenas a alguma ou algumas pessoas individualmente determinadas e que disponham, para tal, de um título jurídico bastante.

---

[278] STJ 13-dez.-2000 (Neves Ribeiro), CJ/Supremo VIII (2000) 3, 171-174 (174/I): um caso de afogamento numa albufeira com fundões que não estavam devidamente assinalados: o Estado foi condenado a indemnizar.

[279] Freitas do Amaral, *A utilização do domínio público* cit., 45 e *passim*. Trata-se de um esquema que veio a ser adotado no *Manual* de Marcello Caetano cit. 2, 9.ª ed., 903 ss.. *Vide* Sandulli, *Beni pubblici* cit., 288 ss..

§8.º A teoria do domínio público

II. Por seu turno, o uso comum pode ser ordinário – acessível a todos, sem autorização, ainda que dentro de certos limites; por exemplo: circular nas estradas[280]; pode ser extraordinário sempre que seja acessível a todos, mas mediante prévia autorização; por exemplo: transitar com um veículo cujo peso ultrapasse o máximo regulamentar[281] ou organizar, na via pública, atividades de carácter desportivo ou festivo[282].

O uso comum é, muitas vezes, gratuito. Mas pode implicar o pagamento de taxas ou de portagens[283], de acordo com o que esteja legalmente estabelecido.

O uso comum do domínio público integra uma liberdade de atuação[284]. Trata-se de uma liberdade que pode dar corpo a diversas faculdades constitucionais: liberdades de deslocação, de comunicação ou de manifestação e, ainda, "direitos" à saúde, à cultura ou ao bom ambiente.

III. O uso privativo beneficia, como foi dito, apenas certas pessoas individualmente determinadas que, para tal, disponham de um título bastante. Esse título dimana, em regra, de um ato administrativo – portanto: de um ato unilateral da Administração: uma licença, quando se trate de um título precário ou uma concessão, quando o título seja constitutivo de direitos, segundo a terminologia antiga[285]. Atualmente, entende-se

---

[280] Artigo 3.º do CE, aprovado pelo Decreto-Lei n.º 114/94, de 3 de maio, com alterações subsequentes, e por último: do Decreto-Lei n.º 138/2012, de 5 de julho.

[281] Artigos 57.º e 58.º/1, do CE, na redação dada pelo Decreto-Lei n.º 44/2005, de 23 de fevereiro.

[282] Artigo 8.º/1, do CE, na redação dada pelo Decreto-Lei n.º 44/2005, de 23 de fevereiro.

[283] *Vide* o notável acórdão do TC n.º 24/98, de 22-jan. (Armindo Ribeiro Mendes), DR II Série n.º 42, de 19 de fevereiro de 1998, 2274 a 2289, quanto à constitucionalidade de taxas em auto-estradas. No tocante ao bloqueio de automóveis por não pagamento de taxas em parcómetros: STA 1-jul.-1997 (Ferreira Neto), Proc. 038031.

[284] Quanto ao debate relativo à natureza jurídica de uso comum, Marcello Caetano, *Manual de Direito Administrativo* cit., 2, 9.ª ed., 910 ss.. Não podemos conceber um "direito subjetivo" que integre o uso comum do domínio público por uma razão estrutural: por definição, o uso comum pressupõe uma permissão genérica de aproveitamento e não uma permissão específica ... ou já estaríamos no campo do uso privativo.

[285] Marcello Caetano, *Manual* cit., 2, 9.ª ed., 914-915. Trata-se de uma distinção que foi introduzida (provavelmente pelo próprio Marcello Caetano, então Chefe do Governo), no artigo 18.º/1 do Decreto-Lei n.º 468/71, de 5 de novembro, relativo ao domínio público hídrico; hoje, a matéria consta do 59.º/2 da Lei da Água, aprovada pela Lei n.º 58/2005, de 29 de dezembro; *vide*, aí, os artigos 60.º e 61.º.

88   *As coisas e o âmbito do Direito civil*

que todos os atos da Administração – ainda que nos termos exarados nos respetivos títulos – são constitutivos de direitos. Assim, a licença tem sido reservada para os atos unilaterais e a concessão para os contratos: tal o esquema que resulta, por exemplo, dos artigos 19.º e seguintes e 23.º e seguintes do Decreto-Lei n.º 226-A/2007, de 31 de maio[286], relativo à utilização do domínio hídrico.

IV. No tocante às concessões, distingue Marcello Caetano as de aproveitamento imediato das de aproveitamento mediato ou para concessão de serviços. No primeiro caso, o beneficiário tira proveito da própria coisa: água para rega, hipótese de pesca ou terreno em cemitério para sepultura perpétua; no segundo, o beneficiário pode instalar, na coisa pública, o serviço que, depois, produzirá vantagens: instalação de carris, assentamento de postes para fios elétricos e colocação de infra-estruturas, como exemplos[287].

Qual a natureza da posição do particular? Ao contrário do que sucede com o uso comum, temos, aqui, um verdadeiro direito subjetivo: a permissão normativa específica de aproveitamento de um bem. Querem uns que seja um direito privado[288] e outros um direito público[289]. A balança pende para a primeira hipótese: o Estado não transfere qualquer parcela da sua soberania ou dos seus poderes para o particular, havendo uso privativo[290]; além disso, o particular fica efetivamente investido numa permissão normativa de aproveitamento, de tipo privado. De todo o modo, trata-se de um direito reconhecido por normas de tipo administrativo, pelo que, com esta explicação, se poderia falar em "direitos administrativos".

Posto isso, defendem uns que se trata de um direito real administrativo[291], optando outros por um direito público de obrigação[292]. Esta última é a opção de Freitas do Amaral. Pelo seguinte: ameaçado ou perturbado no

---

[286] Alterado pelos Decretos-Leis n.º 245/2009, de 22 de setembro e n.º 82/2010, de 2 de julho.

[287] Marcello Caetano, *Manual* cit., 2, 9.ª ed., 915-917.

[288] Afonso Queiró, *Lições de Direito Administrativo* cit., 2, 31 ss..

[289] Marcello Caetano, *Manual* cit., 2, 9.ª ed., 922.

[290] STA 5-mai.-1999 (Ernâni Figueiredo), BMJ 487 (1999), 194-197 (197/I).

[291] Marcello Caetano, em edições anteriores do *Manual de Direito Administrativo*; por ex., na 4.ª ed. (1956), *vide* 579.

[292] Freitas do Amaral, *A utilização do domínio público* cit., 254 ss.; pode, aí, ser confrontada diversa literatura favorável às diversas teses indiciadas no texto; trata-se, ainda, de posição patente na 9.ª ed. do *Manual* de Marcello Caetano; *vide*, aí, 2, 923-924.

§ 8.º A teoria do domínio público   89

seu uso, o particular não poderia defender-se *erga omnes*; teria de se dirigir
à Administração Pública – com recurso para a via contenciosa – pedindo a
esta que defendesse o seu direito. Esta querela não tem sentido útil. Sabemos, hoje, que a contraposição entre direitos reais e direitos obrigacionais
não é estrutural[293]: tão-só histórico-cultural. O direito real não é (necessariamente) oponível *erga omnes*, tal como o direito pessoal não surge
(fatalmente) oponível apenas *inter partes*: ambos se caracterizam por
derivarem, respetivamente, de *actiones in rem* e de *actiones in personam*.
Ora um direito administrativo fica fora deste universo: é, simplesmente,
administrativo. Se for suprimido, o particular deve ser indemnizado: nesse
sentido, veja-se o Decreto-Lei n.º 330/2000, de 27 de dezembro, relativo
ao programa "Pólis".

V. Questão diferente é a de facultar, ao particular concessionário do
uso privativo do domínio público, certos meios próprios do Direito das
coisas e, em particular, os meios possessórios. Trata-se de uma questão
a debater em Direitos Reais. Adiantamos todavia que a posse e a defesa
possessória – e cuja origem seria, hoje, qualificada como administrativa!
– nada têm que repugne ao interesse público e aos princípios básicos da
Administração Pública. Além disso, a defesa possessória é expressamente
concedida a titulares de direitos não-reais, como sucede com o do loca-
tário (1037.º/2), com o do comodatário (1133.º/2) e com o do depositário
(1188.º/2, todos do Código Civil). O particular privado ou perturbado, por
outros particulares, no seu gozo legítimo do bem público (na sua posse!)
poderá, pois, defender-se usando meios possessórios. Apenas por constru-
tivismo conceitual se nega, por vezes, essa possibilidade, numa orientação
mantida, pela jurisprudência, à míngua de doutrina sobre o tema[294].

---

[293] Em termos estruturais, tratar-se-ia de um direito de gozo. Sendo privado, terí-a-
mos a opção entre um direito real de gozo e um direito pessoal de gozo; sendo público,
poderíamos falar num "direito administrativo de gozo", numa conceitualização que reque-
reria indagações ulteriores.

[294] RCb 9-mar.-1999 (Eduardo Antunes), BMJ 485 (1999), 492/II, REv 25-nov.-
-1999 (Fernando Bento), CV XXIV (1999) 5, 267-271 (270/I), invocando tratar-se de mera
posse precária e STJ 12-out.-2000 (Barata Figueira), BMJ 500 (2000), 320-324 (324/I),
referindo doutrina administrativista que afirma não haver, aí, nenhum direito oponível *erga
omnes*: o formalismo contra a História.

90 As coisas e o âmbito do Direito civil

34. O domínio privado do Estado

I. Como foi referido, o Estado é sujeito de Direito privado. Nessa qualidade, ele poderá atuar como qualquer pessoa, sem poderes de autoridade ou *ius imperii*[295]. E assim, ele pode adquirir os diversos direitos reais compondo, com eles, um património de tipo privado.

O domínio privado do Estado equivale a esse património ou, noutro prisma: traduz o direito ou direitos do Estado sobre ele.

II. A propriedade técnica – portanto: o direito privado de propriedade sobre imóveis – do Estado segue o regime geral do Código Civil[296]. Pode, porém, haver especificidade. Desde logo, o Estado não atua, em termos internos, como qualquer pessoa coletiva privada. Há regras de competência, regras orgânicas e regras contabilísticas a observar.

Em termos externos porém, não há, em princípio, diferenças. Nas relações com terceiros, o Estado, no domínio privado, não se distinguiria de qualquer particular. Só assim não será perante normas específicas.

III. Na verdade, o Estado não é um proprietário comum: ele tem o poder legislativo próprio da soberania. Assim, ao longo dos tempos, e ainda que invocando – com mais ou menos razão – sempre o interesse público, o Estado foi promovendo certas regras especiais que vêm perturbar a própria lógica da existência de um domínio privado do Estado.

Em termos interpretativos e aplicativos, cabe sublinhar que tais regras devem passar pelo crivo da Constituição e, designadamente, pelo do princípio da igualdade e pelo do respeito pela propriedade dos outros. Resolvido esse ponto, cumpre recordar que as regras em jogo são, ainda, materialmente excecionais. Fica vedada a sua aplicação analógica e excluir-se-á, em princípio, qualquer interpretação extensiva.

Na falta de norma específica que satisfaça os apontados requisitos, o regime geral do Código Civil encontra aplicação: nesse sentido dispõe o

---

[295] J. F. Nunes Barata, *Domínio privado*, Pólis II (1984), 695-706 (695). Para maiores desenvolvimentos, Marcello Caetano, *Manual de Direito Administrativo* cit., 2, 9.ª ed., 936 ss..

[296] Não recai, pois, sobre coisas públicas, como já Dias Ferreira, *Código Civil Anotado* cit., 1, 2.ª ed., 270-271, fazia notar.

§8.º A teoria do domínio público 91

artigo 1304.º do referido Código[297]. De todo o modo, os bens móveis do domínio privado do Estado regem-se pelo Decreto-Lei n.º 307/94, de 21 de dezembro[298]. Quanto a imóveis, cumpre relevar, no tocante aos afetos ao Ministério da Defesa, o Decreto-Lei n.º 32/99, de 5 de fevereiro, alterado pela Lei n.º 131/99, de 28 de agosto[299] e, bem como, o Decreto-Lei n.º 196/2001, de 29 de junho e a Lei Orgânica n.º 3/2008, de 8 de setembro.

IV. Na base de certas especificidades, é comum, no domínio privado, a distinção entre domínio disponível e indisponível. Como explica Marcello Caetano, esta distinção não deve ser tomada à letra.

Em princípio, o domínio privado disponível reporta-se a bens que não servem nenhuma especial função especificamente administrativa do Estado. Intensificam-se, aqui, os vetores que levam à aplicação do Direito civil.

O domínio privado indisponível já respeita a bens que, embora não incluídos, pela lei, no domínio público, têm a ver com funções do Estado, sendo indispensáveis. A lei pode, então, prever um regime específico que, designadamente, restrinja as hipóteses de alienação.

Na falta de normas em contrário, todo o domínio privado é disponível. A sua alienação deve, contudo, operar por concurso ou equivalente: trata-se de um esquema clássico destinado a assegurar a imparcialidade do Estado nos seus negócios e a proporcionar os melhores resultados.

V. O domínio privado do Estado abrangeu, na sequência das nacionalizações de 1974-75, uma grande extensão. Regras constitucionais muito incisivas vedaram, durante anos, quaisquer alienações. Mais tarde, a evolução política do País – acompanhando, de resto, os acontecimentos registados no final do século XX, e de que o mais sugestivo episódio foi a queda do muro de Berlim, em 1989 – permitiu inverter o fenómeno: iniciou-se uma era de reprivatizações, reprivatizações essas que em breve transcenderam o que havia sido nacionalizado, alargando-se a áreas que sempre haviam sido públicas. Aparentemente, a crise económica em curso provocou (nova) inversão, neste domínio: o Estado, sob a capa de auxílios

---

[297] Pires de Lima/Antunes Varela, *Código Civil Anotado* cit., 3, 2.ª ed., 89 ss., os quais, perante a generalidade deste preceito, incluem, no seu âmbito, também o domínio público do Estado.
[298] Regulamentado pela Portaria n.º 1152-A/94, de 27 de dezembro.
[299] *Vide* a Retificação n.º 15/99, de 24 de setembro.

financeiros, retribuídos, de resto, com altas taxas de juro, tem vindo a tomar importantes posições na banca. Tudo está em aberto.

Para além das contingências sócio-políticas fica-nos, com selos romanos, sempre a distinção entre as coisas *in commercio* e *extra commercium*.

§ 9.º DOMÍNIOS PÚBLICOS EM ESPECIAL

35. Classificações

I. O Direito público não se encontra codificado. Estritamente ligado à lei, ele assenta em muitas dezenas de diplomas, produzidos em épocas históricas diferentes. Jogam-se situações sócio-económicas distintas e, ainda, estádios jurídico-científicos diversificados.

Compreende-se o interesse que tem a classificação das diversas situações de domínio público, antes mesmo de se ponderarem algumas das suas manifestações mais expressivas.

II. O artigo 84.º da Constituição, acima transcrito[300], enumera algumas coisas públicas. Logo remete para a lei o completar dessa enumeração. Atualizando a classificação proposta por Marcello Caetano[301], podemos distinguir entre o domínio público do Estado, o das regiões autónomas e o das autarquias. Nos termos do artigo 84.º/2 da CR, compete à lei definir o teor e os limites de cada um deles[302].

III. De seguida, supõe-se a contraposição entre o domínio público natural e o construído, consoante derive da natureza ou da ação do homem. Surge a questão clássica de saber se o domínio público abrange apenas coisas imóveis. Alguma jurisprudência propende para a positiva[303], ali-

---

[300] *Supra*, 82. *Vide* Gregoire Loiseau, *Typologie des choses hors du commerce*, RTDC 2000, 47-63, transcendendo largamente o domínio público.

[301] Marcello Caetano, *Manual de Direito Administrativo* cit., 2, 9.ª ed., 872 ss..

[302] Por exemplo, o Decreto-Lei n.º 208/90, de 27 de junho, que transferiu determinados bens do domínio público do Estado para o dos Açores e os Decretos-Leis n.º 139/98, de 16 de maio e n.º 336/99, de 21 de agosto, que transferiram bens do domínio público do Estado para o domínio privado daquela mesma Região.

[303] *Vide* o já referido RLx 8-fev.-1978 (Moreira de Andrade), CJ III (1978) 1, 93-95 (93-94), a propósito de quadros retirados da Igreja de Almoster, classificada como monu-

94   *As coisas e o âmbito do Direito civil*

cerçada em diplomas que proclamam como imóveis universalidades de móveis ou que, pelo menos, abrangem móveis[304].

O artigo 206.º/1 apenas admite universalidades de móveis[305]. É duvidosa a sua aplicabilidade ao Direito público e, particularmente, ao domínio público: além dos referidos diplomas que consideram imóveis universalidades de móveis ou universalidades mistas, cumpre recordar a linha férrea com os seus acessórios meramente assentes no solo: tudo isso será uma universalidade que abrange móveis em sentido técnico[306].

Não vemos razões estruturais para que o domínio público se quede pelos imóveis: na prática, todavia, assim tende a ser. Em compensação, há que ter sempre presente a natureza privatística das categorias de móveis e imóveis: só com cautelas ela poderá ser transposta para o domínio público, como se infere do episódio dos museus e bibliotecas. E outras distinções, como as relativas a prédios, não são usadas, pura e simplesmente, no Direito público.

IV. Regressando às classificações do domínio público encontramos, dentro do domínio público natural:

– o domínio hídrico, ele próprio subdivisível em domínio marítimo, domínio fluvial e domínio lacustre;
– o domínio aéreo;
– o domínio mineiro, suscetível de diversas subdistinções.

No domínio construído ou artificial, encontramos[307]:

– o domínio dos transportes;

mento nacional; efetivamente, tais quadros, quando licitamente retirados, deixarão de ser do domínio público: mas isso poderia suceder não por terem passado a ser móveis: mas por terem deixado de pertencer à universalidade pública em que antes se integravam. Em todas estas qualificações, respeitada a letra e o espírito dos diplomas públicos aplicáveis, nenhum obstáculo existe em utilizar os quadros civis.

[304] Assim o § único do artigo 1.º do Decreto-Lei n.º 23:565, de 15 de fevereiro de 1933, segundo o qual

> Os museus e as bibliotecas são considerados imóveis, constituindo o seu recheio um todo indivisível.

[305] Quanto a universalidades e quanto a este preceito, *infra*, 222 ss..

[306] Marcello Caetano, *Manual de Direito Administrativo* cit., 2, 9.ª ed., 866.

[307] Marcello Caetano, *idem*, 872-873. *Vide* Cabral de Moncada, *Lições de Direito civil* cit., 2, 3.ª ed., 116.

§ *9.° Domínios públicos em especial* 95

– o domínio monumental ou cultural e artístico;
– o domínio militar.

V. Não temos, como foi dito, um diploma uniforme sobre o domínio público. Assim e para além do artigo 84.° da Constituição, heterogéneo e muito parcelar – como emerge, aliás, da última das suas alíneas – cabe trabalhar com o Decreto-Lei n.° 477/80, de 15 de outubro[308], que, substituindo o Decreto-Lei n.° 23:565, de 15 de fevereiro de 1934[309], mandou proceder ao inventário do património do Estado. O Decreto-Lei n.° 477/80 foi regulamentado pela Portaria n.° 42/2001, de 19 de janeiro.

Cumpre conhecer o artigo 4.° daquele diploma, precisamente epigrafado "domínio público":

> Para efeitos do presente diploma, integram o domínio público do Estado:
>
> *a)* As águas territoriais com os seus leitos, as águas marítimas interiores com os seus leitos e margens e a plataforma continental;
>
> *b)* Os lagos, lagoas e cursos de água navegáveis ou flutuáveis com os respectivos leitos e margens e, bem assim, os que por lei forem reconhecidos como aproveitáveis para produção de energia eléctrica ou para irrigação;
>
> *c)* Os outros bens do domínio público hídrico referidos no Decreto n.° 5787-4I, de 10 de Maio de 1919, e no Decreto-Lei n.° 468/71, de 5 de Novembro;
>
> *d)* As valas abertas pelo Estado e as barragens de utilidade pública;
>
> *e)* Os portos artificiais e docas, os aeroportos e aerodromos de interesse público;
>
> *f)* As camadas aéreas superiores aos terrenos e às águas do domínio público, bem como as situadas sobre qualquer imóvel do domínio privado para além dos limites fixados na lei em beneficio do proprietário do solo;
>
> *g)* Os jazigos minerais e petrolíferos, as nascentes de águas mineromedicinais, os recursos geotérmicos e outras riquezas naturais existentes no subsolo, com exclusão das rochas e terras comuns e dos materiais vulgarmente empregados nas construções;

---

[308] O Decreto-Lei n.° 477/80, de 15 de outubro, contém um interessante preâmbulo com elementos históricos, sobre o tema.

[309] O artigo 1.° deste diploma vem, ainda, parcialmente transcrito em Manuel de Andrade, *Teoria geral* cit., 1, 281, em nota.

96   *As coisas e o âmbito do Direito civil*

h) As linhas férreas de interesse público, as autoestradas e as estradas nacionais com os seus acessórios, obras de arte, etc.;

i) As obras e instalações militares, bem como as zonas territoriais reservadas para a defesa militar;

j) Os navios da armada, as aeronaves militares e os carros de combate, bem como outro equipamento militar de natureza e durabilidade equivalentes;

l) As linhas telegráficas e telelónicas, os cabos submarinos e as obras, canalizações e redes de distribuição pública de energia eléctrica;

m) Os palácios, monumentos, museus, bibliotecas, arquivos e teatros nacionais, bem corno os palácios escolhidos pelo Chefe do Estado para a Secretaria da Presidência e para a sua residência e das pessoas da sua família;

n) Os direitos públicos sobre imóveis privados classificados ou de uso e fruição sobre quaisquer bens privados;

o) As servidões administrativas e as restrições de utilidade pública ao direito de propriedade;

p) Quaisquer outros bens do Estado sujeitos por lei ao regime do domínio público.

Não oferece dúvidas confrontar o preceito transcrito com o artigo 84.º da Constituição. Seguindo, primeiro, a ordem deste último, vamos referir os diversos domínios em especial.

36. Os domínios hídrico e marítimo

I. Recordamos que, segundo o artigo 84.º/1 da Constituição, pertencem ao domínio público

a) As águas territoriais com seus leitos e os fundos marinhos contíguos, bem como os lagos, lagoas e cursos de água navegáveis ou flutuáveis, com os respetivos leitos;

Podemos distinguir, avançando mesmo para além do texto constitucional, o domínio público marítimo, o fluvial, o lacustre, as nascentes e águas subterrâneas e as fontes públicas[310].

---

[310] Surge-nos em Itália uma noção de domínio marítimo mais estreita: "complexo de bens destinados a satisfazer os interesses públicos respeitantes à navegação e ao tráfego marítimo": Francesco Alessandro Querci, *Demanio marittimo*, ED XII (1964), 92-110 (92/

§ 9.º *Domínios públicos em especial* 97

II. O domínio público marítimo conheceu uma expansão de que cumpre dar breve nota.

No século XVII, discutiu-se se o mar alto podia ser apropriado pelos Estados. Defrontaram-se, na época, os partidários do *mare liberum*, designadamente defendido por Grotius[311] e do *mare clausum*, propugnado sucessivamente pelos estudiosos ibéricos[312] e ingleses[313]. Prevaleceria o *mare liberum*; todavia, aos Estados com fronteira marítima, foi reconhecida a possibilidade de se defenderem, exercendo a soberania sobre uma faixa litoral de largura equivalente ao alcance de um tiro de canhão colocado na costa: foi a regra adotada por Portugal, em Alvará de 4 de maio de 1805[314]. O crescente alcance dos canhões levou a fixar esse limite nas 3 milhas marítimas (cerca de 5.500 m), depois alargadas para 6 como zona de respeito e, mais tarde, como espaço territorial[315]. Atualmente, o mar territorial português tem a largura de 12 milhas – artigo 6.º da Lei n.º 34/2006, de 26 de julho – prevendo-se, ainda, uma zona contígua de 24 milhas (7.º) e uma zona económica exclusiva de 200 milhas (artigo 8.º, todos da mesma lei). Veja-se, ainda, a mesma Lei n.º 18/2012, de 7 de janeiro, quanto à investigação técnica de acidentes em transportes marítimos.

Discutia-se se o mar territorial era verdadeiro domínio público; Cunha Gonçalves respondia negativamente: haveria, aí, uma simples manifestação da soberania do Estado, de resto limitada[316]. Dado o teor do artigo 84.º/1 da Constituição e o facto de, mau grado o movimento molecular, uma faixa de 12 milhas constituir uma realidade perfeitamente

---

/II); *vide* o artigo 822.º do *Codice civile*. Quanto à experiência francesa, *vide* Laubadère, *Traité* cit., 2, 9.ª ed., 178 ss..

[311] Hugo Grotius, *De iure praede* (1603): quanto à obra de Grotius e à sua sequência, *Da boa fé*, 211 ss..

[312] Marcello Caetano, *Portugal e a internacionalização dos problemas Africanos (História de uma batalha: da liberdade dos mares às Nações Unidas)*, 4.ª ed. (1971), 12 ss..

[313] Seldon, *Mare clausum seu de dominio maris* (1635), por incumbência do Rei Carlos I; Seldon foi, todavia, antecipado na resposta por Serafim de Freitas, *De iusto imperio lusitanorum asiatico* (1625); *vide* Marcello Caetano, *Portugal e a internacionalização* cit., 43, Armando Marques Guedes, *Direito do Mar*, 2.ª ed. (1998), 24 ss. e Mário Tavarela Lobo, *Manual de Direito de Águas*, 1, 2.ª ed. (1999), 91 ss..

[314] *Vide* a transcrição de Marques Guedes, *Direito do Mar* cit., 29.

[315] Marques Guedes, *Direito do Mar* cit., 31 ss., para toda esta evolução.

[316] Cunha Gonçalves, *Tratado de Direito civil* cit., 3, 126.

98   *As coisas e o âmbito do Direito civil*

delimitada, é de admitir, sobre ela, o domínio público, ficando abrangido o leito e os "fundos marítimos contíguos", isto é, a plataforma continental[317].

III. A Lei n.º 58/2005, de 29 de dezembro, que veio definir o regime dos bens do domínio público hídrico do Estado, deixou em aberto o domínio marítimo, remetido pelo anterior Decreto-Lei n.º 70/90, de 2 de março, que ela revogou, para legislação própria[318]. O tema foi colmatado pela referida Lei n.º 34/2006 que, todavia, evitou falar em domínio público. Aparentemente, as leis portuguesas subordinam-se a uma ideia de "politicamente correto" internacional, independentemente de qualquer reciprocidade. Manteve-se em vigor, para além do disposto sobre mar territorial, todo um conjunto de preceitos relativos às praias.

São praias as faixas litorais banhadas pelo mar; na costa atlântica elas têm, em regra, um solo arenoso típico. Já no Direito romano, as praias eram públicas, explicitando o Direito justinianeu que se tratava de *res communes*[319]. Entre nós, coube ao Decreto de 31 de dezembro de 1864 incluí-los no domínio público. Assim, segundo o artigo 2.º deste diploma[320],

> Igualmente são do dominio publico, imprescriptivel, os portos de mar e praias, os rios navegaveis e fluctuaveis com as suas margems, os canaes e vallas, portos artificiaes e docas existentes ou que de futuro se construam.

---

[317] Artigo 9.º do revogado Decreto-Lei n.º 70/90, de 2 de março; a Lei n.º 2080, de 21 de março de 1956, também revogada, já dispunha, na sua Base I:

> O leito do mar e o subsolo correspondente nas plataformas submarinas contíguas às costas marítimas portuguesas, continentais ou insulares, que se denominam plataformas continentais, pertencem, mesmo fora dos limites do mar territorial, ao domínio público do Estado.

[318] Seguindo o seu artigo 1.º/2,

> O domínio público marítimo rege-se por legislação própria, sem prejuízo da aplicação das taxas e sanções previstas no presente diploma, tendo em vista o desenvolvimento de uma política coerente em matéria de qualidade das águas.

[319] Afonso Queiró, *As praias e o domínio público*, RLJ 96 (1964), 321-324, 337-341 e 353-355 (323). Quanto ao Direito romano, transcrevendo Cícero, *vide* Alan Watson, *The Law of Property in the Lates Roman Republic* (1968), 13.

[320] DLx n.º 10, de 13-jan.-1865, 98.

§ 9.º *Domínios públicos em especial*   99

O Decreto n.º 8, de 1 de dezembro de 1892 explicitou que as praias vão até onde alcançar o colo da máxima praiamar das marés vivas; além disso, ele estabeleceu uma linha de 50 m a contar da praia para a fiscalização das autoridades marítimas – artigo 14.º, 3. Concluía-se, daqui, que pertence ao domínio marítimo, além da praia, uma faixa de 50 m contados desde a linha máxima da maré e salvo se se provar que já antes de dezembro de 1864 existia domínio particular nessa área[321]. Havia, contudo, dúvidas constantes[322].

IV. As dúvidas foram removidas pelo Decreto-Lei n.º 468/71, de 5 de novembro, que veio aprovar o regime jurídico dos terrenos do domínio público hídrico – leitos e margens das águas do mar, correntes de água, lagos e lagoas – e regular o seu uso[323]. Este diploma foi, em boa medida, revogado pela Lei das Águas (Lei n.º 58/2005, de 29 de dezembro) e pelo regime de utilização de recursos hídricos (Decreto-Lei n.º 226-A/2007, de 31 de maio).

A norma fundamental consta do artigo 5.º do referido Decreto-Lei n.º 468/71, que dispõe:

> 1. Consideram-se do domínio público do Estado os leitos e margens das águas do mar e de quaisquer águas navegáveis ou flutuáveis, sempre que tais leitos e margens lhe pertençam, e bem assim os leitos e margens das águas não navegáveis nem flutuáveis que atravessem terrenos públicos do Estado.

A margem das águas do mar é fixada em 50 m – artigo 3.º/1 – aplicando-se-lhe diversas regras[324].

---

[321] Afonso Queiró, *As praias* cit., 341 e 354. No Direito francês, o limite é tradicionalmente aferido a 50 "passos geométricos" (os "passos do rei"), o que equivale a 81,2 m; após toda uma evolução, entende-se hoje que o espaço daí resultante integra o domínio privado do Estado, sendo respeitados os direitos constituídos dos particulares; *vide* Laubadère, *Traité* cit., 2, 9.ª ed., 181-182.

[322] Marcello Caetano, *Manual de Direito Administrativo* cit., 2, 9.ª ed., 877 ss. e Tavarela Lobo, *Manual de Direito de Águas* cit., 1, 2.ª ed., 219 ss.

[323] Sobre este diploma, Diogo Freitas do Amaral/José Pedro Fernandes, *Comentário à lei dos terrenos do domínio hídrico/Decreto-Lei n.º 468/71, de 5 de Novembro* (1978), 31 ss.. Este escrito publica, como anexos, diversos e importantes trabalhos preparatórios.

[324] Assim, o Decreto-Lei n.º 218/95, de 26 de agosto, proíbe a circulação de veículos automóveis em praias, falésias e reservas integrais: como se vê, o âmbito deste diploma transcende o próprio domínio público.

100 *As coisas e o âmbito do Direito civil*

Reconhece-se, todavia, a propriedade privada sobre as margens ou leitos, quando se demonstre que elas eram, por título legítimo, objeto de propriedade particular ou comum antes de 31 de dezembro de 1864 – artigo 8.º/1. A precisa delimitação do domínio público aqui em causa e os terrenos particulares adjacentes é feito por uma comissão – artigo 10.º – com determinado formalismo[325].

A ocupação de terrenos do domínio público é admitida, em certas condições, mediante o pagamento de uma taxa – artigo 24.º do Decreto-Lei n.º 468/71[326]. Põe-se, por fim, o problema das movimentações de terrenos: o prédio particular que se desloque para o domínio público manter-se-á privado até que sejam atuadas as regras da acessão[327]. Refira-se, ainda, que a Autoridade Marítima Nacional foi regulada pelo Decreto-Lei n.º 44/2002, de 2 de março, alterado pelo Decreto-Lei n.º 235/2012, de 31 de outubro.

V. Resta acrescentar que tudo isto funciona em termos pesados e burocratizados, desviando energias do Estado que deveriam estar concentradas na efetiva defesa do litoral. Cada vez mais se sabe que essa zona é sensível, sendo os 50 m, muitas vezes, insuficientes. Noutros casos, porém – designadamente quando exista, como em muitas povoações, uma marginal pública apetrechada –, nenhum sentido faz em considerar a linha de habitações licenciadamente edificadas no lado continental da via, como estando no domínio público, obrigando-as a fazer prova da sua pré-existência lícita, em 1864 ou a enredar-se num interminável processo de autorização. Haveria, pois que, à luz destas reflexões, flexibilizar o regime e ampliar os poderes da Comissão.

37. A Lei da água (2005)

I. Excluindo o marítimo e nos termos apontados, o domínio público hídrico do Estado passou a ser tratado pelo Decreto-Lei n.º 70/90, de 2 de

---

[325] Tavarela Lobo, *Manual do Direito de Águas* cit., 1, 2.ª ed., 331-332. Apenas tais "comissões de delimitação" – e não os tribunais – podem proceder à delimitação dos leitos e margens dominais confinantes com terrenos de outra natureza: RCb 10-mai.-1994 (Carvalho Costa), CJ XIX (1994) 3, 15-16 (16/I), com indicação de outra jurisprudência confluente. *Vide* Diogo Freitas do Amaral/José Pedro Fernandes, *Comentário à Lei dos terrenos do domínio hídrico* cit., 145.

[326] Freitas do Amaral/José Pedro Fernandes, *Comentário* cit., 206 ss..

[327] No sentido da privaticidade de tais prédios, OLG Schleswig 14-dez.-2000, NJW 2001, 1073-1074.

§ *9.º Domínios públicos em especial* 101

março. Tratava-se de um diploma incompleto e um tanto heterogéneo, uma vez que pressupunha legislação anterior relativa ao domínio hídrico e, mau grado a sua epígrafe e o seu objetivo, acabava por regular o "domínio privado" – corpo do artigo 2.º. Tinha, depois, todo um desenvolvimento[328].

II. A denominada Lei da Água, adotada pela Lei n.º 58/2005, de 29 de dezembro[329], apresenta-se como transpondo a Diretriz n.º 2000/60, de 23 de outubro e estabelecendo as "bases e o quadro institucional para a gestão sustentável da água". Ela foi alterada e republicada pelos Decretos-Leis n.º 245/2009, de 22 de setembro e n.º 30/2012, de 22 de junho com novas alterações advenientes das Leis n.º 17/2014, de 10 de abril, n.º 42/2016, de 28 de dezembro e n.º 44/2017, de 19 de junho. Tem, ainda, um regime complementar aprovado pelo Decreto-Lei n.º 77/2006, de 30 de março, alterado pelo Decreto-Lei n.º 103/2010, de 24 de setembro, modificado, por seu turno, pelo Decreto-Lei n.º 83/2011, de 20 de junho[330]. É um diploma denso, em 106 artigos dos quais alguns de grande extensão, ordenados em dez capítulos:

I – Disposições gerais (1.º a 4.º);

II – Enquadramento institucional (5.º a 13.º);

III – Ordenamento e planeamento dos recursos hídricos (14.º a 44.º);

IV – Objetivos ambientais e monitorização das águas (45.º a 55.º);

V – Utilização dos recursos hídricos (56.º a 73.º);

VI – Infra-estruturas hidráulicas (74.º a 76.º);

VII – Regime económico financeiro (77.º a 83.º);

VIII – Informação e participação do público (84.º a 88.º);

IX – Fiscalização e sanções (89.º a 97.º);

X – Disposições finais e transitórias (98.º a 107.º).

III. A Lei da Água tem um lato conteúdo programático, sendo de realçar os nove princípios alinhados no seu artigo 3.º/1[331]:

---

[328] Pode ser seguido na 2.ª ed. da presente obra, 65 ss..

[329] Com a Ret. n.º 11-A/2006, de 23-fev., DR I-A n.º 39 (supl.), de 23 de fevereiro de 2006, 1524-(2).

[330] O Decreto-Lei n.º 77/2006, de 30 de março, foi ainda alterado pela Lei n.º 42/2016, de 1 de agosto.

[331] DR I-A, n.º 249, de 29 de dezembro de 2006, 7280/II-7281-/I.

102   *As coisas e o âmbito do Direito civil*

a) Princípio do valor social da água, que consagra o acesso universal à água para as necessidades humanas básicas, a custo socialmente aceitável, e sem constituir fator de discriminação ou exclusão;

b) Princípio da dimensão ambiental da água, nos termos do qual se reconhece a necessidade de um elevado nível de proteção da água, de modo a garantir a sua utilização sustentável;

c) Princípio do valor económico da água, por força do qual se consagra o reconhecimento da escassez atual ou potencial deste recurso e a necessidade de garantir a sua utilização economicamente eficiente, com a recuperação dos custos dos serviços de águas, mesmo em termos ambientais e de recursos, e tendo por base os princípios do poluidor-pagador e do utilizador-pagador;

d) Princípio de gestão integrada das águas e dos ecossistemas aquáticos e terrestres associados e zonas húmidas deles diretamente dependentes, por força do qual importa desenvolver uma atuação em que se atenda simultaneamente a aspectos quantitativos e qualitativos, condição para o desenvolvimento sustentável;

e) Princípio da precaução, nos termos do qual as medidas destinadas a evitar o impacte negativo de uma ação sobre o ambiente devem ser adotadas, mesmo na ausência de certeza científica da existência de uma relação causa-efeito entre eles;

f) Princípio da prevenção, por força do qual as acções com efeitos negativos no ambiente devem ser consideradas de forma antecipada por forma a eliminar as próprias causas de alteração do ambiente ou reduzir os seus impactes quando tal não seja possível;

g) Princípio da correcção, prioritariamente na fonte, dos danos causados ao ambiente e da imposição ao emissor poluente de medidas de correção e recuperação e dos respectivos custos;

h) Princípio da cooperação, que assenta no reconhecimento de que a protecção das águas constitui atribuição do Estado e dever dos particulares;

i) Princípio do uso razoável e equitativo das bacias hidrográficas partilhadas, que reconhece aos Estados ribeirinhos o direito e a obrigação de utilizarem o curso de água de forma razoável e equitativa tendo em vista o aproveitamento optimizado e sustentável dos recursos, consistente com a sua proteção.

IV. Este diploma descura o clássico domínio público marítimo, embora não o desconheça: 4.º, *b)*, *h)*, *gg)*, 49.º/1, *a)*, *iii)*, 58.º e 60.º/1, *d)*, como exemplos. Afigura-se a conveniência em disciplinar o regime do domínio público marítimo, crucial para o País, em diploma próprio, acessível a leigos.

§ 9.º Domínios públicos em especial 103

Na gestão das águas, caberia um papel fulcral à Autoridade Nacional da Água – 4.º, *l*) e 8.º. Esta entidade sucede ao Instituto Nacional da Água (INAG), cujo estatuto orgânico fora aprovado pelo Decreto-Lei n.º 191/93, de 24 de maio[332], o qual abrange ainda as administrações dos recursos hídricos – ARH. Esta estrutura sucedeu à Direção-Geral dos Recursos Naturais (DGRN) criada então há quatro anos – Decreto-Lei n.º 130/86, de 7 de junho – a qual, nos termos do Decreto-Lei n.º 246/87, de 17 de junho, já havia sucedido a diversos organismos anteriores.

O Decreto-Lei n.º 191/93, de 24 de maio, foi revogado pelo Decreto--Lei n.º 135/2007, de 27 de abril, que estabeleceu o Instituto da Água, IP: um diploma revogado, por seu turno, pelo Decreto-Lei n.º 56/2012, de 12 de março, que fez transitar as funções do Instituto da Água para a Agência Portuguesa do Ambiente, IP. Este diploma foi alterado pelo Decreto-Lei n.º 55/2016, de 26 de agosto e pelo Decreto-Lei n.º 108/2018, de 3 de dezembro.

A volatilidade dos órgãos de direção da Administração Pública desafia a imaginação.

V. A matéria atinente à exploração das águas de nascente – Decreto--Lei n.º 84/90, de 16 de março – às águas minero-medicinais – Decreto-Lei n.º 85/90, de 16 de março – e às águas minerais naturais – Decreto-Lei n.º 86/90, de 16 de março – é considerada "aproveitamento de recursos geológicos".

38. A utilização dos recursos hídricos

I. O regime de licenciamento de utilização do domínio público hídrico, sob jurisdição do então Instituto da Água, foi aprovado pelo Decreto-Lei n.º 46/94, de 22 de fevereiro[333]. O Decreto-Lei n.º 47/94, também de 22 de fevereiro, depois alterado pelo Decreto-Lei n.º 113/97, de 10 de maio, estabeleceu o regime económico e financeiro de utilização do domínio público hídrico, sob jurisdição do Instituto da Água. Este diploma tornou em boa parte inaplicável o Decreto-Lei n.º 70/90, como se

---

[332] Retificado pela Declaração n.º 135/93, de 31 de julho e pela Declaração n.º 141-A/93, de 31 de julho; alterado pelo Decreto-Lei n.º 110/97, de 8 de maio.

[333] *Vide* a Retificação n.º 63/94, de 31 de maio; trata-se de uma Retificação muito extensa e com largo alcance substancial.

104 *As coisas e o âmbito do Direito civil*

infere do seu artigo 91.º/1. Ele distinguia 13 tipos de utilização do domínio hídrico, que devem ser titulados por contrato de concessão. Cumpre reter o seu âmbito artigo 2.º:

> 1. O domínio hídrico abrange, para efeitos do presente diploma, os terrenos das faixas de costa e demais águas sujeitas à influência das marés, nos termos do artigo 1.º do Decreto-Lei n.º 201/92, de 29 de setembro, as correntes de água, lagos ou lagoas, com seus leitos, margens e zonas adjacentes, nos termos do Decreto-Lei n.º 468/71, de 5 de novembro.
> 2. O domínio hídrico referido no número anterior compreende o domínio público hídrico estabelecido no artigo 1.º do Decreto n.º 5787-III, de 10 de maio de 1919, e o domínio hídrico privado estabelecido nos artigos 1385.º e seguintes do Código Civil.

O Decreto-Lei n.º 46/94, de 22 de fevereiro, foi alterado pelo Decreto-Lei n.º 234/98, de 22 de julho. Ele foi substituído pela Lei da Água, adotada pela Lei n.º 58/2005, de 29 de dezembro, mas apenas na medida em que os instrumentos nela previstos fossem publicados.

II. A utilização dos recursos hídricos é regulada pelo Decreto-Lei n.º 226-A/2007, de 31 de maio, alterado pelos Decretos-Leis n.º 391-A/2007, de 21 de dezembro, n.º 93/2008, de 4 de junho, n.º 107/2009, de 15 de maio, n.º 137/2009, de 8 de junho, n.º 245/2009, de 22 de setembro, n.º 82/2010, de 2 de julho, pelas Leis n.º 44/2012, de 29 de agosto, n.º 17/2014, de 10 de abril e n.º 12/2018, de 2 de março e pelo Decreto-Lei n.º 97/2018, de 27 de novembro[334]. Este diploma veio substituir o anterior Decreto-Lei n.º 47/94, de 22 de fevereiro. Cada vez mais os diversos domínios públicos, causticados por uma imbatível produção legislativa, exigem a atenção de juristas especializados. As entidades públicas e os municípios não devem hesitar em constituir mandatários adequados e experientes: a atual fixação nos cortes de custos conduz, neste domínio, a encargos acrescidos, com espetaculares condenações do Estado, em tribunal.

39. O domínio aéreo

[334] *Vide* Joana Mendes, *Direito administrativo da água*, em Paulo Otero/Pedro Gonçalves, *Tratado de Direito administrativo especial* 2 (2009), 12-134 (101 ss.), com indicações e Alexandra Leitão, *A utilização do domínio público hídrico por particulares* (2012), 43 pp., na net.

§ 9.º Domínios públicos em especial 105

I. O artigo 84.º/1, *b*), da Constituição inclui no domínio público:

As camadas aéreas superiores ao território acima do limite reconhecido ao proprietário ou superficiário.

Este preceito corresponde ao artigo 59.º, n.º 5, da Constituição de 1933. E tal como ele, pressupõe que a lei ordinária defina os limites verticais do direito do proprietário, o que a ordem civil (artigo 1344.º/1) acaba por não fazer. Por seu turno, o artigo 4.º do Decreto-Lei n.º 477/80, de 15 de outubro, inclui no domínio público:

f) As camadas aéreas superiores aos terrenos e às águas do domínio público, bem como as situadas sobre qualquer imóvel do domínio privado para além dos limites fixados na lei em benefício do proprietário do solo.

Podemos considerar que o domínio aéreo começa para lá da altitude onde o interesse do proprietário já não chega[335].

II. A Convenção de Chicago da Aeronáutica Civil, de 7 de dezembro de 1944[336], dispõe, no seu artigo 1.º:

Os Estados contratantes reconhecem que cada Estado tem a soberania completa e exclusiva sobre o espaço aéreo que cobre o seu território, compreendendo-se neste as águas territoriais.

Trata-se de uma orientação que mais do que atribuir um bem em propriedade (pública) para ser gozado, estabelece uma reserva de soberania, com fins de defesa, de segurança e de polícia. Para além dos limites da atmosfera, o espaço é considerado internacional.

III. O Decreto-Lei n.º 248/91, de 16 de julho, veio prever, em termos aéreos, áreas proibidas, restritas ou reservadas, para efeitos de tutela da segurança e do património histórico e natural. Tais áreas não devem ser

---

[335] Trata-se, todavia, de matéria a regulamentar: a construção de um viaduto a grande altura, que sobrevoe um prédio particular pode dar-se a uma altitude que nunca seria ocupada pelo respetivo proprietário; todavia, ele tem todo o interesse em não ser "sobrevoado" pelo viaduto.

[336] Aprovada, para ratificação, pelo Decreto-Lei n.º 36 158, de 17 de fevereiro de 1947 e ratificada por Carta de 28 de abril de 1948.

106   *As coisas e o âmbito do Direito civil*

sobrevoadas, exceto nas situações aí previstas. Vêm definidas pela Portaria n.º 837/91, de 16 de agosto[337]. O Decreto-Lei n.º 248/91 foi alterado pelo Decreto-Lei nº 163/2015, de 17 de agosto, relativo ao céu único europeu.

IV. Com o domínio aéreo[338] não se confunde o domínio aeronáutico: este tem a ver com aeroportos e infra-estruturas aeroportuárias. Cabe à lei positiva definir os privados e os públicos e ainda, nesta última categoria, os que se incluam no domínio público[339]. A matéria constava do Decreto--Lei n.º 102/90, de 21 de março, alterado pelos Decretos-Leis n.º 280/99, de 26 de julho, n.º 268/2007, de 26 de julho e n.º 216/2009, de 4 de setembro. Este diploma foi substituído pelo Decreto-Lei n.º 254/2012, de 28 de novembro, alterado pelo Decreto-Lei n.º 108/2013, de 31 de julho.

40. O domínio geológico

I. Segundo o artigo 84.º/1, *c*), da Constituição, pertencem ao domínio público:

> *c*) Os jazigos minerais, as nascentes de águas mineromedicinais, as cavidades naturais subterrâneas existentes no subsolo, com exceção das rochas, terras comuns e outros materiais habitualmente usados na construção;

Segundo a tradição jurídica portuguesa, alicerçada em D. Duarte I, as minas pertenciam à Coroa[340].

O Decreto-Lei n.º 18:713, de 1 de agosto de 1930 estabelecia, no seu artigo 1.º[341]:

> O direito de propriedade dos depósitos ou jazigos de substâncias minerais úteis pertence ao Estado.

---

[337] Retificada pela Declaração n.º 260/91, de 30 de novembro e alterada pela Portaria n.º 362/97, de 2 de junho. Sobre toda esta matéria, cumpre referir Dário Moura Vicente (org.), *Estudos de Direito aéreo* (2012), 634 pp..

[338] Laubadère, *Traité* cit., 2, 9.ª ed., 183.

[339] Dante Gaeta, *Demanio aeronautico*, ED XII (1964), 84-85 e Aldo M. Sandulli/ Salvatore Rosa, *Aerodromo*, ED I (1958), 637-641 (638).

[340] António Luiz de Seabra, *A propriedade* cit., 150.

[341] DG n.º 177, de 1 de agosto de 1930, 1551-1561; trata-se de um pequeno Código das Minas.

§9.º *Domínios públicos em especial* 107

Perante o termo "propriedade", podia-se discutir se se tratava do domínio público do Estado ou do seu domínio privado[342]. A Constituição de 1933, no seu artigo 49.º, 1.º, incluiu a matéria no domínio público.

II. O regime geral de revelação e aproveitamento dos recursos geológicos foi aprovado pelo Decreto-Lei n.º 90/90, de 16 de março, depois substituído pela Lei n.º 54/2015, de 22 de junho.

Segundo o artigo 1.º/2 deste diploma:

Consideram-se recursos geológicos os bens naturais designados por:

a) Depósitos minerais;
b) Águas minerais naturais;
c) Águas mineroindustriais;
d) Recursos geotérmicos;
e) Massas minerais;
f) Águas de nascente.

O artigo 2.º procede a uma circunstanciada lista de definições de diversos recursos.

III. A lei – artigo 18.º/1 da Lei n.º 54/2015 – admite que, sobre os recursos que integram o domínio público, se possam formar direitos de prospeção e pesquisa e direitos de exploração; tais direitos adquirem-se por contratos administrativos – *idem*, n.º 2 – vindo, depois, circunstanciadamente regulados[343].

O regulamento dos depósitos minerais consta do Decreto-Lei n.º 88/90, de 16 de março. Os Decretos-Leis n.º 84/90, 85/90, 86/90 e 87/90, todos de 16 de março, aprovaram os regulamentos, respetivamente, da exploração das águas de nascentes, das águas mínero-industriais, das águas minerais naturais e dos recursos geotérmicos.

---

[342] Cunha Gonçalves, *Tratado de Direito civil* cit., 3, 422.
[343] Perante o Direito anterior: José Luís Bonifácio Ramos, *O regime e a natureza jurídica do direito dos recursos geológicos dos particulares* (1994), 208 pp..

108   *As coisas e o âmbito do Direito civil*

41. Os domínios rodoviário e ferroviário

I. Segundo o artigo 84.º/1, *d*), da Constituição, pertencem ao domínio público as estradas. O artigo 4.º, *h*), do Decreto-Lei n.º 477/80, de 15 de outubro, explicita:

> As linhas férreas de interesse público, as auto-estradas e as estradas nacionais com os seus acessórios, obras de arte, etc.;

Pelo antigo Direito, as estradas pertenciam à Coroa[344]: eram, pois, do domínio público. A legislação liberal manteve e reforçou esta orientação. O Decreto de 13 de agosto de 1832 integrava, no seu artigo 2.º, nos bens da Nação, as estradas gerais[345]; além de outras coisas, classificava as estradas e tomava medidas para a sua construção.

Diz mais precisamente o referido artigo 2.º do Decreto n.º 44, de 13 de agosto de 1833 (Mouzinho da Silveira):

> Os bens da Nação tomados collectivamente, são os bens do uso geral e commum dos Habitantes, como Portos, Canaes, Rios navegaveis, Estradas geraes, e Pontes velhas construidas, Caes, e Edificios destinados para a residencia do Rei, ou para as Sessões das Camaras, Secretarias, Tribunaes, Aquartelamentos, Estaleiros, Arsenaes, e outros similhantes (...)[346].

As leis de 15 de julho de 1862[347] e de 6 de junho de 1864[348] (Duque de Loulé e João Crisóstomo) consideravam *"cousas publicas ou do domínio e uso publico"* as estradas, qualquer que seja a sua classificação: *reaes, districtaes, municipaes* ou *vicinaes.*

---

[344] *Ord. Fil.*, Liv. II, tít. XXVI, § 8 = ed. Gulbenkian, 441/I; *vide* Borges Carneiro, *Direito Civil de Portugal* cit., 4, 7-8.

[345] José Dias Ferreira, *Código Civil Annotado* cit., 1, 271.

[346] *Chronica Constitucional do Porto*, n.º 32, de 21-ago.-1832, 150-152 (150).

[347] DLx n.º 164, de 24-jul.-1862, 1962.

[348] Artigo 14.º:

> As estradas municipaes são de dominio publico e imprescriptivel; o terreno que ellas occupam, quando deixa de ter este destino, constitue propriedade municipal.

O diploma consta do DLx n.º 125, de 7 de junho de 1864, 1839-1840.

§9.º *Domínios públicos em especial* 109

Um Decreto de 31 de dezembro de 1864 (João Crisóstomo), no seu artigo 1.º, veio dispor[349]:

As estradas de 1.ª, 2.ª e 3.ª ordem, as ruas que fazem parte d'ellas, e as demais ruas no interior das cidades, villas e povoações do reino constituem a viação ordinaria, são do dominio publico e imprescritiveis.

II. No silêncio do plano rodoviário aprovado pelo Decreto-Lei n.º 34.593, de 11 de maio de 1945, Marcello Caetano veio defender que apenas as estradas nacionais – as mais importantes – pertenceriam ao domínio público do Estado. Todavia, a Constituição de 1933 – artigo 49.º, n.º 6 – ia mais longe, uma vez que referia as estradas, sem distinção[350].

III. Os sucessivos planos rodoviários nacionais – designadamente o aprovado pelo Decreto-Lei n.º 380/85, de 26 de setembro, substituído pelo adotado pelo Decreto-Lei n.º 222/98, de 17 de julho[351], com as alterações introduzidas pela Lei n.º 98/99, de 26 de julho e pelo Decreto-Lei n.º 182/2003, de 16 de agosto – são omissos.

Vamos pois entender que se mantém a doutrina de Marcello Caetano, agora apoiada no transcrito artigo 4.º, *h*), do Decreto-Lei n.º 477/80, de 15 de outubro.

IV. Os caminhos de ferro foram integrados no domínio público logo por uma das Leis de 31 de dezembro de 1864 (João Crisóstomo).

Dizia o seu artigo 1.º[352]:

Fazem parte da viação publica, e são do dominio publico, todos os caminhos de ferro, qualquer que seja o motor empregado na exploração, com as suas dependencias, obras accessorias e linhas telegraficas n'elles estabelecidas.

---

[349] DLx n.º 10, de 13-jan.-1865, 98-100 (98/I).

[350] A doutrina italiana, quer quanto a estradas, quer quanto a auto-estradas, admite que possam ser públicas ou privadas; Carlo Talice, *Strade*, ED XLIII (1990), 1111-1130 (1112) e Aldo M. Sandulli, *Autostrade*, ED IV (1959), 525-529 (526).

[351] Retificação n.º 19-D/98, de 31 de outubro.

[352] DLx n.º 7, de 10-jan.-1865, 63.

110   *As coisas e o âmbito do Direito civil*

Trata-se de uma orientação retomada pelo Decreto-Lei n.° 13:829, de 25 de junho de 1927[353] e pelo Decreto-Lei n.° 39 780, de 21 de agosto de 1954[354]. Temos uma sólida tradição, conservada na alínea *e*) do artigo 84.°/1, da Constituição[355].

Visando facilitar a reconstrução do sector, o Decreto-Lei n.° 269/92, de 28 de novembro, veio permitir a desamortização do domínio público ferroviário. Bastará reter os seus três primeiros artigos:

Artigo 1.° Os bens do domínio público ferroviário, desde que não adstritos ao serviço público a que se destinavam, poderão ser desafetados e integrados no património da CP – Caminhos de Ferro Portugueses, E.P., por despacho conjunto dos Ministros das Finanças e das Obras Públicas, Transportes e Comunicações.

Artigo 2.° As verbas resultantes da alienação dos bens integrados no património da CP, nos termos do artigo anterior, são afetas, na sua totalidade, a investimentos na modernização de infra-estruturas e material circulante da empresa.

[353] Este diploma veio uniformizar o novo regime de caminhos de ferro. Diz o seu artigo 1.°:

Fazem parte da viação pública e são do domínio público todos os caminhos de ferro, inclusive os aéreos, qualquer que seja a natureza do motor, com as suas dependências, obras acessórias e linhas telegráficas e telefonicas nêles estabelecidas.

O diploma, antecedido de um importante preâmbulo, consta do DG I Série n.° 132, de 25 de junho de 1927, 1138-1150.

[354] Aprovou o Regulamento para a Exploração e Polícia dos Caminhos de Ferro – DG I Série n.° 184, de 21 de agosto de 1954, 870-880. Vamos reter os seguintes preceitos desse diploma:

Artigo 1.°

1. Os caminhos de ferro, compreendidos os aéreos, fazem parte da viação pública e são do domínio público, qualquer que seja o motor empregado na sua exploração (...)

Artigo 2.°

1. Com excepção do mobiliário, todo o estabelecimento industrial da empresa concessionário aplicado ao funcionamento do serviço (material fixo e circulante, edifícios e outras dependências ou imóveis e utensílios necessários ao serviço), está sujeito ao regime do domínio público (...)

[355] *Vide*, como experiência estrangeira ilustrativa, Antonio Mocci, *Ferrovie dello Stato*, ED XVII (1968), 219-262 e Cesare Riboldi, *Ferrovie concesse, idem,* 263-288.

§ 9.° Domínios públicos em especial   111

Artigo 3.° O despacho referido no artigo 1.° constitui documento bastante para o registo na conservatória do registo predial respetiva, a favor da CP – Caminhos de Ferro Portugueses, E.P., dos imóveis nele identificados.

O Decreto-Lei n.° 269/92 foi, por seu turno, substituído pelo Decreto-Lei n.° 276/2003, de 4 de novembro, alterado pelo Decreto-Lei n.° 29-A/2011, de 1 de março. Segundo o sumário oficial, aquele diploma (o 276/2003):

> Estabelece o novo regime jurídico dos bens do domínio público ferroviário, incluindo as regras sobre a sua utilização, desafetação, permuta e, bem assim, as regras aplicáveis às relações dos proprietários confinantes.

42. Os domínios telegráfico, telefónico e elétrico

I. A Constituição remete, depois, para a lei ordinária, a fixação de outros domínios públicos, do Estado, das regiões autónomas e das autarquias. Seguindo a enumeração do artigo 4.° do Decreto-Lei n.° 477/80, de 15 de outubro, encontramos:

> *l)* As linhas telegráficas e telefónicas, os cabos submarinos e as obras, canalizações e redes de distribuição pública de energia elétrica.

Trata-se de uma orientação que remonta ao Decreto de 31 de dezembro de 1864 (João Crisóstomo), cuja artigo 1.° dispunha[356]:

> As linhas telegraphicas de qualquer systema, e as de signaes maritimos, destinadas ao serviço official do governo, e ao dos particulares, são propriedade do estado.

A rede elétrica nacional foi, sucessivamente, regulada pela Lei n.° 2002, de 26 de dezembro de 1944[357] e pelo Decreto-Lei n.° 43.350, de 19 de novembro de 1960[358].

---

[356] DLx n.° 5, de 5 de janeiro de 1865, 44.
[357] DG I Série n.° 285, de 26 de dezembro de 1944, 1311-1314.
[358] DG I Série n.° 269, de 19 de novembro de 1960, 2469-2489.

II. Apesar da clareza do artigo 1.º, *b*), do Decreto-Lei n.º 23:565, de 15 de fevereiro de 1934, antecessor do atual artigo 4.º, *l*), do Decreto-Lei n.º 477/80, de 15 de outubro, a doutrina aparecia restritiva, quanto à integração de elementos nos domínios telegráfico e telefónico e da transmissão de eletricidade. Apenas integrariam o domínio público as redes de distribuição pública de energia elétrica de utilidade pública e interesse nacional[359].

Aquando da eletrificação do País, impôs-se uma filosofia que, para além de incentivar o interesse nacional na matéria, cometia ao Estado importantes funções. Atualmente domina um pensamento privatizador, com técnicas ágeis de gestão, que dispensam os esquemas pesados dominiais. Explicar-se-á assim o silêncio dos diplomas mais recentes, enquanto a doutrina propende para a comercialidade da generalidade dos bens afetos à rede elétrica[360].

Tudo isso foi rematado pela revogação do Decreto-Lei n.º 23:565, pelo Decreto-Lei n.º 477/80, de 15 de outubro, que criou o inventário geral do património do Estado.

43. Os domínios cultural e histórico

I. Prosseguindo na enumeração do Decreto-Lei n.º 477/80, de 15 de outubro, encontramos a alínea *m*), que inclui, no domínio público:

> Os palácios nacionais, monumentos, museus, bibliotecas, arquivos e teatros nacionais, bem como os palácios escolhidos pelo Chefe do Estado para a Secretaria da Presidência e para a sua residência e das pessoas de sua família.

Os museus, bibliotecas e arquivos incluem, naturalmente, o seu recheio[361].

---

[359] Marcello Caetano, *Manual de Direito administrativo* cit., 2, 9.ª ed., 886-887.

[360] Rui Machete, *O domínio público e a rede eléctrica nacional*, cit., *maxime* 1410-1411.

[361] Em França, as bibliotecas e arquivos com significado histórico e as obras de arte integram o chamado "domínio mobiliário" do Estado – *vide* Laubadère, *Traité* cit., 2, 9.ª ed., 188.

§ 9.º Domínios públicos em especial 113

II. As coisas com significado cultural e histórico dão azo a uma disciplina de importância crescente a que poderemos chamar património histórico-cultural[362]. Tal disciplina não se limita ao estabelecimento de uma dominialidade pública: dedicar-lhe-emos, assim e adiante, uma rubrica própria[363].

III. Retomando aqui, apenas os elementos integrados no domínio público, temos, em primeiro lugar, os museus nacionais. Estes, segundo o Decreto-Lei n.º 20:985, de 7 de março de 1932[364], constituíam uma categoria diferente da dos museus regionais e municipais. Só eram nacionais os museus de Arte Antiga, dos Coches e de Arte Contemporânea[365] e, mais tarde, o Museu Soares dos Reis, no Porto, o Museu de Arqueologia e Etnologia (Museu Etnológico do Dr. Leite de Vasconcelos), anexo à Universidade de Lisboa e o Museu Machado de Castro, em Coimbra, na enumeração de Marcello Caetano[366].

Atualmente, há a referir numerosos outros museus nacionais: o Museu Nacional da Ciência e da Técnica[367], o Museu Nacional do Azulejo[368], o Museu Nacional do Teatro[369], o Museu Nacional de Literatura[370], o Museu Nacional do Desporto[371], o Museu Nacional de Etnologia[372], o Museu Nacional Ferroviário[373] e o Museu Nacional da Floresta[374]. Cabe ainda lidar com a Lei n.º 47/2004, de 19 de agosto, ou Lei-Quadro dos Museus Portugueses.

---

[362] *Vide*, em especial, as obras de José Luís Bonifácio Ramos, referidas *infra*, 121, nota 406.

[363] *Infra*, § 7.º.

[364] DG n.º 56, de 7de março de 1932, 431-436.

[365] Artigo 50.º do Decreto-Lei n.º 20 985, de 7 de março de 1932.

[366] Marcello Caetano, *Manual de Direito administrativo* cit., 2, 9.ª ed., 889.

[367] Decreto-Lei n.º 347/76, de 12 de maio, alterado pelo Decreto-Lei n.º 379/99, de 21 de setembro.

[368] Decreto-Lei n.º 404/80, de 26 de setembro.

[369] Decreto-Lei n.º 241/82, de 22 de junho.

[370] Decreto-Lei n.º 441/82, de 6 de novembro, revogado pelo Decreto-Lei n.º 216/90, de 3 de julho.

[371] Decreto-Lei n.º 295/85, de 24 de julho.

[372] Decreto-Lei n.º 248/89, de 8 de agosto; neste Museu foi integrado o Instituto de Investigação Científica e Tropical – Decreto-Lei n.º 249/89, da mesma data.

[373] Lei n.º 59/91, de 13 de agosto.

[374] Lei n.º 108/99, de 3 de agosto.

114   *As coisas e o âmbito do Direito civil*

IV. No tocante a bibliotecas, Marcello Caetano preconiza uma interpretação restritiva do preceito, de modo a abranger apenas as bibliotecas nacionais[375]. Em compensação, entende esse Autor que deveria ficar incluído o Arquivo Geral da Torre do Tombo. O Direito comparado reporta os mais diversos estatutos para as bibliotecas: tudo depende das concretas normas aplicáveis[376].

V. Os palácios nacionais vêm enumerados no artigo 66.º do Decreto n.º 22:728, de 24 de junho de 1933[377].

A lei manda ainda qualificar como do domínio público os dois palácios escolhidos para sua residência pelo Presidente da República, quando o não fossem à partida.

VI. São monumentos nacionais – artigo 24.º do Decreto-Lei n.º 20:985, de 7 de março de 1932[378],

os imóveis cuja conservação e defesa, no todo ou em parte, represente interesse nacional, pelo seu valor artístico, histórico ou arqueológico

e desde que como tal sejam classificados por ato administrativo. Trata-se de matéria hoje regulada pela Lei do Património Cultural Português: a Lei n.º 107/2001, de 8 de setembro, abaixo examinada. Apenas os monumentos nacionais do Estado pertencem ao domínio público; os restantes sujeitam-se, todavia, a especiais regras de tutela e proteção.

VII. Falava-se, ainda, num domínio sacro, que abrangeria os templos católicos. Por via da Concordata de 1940, com a Santa Sé, eles passaram a ser património da Igreja, salvo quando classificados como "monumentos nacionais" ou como "imóveis de interesse público". São, então, do Estado

---

[375] Marcello Caetano, *Manual de Direito Administrativo* cit., 2, 9.ª ed., 890.

[376] Ettore Apolloni, *Biblioteca*, ED V (1959), 332-345 (335 ss.).

[377] Trata-se dum diploma publicado no DG I Série n.º 140, de 24 de junho de 1933, que veio reorganizar os serviços da Direção-Geral da Fazenda Pública. O seu artigo 2.º, § único, foi revogado pelo artigo 18.º do Decreto-Lei n.º 477/80, de 15 de outubro.

[378] Este diploma foi revogado pelo artigo 5.º, *pp*), do Decreto-Lei n.º 254/2009, de 24-set., que aprovou o Código Florestal (nem se percebe a que propósito): mas este último foi revogado pela Lei n.º 12/2012, de 13-mar., que repristinou as leis anteriores. Seja como for, o Decreto-Lei n.º 20:985 afigura-se em vigor.

§ 9.º Domínios públicos em especial 115

portanto: do domínio público, quando monumentos nacionais, com afetação permanente ao serviço da Igreja[379].

O sistema conserva-se na Concordata de 2004: vejam-se os seus artigos 22.º a 25.º[380].

44. O domínio militar

I. O artigo 1.º do revogado Decreto-Lei n.º 22:728, de 24 de junho de 1933, incluía as obras de defesa militar e os navios de guerra – alínea *f*). De facto, segundo o artigo 7.º da Lei n.º 2:078, de 11 de julho de 1955[381],

> As organizações ou instalações militares pertencem ao domínio público do Estado, do qual só pode ser distraídas mediante desafetação.
>
> § 1.º A desafetação dos bens do domínio público militar será feita por decreto.

II. Por seu turno, os navios de guerra vinham regulados no Decreto n.º 42 173, de 4 de março de 1959[382]. Este diploma fixava as diversas situações em que se podiam encontrar as unidades navais. Mesmo quando em estado de desarmamento não deixavam de ser navios de guerra, pelo que a sua pertença ao domínio público militar só cessa quando sejam abatidas aos efetivos da armada portuguesa.

Nesta sequência, o Decreto-Lei n.º 477/80, de 15 de outubro, incluía, no domínio público, como vimos:

> *i*) As obras e instalações militares, bem como as zonas territoriais reservadas para a defesa militar;
>
> *j*) Os navios da armada, as aeronaves militares e os carros de combate, bem como outro equipamento militar de natureza e durabilidade equivalentes;

---

[379] Concordata de 7 de maio de 1940, artigos 6.º e 7.º; *vide* Vasco Pereira da Silva, *O património cultural da Igreja*, em *Direito do património cultural*, org. Jorge Miranda/ /João Martins Claro/Marta Tavares da Silva (1996), 475-497 (478 ss.).

[380] DR I-A, n.º 269, de 16 de novembro de 2004, 6744.

[381] DG I Série, n.º 152, de 11 de julho de 1955, 587-588.

[382] DG I Série, n.º 49, de 4 de março de 1959, 241-242.

116   *As coisas e o âmbito do Direito civil*

III. Mais recentemente, têm vindo a multiplicar-se as situações de desafetação de prédios do domínio público militar[383]. Como exemplos, referimos o Forte Militar de Caxias[384] e a Carreira de Tiro da Guarnição de Coimbra[385]. Uma lista mais extensa consta do Decreto-Lei n.° 318/97, de 25 de novembro[386]. Também o domínio privado do Estado, afeto ao Ministério da Defesa Nacional, tem sido largamente atingido[387].

45. Os cemitérios

I. O respeito pelos mortos e os cultos mortuários deixaram diversas marcas nos Direitos civis do Ocidente[388].

O Direito romano continha regras importantes relativas ao *ius sepulchri*[389]. Desde o início, o direito ao sepulcro não era considerado privado: antes cabia à família ou à estirpe, assumindo uma dimensão social vincada[390].

O aspeto sócio-religioso conservou-se no período pós-clássico e com o advento do Cristianismo[391], mantendo-se ao longo da evolução intermédia[392].

---

[383] Sandulli, *Beni pubblici* cit., 283, quanto ao domínio militar em geral.

[384] Decreto-Lei n.° 383/87, de 19 de dezembro.

[385] Decreto-Lei n.° 154/90, de 17 de maio.

[386] Retificação n.° 6-A/98, de 28 de fevereiro.

[387] O Decreto-Lei n.° 196/2001, de 29 de junho, aprovou os critérios gerais e o procedimento de alienação dos imóveis envolvidos, ocupando-se a Lei Orgânica n.° 3/2008, de 8 de setembro, da programação militar. Embora seja pregar no deserto: o País, à medida que abdica das suas Forças Armadas, desiste, sem qualquer consulta popular, das suas soberania e independência.

[388] Em geral, Vítor Manuel Lopes Dias, *Cemitérios/Jazigos e sepulturas* (1963), 13 ss..

[389] Heineccius, *Elementa juris civilis secundum ordinem Institutionum* cit., § 316 (164); Rui Manuel de Figueiredo Marcos, *Em torno do "jus sepulchry" romano. Alguns aspectos de epigrafia jurídica*, BFD 63 (1987), 153-182.

[390] Com indicações, Max Kaser, *Das römische Privatrecht* cit., 1, 2.ª ed., 320; *vide* Theodor Mommsen, *Zum römischen Grabrecht*, SZRom 16 (1895), 203-220, Rafael Taubenschlag, *Miszellen aus dem römischen Grabrecht*, SZRom 38 (1917), 242-262 e Fernand de Visscher, *Le droit des tombeaux romains* (1963).

[391] Max Kaser, *Das römische Privatrecht* cit., 2, 2.ª ed., 244-245.

[392] Helmut Coing, *Europäisches Privatrecht* cit., 1, 274-275.

§9.º Domínios públicos em especial

II. Na Idade Média, os corpos eram inumados nas Igrejas ou nos adros dos templos[393]. O aumento da pressão demográfica e diversos preconceitos sanitários levaram a que, sob o liberalismo, tal prática fosse proibida: pelo Decreto de 21 de setembro de 1835 (Rodrigo da Fonseca). Recordamos, deste diploma[394]:

Artigo 1.º Em todas as Povoações serão estabelecidos Cemiterios Publicos para nelles se enterrarem os mortos.

(...)

Artigo 13.º O Parocho, ou qualquer Ecclesiastico beneficiado, que desde que o Cemiterio estiver designado, e benzido, consentir que algum cadaver seja enterrado dentro dos templos, ou fóra do Cemiterio será, pelo simples facto, privado do beneficio e ficará inhabil para obter outro.

Esta medida teve, como antecedentes nacionais, os esforços de Pina Manique (1733-1805) e os Decretos de Napoleão de 12 de junho de 1804 e de 7 de março de 1808, que proibiram inumações dentro de quaisquer edifícios[395].

A sua aplicação demoraria, havendo que aguardar a reforma da saúde pública de 1844, para se efetivar (Costa Cabral). Resultou daí, a partir da Póvoa do Lanhoso, um levantamento popular conhecido como a "Revolução de Maria da Fonte".

III. Durante muitos anos, a matéria da construção e uso dos cemitérios constava de uma Circular do Ministério do Reino, de 16 de dezembro de 1890. Considerado um bom texto, essa circular estava, todavia, impregnada de alguns preconceitos higienísticos não confirmados pela Ciência e que tornavam demasiado onerosa a construção dos cemitérios[396]. A matéria foi revista pelo Decreto n.º 44 220, de 3 de março de 1962, que

---

[393] Atualmente a Igreja considera o cemitério um local santo e não admite inumações nos templos, salvo casos excepcionais (o Papa e Cardeais); *vide* Giuseppe Olivero, *Cimitero (diritto canonico)*, ED VI (1960), 998-999. Quanto à evolução em Portugal, até 1835: Lopes Dias, *Cemitérios* cit., 67 ss..

[394] DG n.º 226, de 24 de setembro de 1835, 930, antecedido por um interessante preâmbulo. O Decreto de 21 de setembro de 1835 foi completado pelo Regulamento de 8 de outubro de 1835: DG n.º 241, de 13 de outubro de 1835, 291.

[395] Com mais elementos, Lopes Dias, *Cemitérios* cit., 80 ss..

[396] Sobre toda esta matéria, é fundamental o preâmbulo do Decreto-Lei n.º 44 220, de 3 de março de 1962, bem documentado.

118 *As coisas e o âmbito do Direito civil*

aprovou as normas relativas à construção dos cemitérios. Esse diploma foi alterado pelo Decreto n.º 463/71, de 2 de novembro e pelo Decreto-Lei n.º 168/2006, de 16 de agosto.

Mais tarde, há a registar o Decreto n.º 48 770, de 18 de dezembro de 1968, que aprova os modelos de cemitérios a construir, o Decreto-Lei n.º 274/82, de 14 de julho, que veio regular os procedimentos de trasladação, remoção, enterramento, cremação e incineração de cadáveres e o Despacho Normativo n.º 171/82, de 16 de agosto, com normas de execução. Neste domínio, há ainda a considerar o Acordo Internacional Relativo ao Transporte de Cadáveres, assinado em Berlim em 10 de fevereiro de 1937 e aprovado pelo Decreto-Lei n.º 417/70, de 1 de setembro e o Acordo Relativo à Trasladação de Corpos de Pessoas Falecidas, concluído em 26 de outubro de 1973, em Estrasburgo e aprovado pelo Decreto n.º 31/79, de 16 de abril. Operou, ainda, a Lei n.º 14/2016, de 9 de junho, que modificou a Lei n.º 28/2000, de 29 de novembro, relativa às honras de Panteão Nacional, mexendo de novo no Decreto-Lei n.º 411/98.

A matéria consta hoje do Decreto-Lei n.º 411/98, de 30 de dezembro, alterado pelo Decreto-Lei n.º 5/2000, de 29 de janeiro, pelo Decreto-Lei n.º 138/2000, de 13 de julho, pela Lei n.º 30/2006, de 11 de julho e (muito), pelo Decreto-Lei n.º 109/2010, de 19 de outubro, que estabeleceu o regime jurídico de acesso e de exercício da atividade funerária, alterado, por seu turno, pela Lei n.º 13/2011, de 29 de abril.

IV. No tocante à competência para tratar dos cemitérios, temos a considerar as fontes seguintes:

– a Lei n.º 23/97, de 2 de julho, que reforça as atribuições e competências das freguesias, comete-lhes, como competência própria – artigo 4.º/1, c) – a gestão, conservação e limpeza dos cemitérios;

– a Lei n.º 42/98, de 6 de agosto – a Lei das Finanças Locais – permite aos municípios – artigo 19.º, j) – cobrar taxas por enterramento, concessão de terrenos e uso de jazigos, de ossários e de outras instalações em cemitérios municipais; por seu turno, as freguesias podem fazer outrotanto – artigo 22.º, b) – nos seus próprios cemitérios;

– a Lei n.º 159/99, de 14 de setembro, que estabelece o quadro de transferência de atribuições e competências para as autarquias locais, comete – artigo 16.º, c) – aos órgãos municipais o planeamento, a gestão e a realização de investimentos no domínio dos cemitérios municipais;

§ 9.º *Domínios públicos em especial* 119

– a Lei n.º 169/99, de 18 de setembro, que estabelece o quadro de competências, assim como o regime jurídico de funcionamento, dos órgãos dos municípios e das freguesias, considera competência própria da junta de freguesia – artigo 34.º –, no âmbito dos equipamentos integrados no respetivo património – n.º 4 –, gerir, conservar e promover a limpeza dos cemitérios – alínea *c*); esta competência é delegável na freguesia – artigo 66.º/2, *h*).

V. Os cemitérios são, pois, propriedade ou dos municípios ou das freguesias. Tratar-se-á de domínio público ou de domínio privado?

Apesar de, de modo expresso, as leis nada dizerem, a doutrina entende que se trata de domínio público[397]. Também a jurisprudência adota essa mesma orientação: RCb 20 de janeiro de 1971[398], STA 27 de outubro de 1988[399], RLx 18 de fevereiro de 1993[400], REv 3 de novembro de 1994[401], RCb 10 de janeiro de 1995[402], REv 26 de junho de 1997[403] e STA 24 de setembro de 1998[404].

Admite-se, sim, a concessão de espaço em cemitério, seja de talhão, seja para jazigo, de acordo com os regulamentos aplicáveis, concessão essa que pode ser atribuída a título perpétuo. Ora tais concessões, quando abandonadas, regressam ao município – ou à freguesia: tal o sentido a atribuir ao artigo 64.º/1, *aa*), da Lei n.º 169/99, de 18 de setembro, por último alterada pela Lei n.º 71/2018, de 31 de dezembro, que revogou esse preceito. Hoje, a matéria consta do artigo 33.º/1, *kk*), da Lei n.º 75/2013, de 12 de setembro, por último modificada pelo Decreto-Lei n.º 23/2019, de 30 de janeiro, segundo o qual compete à Câmara,

> Declarar prescritos a favor do município, após publicação de avisos, os jazigos, mausoléus ou outras obras, assim como sepulturas perpétuas instaladas nos cemitérios de propriedade municipal, quando não sejam

---

[397] Marcello Caetano, *Manual de Direito Administrativo* cit., 2, 9.ª ed., 895-896. Trata-se, também, da posição dominante em Itália, em França e na Alemanha: Salvatore Rosa, *Cimiterio (diritto amministrativo)*, ED VI (1960), 990-998.

[398] RCb 20-jan.-1971 (sem indicação do relator), BMJ 203 (1971), 221.

[399] STJ 27-out.-1988 (Varela Pinto), BMJ 380 (1988), 521 (o sumário).

[400] RLx 18-fev.-1993 (Almeida Mira), CJ XVIII (1993) 1, 142-143 (143).

[401] REv 3-nov.-1994 (Cortez Neves), CJ XIX (1994) 5, 281-283 (282).

[402] RCb 10-jan.-1995 (Cardoso de Albuquerque), CJ XX (1995) 1, 20-24 (22-23).

[403] REv 26-jun.-1997 (Bogalhão do Casal), CJ XXII (1997) 2, 280.

[404] STA 24-set.-1998 (Correia de Lima), BMJ 479 (1998), 276-287 (284).

120   *As coisas e o âmbito do Direito civil*

conhecidos os seus proprietários ou relativamente aos quais se mostre que, após notificação judicial, se mantém desinteresse na sua conservação e manutenção, de forma inequívoca e duradoura;

Estamos, efetivamente, perante regras incomportáveis nos quadros da propriedade privada. Finalmente, quer os valores em jogo, quer os interesses da comunidade e dos próprios particulares apontam para a dominialidade dos cemitérios.

VI. Ainda como especialidade de regime, assinalamos o Decreto-Lei n.º 382/99, de 22 de setembro, que, com vista à proteção da água para abastecimento público, condiciona – artigo 6.º/2, *m*) –, a instalação de cemitérios. Foi este diploma alterado pelo Decreto-Lei n.º 226-A/2007, de 31 de maio.

§ 10.º PATRIMÓNIO CULTURAL E ARTÍSTICO

46. Evolução geral

I. A defesa do património cultural e artístico não deve ser alheada do Direito civil. Quer se queira, quer não, ele corresponde ao sentir profundo dos povos, particularmente sensível nos países do Sul, com uma História longa[405]. Entre nós, cumpre referir os estudos aprofundados de José Luís Bonifácio Ramos, cujo mero enunciado dá uma ideia dos problemas subjacentes[406].

Provavelmente, para compensar o corte com o passado, coube à I República sistematizar a defesa do património artístico e histórico[407].

Assim, logo no ano da sua proclamação, um Decreto de 19 de novembro de 1910 veio providenciar "... no sentido de evitar a deteriora-

---

[405] No tocante à rica experiência italiana, Giorgio Piva, *Cose d'arte*, ED XI (1962), 92-121 e Pier Giorgio Ferri, *Os bens culturais no direito italiano*, em *Direito do património cultural*, org. Jorge Miranda/João Martins Claro/Marta Tavares da Silva (1996), 111-149. Uma bibliografia sobre o tema pode ser confrontada em João Martins Claro, *Direito do património cultural/Bibliografia sumária*, idem, 547-558.

[406] Temos, todos de José Luís Bonifácio Ramos: *O achamento de bens culturais subaquáticos* cit., 299 ss. e *passim*; *Bens culturais subaquáticos: património da Humanidade*, Estudos Oliveira Ascensão 1 (2008), 667-698; *Direito administrativo da cultura*, em Paulo Otero/Pedro Gonçalves, *Tratado de Direito administrativo especial* 2 (2009), 255-374 (286 ss.); *Bens culturais: posse não vale título*, O Direito 142 (2010), 885-930; *Bem cultural: a Filosofia do Direito do neo-kantismo de Direito*, Est. Centenário Prof. Paulo Cunha (2012), 441-480; *Novas fronteiras do património cultural no dealbar do século XXI: contribuição da Unesco, consequências no Direito português e brasileiro*, Estudos Jorge Miranda 5 (2012), 213-232; *O navio afundado como património cultural*, *Jornadas de Direito marítimo* 2 (2012), 441-480.

[407] Elementos anteriores podem ser confrontados no excelente escrito de Eduardo Vera-Cruz Pinto, *Contributos para uma perspectiva histórica do direito do património cultural em Portugal*, em *Direito do património cultural* cit., 205-251 (217 ss.).

122   *As coisas e o âmbito do Direito civil*

ção e saída para o estrangeiro de objetos de valor artístico e histórico"[408].
Após um relatório onde se traça uma panorâmica negra da situação existente, o Decreto explica que adota bases semelhantes à legislação italiana e espanhola e, ainda, a algumas disposições dos Estados Unidos da América. O artigo 1.º desse Decreto definia:

> São considerados, para os effeitos geraes d'esta lei, obras de arte ou objectos archeologicos, as esculturas, pinturas, gravuras, desenhos, moveis, peças de porcelana, de faiança (...) moedas, inscrições (...) mereçam o qualificativo de *historicos*.

O diploma proibia, sem determinadas autorizações, às entidades públicas, a venda de tais objetos e, às entidades particulares, a sua exportação. Ainda neste último caso, quando a saída fosse autorizada, ficava sujeita a um imposto, *ad valorem*, de 50%.

II. Seguiu-se o Decreto de 26 de maio de 1911[409], também antecedido por um significativo relatório. Este diploma reorganizou os "serviços artisticos e archeologicos", dispondo, depois, sobre "monumentos nacionaes" – 42.º. Também os imóveis particulares poderiam ser classificados, podendo proceder-se à sua expropriação, "mediante lei especial que a autorize", quando o proprietário se oponha à classificação – 43.º. Acrescentava o § único desse preceito:

> A expropriação de que trata este artigo poderá tornar-se extensiva aos terrenos em que se encontrem monumentos megalithicos, grutas prehistoricas ou castros; limitada, porem, á superficie indispensavel para a conservação dos monumentos, grutas ou castros e para as pesquizas que hajam de effectuar-se.

Os imóveis classificados não poderiam sofrer qualquer espécie de reparação ou demolição, sem uma especial autorização.
Atente-se, depois, no artigo 51.º deste diploma:

> Quando forem encontrados, em terreno publico ou particular, e por virtude de escavações ou quaesquer outros trabalhos, monumentos, ruinas, inscrições ou objectos que interessem a historia, a archeologia ou a arte;

---

[408] *Collecção de Legislação Portuguesa* (1910), 274-276.
[409] *Collecção* cit., 1911, 848-858.

§ 10.º Património cultural e artístico   123

ou quando haja conhecimento do que trata de substituir ou damnificar os já conhecidos, ou ainda castros importantes e grutas prehistoricas, o administrador do concelho respectivo providenciará immediatamente, mandando, no primeiro caso, suspender os trabalhos, e, no segundo, impedindo a destruição. Além disso, a mesma autoridade mandará vedar, e, sendo possivel e necessario, aterrar o local archeologico, para lhe assegurar a conservação, e participará o facto ao governador civil do districto, que transmittirá o aviso à commissão de monumentos da respectiva circunscrição, a fim de serem tomadas as providencias convenientes.

III. Já no final deste período, foi aprovada a Lei n.º 1:700, de 18 de dezembro de 1924, que instituiu o Conselho Superior de Belas Artes, regulando o seu funcionamento[410].

O País era dividido em três circunscrições – 9.º. O regime dos monumentos nacionais e o esquema da sua classificação eram aperfeiçoados. O artigo 49.º, § 1.º, mantinha:

A expropriação de que trata êste artigo é extensiva aos locais em que se encontrem monumentos megalíticos, grutas, castros, rochedos fisionómicos, penhas, monólitos, ou ainda quaisquer outros de natureza idêntica, limitada porem à superfície indispensável para a conservação dêles e para as pesquisas que hajam de efectuar-se.

O artigo 51.º determinava um regime de proteção para os imóveis cuja classificação houvesse sido proposta.

O artigo 71.º correspondia ao artigo 51.º. do diploma de 1911: atribuía aos agora delegados do Governo poderes para intervir de imediato quando

(...) forem encontrados em terreno publico ou particular, e por virtude de escavações, ou outros trabalhos, monumentos, ruínas, ínscrições, moedas (...)

IV. Também o Estado Novo pretendeu elevar, a pedra de toque, a tutela do património cultural.

Ainda no período da ditadura militar, o Decreto n.º 20:985, de 7 de março de 1932[411], veio reorganizar os serviços: reformulou o Conselho

---

[410] Collecção cit., 1924, 624-632.
[411] Collecção cit., 1932, 120-127.

124   *As coisas e o âmbito do Direito civil*

Superior de Belas Artes e extinguiu os anteriores Conselhos de Arte e de Arqueologia.

A classificação como "monumento nacional" – artigo 24.º – e os poderes de expropriação mantiveram-se – artigos 24.º e 25.º – bem como a sua extensão aos – § 1.º:

> (...) locais onde se encontrem monumentos megalíticos, grutas, castros (...).

Admitia-se, também a classificação de "interesse público" – 30.º.

A intervenção imediata das autoridades, perante descobertas artísticas ou arqueológicas, era conservada, no artigo 48.º. Anote-se o § 2.º desse artigo:

> O reconhecimento do local arqueológico será feito por vistorias e a vedação estritamente limitada a êsse local, sob pena de indemnização de perdas e danos.

V. Foi instituída a Junta Nacional de Educação, com um Regimento aprovado pelo Decreto-Lei n.º 26.111, de 19 de maio de 1936 e, mais tarde, reformulado pelo Decreto-Lei n.º 46.349, de 22 de maio de 1965. A 2.ª Secção da Junta estava vocacionada para questões relativas ao património cultural, competindo-lhe – artigo 19.º deste último diploma – dar parecer sobre classificações, obras, sondagens e escavações, relativas a bens imóveis culturais.

VI. As alterações legislativas registadas após 1974[412] tiveram, num primeiro tempo, a ver com reestruturações de tipo administrativo. Assim, o Decreto-Lei n.º 409/75, de 2 de agosto, veio integrar a Secretaria de Estado da Cultura no (então) Ministério da Comunicação Social; o Decreto-Lei n.º 340/77, de 19 de agosto, na dependência da Presidência do Conselho de Ministros, passando, depois, para o âmbito do Ministério da Eduação e Cultura; o Decreto-Lei n.º 498-C/79, de 21 de dezembro, no (então) Ministério da Cultura e da Ciência.

---

[412] Quanto ao nível constitucional da tutela do património cultural, Jorge Miranda, *O património cultural e a Constituição – tópicos*, em *Direito do património cultural* cit., 253-277.

§ *10.º Património cultural e artístico* 125

VII. Uma reforma de fundo foi levada a cabo pelo Decreto-Lei n.º 59/80, de 3 de abril (revogado pelo Decreto-Lei n.º 165/97, de 28 de junho, este último substituído pelo Decreto-Lei n.º 94/2007, de 29 de março, relativo à Cinemateca), que intentou pôr cobro às duplicações administrativas, reestruturando a Secretaria de Estado da Cultura. Foi, então, criado o Instituto Português do Património Cultural – artigo 9.º – ao qual, designadamente, competia:

a) Plancar e promover a pesquisa, cadastro, inventariação, classificação, recuperação, conservação, proteção e salvaguarda dos bens que, pelo seu valor artístico, arqueológico, bibliográfico e documental, etnográfico ou paisagístico, constituam elementos do património cultural do País;

VIII. A proteção internacional é importante[413]. Referência especial é devida à *Convenção Europeia para a Proteção do Património Arqueológico*, concluída em La Valetta, em 16 de janeiro de 1992, aprovada para ratificação por Resolução da Assembleia da República n.º 71/97, de 16 de dezembro e ratificada por Decreto do Presidente da República n.º 74/97, de 16 de dezembro.

O teor desta *Convenção* fica claro perante o preâmbulo e os seus quatro primeiros artigos:

Tendo em conta as recomendações da Assembleia Parlamentar relativas à arqueologia e, nomeadamente, as Recomendações n.ᵒˢ 848 (1978), 921 (1981) e 1072 (1988);

Tendo em conta a Recomendação R (89)5, relativa à protecção e à valorização do património arqueológico no âmbito dos processos de ordenamento urbano e rural;

Recordando que o património arqueológico é um elemento essencial para o conhecimento da história da cultura dos povos;

---

[413] Manuela Galhardo, *As convenções da UNESCO no domínio do património cultural*, em *Direito do património cultural* cit., 95-100, António Marques dos Santos, *Projecto de Convenção do UNIDROIT sobre a restituição internacional dos bens culturais roubados ou ilicitamente exportados*, *idem*, 61-83 e António Ferrer Correia, *A venda internacional de objectos de arte*, *idem*, 43-60. O projeto de Convenção do UNIDROIT pode ser confrontado em anexo ao escrito de Marques dos Santos, *idem*, 85-94.

126   *As coisas e o âmbito do Direito civil*

Reconhecendo que o património arqueológico europeu, testemunha da história antiga, se encontra gravemente ameaçado de destruição em consequência tanto da multiplicação de grandes planos de ordenamento como dos riscos naturais, de escavações clandestinas ou desprovidas de carácter científico e da deficiente informação do público;

Afirmando que se torna necessário desenvolver, onde ainda sejam inexistentes, procedimentos adequados de supervisão administrativa e científica e que a necessidade de proteger o património arqueológico se deveria reflectir nas políticas de ordenamento urbano e rural e de desenvolvimento cultural;

Sublinhando que a responsabilidade pela protecção do património arqueológico é da competência não só do Estado directamente interessado mas também de todos os países europeus, de modo a reduzirem os riscos de degradação e a promoverem a conservação, favorecendo as trocas de peritos e de experiências;

Constatando a necessidade de completar os princípios formulados pela Convenção Europeia para a Protecção do Património Arqueológico, assinada em Londres a 6 de Maio de 1969, na sequência da evolução das políticas de ordenamento do território nos países europeus;

acordam no seguinte:

Artigo 1.º

1. A presente Convenção (revista) tem por objectivo a protecção do património arqueológico enquanto fonte da memória colectiva europeia e instrumento de estudo histórico e científico.

2. Para este fim, são considerados elementos do património arqueológico todos os vestígios, bens e outros indícios da existência do homem no passado:

i) Cuja preservação e estudo permitam traçar a história da humanidade e a sua relação com o ambiente;

ii) Cuja principal fonte de informação é constituída por escavações ou descobertas e ainda outros métodos de pesquisa relacionados com o homem e o ambiente que o rodeia; e

iii) Localizados numa área sob jurisdição das Partes.

3. O património arqueológico integra estruturas, construções, agrupamentos arquitectónicos, sítios valorizados, bens móveis e monumentos de outra natureza, bem como o respectivo contexto, quer estejam localizados no solo ou em meio submerso.

§ 10.º Património cultural e artístico 127

Artigo 2.º

As Partes comprometem-se a desenvolver, mediante modalidades adequadas a cada Estado, um regime legal de protecção do património cultural que preveja:

i) A manutenção de um inventário do seu património arqueológico e classificação de monumentos e de zonas de protecção;

ii) A criação de reservas arqueológicas, mesmo em locais onde os vestígios existentes no solo ou submersos não sejam visíveis, com o objectivo de preservar testemunhos materiais objecto de estudo das gerações futuras;

iii) A obrigação do achador de participar às autoridades competentes a descoberta fortuita de património arqueológico e de os disponibilizar para estudo.

Artigo 3.º

Por forma a preservar o património arqueológico e de modo a garantir o carácter científico do trabalho de pesquisa arqueológica, as Partes comprometem-se:

1) A adoptar procedimentos de autorização e de controlo das escavações e outras actividades arqueológicas para:

   i) Impedir a realização de quaisquer escavações ou remoções ilícitas do património arqueológico;

   ii) Garantir que as escavações e as prospecções arqueológicas são efectuadas de forma científica e sob a condição de que:

   – Sempre que possível, sejam empregues métodos de investigação não destrutivos;

   – Os testemunhos do património arqueológico não sejam removidos fora de escavações científicas nem permaneçam abandonados durante ou depois das escavações sem que se tomem medidas que visem a sua preservação, conservação e gestão adequadas;

2) Garantir que as escavações e outras técnicas potencialmente destrutivas sejam efectuadas apenas por pessoal qualificado e especialmente autorizado para o efeito;

3) Submeter a autorização prévia específica, sempre que previsto pelo direito interno do Estado, o uso de detectores de metais e

128   *As coisas e o âmbito do Direito civil*

qualquer outro equipamento de detecção ou processo destinado à investigação arqueológica.

Artigo 4.º

As Partes comprometem-se a desenvolver medidas que visem a protecção física do património arqueológico, prevendo, conforme as circunstâncias:

i)   A aquisição pelas entidades públicas de espaços destinados à criação de áreas de reserva arqueológica;
ii) A conservação e a manutenção do património arqueológico, de preferência no seu local de origem;
iii) A criação de armazéns adequados para os vestígios arqueológicos removidos do seu local de origem.

47. A Lei n.º 107/2001

I. As regras básicas relativas ao património e aos bens culturais constavam da Lei n.º 13/85, de 6 de julho[414/415]. Tratava-se de um diploma importante e em torno do qual se desenvolveu um embrião de Direito do património cultural português.

A experiência adquirida e a inigualável capacidade de legiferação do nosso Estado levaram à promulgação de novo diploma: a Lei n.º 107/2001, de 8 de setembro, que revogou a Lei n.º 13/85. Trata-se de um diploma extenso: 115 artigos ordenados em doze capítulos, de alguma complexidade. Com especial cuidado, a Lei n.º 107/2001 introduziu uma conceção contratualista da proteção dos bens culturais: o Estado deve acordar, com os titulares de tais bens, esquemas que permitam a sua preservação e a sua divulgação.

II. A Lei n.º 107/2001 alargou a ideia do património cultural a certos bens imateriais – artigos 91.º e ss. Quanto aos bens materiais – artigos 74.º e ss. – distingue os patrimónios arqueológico, arquivístico, audio-visual,

---

[414] Sobre este diploma e desenvolvendo os seus antecedentes, João Martins Claro, *Enquadramento e apreciação crítica da Lei n.º 13/85* em *Direito do património cultural* cit., 279-328.
[415] *Vide* o n.º 29 da 1ª edição deste volume do *Tratado*.

§ *10.º Património cultural e artístico* 129

bibliográfico, fonográfico e fotográfico. Genericamente, a noção de "bem cultural" atém-se a imóveis ou móveis com relevo cultural, em termos intuitivos, que o artigo 2.º pretende explicitar[416].

A proteção legal agora dispensada pela Lei n.º 107/2001, no que tange às coisas corpóreas, justificada pelo interesse público[417], assenta na sua classificação ou na sua inventariação – artigo 16.º. A classificação equivale a um ato administrativo[418] que determina um inestimável valor cultural do bem em causa – 18.º/1. A inventariação advém da inclusão num levantamento de bens culturais existentes – 19.º/1. Os proprietários de bens classificados ou inventariados têm os direitos referidos no artigo 20.º, com relevo para o de informação, o de indemnização e o de requerer a expropriação. Tratando-se de bens classificados, há direito a certos apoios – 31.º – surgindo múltiplas restrições: não-usucapibilidade – 34.º –, prévia comunicação de alienação – 35.º –, preferência do Estado – 36.º –, zona de proteção – 43.º – e severas limitações quanto a obras, deslocamentos e demolição – 45.º, 48.º e 49.º.

A exportação de bens culturais é, em princípio, interdita – 65.º. Nos casos previstos no artigo 50.º, pode haver expropriação de imóveis classificados[419].

III. O regime jurídico relativo aos estudos, projetos, relatórios, obras ou intervenções sobre bens culturais em classificação foi adotado pelo Decreto-Lei n.º 140/2009, de 15 de junho: um diploma importante, para conhecer o regime aplicável.

IV. O património arqueológico e paleontológico é protegido – artigos 74.º e ss., da Lei n.º 107/2001. Qualquer achado deve ser comunicado no prazo de quarenta e oito horas à entidade competente, que tomará todas as medidas convenientes – 78.º.

Diversas outras categorias de bens são, depois, contempladas.

---

[416] Quanto às áreas culturais: José Luís Bonifácio Ramos, *Direito administrativo da cultura* cit., 286 ss..

[417] José Luís Bonifácio Ramos, *O achamento de bens culturais subaquáticos* cit., 602 ss..

[418] José Manuel Sérvulo Correia, *Procedimento de classificação de bens culturais*, em *Direito do património cultural* cit., 329-353, à luz do Direito anterior.

[419] Fernando Alves Correia, *Propriedade de bens culturais – restrições de utilidade pública, expropriações e servidões administrativas*, em *Direito do património cultural* cit., 393-418, perante a Lei n.º 13/85.

130   *As coisas e o âmbito do Direito civil*

IV. A Lei 107/2001 prevê desenvolvida tutela penal e contra-ordenacional –100.º e ss.[420]. São, designadamente, previstos os crimes de deslocamento, de exportação ilícita e de destruição de vestígios – 101.º, 102.º e 103.º. A negligência é punível, sendo previstas sanções acessórias – 107.º e 108.º.

Dispomos de uma lei ampla e vigorosa. A sua concretização depende, agora, do Estado e da cultura dos cidadãos.

48. A DGPC; outros diplomas; os bens culturais

I. O Decreto-Lei n.º 106-F/92, de 1 de junho, veio criar o Instituto Português do Património Arquitetónico e Arqueológico ou IPPAR[421], em substituição do IPPC. Explica-se, no respetivo preâmbulo, que este fora perdendo diversas áreas, ficando, praticamente, apenas com palácios e os sítios arqueológicos.

II. Logo no tocante às suas atribuições e competências, o artigo 4.º/1 veio dispor:

> 1. Ao IPPAR compete determinar, precedendo autorização do membro do Governo responsável pela área da cultura, o embargo administrativo de quaisquer obras ou trabalhos, licenciados ou efetuados em desconformidade com legislação relativa ao património cultural, em imóveis classificados ou nas zonas de proteção, bem como noutras áreas expressamente designadas na lei.

O Decreto-Lei n.º 106-F/92 foi alterado pelo Decreto-Lei n.º 316/94, de 24 de dezembro. Uma nova orgânica para o IPPAR foi aprovada pelo Decreto-Lei n.º 120/97, de 16 de maio, depois alterado pelo Decreto-Lei n.º 13/99, de 11 de janeiro. Este diploma foi, por seu turno, revogado pelo

---

[420] Quanto à proteção penal, Maria Fernanda Palma, *Protecção penal dos bens culturais numa sociedade multicultural*, em *Direito do património cultural* cit., 375-392. Na jurisprudência e quanto ao crime de dano agravado por destruição do património arqueológico nacional, *vide* STJ 29-abr.-1999 (Hugo Lopes), CJ/Supremo VII (1999) 2, 204-207 (206).

[421] Nuno Santos Pinheiro, *O papel do Instituto Português do Património Arquitectónico e Arqueológico na protecção do património*, em *Direito do património cultural* cit., 499-515.

§ 10.º Património cultural e artístico

Decreto-Lei n.º 96/2007, de 29 de março, que criou, em substituição do IPAAR, o Instituto de Gestão do Património Arquitetónico e Arqueológico, IP. Este Instituto teve vida curta: foi substituído pela Direção-Geral do Património Cultural, estabelecida pelo Decreto-Lei n.º 115/2012, de 25 de maio; diploma que revogou o referido Decreto-Lei n.º 96/2007[422], tendo sido alterado pelo Decreto-Lei n.º 102/2015, de 5 de junho.

A volatilidade orgânica não parecer servir os interesses substantivos em jogo.

III. O Decreto-Lei n.º 289/93, de 21 de agosto, veio aprovar o regime do património subaquático, tendo sido alterado pelo Decreto-Lei n.º 85/94, de 30 de março, objeto da Retificação n.º 289/93, de 31 de dezembro.

O Conselho Consultivo do Instituto Português do Património Arquitetónico e Arqueológico foi dotado de um Regulamento aprovado pela Portaria n.º 1008/92, de 26 de outubro.

O património cultural pode ser protegido com recurso à ação popular[423].

Um novo regime do património cultural subaquático foi aprovado pelo Decreto-Lei n.º 164/97, de 27 de junho[424]: alterado pela Lei n.º 9/2000, de 10 de agosto e mantido pela Lei n.º 107/2001, de 8 de setembro.

A Lei n.º 90-C/95, de 1 de setembro, autorizou o Governo a aprovar a nova lei do património cultural português: não foi, contudo, utilizada[425].

IV. No seu conjunto, podemos considerar que toda esta legislação vai dando corpo a uma especial categoria de coisas: os bens culturais, globalmente referidos como património histórico-cultural[426]. O seu traço mais característico é o serem dotadas de uma proteção de tipo absoluto: no sentido de ela ser dispensada pelo Estado e pelo Direito, independentemente das opções do seu proprietário ou, até, de ele ter danos. A categoria

---

[422] Sobre esta evolução: José Luís Bonifácio Ramos, *Direito administrativo da cultura* cit., 332 ss..

[423] Artigo 1.º/2 da Lei n.º 83/95, de 31 de agosto.

[424] Ainda perante o Direito anterior, Armando Marques Guedes, *Património cultural subaquático* em *Direito do património cultural* cit., 441-473.

[425] Em 1999, uma proposta governamental de nova Lei de Bases do Património Cultural foi reprovada pelo Parlamento; *vide* José Eduardo Figueiredo Dias/Joana Maria Pereira Mendes, *Legislação ambiental/Sistematizada e comentada* (1999), 242 ss..

[426] Para uma recolha de fontes: José Luís Bonifácio Ramos/Carla Amado Gomes, *Direito da cultura e do património cultural* (2011), 509 pp..

132 *As coisas e o âmbito do Direito civil*

do património histórico-cultural interceta, ainda, os tradicionais domínio público, domínio privado disponível e propriedade privada.

O Direito civil deve acompanhar e dogmatizar toda esta evolução.

V. Resta acrescentar que, no terreno, a tutela do património cultural português é francamente deficiente. Por todo o País, enxameiam as igrejas em ruínas. Outros monumentos estão nessas condições. O Estado esgota a sua energia em colocações e em organismos burocráticos. O particular cumpridor ver-se-á, pela burocracia imperante, impedido de efetuar obras em áreas sensíveis, sob os mais inimagináveis pretextos e isso mesmo quando, patentemente, se trate de proteger bens culturais. O prevaricador fará o que entender, só sendo incomodado – por vezes quando já tudo esteja perdido – em caso de denúncia e se o denunciante tiver peso político ou económico. Apenas uma grande reforma, não apenas orgânica, permitirá salvar o que ainda reste. E não pode tardar.

§ 11.º OS BALDIOS

49. Evolução sob a Monarquia

I. Na atualidade e no Continente Europeu, praticamente todo o solo firme se encontra apropriado: seja sob a forma privada, seja sob o domínio público. Em reconstrução histórica, não terá sido sempre assim: as diversas migrações humanas, vindas do Sul ou de Leste, foram ocupando o Continente e a Península, num lapso de tempo de milhares de anos. Especialmente dividido aquando do predomínio de sociedades de agricultores, o solo mantinha-se indiviso nas sociedades de caçadores e de guardadores de gado[427].

Entregue aos acasos da conquista muçulmana e da reconquista cristã e, depois, à sangria das descobertas, a Península Ibérica sempre foi relativamente pouco povoada. Daí resultaram terras que não eram objeto de clara apropriação, antes se encontrando disponíveis para quem delas quisesse fazer um uso pouco intensivo: apanha de lenha e apascentar gado.

II. Essa é considerada a origem dos baldios. Etimologicamente, o termo tem sido derivado do árabe *baladi*: árido ou inculto[428]. Terá havido baldios anteriores à nacionalidade e depois reconhecidos pelos forais; outros terão sido atribuídos aos povos pelos Reis, aquando da reconquista; outros foram sendo concedidos pelos Monarcas ou pelos senhores das

---

[427] Quanto a comunidades rurais em Roma, L. Capograssi Colognesi, *La terra in Roma antica/Forme di proprietà e rapporti produttivi* I (*Età Arcaica*) (1981), 99 ss..

[428] *Vide* a obra *Reconhecimento dos baldios do Continente*, publicada, sem indicação de autoria, pelo *Ministério da Agricultura/Junta de Colonização Interna*, I (1939), 1. Este trabalho, na sua totalidade, constitui ainda hoje o estudo mais completo sobre os baldios. *Vide*, também, Manuel Rodrigues, *Os baldios* (1987), 18 e Jaime Gralheiro, *Comentário à(s) lei(s) dos baldios* (1990), 20, que refere, como hipótese de origem etimológica, o germânico *baldo*: falho ou inútil. *Vide*, ainda, João Carlos Gralheiro, *Dos baldios, até à Lei 75/2017, de 17 de agosto* (2018), 301 pp., 30 ss..

134 *As coisas e o âmbito do Direito civil*

terras; e outros terão derivado de puras e simples ocupações prolongadas, levadas a cabo por comunidades locais[429]. De facto, os baldios aparecem associados a comunidades agro-pastoris que os utilizam, em comum, na base dos usos ou do Direito consuetudinário. Houve, porém, baldios desde cedo florestados e, ainda, baldios pura e simples inaproveitados, justamente pelo escasso povoamento do interior.

III. Os baldios desde sempre constituíram um desafio complicado ao Estado e ao Direito. De regulamentação difícil, eles provocavam, por um lado, a cobiça dos poderes locais e, por outro, o desalento do poder central, que intentava um aproveitamento mais cabal do território.

A Lei das Sesmarias, promulgada em 1375 por D. Fernando[430], tomou diversas medidas destinadas a assegurar um efetivo aproveitamento das terras. Tal lei terá sido abusivamente aplicada aos baldios, provocando, em diversas cortes, o protesto das populações[431]. Houve, assim, leis de proteção[432].

As Ordenações Filipinas não usam o termo "baldio" – provavelmente pela sua conotação popular. Definem-no, contudo, a propósito das sesmarias – para as quais estabelecem um regime semelhante ao das Ordenações Manuelinas[433], sendo de reter o trecho seguinte[434]:

> (...) matos maninhos, ou matas bravias, que nunca foram lavrados, e aproveitados, ou não ha memoria de homem, que o fossem, os quais não foram coutados nem reservados pelos Reys, que ante Nós foram, e passaram geralmente pelos Foraes com as outras terras aos povoadores dellas.

IV. A partir do século XVIII, o Estado preocupou-se com os baldios e com o subaproveitamento que – do ponto de vista do poder central –, eles

---

[429] Jaime Gralheiro, *Comentário* cit., 23-24. Quanto a uma origem não unitária dos baldios, Rogério Ehrhardt Soares, *Sobre os baldios*, sep. da RDES 1968, 9-10.

[430] *Vide* Oliveira Marques, *Sesmarias*, DHP V (1975), 542-543 e *Lei das Sesmarias*, DHP V (1975), 543-545.

[431] Designadamente nas Cortes de Coimbra-Évora (1472-1473) e de Évora-Viana (1481-1482). *Vide* Henrique da Gama Barros, *História da Administração Pública em Portugal nos Séculos XII a XV*, 8, 2.ª ed. (1950), 342 ss..

[432] *Ord. Man.*, Liv. IV, tít. LXVII, §§ 8 e 9 (= ed. Gulbenkian, IV, 169-170), onde, perante determinados baldios, se obstava a que fossem destino de sesmarias.

[433] *Ord. Fil.*, Liv. IV, tit. XLIII, §§ 9, 10 e 11 (= ed. Gulbenkian, IV e V, 825).

[434] *Ord. Fil.* cit., § 9 (= ed. Gulbenkian, IV e V, 825/I).

§11.º Os baldios   135

representavam. Uma Lei de D. José, de 23 de julho de 1776, veio ordenar o arrolamento dos baldios, enquanto uma outra, de D. Maria I, datada de 7 de agosto de 1793, veio proibir os pastos comuns em Serpa e em Moura[435]. Data também desta ocasião o primeiro estudo sobre os baldios: o de Villa Nova Portugal, aparecido em 1790[436]. Este Autor distinguia já entre os bens do concelho e os baldios propriamente ditos.

Iniciou-se, depois, um esforço do Estado Central tendente ao arroteamento ou desamortização dos baldios – à sua privatização, em linguagem atual. Como exemplo, um alvará de 27 de novembro de 1804 dispôs que, se a maioria dos moradores vizinhos pretendesse a divisão de um baldio, a câmara municipal deveria providenciar para o seu aforamento perpétuo[437].

V. Ao longo da primeira metade do século XIX, sucederam-se leis a determinar o levantamento dos baldios; os diversos códigos administrativos retomaram essa determinação[438]. Uma Lei de 26 de julho de 1850, que visava evitar usurpações, veio distinguir – parece que sem grande fundamento – entre baldios paroquiais, próprios dos moradores das freguesias e baldios municipais, dos moradores do concelho[439]. Esta distinção, que passou ao Código de Seabra, manteve-se por todo o século XIX e ao longo do século XX.

O Código de Seabra, acolhendo toda a tradição anterior, veio, no seu artigo 379.º, dispor nos termos seguintes:

> As cousas, em relação ás pessoas, a quem a sua propriedade pertence, ou que d'ellas se podem livremente aproveitar, dizem-se publicas, communs e particulares.

Prosseguia o artigo 381.º:

> São communs as cousas naturaes ou artificiaes, não individualmente apropriadas, das quaes só é permittido tirar proveito, guardados os regulamentos administrativos, aos individuos comprehendidos em certa circums-

---

[435] Outros elementos constam de *Reconhecimento dos baldios* cit., 5 ss..

[436] Thomas Antonio de Villa Nova Portugal, *Sobre a Cultura dos terrenos Baldios que ha no Termo de Villa de Ourem*, em *Memorias Economicas da Academia Real das Sciências de Lisboa*, II (1790), 413-430.

[437] *Apud Reconhecimento dos baldios* cit., 7.

[438] *Reconhecimendo dos baldios* cit., 8.

[439] *Reconhecimento dos baldios* cit., 9.

136   *As coisas e o âmbito do Direito civil*

cripção administrativa ou que fazem parte de certa corporação publica. Pertencem a esta categoria:

1.º Os terrenos baldios, municipaes e parochiaes.

(...)

VI. Depois de Seabra, uma Lei de 28 de agosto de 1869 – a Lei da Desamortização dos Baldios – visou, novamente, a sua repartição[440]. Uma menção particular deve ser feita ao Decreto de 20 de dezembro de 1893[441]. Este diploma[442], sem falar em baldios, tentou a sua colonização[443], com resultados apreciáveis, particularmente no Sul[444], zona menos povoada e onde, mais provavelmente, os baldios teriam uma função económica menos vincada.

50. As I e II Repúblicas

I. A legislação da I República tentou, por várias vias, controlar o fenómeno dos baldios, entregando-os em propriedade privada ou subordinando-os às autarquias.

Asim, o Decreto n.º 4:812, de 14 de setembro de 1918, procurando enfrentar as dificuldades geradas pela Grande Guerra de 1914-1918, per-

---

[440] DG n.º 201, de 6 de setembro de 1869, 1079/II e III. *Vide* Manuel Rodrigues, *Os baldios* cit., 45.

[441] Antecedido pela apresentação, ao Parlamento, do projeto de *Lei do Fomento Rural*, de Oliveira Martins, infelizmente não aprovada; *vide* o *Reconhecimento dos baldios* cit., 10.

[442] DG n.º 289, de 21 de dezembro de 1893, 3223.

[443] Diz o artigo 2.º deste diploma:

O governo procurara estabelecer colonias agricolas (...) nos terrenos incultos que o Estado actualmente possue ou que venha a possuir (...)

O diploma concedia, depois, múltiplos privilégios, aos "colonos".

[444] Tal o caso do baldio da Serra Grande de Serpa, distribuído, no ano de 1907, em sortes de 6 ha, a cada chefe de família do Concelho. Daí resultou uma nova povoação – Vales Mortos – e inúmeros pequenos *montes*, tal como se relata em *Reconhecimento dos baldios* cit., 295. *Vide*, ainda, João Inácio Formosinho Bentes, *Do baldio Serra Grande Serpa* (1918).

§ 11.º Os baldios   137

mitiu a divisão dos baldios quando os vizinhos o pedissem aos corpos administrativos[445].

O Decreto n.º 7:127, de 17 de novembro de 1920, tomou novas medidas nesse sentido[446], enquanto o Decreto n.º 7:933, de 16 de dezembro de 1921, facultou a sua divisão pelos fogos[447]. As medidas tomadas não terão sido brilhantes[448]: houve que insistir, através do Decreto n.º 9:843, de 20 de junho de 1924, que previa divisões e sorteios[449]. Seguiu-se, na mesma linha, o Decreto n.º 10:552, de 14 de fevereiro de 1925[450], que veio esclarecer o diploma anterior[451].

II. Com a Ditadura Militar subsequente a 28 de maio de 1926 e com a II República (1933-1974), foram tomadas medidas múltiplas e contraditórias, quanto aos baldios.

O Decreto n.º 13:229, de 7 de março de 1927, num bom exemplo de contingência, veio permitir às Câmaras a venda de baldios, de modo a angariar fundos para prover à habitação dos magistrados[452].

[445] CLP 1918, 337-338. Segundo o artigo 1.º deste diploma:

> Ficam autorizadas as câmaras municipais e juntas de freguesia a dividir, imediatamente, no todo ou em parte, os baldios que lhes pertencem, desde que a maioria dos moradores vizinhos o requeiram, para os ceder temporariamente ou aforá-los, com o fim de os reduzir a cultura.

[446] DG I Série, n.º 233, de 17 de novembro de 1920, 1588-1592, com uma circunstanciada regulamentação.

[447] DG I Série, n.º 255, de 16 de dezembro de 1921, 1550-1556: este diploma representa uma certa mudança de rumo uma vez que só prevê a alienação dos baldios "dispensáveis".

[448] O *Reconhecimento dos baldios* fala na inércia dos baldios contra a pertinácia dos Governos.

[449] Artigos 2.º e 14.º; CLP 1924, 233-237. Nesse mesmo ano, a Lei n.º 1:650, de 21 de agosto, validou divisões e aforamentos de baldios, enquanto a Lei n.º 1:710, de 26 de dezembro, autorizava a Câmara Municipal de Santarém a vender os seus baldios julgados dispensáveis.

[450] CLP 1925, 65-69.

[451] De novo há informações de importantes divisões no Alentejo, particularmente na margem esquerda do Guadiana; no Concelho de Mértola, especialmente em Corte do Pinto e em Santana, foram repartidos cerca de 10.000 ha. Houve ainda múltiplas vendas de baldios em todo o País, levadas a cabo pelas Câmaras, com autorização dos Governos; *vide* o *Reconhecimento dos baldios* cit., 22.

[452] DG I Série, n.º 46, de 7 de março de 1927; lê-se no artigo 1.º deste diploma:

> É concedida às câmaras municipais a faculdade de alienar, independentemente do disposto nas leis de desamortização, os baldios que não forem estritamente

138   *As coisas e o âmbito do Direito civil*

O Decreto n.º 20:968, de 28 de fevereiro de 1932, determinou que as câmaras municipais e as juntas de freguesia elaborassem e remetessem, ao Governo, listas com os baldios existentes[453/454].

O Decreto n.º 21:956, de 8 de dezembro de 1932, suspendeu as alienações de baldios[455]: o Estado reagia, assim, à política de venda, a qualquer preço, do período anterior.

III. Sob a Constituição da II República (1933), o Decreto-Lei n.º 27:207, de 11 de novembro de 1936, criou a Junta de Colonização Interna[456], em cujas atribuições se contava, também, o aproveitamento e a distribuição dos baldios. Uma das medidas do Estado Novo foi a demarcação de reservas destinadas à florestação. Nos anos subsequentes, seguiram-se mais de 30 diplomas sobre os baldios[457].

O Código Administrativo de 1936-1940, assente num projeto de Marcello Caetano, veio, finalmente, aprovar um regime mais completo. No seu artigo 388.º, adotado pelo Decreto-Lei n.º 31:095, de 31 de dezembro de 1940, definia baldios como[458]:

> (...) terrenos não individualmente apropriados, dos quais é permitido tirar proveito, guardados os regulamentos administrativos, aos indivíduos residentes em certa circunscrição ou parte dela.

O § único desse preceito considerava os baldios prescritíveis, a favor dos particulares[459]. Esta regra foi considerada interpretativa do Direito anterior[460].

---

necessários ao logradouro comum, a fim de com o produto da alienação ocorrerem à despesa de edificação ou compra de casas de habitação, e correspondente mobília, para os magistrados judiciais e do Ministério Público.

[453] DG I Série, n.º 54, de 4 de março de 1932.

[454] Segundo o *Reconhecimento dos baldios* cit., 24, terão sido recenseados 347.252 ha de baldios; muitas Câmaras e Juntas de Freguesia teriam, todavia, omitido qualquer informação.

[455] DG I Série, n.º 287, de 8 de dezembro de 1932, 2412-2413.

[456] DG I Série, n.º 269, de 6 de novembro de 1936, 1425-1451; trata-se de um diploma que reorganizou o Ministério da Agricultura.

[457] Manuel Rodrigues, *Os baldios* cit., 52-54.

[458] DG I, n.º 303, de 31 de dezembro de 1940, 1678/I.

[459] RCb 5-jun.-2007 (Silva Freitas), Proc. 1325/05 e RPt 17-mar.-2009 (Carlos Moreira), Proc. 0820692.

[460] STJ 16-jun.-2009 (Silva Salazar), CJ/Supremo XVII (2009) 2, 117-122 (120/I).

§ 11.º Os baldios 139

O artigo 389.º explicitava que eles deveriam estar (em 1936), há pelo menos trinta anos, no logradouro comum e exclusivo dos moradores na circunscrição municipal ou paroquial[461]. Todavia, o Código Administrativo remetia a sua administração e polícia para os corpos administrativos – as autarquias – artigos 389.º e 394.º. Fazia, depois, diversas distinções, isolando, designadamente, os baldios "dispensáveis para logradouro comum": estes, quando aptos para cultura, poderiam ser divididos em glebas e distribuídos, a vários títulos, pelos chefes de família que tivessem sido compartes, por mais de um ano, na sua fruição – artigo 397.º; os impróprios para cultura seriam alienados em praça pública, com preferência aos compartes[462].

IV. A desconfiança do Estado Novo em relação aos baldios, agravada pelo ambiente político, tornou-os em símbolo de resistência dos povos do interior, seja perante o centralismo, seja perante uma evolução económica contrária aos aproveitamentos comunitários tradicionais, seja, finalmente, perante o regime autoritário, então existente[463].

Resultaria daí uma politização do problema, num fator que contribuirá para explicar boa parte da turbulência legislativa registada, após a Revolução de 1974-75.

---

[461] O § único do artigo 393.º explicava que por logradouro comum se entendia

(...) a apascentação de gados, a produção e corte de matos, combustível ou estrume, a cultura e outras utilizações, quando não se verifique apropriação individual de qualquer parcela dos terrenos e a fruição futura de modo efectivo aos moradores vizinhos.

[462] Um apanhado deste regime consta de Marcello Caetano, *Manual de Direito Administrativo* cit., 2, 9.ª ed., 947-948.

[463] Trata-se de uma simbologia a que ficará para sempre ligada a obra de Aquilino Ribeiro, *Por quem os lobos uivam* (1958, ed. Liv. Bertrand, 1983). Lê-se, por exemplo, a p. 24:

– Já disse, e voltarei a dizê-lo na Câmara Segunda-Feira que vem, que já fomos chamados: a serra é nossa e muito nossa. Queremo-la assim, estamos no nosso direito. Desta forma é que nos faz arranjo. Os de Lisboa querem-na coberta de pinhal ...? Semeiem pinhal nos parques e jardins onde têm empedrado e relva só para vista (...) A serra era dos nossos pais e avós, dos nossos rebanhos, dos lobos que no-los comiam, do vento galego que afiava lá pelos descampados as suas navalhas de barba. Pois então?!

140 *As coisas e o âmbito do Direito civil*

51. A III República

I. Em 1974, mau grado as muitas décadas de desarticulação e de amortização, ainda subsistiriam, no País, cerca de 400.000 ha. de baldios, particularmente situados nos distritos do Norte[464].

O Decreto-Lei n.º 203-C/75, de 15 de abril, relativo à reforma agrária, referia, no seu anexo 3, ponto 5:

> Consagra-se o princípio da restituição dos baldios aos seus legítimos utentes, que passarão a administrá-los, através das respectivas associações, exclusivamente ou em colaboração com o Estado.

Só quase um ano após este anúncio surgiu a competente regulamentação jurídica[465]. Assim, o Decreto-Lei n.º 39/76, de 19 de janeiro, veio restabelecer o regime tradicional dos baldios, nos termos seguintes[466]:

– definia-os como "... os terrenos comunitários usados e fruídos por moradores de determinada freguesia ou freguesias, ou parte delas" – artigo 1.º;

– colocava-os "... fora do comércio jurídico, não podendo ser objeto de apropriação privada" – artigo 2.º; passaram, assim, a ser imprescritíveis, o que não sucedia anteriormente[467];

– atribuía os seus uso e fruição aos compartes – artigo 5.º/1 – constituídos em assembleia – artigo 6.º – e dispondo, ainda, de outros órgãos.

---

[464] Trata-se da estimativa de Manuel Rodrigues, *Os baldios* cit., 16, com especial relevo nos distritos de Vila Real, de Viseu e de Viana do Castelo. Segundo Jaime Gralheiro, em 1940 haveria 407.544 ha. de baldios, contra 4.020.000 ha. em 1874 – cerca de 45% do território continental, numa cifra que não podemos confirmar. *Vide*, ainda, Armando de Castro, *Baldios*, DHP I (1975), 277-282.

[465] Informa Jaime Gralheiro, *Comentário* cit., 41, que os Decretos-Leis n.º 39/76 e n.º 40/76, ambos de 19 de janeiro, haviam sido preparados sob o Governo de Vasco Gonçalves.

[466] Para a análise pormenorizada deste diploma, Jaime Gralheiro, *Comentário à(s) lei(s) dos baldios* cit..

[467] Nesse sentido, STJ 20-jan.-1999 (Miranda Gusmão), CJ/Supremo VII (1999) 1, 53-38 (56-57), requerendo embora, e nos termos gerais, a inversão do título de posse e STJ 21-nov.-2000 (Ferreira Ramos), CJ/Supremo VIII (2000) 3, 125-130 (127). Já Oliveira Ascensão, *Direito civil/Reais*, 5.ª ed. (1993), 174, explicara que a subtração dos baldios à usucapião, levada a cabo por este preceito, sendo inovatória, só pode valer para o futuro.

§ 11.º Os baldios   141

Simultaneamente, o Decreto-Lei n.º 40/76, de 19 de janeiro, veio consagrar uma "anulabilidade a todo o tempo" dos atos e negócios que tenham por objeto a apropriação de terrenos baldios[468].

II. O reconhecimento dos baldios sob a sua forma tradicional, provocou um vivo entusiasmo entre os interessados: surgiram rapidamente, em todo o País, cerca de 600 assembleias de compartes[469].

Ocorreram numerosos episódios, que o "politicamente correto" não permitiu noticiar e que constituem a face oculta do movimento pro-baldio. A pretexto (confirmado ou não) de que certos terrenos baldios haviam, nos últimos cem anos, sido florestados por particulares, foi lançado fogo a inúmeros pinhais e a outras culturas. Em 1975 e 1976, arderam muitas dezenas de milhares de hectares de floresta portuguesa, particularmente no Norte, sem que se apurassem responsáveis. Apenas ficou o rumor de que se tratava de castigar os apropriadores de baldios, muitos dos quais com situações regularizadas, há décadas.

A alma humana tem, sempre, as suas grandezas e os seus abismos.

Perante este processo, os partidos políticos mais representados nas autarquias do interior ficaram pouco animados com o movimento de retoma dos baldios. E assim, na Lei n.º 79/77, de 25 de outubro, que veio regular "as atribuições das autarquias e competência dos respetivos órgãos", incluiu-se um artigo 109.º, assim concebido:

A definição das coisas comuns, designadamente baldios e outros bens do logradouro comum, pertence à assembleia municipal ou à assembleia de freguesia, consoante se trate, respetivamente, de coisas municipais ou de coisas da freguesia, competindo a sua administração aos respetivos órgãos executivos autárquicos.

---

[468] A Portaria n.º 118/76, de 1 de março, regulamentou o recenseamento dos compartes. O próprio Decreto-Lei n.º 39/76 foi, depois, alterado: pelo Decreto-Lei n.º 205/76, de 20 de março, que veio estender o poder regulamentar na matéria aos Ministros das Finanças e da Agricultura e pelo Decreto-Lei n.º 703/76, de 30 de setembro, que veio determinar o prazo, referido no artigo 18.º/2, para a afixação do recenseamento provisório dos compartes. Este prazo foi novamente prorrogado pelo Decreto-Lei n.º 104/78, de 23 de maio, até 31-dez.-1978.

[469] Números de Manuel Rodrigues, Os baldios cit., 97, retomados por Jaime Gralheiro, Comentário cit., 42.

142   *As coisas e o âmbito do Direito civil*

Trata-se de um preceito que repunha, no fundo, em vigor a conceção do Código Administrativo de 1936-40: os baldios pertencem às autarquias e são, por elas, administrados[470].

III. A aprovação desta medida provocou uma viva movimentação dos apoiantes dos baldios, devidamente enquadrados. E assim, a Lei n.º 91/77, de 31 de dezembro, acabou por revogar o questionado artigo 109.º da Lei n.º 79/77[471]. A técnica legislativa seguida não foi a ideal: dado o princípio da não-repristinação das leis – artigo 7.º/4 – a mera revogação da lei revogatória não importa o renascimento da lei que esta revogara. Surgiu, assim, a tese do "vazio legislativo": as regras relativas às assembleias de compartes manter-se-iam revogadas. A jurisprudência não aceitou tal asserção: dadas as circunstâncias, entendeu que fora clara a intenção do legislador de repor a vigência plena dos Decretos-Leis n.º 39/76 e 40/76: neste sentido RCb 4 de março de 1986[472], RPt 4 de junho de 1987[473] e STJ 9 de junho de 1988[474].

O regime dos baldios tinha uma série de particularidades e levantava dúvidas, que foram sendo resolvidas; assim e como exemplos:

– os compartes dos baldios podem vender, à Portucel, madeira em pé: trata-se de uma venda de bens futuros[475], uma vez que, só pela separação, a madeira admite direitos privados;
– só eles ou os seus representantes podem autorizar a colocação, no baldio, de um retransmissor da RDP[476];
– os baldios devem considerar-se coisas fora do comércio[477];

---

[470] Segundo Jaime Gralheiro, *Comentário* cit., 43, este preceito teria sido aprovado pelos deputados em ambiente de grande desatenção, numa altura de trabalhos acelerados tendo em vista as férias da Assembleia.

[471] A discussão parlamentar então havida pode ser confrontada em Manuel Rodrigues, *Os baldios* cit., 186 ss..

[472] RCb 4-mar.-1986 (A. Pires de Lima), CJ XI (1986) 2, 47-49.

[473] RPt 4-jun.-1987 (Jorge Vasconcelos), CJ XII (1987) 3, 180-182 (181/I). *Vide*, ainda, STJ 15-dez.-1992 (Santos Monteiro), BMJ 422 (1993), 309-317 (315).

[474] STJ 9-jun.-1988 (Almeida Ribeiro), BMJ 378 (1988), 735-739 (738).

[475] PGR n.º 166/82, de 18-abr.-1985 (Ferreira Ramos), BMJ 348 (1985), 136-153 (148-149).

[476] STJ 20-jun.-2000 (Pinto Monteiro), CJ VIII (2000) 2, 120-123 (122-123).

[477] PGR n.º 37/87, de 22-out.-1987 (Padrão Gonçalves), BMJ 378 (1988), 27-41 (34 ss.) e RCb 9-mai.-1989 (Mota e Costa), CJ XIV (1989) 3, 65-67 (66). *Vide* José Henriques Ferreira Vidigal, *Os baldios estão fora do comércio jurídico*, sep. da SI 1979.

§ 11.º Os baldios 143

– o Estado só tem legitimidade para intentar ações relativas aos baldios até à sua entrega aos compartes[478];
– na mesma linha: a freguesia não os pode reivindicar[479]; pode, todavia, na falta de conselho diretivo e verificados os pressupostos do estado de necessidade administrativa, intentar as adequadas ações[480];
– a assembleia de compartes pode confiar determinados poderes à junta de freguesia, relativos ao baldio que lhe compete[481].

IV. A questão dos baldios não esmoreceu. Em 1989, uma nova maioria parlamentar fez aprovar um diploma que, mais uma vez, cometia às autarquias a administração dos baldios. O Presidente da República levantou, perante o Tribunal Constitucional, o problema da sua inconstitucionalidade: num acórdão muito dividido, o Tribunal Constitucional acabou por se pronunciar pela inconstitucionalidade da medida, por violação da propriedade social contida na Constituição[482]: o diploma foi vetado.

Não vemos que a Constituição proteja os baldios e a sua administração direta pelos compartes. Assim sendo, pode o legislador ordinário optar pela sua entrega às autarquias: trata-se, hoje, de instituições democráticas, devidamente sancionadas pelas populações. Poder-se-ia mesmo ir mais longe: porquê atribuir a apenas alguns cidadãos os benefícios de bens supostamente comuns? As autarquias são, seguramente, as estruturas mais representativas das comunidades locais.

De todo o modo, os baldios têm um significado cultural profundo: mal seria que desaparecessem por uma qualquer contingência parlamentar. Seria ótimo que, em futura revisão, a Constituição se ocupasse *ex professo* desse instituto bem nacional, preservando o *minimum* autêntico que dele reste. Todavia, a não se proceder a uma adequada modernização, não vemos, para ele, um futuro consistente.

---

[478] RPt 19-jun.-1986 (Sá Ferreira), CJ XI (1986) 3, 220-222 (222/II).
[479] RCb 4-nov.-1986 (Castanheira da Costa), CJ XI (1986) 5, 61-63 (62/II).
[480] STJ 8-fev.-2000 (Machado Soares), BMJ 494 (2000), 255-260 (258/II).
[481] STJ 15-ago.-1992 (Santos Monteiro), BMJ 422 (1993), 309-317 (316).
[482] TC n.º 325/89, de 4 de abril (José Magalhães Godinho), BMJ 386 (1989), 129-148, com votos de vencido, *idem* 149-156. *Vide* STJ 18-abr.-1996 (Sousa Inês), BMJ 456 (1996), 426-437 (434).

144   *As coisas e o âmbito do Direito civil*

52. A Lei dos Baldios de 1993; o âmbito

I. A Lei n.º 68/93, de 4 de setembro, constituiu, durante quase vinte e cinco anos, o regime relativo aos baldios: tratou-se de uma Lei dos Baldios, que veio aperfeiçoar, à luz da prática, o regime estabelecido pelos Decretos-Leis n.º 39/76 e n.º 40/76.

A Lei dos Baldios tem a sistematização seguinte:

Capítulo I   – Disposições gerais artigos – 1.º a 4.º;
Capítulo II   – Uso e fruição – artigos 5.º a 10.º;
Capítulo III   – Organização e funcionamento:
     Secção I   – Gestão – artigos 11.º a 13.º;
     Secção II   – Assembleia de compartes – artigos 14.º a 19.º;
     Secção III – Conselho diretivo – artigos 20.º a 23.º;
     Secção IV – Comissão de fiscalização – artigos 24.º e 25.º;
Capítulo IV   – Extinção dos baldios – artigos 26.º a 31.º;
Capítulo V   – Disposições finais e transitórias – artigos 32.º a 42.º.

II. Uma leitura do diploma permite apontar diversos vetores gerais relevantes. Assim:

– trata-se de um diploma materialmente civil: recorre a conceitos civis bilaterais como "uso e fruição", "nulos, nos termos gerais" e "servidões ... nos termos gerais", estabelecendo, a cada passo, o primado da igualdade e do respeito pelos contratos;
– que recorre, com grande veemência, aos "usos e costumes" – artigos 1.º/3, 5.º/1, 11.º/1, 15.º/1, *o*) e *r*), 18.º/1 e 21.º, *j*) e *o*) –, à utilização tradicional – 10.º/3 –, ao reconhecimento usual – 33.º/3 e 7 – e até a regras consuetudinárias – 6.º/1, 18.º/1 e 33.º/6: um caso raro de expressa remissão legal para o costume[483];
– que estabelece, não obstante, uma regulamentação minuciosa, ainda que supletiva;
– e que, muito nitidamente, tudo faz para salvaguardar os baldios, repristinando-os, mesmo, quando já se encontrem na via da desagregação.

III. A noção de baldio acaba por ser consuetudinária: o artigo 1.º/1 define-os como "terrenos possuídos e geridos por comunidades locais",

---

[483] *Tratado* I, 558 ss. (566 ss.).

§11.º Os baldios   145

sendo estas – n.º 2 – o "universo dos compartes" – os quais são moradores que, "segundo os usos e costumes, têm direito ao uso e fruição do baldio" – n.º 3[484].

O artigo 2.º/1 fixa um lato âmbito de aplicação. A Lei dos Baldios aplica-se:

(a) aos baldios propriamente ditos, ainda que ocasionalmente não estejam a ser objeto de aproveitamento pelos compartes;
(b) aos terrenos passíveis de aproveitamento como baldios e que, ao abrigo do Decreto-Lei n.º 27 207, de 16 de novembro de 1936, estivessem submetidos ao regime florestal;
(c) aos baldios apossados por particulares, ainda que ulteriormente transmitidos, quando lhe seja aplicável o Decreto-Lei n.º 40/76;
(d) aos terrenos licitamente adquiridos por uma comunidade local.

De fora ficam os terrenos individualmente apropriados[485]. Em bom rigor, o artigo 2.º vem ampliar o conceito do artigo 1.º, agora, em função de elementos formais.

O 2.º/2 alarga o regime a equipamentos comunitários, designadamente eiras, fornos e moinhos, fruídos e geridos por comunidade local. Neste ponto, discutiu-se se uma casa de guarda florestal pertencia ao Estado, que a mandara construir[486] ou se passava para o próprio baldio[487]. De facto, o Estado não é um particular, enquanto a casa florestal não surge como um terreno. Não sendo aplicáveis as alíneas c) e b) do artigo 2.º/1, a casa florestal edificada pelo Estado pertence a este: a melhor solução para proteger o baldio.

Também se discute o estatuto das águas dos baldios. Temos algumas espécies judiciais, nem sempre totalmente harmónicas. Assim:

– as águas que nascem nos baldios pertencem aos próprios baldios[488];

---

[484] RGm 14-abr.-2004 (Espinheira Baltar), Proc. 244/04-2, STJ 23-mar.-2006 (Salvador da Costa), Proc. 06B849, RCb 28-abr.-2010 (Barateiro Martins), Proc. 98/07 e RPt 24-jan.-2012 (Ondina Carmo Alves), Proc. 51/09.

[485] STJ 13-jan.-2005 (Ferreira Girão), Proc. 04B3830.

[486] RPt 22-fev.-2005 (Alziro Cardoso), Proc. 0426749 e STJ 15-set.-2011 (Granja da Fonseca), Proc. 243/08, falando num "direito real público do Estado".

[487] RPt 23-mar.-2006 (Saleiro de Abreu), Proc. 0630356 e RGm 14-jan.-2008 (Antero Veiga), Proc. 2071/07, remetendo a sua administração para os compartes.

[488] RGm 30-jun.-2004 (Espinheira Baltar), Proc. 962/04.

146   *As coisas e o âmbito do Direito civil*

– as águas que nasçam ou que existam nos baldios pertencem ao domínio público, não podendo haver uma servidão legal de águas sem direito às próprias águas[489];
– tais águas pertencem ao domínio público hídrico[490].

O artigo 3.º complementa toda esta matéria, apontando as finalidades dos baldios:

> (...) constituem, em regra, logradouro comum, designadamente para efeitos de apascentação de gados, de recolha de lenhas ou de matos, de culturas e outras fruições, nomeadamente de natureza agrícola, silvícola, silvo-pastoril ou apícola.

Estamos perante uma visão idílica, de tipo medieval, que apenas tem significado num meio rural de extrema periferia.

IV. Os atos de apropriação e de apossamento de baldios são nulos (4.º/1). Desaparece a enigmática "anulabilidade a todo o tempo" do anterior Decreto-Lei n.º 40/76. A declaração de nulidade pode ser pedida pelo Ministério Público, por representante da administração central, regional ou local da área do baldio, pelos órgãos de gestão deste ou por qualquer comparte (4.º/2). Essas mesmas entidades podem, igualmente, requerer a restituição da posse (4.º/3). Com base nestas regras, os tribunais decidiram, designadamente, que[491]:

– os baldios podem intentar ações e demarcação contra as freguesias[492];
– a transação que conclua pela aquisição, por um interessado, de um terreno baldio é anulável[493];
– uma assembleia de compartes pode intentar uma providência cautelar contra outra assembleia de compartes[494];

---

[489] RPt 8-jul.-2004 (Pinto de Almeida), Proc. 0433043.

[490] STJ 23-mar.-2006 (Salvador da Costa), Proc. 06B849.

[491] A nulidade dos atos relativos a baldios tem, como limite temporal, o do Estado Novo: STJ 19-out.-2004 (Ferreira Girão), Proc. 04B2067.

[492] STJ 11-dez.-2003 (Ferreira de Almeida), Proc. 03B3826.

[493] RPt 19-fev.-2004 (Emídio Costa), Proc. 0326757.

[494] RCb 19-out.-2004 (Silva Freitas), Proc. 877/04.

§11.º Os baldios   147

– a nulidade dos atos sobre os baldios não é de conhecimento oficioso[495];

– a posse que incide sobre os baldios não é a do artigo 1251.º: é, apenas, uma posse interdital, isto é: boa para defesa, mas não para usucapião[496];

– o artigo 291.º (aquisição pelo registo) não se aplica aos baldios[497];

– não há servidões em baldios[498]; esta regra está hoje afastada pelo artigo 30.º, na redação dada pela Lei n.º 89/97, de 30 de julho, que admite servidões sobre terrenos baldios, constituídas nos termos gerais de Direito;

– não pode ser alienada a posse útil do baldio[499];

– podem ser impugnadas justificações notariais que contundam com o baldio[500];

– é possível a aquisição por usucapião de um terreno baldio, desde que se provem os competentes requisitos, até à entrada em vigor do Decreto-Lei n° 39/76, de 19 de janeiro[501];

– só aos eleitores residentes nas comunidades locais onde se situam os baldios ou que aí desenvolvam atividade agro-florestal ou pastoril pode ser reconhecida a qualidade de comparte[502];

– não tendo a autora demonstrado que a área reivindicada integrava os terrenos baldios por si administrados e que a mesma era utilizada comunitariamente é inútil a discussão sobre o título invocado pela ré para recusar a restituição[503];

– os baldios são bens comunitários afetos à satisfação das necessidades primárias de uma determinada comunidade[504];

---

[495] RCb 7-fev.-2006 (Monteiro Casimiro), Proc. 3799/05.

[496] STJ 3-out.-2006 (Sousa Leite), Proc. 06A2281.

[497] RPt 17-dez.-2008 (Cândido Lemos), Proc. 0826751.

[498] RPt 17-set.-2010 (Pedro Lima Costa), Proc. 45/05.

[499] RGm 23-nov.-2010 (Espinheira Baltar), Proc. 36/09.

[500] RPt 3-fev.-2011 (Joana Salinas), Proc. 2410/06 e RCb 8-nov.-2011 (Teles Pereira), Proc. 355/07.

[501] RGm 13-out.-2016 (Luís Castro Baptista), Proc. 68/12; *vide* também RCb 23-mai.-2017 (António Pires Robalo), Proc. 2035/09.

[502] TCAN 18-nov.-2016 (Rogério da Costa Martins), Proc. 00711/14.

[503] STJ 12-jan.-2017 (Oliveira Vasconcelos), Proc, 233/09.

[504] RGm 25-jan.-2018 (Cristina Cerdeira), Proc. 148/12; também RGm 26-abr.-2018 (Margarida Almeida Fernandes), Proc. 139/14.

148   *As coisas e o âmbito do Direito civil*

– a propósito de uma questão de baldios: a sujeição de uma parcela de terreno a um determinado regime jurídico especial constitui uma questão-de-direito[505].

Contra orientações maximalistas, o artigo 10.º admite que a assembleia dos compartes possa ceder a exploração dos baldios, designadamente para efeitos de povoamento ou de exploração florestal (10.º/1) ou, em partes limitadas, para exploração agrícola, aos próprios compartes, dentro do princípio da igualdade (10.º/2)[506].

Todavia, um tanto contra esta corrente maximalista, o artigo 10.º admite que a assembleia dos compartes possa ceder a exploração dos baldios, designadamente para efeitos de povoamento ou de exploração florestal (10.º/1) ou, em partes limitadas, para exploração agrícola, aos próprios compartes, dentro do princípio da igualdade (10.º/2)[507].

V. O ponto delicado da usucapião exige uma breve reconstituição histórica[508]. Como foi dito, ao tempo de Seabra, havia dúvidas sobre a possibilidade de adquirir, por usucapião ("prescrição positiva") terrenos baldios. A dúvida foi solucionada pelo artigo 388.º, § único, do Código Administrativo de 1936/1940: em sentido afirmativo e com alcance interpretativo. O Decreto-Lei n.º 39/76, de 19 de janeiro, proibiu a usucapião dos baldios (2.º)[509]. Entende-se, assim, que entre o Código de Seabra (1867) e o Decreto-Lei n.º 39/76, a aquisição de baldios, por usucapião, era possível[510]. A própria freguesia pode, durante esse período, ter completado a prescrição, desde que tenha invertido o título de posse e desde que os requisitos da usucapião se hajam completado antes da entrada em vigor do Decreto-Lei n.º 39/76, de 19 de janeiro[511], isto é, antes de 25 de janeiro de 1976.

---

[505] STJ 13-set.-2018 (Maria da Graça Trigo), Proc. 512/13.

[506] *Vide* em RPt 7-jan.-2008 (Sousa Lameira), Proc. 0756846, a aplicação desta regra.

[507] *Vide* em RPt 7-jan.-2008 (Sousa Lameira), Proc. 0756846, a aplicação desta regra.

[508] *Vide* RPt 17-mar.-2009 (Carlos Moreira), Proc. 0820692, RCb 20-out.-2009 (Jaime Ferreira), Proc. 168/2001 e STJ 25-fev.-2010 (Álvaro Rodrigues), Proc. 782/2001.

[509] RGm 20-set.-2004 (Vieira e Cunha), Proc. 1362/04.

[510] STJ 25-out.-2005 (Azevedo Ramos), Proc. 05A2709 e STJ 16-jun.-2009 (Silva Salazar), CJ/Supremo XVII (2009) 2, 117-122 (120/I).

[511] RPt 25-mar.-2010 (M. Pinto dos Santos), Proc. 1388/05.

§ 11.º Os baldios

VI. A administração dos baldios pode manter-se, transitoriamente, nas entidades administrativas que a exerçam e, designadamente, nas juntas de freguesia (36.º). Estas agem por delegação. Quando possuidoras, são-no em nome alheio, devendo pedir a restituição do baldio (quando seja esse o caso) não a seu favor, mas no dos compartes[512].

53. Uso, fruição e organização; alterações

I. O uso, a fruição e a organização dos baldios absorveu boa parte dos preceitos da Lei n.º 68/93.

Na base, temos uma espécie de democracia direta, assente na assembleia dos compartes. O comparte é um morador da comunidade local, com direitos sobre o baldio, identificado por uma recenseamento: um ponto já flexibilizado pelos tribunais[513/514]. Não havendo recenseamento, cabe às juntas de freguesia promovê-los, aplicando-se as múltiplas regras do artigo 33.º.

A assembleia de compartes deve ser convocada nos termos do artigo 18.º; havendo falhas na convocação por falta de recenseamento específico, as deliberações tomadas são anuláveis, por aplicação do artigo 177.º, do Código Civil[515]; já se entendeu que, na falta de requisitos para a constituição da assembleia, as deliberações por ela tomadas equivaleriam a atos inexistentes[516]: solução que se nos afigura excessiva. Entenda-se que, à assembleia de compartes, há que aplicar, na falta de regras explícitas sobre os baldios, as regras sobre assembleias gerais de associações e, supletivamente, as relativas a assembleias de sociedades anónimas: trata-se de regras há muito experimentadas e que permitem enquadrar os mais diversos problemas.

II. A assembleia de compartes tem uma larga competência, elencada no artigo 15.º; com algum surrealismo, dado estarmos na presença de

---

[512] RPt 20-mai.-2008 (Vieira e Cunha), Proc. 0822867.

[513] RGm 8-mai.-2008 (Rosa Tching), Proc. 640/08.

[514] Em RCb 21-set.-2010 (Manuela Fialho), Proc. 117/08, entendeu-se que o emigrante perdia a qualidade de comparte, por não ser morador na freguesia, numa saída que seria constitucional; a solução afigura-se demasiado rigorosa: o filho da terra que emigre deveria manter as suas prerrogativas; não é um estranho e pode regressar a todo o momento.

[515] STJ 9-mar.-2004 (Quirino Soares), CJ/Supremo XII (2004) 1, 118-120 (119/II).

[516] RPt 5-jan.-2010 (Anabela Dias da Silva), Proc. 37/03.

150   *As coisas e o âmbito do Direito civil*

comunidades muito simples, que funcionam segundo o costume. A assembleia elege a sua mesa e o conselho diretivo: três, cinco ou sete membros, pelo sistema de lista completa (20.º/1). O conselho diretivo tem competência executiva e, ainda, a de fazer propostas à assembleia de compartes (21.º). Podem-lhe ser delegados poderes, com ou sem reserva de co-exercício pelos compartes (23.º e 22.º). Prevê-se uma comissão de fiscalização (24.º e 25.º). A destituição dos membros do conselho diretivo e da comissão de fiscalização implica o apuramento prévio de responsabilidades[517].

O uso e fruição dos baldios cabe aos compartes – 5.º/1 – através dos seus órgãos e, designadamente, da assembleia; esta tem largos poderes de organização interna, deliberando ainda sobre o recurso ao crédito – artigo 15.º/1, *f*) –, sobre a comercialização dos produtos – *g*) –, sobre a aplicação das receitas – *i*) –, sobre a alienação e cessão de exploração dos baldios – *j*) –, sobre ações de domínio e de posse – *o*) –, sobre a extinção do baldio e sobre a sua alienação, em condições especiais – artigo 31.º. Tudo isso é executado pelo conselho diretivo a quem cabe representar o "universo dos compartes" – artigo 21.º, *i*). O conselho diretivo recorre a juízo e constitui mandatários, ratificados pela assembleia de compartes[518].

IV. A Lei dos Baldios de 1993 previa uma cooperação dos baldios com as entidades administrativas – 6.º/2, 9.º, e 12.º/2, com exemplos; na mesma linha, pode haver delegação de poderes nas juntas de freguesia, nos serviços competentes da Administração Pública ou na própria câmara municipal – artigo 22.º. As juntas podem intervir em caso de "três anos de ostensivo abandono do uso e fruição do baldio" – 27.º/1. Quando os compartes optem pela extinção do baldio, este reverte para o domínio privado da freguesia ou freguesias em cuja área territorial ele se situe.

As questões sobre baldios são dirimidas nos tribunais comuns – artigo 32.º.

V. A Lei dos Baldios foi alterada pela Lei n.º 89/97, de 30 de julho. A alteração incidiu sobre o artigo 39.º, relativo a construções irregulares: estas, em certas circunstâncias, têm saída à luz da acessão[519], podendo ainda aplicar-se o regime das benfeitorias.

---

[517] RGm 9-jun.-2004 (Manso Raínho), Proc. 2324/04.
[518] RPt 25-mai.-2011 (Coelho Vieira), Proc. 14/07.
[519] RPt 11-set.-2008 (Deolinda Varão), Proc. 0832911.

§ 11.º Os baldios   151

VI. A Lei n.º 62/2012, de 10 de dezembro, que criou uma "bolsa de terras" de modo a proporcionar o aproveitamento de terras incultas, públicas ou privadas, tocou levemente nos baldios. O seu artigo 14.º/1 limitou-se a dizer que a cedência de baldios, disponibilizados na bolsa de terras, é feita ... nos termos da Lei dos Baldios.

54. As reformas de 2014 e de 2017

I. A matéria dos baldios manteve um especial interesse no Parlamento de S. Bento. A Lei n.º 72/2014, de 2 de setembro, alterou numerosos artigos da Lei n.º 68/93, de 4 de setembro. Acrescentou diversos preceitos a essa mesma Lei e procedeu a algumas revogações, republicando-a em anexo. Não representou uma alteração de fundo, nem no tocante à lógica dos baldios, nem no modo de os administrar. Apenas se verificaram aperfeiçoamentos, visando a sua "gestão sustentável e transparente". O Decreto-Lei n.º 165/2015, de 17 de agosto, procedeu à sua regulamentação.

II. A Lei n.º 75/2017, de 17 de agosto, veio introduzir um regime formalmente novo, ainda que, materialmente, se afigure numa linha de continuidade[520]. O seu artigo 3º alargou as finalidades dos baldios, modernizando-as. Dispõe:

> 1. Os baldios constituem, em regra, logradouro comum dos compartes, designadamente para efeitos de apascentação de gados, de recolha de lenhas e de matos, de culturas e de caça, de produção elétrica e de todas as suas outras atuais e futuras potencialidades económicas, nos termos da lei e dos usos e costumes locais.
> 2. Mediante deliberação da assembleia de compartes, os baldios podem ainda constituir logradouro comum dos compartes para fins culturais e sociais de interesse para os habitantes do núcleo ou núcleos populacionais da sua área de residência.
> 3. O uso, a posse, a fruição e a administração dos baldios faz-se de acordo com a presente lei, os usos e costumes locais e as deliberações dos órgãos competentes das comunidades locais, democraticamente eleitos.

---

[520] O regime adotado pela Lei nº 75/2017, de 17 de agosto, confrontado, ponto por ponto, com os regimes anteriores, pode ser confrontado em João Carlos Gralheiro, *Dos baldios até à Lei 75/2017* cit., *passim*.

152 *As coisas e o âmbito do Direito civil*

III. A Lei n.º 75/2017 procedeu a aperfeiçoamentos no plano da determinação dos compartes e dos órgãos deles provenientes. A cessão de exploração – que substitui também os anteriores arrendamentos – vem regulada no artigo 36º/1. Retemos os seus números 1 e 3:

> 1. Os meios de produção comunitários só podem ser objeto de aproveitamento total ou parcial por terceiros por contrato de cessão de exploração, sem prejuízo do disposto sobre utilização precária por junta de freguesia, delegação de poderes de administração e administração em regime de associação com o Estado, nos casos previstos na presente lei.
> (...)
> 3. Entende-se por contrato de cessão de exploração o contrato, celebrado na sequência de autorização pela assembleia de compartes, pelo qual é cedido a terceiros temporária e onerosamente o direito a explorar potencialidades económicas de imóvel comunitário, ou de parte dele, ou o direito a exploração já nele existente.
> (...)

IV. O artigo 58º contém uma curiosa norma revogatória:

> 1. É revogada a Lei n.º 68/93, de 4 de setembro, alterada pelas Leis n.ºs 89/97, de 30 de julho, e 72/2014, de 2 de setembro, bem como a regulamentação dela decorrente.
> 2. São ainda revogadas todas as normas da Lei n.º 72/2014, de 2 de setembro, aplicáveis a baldios.
> 3. São repristinados os Decretos-Leis n.ºs 39/76, de 19 de janeiro, e 40/76, de 19 de janeiro, para efeito das remissões previstas na presente lei.

Parece haver uma ideia de aplicação retroativa: claramente inconstitucional, pelo que tal via interpretativa deve ser evitada.

V. Como se vê, a função do baldio foi ampliada, no artigo 3.º/1, de modo a abarcar a produção elétrica e outras potencialidades económicas, atuais e futuras. São visadas, para já, as energias eólica e fotovoltaica[521]. Com isso, os baldios entram, formalmente, no terceiro milénio. Todavia, afigura-se claro que nunca será possível proceder, num baldio, a investimentos consequentes, sem uma base jurídica que garanta estabilidade. Uma mera "cessão de exploração", por deliberação dos compartes, não

---

[521] João Carlos Gralheiro, *Dos baldios, até à Lei 75/2017* cit., 43-44.

§ 11.º Os baldios   153

chega. A "alternativa" da pastorícia e da recolha de lenha não faz, hoje, qualquer sentido.

VI. Cumpre ainda acrescentar que a introdução de modificações estruturais nas leis, sempre que mude a maioria parlamentar, é muito mau princípio. Pior do que leis más é a instabilidade legislativa. Atinge a confiança das pessoas e dos agentes económicos. Sem ela, não há nem investimentos nem, sequer, relações sociais consistentes.

55. A natureza

I. A discussão em torno da natureza jurídica dos baldios é, desde logo, influenciada pelo pré-entendimento que, da matéria, se tenha. A esse propósito, parece-nos ajustada a fórmula de Francisco José Veloso:

> (...) curiosíssima instituição, que, ao mesmo tempo, representa sobrevivência do mais remoto passado, e solução eficaz para certo tipo de exploração económica[522].

Justamente: a natureza dos baldios – ou a opção que, nesse domínio, se queira fazer – era suscetível de interferir na sua amplitude, na sua especificidade e na sua subsistência. Isso seria, todavia, inverter o problema. Aceitaremos, pois, o pré-entendimento inerente à fórmula de Francisco José Veloso sem, dele, retirar logo a natureza do instituto.

II. No último século, os baldios obtiveram três classificações possíveis:

– coisas comuns;
– coisas públicas;
– coisas privadas.

A classificação inicial dos baldios como coisas comuns foi facilitada pelo Código de Seabra que, no seu artigo 379.º, distinguia efetivamente as coisas em *publicas, communs e particulares*. Simplesmente, quando se tratava de construir juridicamente a ideia de "coisas comuns", surgiam

---

[522] Francisco José Veloso, *Baldios, maninhos e exploração silvo-pastoril em comum*, SI III (1953-54), 123-148 (123).

154   *As coisas e o âmbito do Direito civil*

obstáculos teóricos que, aos poucos, empurraram a doutrina mais antiga para a natureza pública dos bens em jogo. Assim, segundo Dias Ferreira, nos finais do século XIX,

> Sobre as cousas públicas ou communs nenhum cidadão tem *individualmente* direito de propriedade, mas todos os cidadãos podem *utilizar-se* das cousas publicas, e todos os habitantes da circunscripção das cousas communs[523].

Simplesmente e perante o quadro legislativo em vigor, a administração das coisas comuns era logo endossada às autarquias[524], num aspeto que se foi intensificando e que em breve teria consequências, a nível de construção jurídica. Na pureza dos princípios, a "coisa comum" não aceitaria, sequer, um direito de propriedade: existiria antes uma regra pela qual todos a poderiam usar[525]. Não era esse o caso dos baldios. Como saída, alguma doutrina tentou conciliar a subsistência dos baldios com as suas fórmulas, comunitárias mas regulamentadas, de exploração, fazendo uma aproximação com a propriedade em mão-comum[526]. A mão-comum, muito discutida, tem significados diversos, ao longo da História[527], sendo hoje utilizada para explicar situações de comunhão: de bens no casamento; de bens hereditários não partilhados; e das sociedades abertas não personalizadas (no Direito alemão)[528]. Não parece ter grande utilidade dogmática, no caso dos baldios, justamente caracterizados pela modificabilidade dos participantes, os quais não podem transmitir as suas posições.

---

[523] José Dias Ferreira, *Codigo Civil Portuguez Annotado* cit., 1, 2.ª ed., 269-270.
[524] Diz Teixeira de Abreu, *Curso de Direito Civil* cit., 347:

> Esta distincção entre umas e outras cousas reflecte-se directamente sobre a sua administração commetendo-se, em geral, a administração das *cousas communs* ás corporações publicas, como representantes dos interesses locaes, reservando-se o Estado para si a administração das *cousas publicas*, por serem de interesse geral.

[525] *Vide* Alfred Pernice, *Die sogenannten res communes omnium*, FG Dernburg (1900), 125-149 (127).
[526] Marcello Caetano, *Manual de Direito Administrativo* cit., 2, 9.ª ed., 950.
[527] Quanto à sua origem e evolução *vide* Gerhard Buchda, *Geschichte und Kritik der deutschen Gesamthandlehre* (1936).
[528] Karl Larenz/Manfred Wolf, *Allgemeiner Teil des bürgerlichen Rechts*, 8.ª ed. (1997) 185, Manfred Wolf/Jörg Neuner, *idem*, 11.ª ed. (2016), § 16, Nr. 30 (170-171) e Staudinger/Weick, *BGB* 13.ª ed. (1994), Int. §§ 21 ss., Nr. 10 (9).

§ 11.º Os baldios   155

Em suma: por falta de coincidência com o regime pro-autárquico dos séculos XIX e XX e por carências de aprofundamento dogmático, a explicação "coisas comuns" regrediu.

III. Não sendo "coisas comuns" – ou melhor: não tendo as coisas comuns verdadeira autonomia – os baldios deslizariam para o universo das coisas públicas: apenas com um aproveitamento especial[529].

IV. Uma maior atenção ao seu regime levaria, no entanto, a optar pelo terceiro termo: o das coisas privadas. De facto, os baldios não estariam fora do comércio[530], podendo ser apropriados e adquiridos por usucapião[531]. Além disso, múltiplas leis permitiam às autarquias a sua posse e simples alienação.

A doutrina do final do Estado Novo inclinar-se-ia para ver, nos baldios, uma propriedade privada: eles pertenceriam ao domínio privado das autarquias, ainda que com uma afetação especial: tais as posições de Rogério Soares[532] e de Marcello Caetano[533].

---

[529] Guilherme Moreira, *As águas no Direito civil português*, 1, 2.ª ed. (1960), 330: as águas comuns podem estar apropriadas pelo Estado ou pelas autarquias, tendo um regime semelhante ao das coisas públicas; José Tavares, *Princípios fundamentais* cit., 347 ss. (351); Cabral de Moncada, *Lições de Direito Civil* cit., 2, 117-118 e Manuel de Andrade, *Teoria geral* cit., 1, 295; *vide* Marcello Caetano, *Manual de Direito Administrativo* cit., 2, 9.ª ed., 951.

[530] Cunha Gonçalves, *Tratado de Direito Civil* cit., 3, 57 e 145. *Vide* F. Af. da Silva Ferrão, *História da legislação dos baldios* RLJ 8 (1875), 337-338.

[531] Houve, nos finais do século XIX, todo um fluxo jurisprudencial nesse sentido: RPt 5-dez.-1873 (Rocha), RLJ 8 (1875), 249-251 e RPt 9-jan.-1874 (Leitão), RLJ 8 (s/d), 251-253. Porém, em Oliveira de Azeméis (Serpa Pimentel), 21-mai.-1874, confirmado por RPt 12-fev.-1875 (Leite), RLJ 10 (1887), 330-332, entendeu-se que só as câmaras municipais e as juntas de paróquia são competentes para intervir em ações judiciais relativas a baldios; os particulares não são.

[532] Rogério Soares, *Sobre os baldios* cit., 54.

[533] Marcello Caetano, *Manual de Direito Administrativo* cit., 2, 9.ª ed., 953; Marcello Caetano ficou ainda muito impressionado com o facto de o Código Civil de 1966 não ter conservado a categoria das coisas comuns; haveria assim uma alternativa entre coisas públicas e privadas, cabendo – na opinião dele – optar por estas últimas.

156 *As coisas e o âmbito do Direito civil*

56. A posição adotada

I. Nas vésperas da Revolução de 1974-1975, podemos considerar que a doutrina preocupada com os baldios concluíra pela sua natureza de coisas no comércio, integradas no domínio privado disponível das autarquias[534].

A publicação dos Decretos-Leis n.° 39/76 e 40/76, ambos de 19 de janeiro, obrigou a recolocar o problema. Na verdade – e ao contrário do que antes sucedia – os baldios foram proclamados inalienáveis e impres-critíveis. Aparentemente, ficava uma alternativa: ou eram considerados do domínio público[535] ou eram tidos como coisas comuns[536], *tertium genus* antes referido pelo Código de Seabra, de certo modo reanimado pelo acima referido acórdão n.° 325/89, de 4 de abril, do Tribunal Constitucional[537].

II. A solução deve ser novamente repensada à luz da Lei dos Baldios de 2017.

Um baldio em si é um terreno com ou sem aptidão agrícola. Eventualmente, poderá lá haver equipamentos integrantes – artigo 2.°, *a*) da Lei dos Baldios. Pois bem: enquanto coisa, o baldio nada tem de especial que o distinga de idênticos terrenos que pertençam a particulares ou que, por qualquer razão, se integrem no domínio público, seja ele do Estado seja das autarquias.

Afirmar que o baldio é uma "coisa comum" equivalerá a dizer que o baldio se submete a um regime dito "comunitário". E este não equivale ao do domínio público[538].

III. Atentemos no regime dos baldios. Eles comportam a posse, pelos compartes – artigo 3.°/3 – os quais têm o seu uso e fruição – *idem*. Eles podem ceder a sua exploração – 36.°/1 – e podem aliená-los – artigo 40.°; podem ser expropriados por utilidade pública – artigo 41.° – e podem ser onerados com servidões – artigo 5.°/2. O seu arrendamento foi possível

---

[534] Mário Tavarela Lobo, *Manual do Direito de Águas* cit., 1, 2.ª ed., 67.

[535] Foi a posição que adotámos nos nossos *Direitos Reais* cit., 1, 117.

[536] Tal a posição de Manuel Lopes Rocha, *Dos baldios/Decreto-Lei n.° 39/76, de 19 de Janeiro/Notas*, ROA 1975, 473-488 (481 ss.). Também RCb 8-mar.-2006 (Coelho de Matos), Proc. 3344/05.

[537] TC n.° 325/89, de 4 de abril cit., BMJ 386, 129 ss.. Na mesma linha, *vide* STJ 12-jan.-1993 (Martins da Costa), CJ/Supremo I (1993) 1, 29-30 (30/I).

[538] RCb 31-jan.-2006 (Cardoso Albuquerque), Proc. 3283/05.

§ 11.º Os baldios   157

– artigo 35.º – 51.º/1 –, ainda que não seja renovável, vale, hoje apenas a cesão de exploração. Os litígios que surjam discutem-se em tribunais comuns – artigo 54.º. Quando se extingam, transitam para o domínio privado das autarquias – artigo 53.º/1, todos da Lei dos Baldios.

Em suma: com as especificidades que resultam da lei, designadamente restrições quanto à alienação, os baldios submetem-se diretamente ao Direito privado. Trata-se de coisas que, embora com limitações, estão no comércio jurídico.

IV. Mas toda a tradição, a cultura e até o peso do Direito consuetudinário, finalmente reconhecido no Direito legislado, estão bem presentes, colocando os baldios numa posição única. A especialidade não está, todavia, na coisa em si: reside, antes, no enigmático "universo dos compartes" – artigo 7.º/2 – organizados numa assembleia – artigo 21.º, ambos da Lei dos Baldios.

Os baldios estão na titularidade do "universo dos compartes"[539], sendo certo que esse "universo" nem é apresentado como uma pessoa coletiva, nem é redutível à soma das pessoas que o componham[540]. E os "compartes" podem mesmo, pela aquisição de novos terrenos, nos termos do artigo 2.º/iv), transformá-los em baldios: é a prova definitiva de que a chave reside não nas coisas, mas no sujeito[541]. Temos, aqui, um delicado problema de construção jurídica: um problema que, todavia, se prende com a personalidade coletiva e não com a teoria das coisas. A jurisprudência tem, a esse propósito, feito várias considerações, nem sempre coincidentes[542].

[539] Tal a conclusão, também, de Tavarela Lobo, *Manual do Direito de águas* cit., 1, 2.ª ed., 69 ss.. Mas em STJ 29-jan.-2004 (Azevedo Ramos), Proc. 04A2210, considera-se o contrário.

[540] RPt 28-mar.-2001 (Manso Rainho), CJ XXVI (2001) 2, 218-222 (221/II), fala em comunidade não personalizada mas com capacidade legal para, através dos seus órgãos, intervir no comércio jurídico.

[541] É possível a aquisição por usucapião, a favor dos compartes: RPt 21-set.-2004 (Martins Lopes), Proc. 0452757, pelo Direito anterior.

[542] STJ 23-set.-2010 (Álvaro Rodrigues), Proc. 37/03: afirma a personalidade judiciária da assembleia e cita Jaime Gralheiro, quando afirma que as assembleias de compartes são pessoas coletivas; RPt 22-mar.-2011 (Ana Lucinda Cabral), Proc. 6/10, admitindo uma pessoa coletiva "comunidade local"; RCb 24-out.-2012 (Vasques Osório), Proc. 292/10, decidindo que, para efeitos de isenção de custas, os baldios não são pessoas coletivas de Direito privado e sem fins lucrativos.

158   As coisas e o âmbito do Direito civil

Pela nossa parte, sublinhamos que o conceito de personalidade coletiva está, hoje, relativizado: desapareceu o dogma anterior do tudo ou nada[543]. Podemos admitir pessoas rudimentares, isto é, pessoas coletivas que o sejam apenas para os efeitos especificados na lei. Será o caso da comunidade local, a que a assembleia de compartes dá rosto: uma verdadeira e própria pessoa coletiva, ainda que para os efeitos previstos na lei.

V. Sendo os baldios coisas no comércio que se encontram na propriedade privada (limitada) do "universo dos compartes", não haverá ainda um domínio subjacente das autarquias? Estas, para além de múltiplos deveres de colaboração, sempre acabarão por se tornar suas proprietárias (privadas), na hipótese de extinção do baldio – artigo 38.º/3, da Lei dos Baldios.

Não é o caso. Os imóveis sem dono sempre revertem para o Estado – artigo 1345.º. É o que sucede na hipótese de extinção do baldio, isto é, da extinção do direito que, sobre ele, tinha o "universo dos compartes". O saber se, em concreto, reverte para o Estado central ou para uma autarquia é questão regulamentar que não atinge o cerne da figura: compete à lei resolvê-lo.

VI. Uma última consideração: o regime geral dos baldios integra-se no sistema jurídico e obedece à Ciência do Direito. Sirva de exemplo um caso de escola, já discutido nos nossos tribunais. Uma empresa pretende instalar um dispendioso parque eólico num terreno desaproveitado. Obtém autorizações da autarquia e da associação de moradores e faz o investimento. Posteriormente, organiza-se uma assembleia de compartes que reivindica o local como baldio e pede judicialmente a demolição do parque eólico. Admitindo que a constituição da assembleia de compartes seja válida e que o terreno seja um efetivo baldio, as rendas deveriam ser pagas à assembleia. Mas daí não se infira que o parque deveria ser destruído. Desde logo porque a população foi institucionalmente representada aquando da constituição da situação. E depois por manifesto abuso do direito, dado o desequilíbrio no exercício: pretende-se destruir, *ad nutum*, uma avultada parcela de riqueza, quando um aproveitamento eólico vai ao encontro das atuais finalidades dos baldios. Os compartes, por muita simpatia que suscitem, não podem atentar contra a boa-fé.

---

[543] *Tratado* IV, 5.ª ed. (2019), 661 ss..

§ 11.º Os baldios

57. A tragédia dos baldios

I. Cinco décadas após os sonhos de 1974/1975, cabe perguntar pelas vantagens e pelo futuro dos baldios. Recordamos, na base, que a própria leis lhes fixa, como finalidades, o serem logradouro comum, designadamente para efeitos de apascentação de gados, de recolha de lenhas ou de matos, de culturas e outras fruições, nomeadamente de natureza agrícola, silvícola, silvo-pastoril ou apícola (3.º/1 da Lei n.º 75/2017, de 17 de agosto). Figura-se, aqui, uma situação comunitária, complemento de apoio pecuário, silvícola e silvo-pastoril, ainda que complementada com a produção elétrica. Pergunta-se: o que resta de tudo isso, na terceira década do século XXI?

II. Os elementos existentes não estão atualizados. Todavia, parece claro que, das 600 comissões de baldios que, nos anos setenta do século passado, contestaram a passagem da sua administração para as autarquias, muito poucas terão sobrevivido. Não é economicamente viável apascentar algum gado em terras comuns: há técnicas modernas muito mais produtivas. A apanha de lenha não motiva ninguém: a eletrificação e a desertificação conduzem a novas vias de aquecimento e de preparação de alimentos. Outras fruições descambam no romantismo bucólico.

A estrutura sócio-económica dos baldios afasta quaisquer investimentos. No fundo, ela congela, no espaço e no tempo, o próprio baldio, arredando-o do progresso. Os baldios, desde sempre subaproveitados, pela sua própria natureza, tendem, hoje, para um franco abandono.

III. A análise económica do Direito, mormente em face do estudo feito por Fernando Araújo, tem, aqui, importantes aportações[544]. A insuficiência de apropriação pode conduzir a níveis muito baixos de eficácia económica, indutores de novas quebras no aproveitamento. Existe, aqui, uma larga margem de reflexão sócio-política, à qual a tradição não é

---

[544] Fernando Araújo, *A tragédia dos baldios e dos anti-baldios/O problema económico do nível óptimo de apropriação* (2008), 273 pp.. Este Autor usa "baldio" em sentido amplo, de modo a abranger os *commons* – ob. cit., 8-9 e 62 ss., com indicações. Entre nós, o baldio seria um exemplo claro da insuficiente apropriação. Exemplo de nível mundial será o das pescas: a não-apropriação da inerente riqueza, quando livre, permite explorações intensivas que, fora de uma lógica económica, conduzem à extinção de espécies e, no termo, à ruína dos próprios pescadores – ob. cit., 83 ss..

160 *As coisas e o âmbito do Direito civil*

estranha. Mas esta não deve constituir o elemento exclusivo; quiçá: nem mesmo o dominante.

Assinalamos ainda que a "tragédia dos comuns" se confirma, hoje em dia, através da disponibilização de bicicletas e de trotinetas aos particulares. Em Paris, mais de metade desse material já foi destruída ou vandalizada. Tudo deve ser tido em conta.

CAPÍTULO III

MODALIDADES DE COISAS

§ 12.º CLASSIFICAÇÕES; COISAS CORPÓREAS E INCORPÓREAS

58. Classificações legais

I. A noção de coisa é muito ampla. Por isso e como se viu, a tradição românica exige o seu tratamento através de múltiplas classificações. Na linha direta das *institutiones*[545], o artigo 203.º do Código Civil, precisamente epigrafado "classificação das coisas", vem dispor:

> As coisas são imóveis ou móveis, simples ou compostas, fungíveis ou não fungíveis, consumíveis ou não consumíveis, divisíveis ou indivisíveis, principais ou acessórias, presentes ou futuras.

A doutrina é unânime: trata-se de um preceito não exaustivo[546]. O próprio artigo 202.º, no seu n.º 2, subentende uma contraposição entre coisas no comércio e fora do comércio, apesar de não a inserir na enumeração do artigo 203.º. Outras classificações basilares, como a que separa as coisas corpóreas das incorpóreas, mau grado a sua ascendência gaiana, foram esquecidas.

II. As classificações de coisas, não sendo exaustivas, também não obedecem a critérios únicos.

Numa primeira leitura, a natureza corpórea ou não corpórea, móvel ou imóvel e simples ou composta apelaria às próprias características da coisa considerada. Pelo contrário, o saber se ela é fungível ou não fungí-

---

[545] I. 2. 1. pr., citado *supra*, nota 30.

[546] Luís Carvalho Fernandes, *Teoria geral do Direito civil* 1, 5.ª ed. (2009), 666.

162   *Modalidades de coisas*

vel, consumível ou não consumível, divisível ou indivisível, principal ou acessória e presente ou futura já dependeria de opções humanas e jurídicas. Não é assim. Lidamos com o cerne bimilenário do Direito civil. Os conceitos que nos chegam atravessaram as quatro idades históricas, desde a Antiguidade aos nossos dias. Todas as classificações têm natureza jurídica, sendo eminentemente "artificiais". Todavia, elas podem estar mais ou menos próximas das realidades exteriores, apresentando aderências variáveis a essa mesma realidade. Em geral, as classificações de coisas acabam por ser construções conceituais que devem ser tratadas sem se perder de vista a substancialidade de origem e a que se reportam.

III. O papel das classificações legais deve ser dogmatizado. Antes de mais, elas facultam um espaço de análise e de construção que, de outra forma, não ocorreria: nuclear, mesmo, na lógica pandetística. De seguida, elas permitem um afinamento conceptual e uma normalização jurídico-científica. Finalmente, eles computam problemas e soluções, facultando valorações importantes para a resolução de casos concretos[547].

Trata-se de uma perspetiva importante na reanimação das competentes categorias, sobretudo quando – como é o caso, em regra, no Direito civil – elas tenham uma dimensão histórico-cultural.

59. Coisas corpóreas

I. A classificação das coisas em corpóreas e incorpóreas remonta ao pensamento greco-romano, como vimos[548]. À partida, as coisas corpóreas têm existência exterior, sendo percetíveis pelos sentidos[549]. Pelo contrário, as incorpóreas correspondem a meras criações do espírito. Apesar de omitida no campo das classificações "oficiais" de coisas[550], o Código

---

[547] Quanto ao sentido das classificações aqui em causa, Carvalho Fernandes, *Teoria geral* 1, 5.ª ed., cit., 667-668.

[548] *Supra*, 15 ss.. *Vide*, ainda, Biondo Biondi, *Cosa corporale ed incorporale*, NssDI IV (1959), 1014-1015. No *usus modernus*, Heineccius, *Elementa juris civilis secunde um ordinem pandectarum* cit., I, § CXCIII (= 1, 61).

[549] "Objetos patrimoniais que se encontram no espaço", na definição de Heinrich Dernburg/Johannes Biermann, *Pandekten*, 7.ª ed. (1902), § 67, I (1, 155).

[550] O Código de Seabra também não se reportava, de modo expresso, às coisas incorpóreas; a doutrina referia-as, integrando-as nos móveis; *vide* Dias Ferreira, *Codigo Civil Portuguez Annotado* cit., 1, 2.ª ed., 267-268 e Guilherme Moreira, *Instituições* cit., 1, 338-339.

§ 12.º Classificações; coisas corpóreas e incorpóreas   163

Civil pressupõe a presente classificação e em troços importantes. Assim, segundo o artigo 1302.º,

> Só as coisas corpóreas, móveis ou imóveis, podem ser objeto do direito de propriedade regulado neste Código.

O "direito de propriedade" é usado, aqui, no sentido intermédio[551] de "direitos reais". As coisas corpóreas, na tradição pandetística, recordam, desta forma, todo esse importante ramo do Direito civil[552].

II. As coisas corpóreas, para além da importante base dogmática que lhes é conferida pelo artigo 1302.º, correspondem, ainda, a uma autonomização requerida pela natureza, tal como é vivida pelo sentir social. As coisas corpóreas são delimitáveis e domináveis[553]. Enquanto realidades exteriores percetíveis pelos sentidos, as coisas corpóreas sofrem – ou podem sofrer – a atuação humana direta, no sentido mais imediato de atuação física. O ser humano pode controlá-las, com ou sem base jurídica, excluindo os seus semelhantes de fazer outrotanto.

Em suma: as coisas corpóreas são suscetíveis de posse[554]. A posse, para além do controlo material excludente, comporta um corolário: traduzindo um exercício físico sobre uma coisa percetível pelos sentidos, ela própria é visível por quem entre em contacto com a coisa ou com o possuidor. Sendo cognoscível pela comunidade, a posse dá lugar à publicidade espontânea. O Direito interessa-se pela posse, seja para a justificar e defender, seja para a contraditar e penalizar: tudo depende de quem a exerça e de como ela tenha sido constituída. Além disso, o Direito retira consequências várias da publicidade possessória e, designadamente: presume que, havendo publicidade, há posse e, verificando-se esta, há direito

---

[551] Em sentido estrito, "propriedade" traduz um direito real específico: a permissão normativa, plena e exclusiva, de aproveitamento de uma coisa corpórea; em sentido médio, ele abrange os direitos reais ou as permissões normativas de aproveitamento de uma coisa corpórea; em sentido amplo, ele reporta-se a todos os direitos patrimoniais privados.

[552] Por exemplo, Savigny, *System des heutigen römischen Rechts*, 1 (1840), 338 ss. e Carl Friedr. Ferdinand Sintenis, *Das practische gemeine Civilrecht*, 1, 2.ª ed. (1860), 409: em sentido próprio, coisa é a corpórea.

[553] Gerhart Ring, no *NomosKommentar/BGB*, 1, 2.ª ed. (2012), § 90, Nr. 7 (389).

[554] *A posse*, 3.ª ed., n.º 1. Desenvolvidamente: José Alberto Vieira, *A posse/Estudo sobre o seu objeto e extensão/Perspectiva histórica e de Direito português* (2008), 732 pp., 495 ss..

164   *Modalidades de coisas*

real. O possuidor aparente está garantido até que alguém prove um direito incompatível com o controlo de facto registado.

Joga-se, aqui, todo um complexo de normas jurídicas, diretamente ditadas pela materialidade das coisas implicadas, a estudar em Direitos Reais.

III. As coisas corpóreas abrangem, desde logo, as porções limitadas de matéria em estado sólido. Mas – ao contrário, porventura, de certo uso comum da expressão – são coisas corpóreas, também, os líquidos e os gases[555]. A sua autonomização exigirá, todavia, um recetáculo ou continente onde elas possam ser armazenadas ou delimitadas: sejam as margens de um rio ou de um lago, seja a garrafa de oxigénio.

IV. São ainda coisas corpóreas os documentos[556] ou os suportes materiais que contenham obras do espírito: o papel onde se exare o escrito, a película que conserve as cenas, o disco compacto que preserve o som ou as imagens e o suporte magnético que contenha o programa e a sua utilização[557].

Normalmente, o bem intelectual contido no documento ultrapassa largamente o valor deste, enquanto *res corporalis*. Todavia, como coisa corpórea, o documento é captável pelos sentidos, é suscetível de posse e, sendo possuído, dá azo a uma publicidade socialmente relevante. A suscetibilidade que, pela natureza, os documentos sempre têm de ser tratados como (simples) coisas corpóreas cria uma permanente tensão com o regime, em princípio mais elaborado, dos bens intelectuais. Trata-se de um ponto a não esquecer.

60. Coisas incorpóreas; bens intelectuais e outras

I. Como foi dito, na tradição greco-latina, as coisas incorpóreas são criações do espírito humano. Elas podem ser comunicadas através da linguagem e ser incorporadas em documento. Materialmente, este mais

---

[555] Manfred Wolf/Jörg Neuner, *Allgemeiner Teil* cit., 11.ª ed., § 25, Nr. 1 (300); Christine Stresemann, no *Münchener Kommentar*, 8.ª ed. (2018), § 90, Nr. 8 (1055) e Jürgen Ellenberger, no Palandt *Kommentar*, 78.ª ed. (2019), § 90, Nr. 1 (70).

[556] Segundo o artigo 362.º do Código Civil, "... diz-se documento qualquer objeto elaborado pelo homem com o fim de reproduzir ou representar uma pessoa, coisa ou facto". A expressão "objeto" poderá ser limitativa; todavia, é patente tratar-se de uma "coisa".

[557] Joachim Jickeli/Malte Stieger, no Staudinger (2012) cit., § 90, Nr. 54 ss. (35 ss.).

§ 12.º *Classificações; coisas corpóreas e incorpóreas*	165

não conterá, contudo, do que uma sucessão de sinais: apenas o espírito humano, decifrando-o, poderá dar azo à "coisa" incorpórea.

II. As coisas incorpóreas compreendem três grandes categorias[558]: os bens intelectuais, as prestações e os *quia* jurídicos. Elas apresentam-se como uma categoria autónoma[559].

Os bens intelectuais abrangem as obras literárias e artísticas, os inventos e as marcas. As obras literárias ou artísticas são criações do espírito exteriorizadas por qualquer forma[560]: linguística, musical, plástica ou cinética[561]. Elas têm um regime resultante do Código do Direito de Autor e dos Direitos Conexos, aprovado pelo Decreto-Lei n.º 63/85, de 14 de março[562], cujo artigo 1.º dispõe:

1. Consideram-se obras as criações intelectuais do domínio literário, científico e artístico, por qualquer modo exteriorizadas, que, como tais, são protegidas nos termos deste Código, incluindo-se nessa proteção os direitos dos respetivos autores.

2. As ideias, os processos, os sistemas, os métodos operacionais, os conceitos, os princípios ou as descobertas não são, por si só e enquanto tais, protegidos nos termos deste Código.

3. Para os efeitos do disposto neste Código, a obra é independente da sua divulgação, publicação, utilização ou exploração.

O artigo 2.º deste Código contém uma extensa lista de hipóteses: não taxativa[563]. Como era inevitável, o Direito de autor criou as suas próprias

---

[558] Manuel de Andrade, *Teoria geral* cit., 1, 227-228 e Castro Mendes, *Teoria geral* cit., 2, 112. Muitas vezes, as prestações são assimiladas aos *quia* jurídicos, o que é um erro: elas constituem a base, perfeitamente autonomizada, no campo do Direito e no foro dos factos, do Direito das obrigações.

[559] Dário Moura Vicente, *Unkörperliche Güter im romanischen Rechtskreis*, em Leible/Lehmann/Zech, *Unkörperliche Güter im Zivilrecht* (2011), 75-93 (91). *Vide* Anja Schöneich, *Der Begriff der Dinglichkeit im Immaterialgüterrecht* (2017), 318 pp., com muitas indicações, designadamente de tipo histórico (*idem*, 37 ss.).

[560] Oliveira Ascensão, *Direito civil/Direito de autor e direitos conexos* (1992), 57 ss. e Luís Menezes Leitão, *Direito de autor* (2011), 69 ss..

[561] *Idem*, 86-87.

[562] Sucessivamente alterado por diversos diplomas, o último dos quais o Decreto-Lei n.º 100/2017, de 23 de agosto.

[563] *Vide* o caso discutido em STJ 17-jun.-1998 (Costa Marques), BMJ 478 (1998),

166   *Modalidades de coisas*

categorias: ele protege, apenas, determinadas criações do espírito, a explicitar segundo as suas regras[564].

III. Os inventos, quando traduzam descobertas científicas, não são suscetíveis de apropriação exclusiva: nem mesmo pelo seu descobridor. Trata-se de um princípio fundamental da Cultura do Ocidente. A lei – no caso: o Código da Propriedade Industrial, aprovado pela Lei n.º 110/2018, de 10 de dezembro[565] – admite todavia que as invenções possam ser objeto de patente, constituindo assim um bem intelectual. Segundo o artigo 50.º do CPI:

> 1. Podem ser objeto de patente as invenções novas, implicando atividade inventiva, se forem suscetíveis de aplicação industrial, mesmo quando incidam sobre um produto composto de matéria biológica, ou que contenha matéria biológica, ou sobre um processo que permita produzir, tratar ou utilizar matéria biológica.
>
> 2. Podem obter-se patentes para quaisquer invenções, quer se trate de produtos ou processos, em todos os domínios da tecnologia, desde que essas invenções respeitem o que se estabelece no número anterior.
>
> 3. Podem igualmente ser objeto de patente os processos novos de obtenção de produtos, substâncias ou composições já conhecidos.
>
> 4. A proteção de uma invenção que respeite as condições estabelecidas no n.º 1 pode ser feita, por opção do requerente, a título de patente ou de modelo de utilidade.
>
> 5. A mesma invenção pode ser objeto, simultânea ou sucessivamente, de um pedido de patente e de um pedido de modelo de utilidade.
>
> 6. A apresentação sucessiva de pedidos mencionada no número anterior apenas pode ser admitida no período de um ano a contar da data da apresentação do primeiro pedido.
>
> 7. Nos casos previstos no n.º 5, o modelo de utilidade caduca após a concessão de uma patente relativa à mesma invenção.

O artigo 51.º exclui, entre outros, as descobertas, as teorias científicas e os métodos matemáticos – n.º 1, *a*). O direito à patente pertence

---

414-418, onde a obra em causa era um painel de azulejos, reproduzido sem autorização da empresa em cujo âmbito e por cujos trabalhadores foi pintado.

[564] Manfred Rehbinder, *Urheberrecht*, 16.ª ed. (2010), 1.

[565] Anteriormente, vigoraram os Códigos de 2003 (Decreto-Lei nº 36/2003, de 5 de março) e de 1995 (Decreto-Lei nº 16/95, de 24 de janeiro).

§ 12.º Classificações; coisas corpóreas e incorpóreas   167

ao inventor ou seus sucessores – artigo 57.º/1 – ou à empresa, quando a invenção tenha sido feita em execução de contrato de trabalho – 58.º/1 – embora, nesse caso, o inventor tenha o direito a uma remuneração adequada – n.º 2[566].

IV. A marca é um sinal distintivo de coisas ou serviços[567]. Segundo o artigo 208.º do CPI,

> A marca pode ser constituída por um sinal ou conjunto de sinais suscetíveis de representação gráfica, nomeadamente palavras, incluindo nomes de pessoas, desenhos, letras, números, sons, a forma do produto ou da respetiva embalagem, desde que sejam adequados a distinguir os produtos ou serviços de uma empresa dos de outras empresas.

A marca representa um bem intelectual protegido, mediante determinada tramitação prevista no CPI e, designadamente, o seu registo. A sua proteção tem, ainda, um plano penal[568] e pode operar cautelarmente[569].

Patentes e marcas e, ainda, outras realidades incluem-se na denominada propriedade industrial. Certas regras sobre coisas corpóreas poderão ser-lhes aplicáveis, quando a analogia das situações o faculte.

V. Todas estas realidades não devem confundir-se com o documento ou o suporte material em que se encontrem exaradas. Enquanto realidades incorpóreas, apenas na *mens* humana se consubstancia o bem intelectual. Nestas condições, uma vez divulgado, o bem intelectual não pode ser apropriado ou controlado por uma única pessoa. Uma melodia, uma vez executada e ouvida, fica na memória de quem a tenha ouvido, o qual se poderá recordar dela quando quiser. O mesmo sucede com quem veja um

---

[566] Oliveira Ascensão, *Direito comercial* – vol. II – *Direito industrial* (1994, reimp.), 231 ss., ao abrigo da legislação anterior. Quanto à proteção, *vide* RLx 31-mar.-1998 (Pinto Monteiro), CJ XXIII (1998) 2, 122-123, num caso relativo a uma providência cautelar para tutela de processo de fabrico de medicamentos.

[567] *Idem*, 139 ss..

[568] Por exemplo: RPt 20-jan.-1999 (Teixeira Pinto), CJ XXIV (1999) 1, 233-235: a empresa e o seu gerente que, sem autorização, colocaram a marca Mercedes-Benz na frontaria do seu estabelecimento e a utilizam no papel timbrado com o intuito de atrair clientela, cometem o crime de uso ilegal de marca.

[569] RLx 10-mai.-2001 (Silva Santos), CJ XXVI (2001) 3, 85-87 (87/I).

168   *Modalidades de coisas*

quadro ou uma fotografia. O suporte material é uma coisa corpórea, como tal protegida, ainda que insuficientemente[570].

Estamos, pois, fora do campo lógico das coisas corpóreas e dos direitos reais. Perante um bem intelectual, o Direito só pode tomar duas linhas de atuação, quando queira defendê-lo: em termos morais, evitando a sua deturpação ou, ainda, que quem não tenha sido o seu autor se arrogue a sua paternidade; em termos económicos, atribuindo a alguém, normalmente, ao seu autor, o exclusivo material do seu aproveitamento[571].

VI. A prestação é uma conduta humana. O Direito pode atribuir a alguém – o credor – o poder de exigir a outrem – o devedor – uma certa atuação: a prestação.

Como conduta humana virtual, a prestação apenas existe em abstrato: só no momento do cumprimento ela passará a ter uma consistência no mundo dos factos. Economicamente, ela corresponderá a um serviço.

A prestação pode ser considerada coisa incorpórea. E na verdade, boa parte das categorias fixadas nos artigos 202.º e seguintes tem aplicação ao campo das prestações: basta pensar em coisas divisíveis, coisas futuras ou coisas acessórias. Mas feita essa ressalva, as prestações têm uma dogmática própria, há muito fixada. Bastará falar em prestações para, de imediato, inúmeras coordenadas jurídico-culturais ficarem fixadas. Recordar – ainda que incidentalmente – a sua natureza de "coisa incorpórea" é, todavia, dogmaticamente útil.

Em compensação, faz pouco sentido assimilar as prestações seja a bens intelectuais, seja aos diversos *quia* jurídicos.

VII. As realidades ou *quia* jurídicos apresentam-se como figurações técnicas e sociais. No limite, pode mesmo estabelecer-se uma confusão entre o direito e a realidade a que ele se reporte: assim "ter muitas propriedades" significa ter direitos de propriedade sobre muitos imóveis.

Independentemente de tais extremos, as realidades jurídicas são vistas, por vezes, como coisas: os *iura* latinos. Estão em causa a generalidade das situações ativas – direitos, poderes, faculdades e expectativas – e, por vezes, as próprias situações passivas.

---

[570] Axel Beater, *Der Schutz von Eigentum und Gewerbetrieb vor Fotografien*, JZ 1998, 1101-1109 (1105).

[571] Em especial, Oliveira Ascensão, *Direito de Autor* cit., 11-12.

§ 12.º Classificações; coisas corpóreas e incorpóreas 169

VIII. A análise dos *quia* jurídicos permite distinguir duas grandes categorias: aquela em que o direito é considerado "coisa" apenas como forma de referir a própria realidade sobre que ele recaia – por exemplo, o artigo 204.º/1, *d*), quando considera coisas imóveis *os direitos inerentes aos imóveis mencionados nas alíneas anteriores* – e a que se prende com a figura do direito sobre outro direito – por exemplo, o usufruto de créditos – artigo 1464.º[572] – e o penhor de créditos – artigo 680.º[573/574].

Ambas as hipóteses são de evitar. Quando se pretenda referir uma coisa – *maxime* para a considerar imóvel – há que dizê-lo diretamente, em vez de recorrer ao circunlóquio de o próprio direito, a ela relativo, ser apresentado como coisa imóvel. No fundo, pretende-se apontar um regime: os direitos que recaiam sobre imóveis têm o regime jurídico correspondente aos direitos sobre imóveis[575].

O direito sobre outro direito é, no fundo, apenas um direito sobre um objeto já atingido pelo direito de "primeira linha". Assim, um direito de crédito reporta-se a uma prestação. O "usufruto" desse crédito reportar-se-á à mesma prestação, mas em termos de usufruto: permitindo, apenas, um aproveitamento limitado temporalmente e, com probabilidade: o de, durante a vida do "usufruto", recolher os juros[576].

Com estas explicações, não há mal maior em, numa linguagem jurídica corrente, falar de certos "direitos" como "coisas imóveis" ou de determinadas composições como "direitos sobre direitos".

Em moldes de rigor dogmático, porém, as coisas incorpóreas são, hoje, os bens intelectuais.

IX. Em compensação, não se admitem, como coisas, os "bens de personalidade". Ligados à pessoa humana, tais "bens" são tratados a pro-

---

[572] Este preceito refere, literalmente, os "capitais postos a juros". Trata-se, na generalidade, de "usufrutos sobre créditos", tanto mais que o citado artigo 1464.º/2 logo fala em "levantar ... capitais".

[573] Desta feita, o preceito citado refere, simplesmente, o "penhor de direitos". O artigo 681.º/2 logo mostra que estão abrangidos, seguramente, o penhor de créditos.

[574] Quanto aos direitos como coisas incorpóreas, *vide* Salvatore Satta, *Cose e beni nell'esecuzione forzata*, RDComm LXII (1964) I, 350-361 (355).

[575] *Direitos Reais*, 1 (1979), 206-207 = *Reprint* (1993), 195.

[576] Favorável à figura dos direitos sobre direitos *vide*, todavia, Manuel de Andrade, *Teoria geral* cit, 1, 195 ss. (197); em sentido contrário, Oliveira Ascensão, *Teoria geral* cit., 1, 2.ª ed., 354-355.

170 *Modalidades de coisas*

pósito dos próprios direitos de personalidade. Pressupõe-se, naturalmente, que, para além de "coisas", outras realidades possam ser objeto de direitos.

A esse propósito, cumpre assinalar que a tradição jurídica portuguesa ia no sentido de excluir os bens de personalidade do universo das coisas[577]. Manuel de Andrade tomou posição inversa[578], influenciando alguma doutrina[579]. O pensamento jurídico atual opõe-se, porém, à reificação de quanto tenha a ver com a pessoa, admitindo *tertia genera* diversos, entre a coisa e a pessoa. Bastará atentar na evolução que, neste momento, se processa em relação aos próprios animais.

61. Programação de computador (*software*)

I. O computador – do latim *computare*, contar – tem, na origem, instrumentos de cálculo auxiliares. O homem terá começado por usar os dedos: donde a contagem decimal. No século III a. C., fez a sua aparição o ábaco.

Já em tempos recentes, foram propostos dispositivos mecânicos por Wilhelm Schickard (1592-1635) e Blaise Pascal (1623-1662), por Gottfried Wilhelm von Leibniz (1646-1716) e por Charles Babbage (1791-1871).

Em 1890, o americano Herman Hollerith (1860-1929) criou a primeira máquina de calcular e ordenar com cartões perfurados; conseguiu, assim, em quatro semanas, tratar um recenseamento que se arrastava há dez anos. Em 1936, Konrad Zuse (1910-1995) e Howard H. Aiken (1900-1973) apresentaram calculadoras elétricas, tendo o primeiro recorrido já a números binários. Durante a guerra de 1939-45, John Eckert (1919-1995) e John William Mauchly (1907-1980) aprontaram um "computador", na Universidade da Pennsylvania: o ENIAC[580]. Pouco depois, John von Neumann (1903-1957) elaborou a arquitetura dos primeiros computadores[581]. A evolução, de então para cá, tem sido exponencial,

---

[577] Assim, Guilherme Moreira, *Instituições* cit., 1, 333.

[578] Manuel de Andrade, *Teoria geral* cit., 1, 193-194.

[579] Cabral de Moncada, *Lições de Direito Civil/Parte geral* 2, 3.ª ed. (1959), 14 = 4.ª ed. póstuma (1995), 397, Castro Mendes, *Teoria geral* cit.,, 2, 112 e Bigotte Chorão, *Teoria geral do Direito civil* 2 (1972-73), 179.

[580] Iniciais de *Electronic Numerical Integrator and Computer*.

[581] Quanto a esta evolução, muito referida, Hans-Werner Moritz/Barbara Tybusseck, *Computersoftware / Rechtsschutz und Vertragsgestaltung*, 2.ª ed. (1992), 1 ss. e

§ 12.º Classificações; coisas corpóreas e incorpóreas 171

sendo de esperar que, dentro de cinquenta anos, seja alcançado um nível geral de inteligência equivalente ao cérebro humano[582].

II. O universo da automação e da informática poderia – nalgumas leituras – ter causado problemas jurídicos incalculáveis, obrigando ao refazer de todo um sector jurídico. Não foi assim. Com algumas alterações abaixo referidas, os diversos ordenamentos reduziram dogmaticamente os problemas que se puseram com a informática.

Vamos verificar como se coloca a matéria no tocante às coisas.

III. Um computador é, antes do mais, um conjunto de equipamentos materiais: uma unidade processadora central, um monitor, um teclado, uma impressora, um leitor de documentos (*scanner*) e uma unidade de telecomunicação (*modem*). A esse conjunto poderemos chamar equipamento informático (*hardware*)[583]. Todas estas realidades são coisas corpóreas, de tipo móvel, aplicando-se-lhe o competente regime.

Para funcionar, o equipamento informático requer, depois, um conjunto de informações, de sequências e de modos de proceder, devidamente articulados, em ordem a permitir a receção de instruções, a sua elaboração e a execução das tarefas pretendidas. Esse conjunto será a programação (*software*), ela própria composta por diversos programas[584]. A esse propósito impõem-se, ainda, certas distinções.

Alguma programação básica vem logo inserida no equipamento informático (*bundling*). Juridicamente, poderemos afirmar que se trata de qualidades do próprio equipamento: a faltarem ou a serem deficientes, teremos um vício da coisa básica. Outra programação – tendencialmente a mais complexa – é fornecida separadamente (*unbundling*), podendo

---

Christopher H. Sterling, *Histories of Computers ... From Aiken to Zuse*, CBQ 33 (2002), 221-242. Entre nós, cumpre referir Rui Saavedra, *A protecção jurídica do software e a internet* (1998) e José Alberto Vieira, *A protecção dos programas de computador pelo Direito de autor* (2005), 959 pp..

[582] Sectorialmente – cálculo e certo tipo de memória – as faculdades do cérebro humano já foram, há muito, alcançadas. Sobre as perspetivas da informática, Solange Ghernaouti-Hélie/Arnaud Dufour, *De l'ordinateur à la société de l'information* (1999).

[583] Seria desejável que, à semelhança do praticado em França, entidades oficiais indicassem expressões portuguesas para a terminologia informática, em acompanhamento das habituais expressões inglesas.

[584] Wolfgang Kilian, *Haftung für Mangel der Computer-Software* (1986), 10.

172   *Modalidades de coisas*

ser objeto de seleção pelo interessado[585]. Estamos num campo onde tem havido uma evolução muito rápida[586].

IV. A programação separada inclui-se – ou pode incluir-se[587] – em suportes materiais: discos compactos, *disquettes* ou *chips*. Em relação a tais suportes, nenhuma dúvida existe quanto a tratar-se de coisas corpóreas, móveis, com todas as consequências daí derivadas. Porém, a programação (magnética, ótica ou outra) que neles se inclua poderá valer de 100 a 100.000 vezes mais do que o suporte respetivo[588]. Qual a natureza dessa programação?

Alguma doutrina, particularmente sugestionada pelas vantagens em aplicar, ao *software*, o regime próprio do vício sobre a coisa vendida, veio defender que a programação seria uma coisa corpórea, no sentido do § 90 do BGB[589]. Subsequentemente, porém, quer a doutrina[590], quer a jurisprudência[591] se distanciaram de tal orientação: os suportes seriam coisas corpóreas; a própria programação em si seria, antes, uma coisa incorpórea. Todavia, seria possível aplicar-lhe, quando a analogia das situações o justificasse e com as adaptações necessárias, o regime das coisas corpóreas[592].

---

[585] Jürgen von Ohlen, *Die rechtliche Einordnung des Softwareüberlassungsvertrages* (1990), 9.

[586] *Vide* Michael Bartsch, *Das BGB und die modernen Vertragstypen*, CR 2000, 3-11 (6).

[587] Pode haver uma transferência de "ficheiros" por meios puramente eletrónicos *maxime*, pela *Internet* – o que coloca problemas de proteção específica; *vide* André Bertrand/Thierry Piette-Coudoz, *Internet et le droit* (1999), 21.

[588] Kilian, *Haftung für Mangel der Computer-Software* cit., 13.

[589] Jochen P. Marly, *Die Qualifizierung der Computerprogramme als Sache nach § 90 BGB*, BB 1991, 432-436 (435-436).

[590] Michael Kurt, *Software – eine Sache?*, DB 1994, 1505-1509 (1506/I e 1509/II); com indicações, Wolfgang Voit/Götz Geweke, *Der praktische Fall – Bürgerliches Recht:Der tükische Computervirus*, JuS 2001, 358-364 (362/I e nota 42) e Malte Stieper, no *Staudingers Kommentar* (2017) cit., § 90, Nr. 12-19 (19-23).

[591] BGH 4-nov.-1987, BGHZ 102 (1988), 135-152 (144), pioneira: mandou, de facto, aplicar as regras do vício da coisa vendida, mas por semelhança. A jurisprudência mais antiga pode ser confrontada em Friedrich Graf von Westphalen/Ulrich Seidel, *Aktuelle Rechtsfragen der Software-Vertrags- und Rechtspraxis*, 2.ª ed. (1989).

[592] Em especial: Peter Bydlinski, *Der Sachbegriff im elektronischen Zeitalter: zeitlos oder anpassungsbedürftig?*, AcP 198 (1998), 287-328 (305 ss.). Bydlinski acaba por propor a alteração do próprio § 90 do BGB, que ficaria assim concebido – ob. cit., 328:

(1) No sentido da lei, são coisas os objetos materiais.

§ 12.º Classificações; coisas corpóreas e incorpóreas 173

V. Questão diferente é a da proteção jurídica da programação. Numa linha já defendida pela doutrina[593], a Diretriz n.º 91/250, do Conselho, de 14 de maio de 1991, previu a tutela da programação como obra literária[594]. Trata-se de uma orientação assumida pela nossa jurisprudência, antes mesmo da transposição, para a ordem interna, da citada Diretriz: RLx 28 de abril de 1994[595] e RLx 12 de outubro de 1995[596], que recorreram ao Direito de autor, para a tutela do *software*.

A orientação comunitária foi formalmente transposta para a ordem interna pelo Decreto-Lei n.º 252/94, de 20 de outubro[597], cujo artigo 1.º/2 dispõe:

> Aos programas de computador que tiverem carácter criativo é atribuída proteção análoga à conferida às obras literárias.

A programação acaba, assim, por ser assimilada a um bem intelectual[598], numa situação mantida pela jurisprudência subsequente[585].

(2) Os preceitos sobre coisas são, correspondentemente, aplicáveis a outros objetos delimitáveis, que se encontrem devidamente no tráfego, na medida em que, no decurso do exercício jurídico, sejam tratados como coisas.

[593] José de Oliveira Ascensão, *A protecção jurídica dos programas de computador*, ROA 1990, 69-118. *Vide* Moritz/Tybussek, *Computersoftware* cit., 28 ss.. Outras proteções foram ensaiadas; assim Ralf Jersch, *Ergänzenden Leistungsschutz und Computersoftware (Rechtsschutz für innovative Arbeitsergebnisse durch UWG und BGB* (1993), 106 ss. (concorrência) e 183 ss. (responsabilidade civil derivada da violação dos bons costumes).

[594] Moritz/Tybusseck, *Computersoftware* cit., 290 ss., Pedro Cordeiro, *A lei portuguesa de "software"*, ROA 1994, 713-735 e Alexandre Dias Pereira, *Programas de computador, sistemas informáticos e comunicações electrónicas: alguns aspectos jurídico--contratuais*, ROA 59 (1999), 915-948. Com múltiplos elementos: Henning Harte-Bavendamm e outros, *Gewerblicher Rechtsschutz und Urheberrecht*, em Wolfgang Kilian/Benno Heussen, *Computerrechts-Handbuch* (act. 2001).

[595] RLx 26-abr.-1994 (Pinto Monteiro), CJ XIX (1994) 2, 130-131: um caso de cópia não autorizada dos programas *Microsoft Excel* e *Microsoft Word for Windows*.

[596] RLx 10-out.-1995 (Silva Pereira), CJ XX (1995) 4, 109-112 (111/I): um caso similar que envolveu cópias daqueles dois referidos programas e, ainda, dos programas *Microsoft Project for Windows, Microsoft Access, Lotus 1-2-3* e *Lotus Organizer*.

[597] Com a Retificação n.º 2-A/95, de 31 de janeiro e as alterações introduzidas pelo Decreto-Lei n.º 334/97, de 27 de novembro.

[598] Tem interesse consultar as *Comunicações* feitas no II Congresso Íbero-Americano do Direito de Autor e Direitos Conexos, que decorreu em Lisboa, nos dias 15 a 18 de novembro de 1994, sobre o tema *Num Novo Mundo de Direito de Autor?*, das quais referimos, do tomo I: André Bertrand, *Las obras informáticas en el derecho de autor:*

174   *Modalidades de coisas*

VI. Também as bases de dados, na linha da Diretriz n.º 96/9/CE do Conselho, de 27 de março de 1996, se dirigem para uma proteção através do Direito de autor[600]. Trata-se, efetivamente, do regime comum dos bens intelectuais.

---

razones y perspectivas, loc. cit., 315-328, Antonio Millé, *Uso de obras por la informática*, loc. cit., 329-353, José António Veloso, *A informática no direito de autor. Alguns aspectos de uma revolução sem termo à vista*, loc. cit., 355-358 e Carlos Corrales, *Programas de computador, sistemas multimedia e interactividad*, loc. cit., 671-679 e, do tomo II, Sibylle Schlatter, *La presentación visual de programas de ordenador*, idem, 681-706.

[599] RLx 29-mar.-2001 (Mário Morgado), CJ XXVI (2001) 2, 93-98 (98/I).

[600] Laura Chimienti, *Banche di dati e diritto d'autore* (1999).

§ 13.º OS IMÓVEIS; PRÉDIOS, ÁGUAS E PARTES INTEGRANTES

62. A distinção

I. A classificação das coisas corpóreas em móveis e imóveis tem uma importância fundamental. Não obstante, ela levanta ainda hoje múltiplas dificuldades de aplicação e de construção científica, estando longe de constituir matéria encerrada.

À partida, podemos afirmar que a coisa imóvel corresponde à terra – portanto: uma porção limitada da crosta terrestre – sendo móveis as restantes[601]. Por razões práticas e sócio-culturais, foram equiparadas à terra as realidades a ela estreitamente ligadas e, depois, alguns bens económica e socialmente mais significativos[602]. Todas as outras coisas foram relegadas para o campo dos meros móveis: *res mobilis, res vilis*. A distinção tinha o sentido de sujeitar os imóveis a regras mais precisas e rigorosas, designadamente no tocante à sua transmissão e aos aspetos tributários.

Com o passar do tempo e, sobretudo, com a industrialização, as relações de valor alteraram-se. A decadência da agricultura cerceou o valor da terra e fez ascender certos móveis. Não obstante, a natureza das coisas e o peso da cultura e dos valores a ela inerentes mantiveram a primazia sócio-valorativa dos imóveis. Mas à custa de uma certa formalização: a categoria acaba por depender do Direito, exprimindo as realidades a que a lei atribua a característica da imobilidade.

---

[601] Tal a noção dos civilistas anteriores às codificações: Borges Carneiro, *Direito civil de Portugal* cit., 4, 8-9 e Coelho da Rocha, *Instituições* cit., §§ 78 e 79 (1, 44-45). Também Heineccius, *Elementa juris civilis* cit., I, § CXCIV (= 1, 61).

[602] Recorde-se a lição de Bonfante a propósito das *res mancipi, supra*, 22.
Trata-se, como referimos, de uma noção pós-clássica; *vide* Salvatore di Marzo, *Res immobiles*, BIDR IL-L (1947), 236-240. A referência é, ainda hoje, Ernst Schönbauer, *Beiträge zur Geschichte des Liegenschaftsrechtes im Altertum* (1924); *vide*, aí e para o período romano, 39 ss.. Quanto à pandetística oitocentista – e logo no início – Christian Friedrich Glück, *Pandecten*, 2, 2.ª ed. (1800), § 173 (518).

176 *Modalidades de coisas*

II. O Código Civil, embora pródigo em noções, não definiu a distinção entre móveis e imóveis. Optou por enumerar, no artigo 204.º, as coisas imóveis e por considerar, no artigo 205.º/1, todas as restantes como móveis. Da enumeração do artigo 204.º resulta a ideia basilar de que coisas imóveis são as que, dentro de critérios de normalidade e habitualidade, não podem ser deslocadas da posição que ocupem, na superfície do Planeta. As próprias águas, apesar da sua permanente deslocação, estão contidas nas margens que as delimitem. A imobilidade material perde, todavia, clareza uma vez que o artigo 204.º refere os próprios direitos. Além disso, temos diversas dificuldades derivadas das coisas acessórias e das pertenças.

O melhor entendimento do sistema do Código Civil implica o conhecimento do do Código de Seabra.

III. O Código de Seabra, por clara influência napoleónica, distinguia – artigos 374.º e 375.º – os imóveis por natureza, os imóveis por ação do homem e os imóveis por disposição da lei[603]. Os imóveis por natureza ou bens de raiz eram os prédios rústicos. Por ação do homem, eram imóveis os prédios urbanos, isto é, quaisquer edifícios ou casas incorporados no solo, com permanência. Em rigor, como explicava Manuel de Andrade[604], estes últimos são imóveis por ação do homem e por natureza, uma vez que englobam os terrenos onde estão edificados. Finalmente, os imóveis por ação da lei eram os enumerados no artigo 375.º do Código de Seabra: produtos e frutos, partes integrantes, direitos inerentes e fundos consolidados.

As restantes coisas seriam móveis.

---

[603] Dias Ferreira, *Codigo Annotado* cit., 1, 2.ª ed., 264 ss., Guilherme Moreira, *Instituições* cit., 1, 343 ss., Cunha Gonçalves, *Tratado* cit., 3, 67 ss. e Manuel de Andrade, *Teoria geral* cit., 1, 231 ss..

Quanto à contraposição, no entendimento do Código Napoleão, Karl Salomo Zachariä, *Handbuch des Französischen Civilrechts*, 6.ª ed., por Sigismund Puchelt, 1 (1875), 420 ss. e Katl Salomo Zachariä/Crome, *idem*, 8.ª ed., 1 (1894), 281 ss.; trata-se de obras importantes pela influência que teriam em Aubry/Rau e na evolução subsequente. O BGB não se lhe reporta, expressamente, a propósito das regras gerais sobre coisas; tem, todavia, um papel fundamental. *Vide* Joachim Jickeli/Malte Stieper, no *Staudingers Kommentar*, §§ 90-124 (2012), § 90, Nr. 59 ss. (37 ss.), Malte Stieper, *idem* (2017), § 90, Nr. 59-62 (40-41), Manfred Wolf/Jörg Neuner, *Allgemeiner Teil* cit., 11.ª ed., § 25, Nr. 7 ss. (302), Christine Stresemann, no *Münchener Kommentar* cit., 1, 8.ª ed. (2018), § 90, Nr. 11-13 (1056) e Hans Hermann Seiler, no Staudinger, III – *Einleitung zum Sachenrecht; §§ 854-882/Allgemeines Liegenschaftsrecht* 1 (2012), Nr. 16 (12).

[604] *Teoria geral* cit., 1, 231.

§13.º Os imóveis; prédios, águas e partes integrantes   177

O artigo 377.º do Código de Seabra continha uma norma interpretativa, que permitia uma distinção entre *cousas immobiliarias* e *mobiliarias*. Assim, quando na lei ou em atos e contratos se usasse a expressão *bens ou cousas immobiliarias*, compreender-se-iam nela tanto os imóveis por natureza ou por ação do homem como os que o fossem por disposição da lei. Se se recorresse apenas à expressão *immoveis* ou *cousas* ou *bens immoveis*, estariam abrangidos apenas os imóveis por natureza ou por ação do homem. Da mesma forma, a locução *bens ou cousas mobiliarias* abrangeria todos os móveis, ficando as palavras *moveis* ou *cousas* ou *bens moveis* para os objetos materiais, móveis por natureza. Tínhamos pois uma terminologia mais diferenciada, que mantinha a contraposição entre imóveis e móveis próxima da natureza das coisas, reservando a dupla coisas imobiliárias e mobiliárias para o produto da aplicação do Direito. Esta riqueza terminológica[605] perdeu-se: sem especial vantagem, tanto mais que o novo sistema não é mais claro.

O Código Civil considera simplesmente coisas imóveis, as quais englobam as antigas imóveis e imobiliárias. Outrotanto sucedeu com os móveis. Nesta simplificação aparente terá jogado, antes do mais, o modelo constituído pelo Código italiano[606]. Mas com uma diferença decisiva: o modelo italiano não refere os prédios[607].

[605] Alguma doutrina considerava a contraposição de Seabra como vantajosa – *vide* Jaime de Gouveia, *Direitos reais*, por António de Castro Guimarãis, Emídio Pires da Cruz e João Lima Amaral Marques (1935), 49 – enquanto outra a tinha por criticável – Oliveira Ascensão, *Teoria geral* cit., 1, 2.ª ed., 358, implicitamente.

[606] De facto, o artigo 812.º do Código italiano tem o teor seguinte:

São bens imóveis o solo, as nascentes e os cursos de água, as árvores, os edifícios e as outras construções, ainda que apenas com fins transitórios unidas ao solo e, em geral, tudo o que esteja incorporado no solo natural ou artificialmente.

São considerados imóveis os moinhos, os banhos e os outros edifícios flutuantes quando estejam solidamente ligados à margem ou ao leito e estejam destinados a sê-lo de modo permanente para a sua utilização.

São bens móveis todos os outros.

O citado preceito aboliu a antiga autonomização dos bens imóveis por destinação – artigo 413.º do Código italiano de 1865 –, correspondendo a coisas que retiravam essa sua natureza, de uma relação de pertença com o prédio propriamente dito; o Código italiano vigente, no seu artigo 817.º – e um tanto à semelhança do nosso Código, no artigo 210.º – tratou, separadamente, a matéria das pertenças. *Vide* Scozzafava, *Dei beni* cit., 40.

[607] A noção do Código proveio diretamente do anteprojeto de Pires de Lima; deste Autor, *Das coisas* cit., 210. As breves notas justificativas que o acompanham não permitem, todavia, fazer luz sobre o essencial das dúvidas causadas pelos preceitos do Código.

178 *Modalidades de coisas*

IV. Explicada a heterogeneidade da enumeração dos imóveis, no artigo 204.º, pergunta-se se o problema da sua delimitação dos móveis ficou resolvido. A resposta será afirmativa, caso a enumeração em causa se possa considerar taxativa. Nessa altura, tudo o que nela não recaia será móvel.

Temos, porém, um óbice. O artigo 204.º/1 refere, como imóveis, os prédios rústicos ou urbanos e, depois, as águas, as árvores, os direitos e as partes integrantes. "Prédio" tem um sentido técnico, que não esgota todas as parcelas fixas do Planeta: surgiriam, assim, "imóveis" não contemplados no artigo 204.º: os monumentos, as estradas e as minas[608], os poços, os aquedutos, as pontes e os pelourinhos[609] e as auto-estradas[610]. Também os aerogeradores instalados em parques eólicos podem suscitar dúvidas, pelo menos fiscais[611]. E a insuficiência da menção a "prédios" mais se agrava quando, destes, se tenha em vista a aceção comum.

Perante a dificuldade, há três posições:

– a de considerar o teor do artigo 204.º como taxativo[612];
– a de sustentar, pelo contrário, que essa enumeração não é taxativa[613];
– a de defender que, embora taxativa, ela deve ser complementada[614].

V. Já defendemos a terceira orientação. Hoje, porém, propendemos para a segunda. Por duas razões fundamentais: leis avulsas pressupõem como imóveis coisas que, de todo em todo, é impossível reconduzir ao

---

[608] Oliveira Ascensão, *Direitos Reais*, 1.ª ed. (1971), 110 ss..

[609] Nuno Sá Gomes, *Os conceitos fiscais de prédio* (1967), 56.

[610] Oliveira Ascensão, *Teoria geral* cit., 1, 2.ª ed., 360, nota 393, introduzindo este novo exemplo perante as críticas de Carvalho Fernandes, *Teoria geral* cit., 1, 3.ª ed., 681, o qual, de resto, retoma observações feitas por nós – *Direitos reais*, 1 (1979), 272 – e, anteriormente e em parte, por Castro Mendes, *Teoria geral* cit., 2, 113-114.

[611] TCAN 25-jan.-2018 (Ana Patrocínio), Proc. 00509/12 e TCAS 22-mar.-2018 (Anabela Russo), Proc. 816/15.

[612] Pires de Lima/Antunes Varela, *Código civil anotado*, 1, 4.ª ed. (1986), 194 ss.; João de Castro Mendes, *Direito civil (teoria geral)*, 2 (1968), 113 e *Teoria geral*, I, 395, nota 930; Heinrich Ewald Hörster, *A parte geral* cit., 183; Luís Carvalho Fernandes, *Teoria geral* cit., 1, 5.ª ed., 676 ss.; Luís Menezes Leitão, *Direitos reais*, 7.ª ed. (2018), 60.

[613] Oliveira Ascensão, *Teoria geral* cit., 1, 2.ª ed., 330 e Nuno Sá Gomes, *Os conceitos fiscais de prédio* cit., 56. Fora já esta a orientação de Cunha Gonçalves, *Tratado* cit., 3, 75, perante o artigo 374.º do Código de Seabra.

[614] Menezes Cordeiro e Carvalho Fernandes, obs. cits. *supra* nota 610.

§13.º Os imóveis; prédios, águas e partes integrantes 179

artigo 204.º[615]; o Direito civil é aplicável ao domínio público onde se multiplicam os imóveis que só com violência semântica poderiam passar por prédios. O artigo 204.º não é, pois, taxativo. Mas constitui uma base legal que apenas por outra lei ou por apoiado desenvolvimento jurídico-científico pode ser afastada. Afigura-se-nos feliz o apelo, feito por Coelho Vieira[616], à teleologia do preceito.

De todo o modo, há que ter presente o seguinte: o conceito técnico de prédio é mais extenso do que o seu uso comum. A margem de imóveis que escapam ao artigo 204.º é pequena. Mas existe.

63. Os prédios: rústicos e urbanos

I. A figura nuclear do imóvel é o prédio. O Código Civil, todavia, não o definiu: antes optou por, no seu artigo 204.º/2, apresentar separadamente o prédio rústico e o prédio urbano.

O prédio rústico é "... uma parte delimitada do solo e as construções nele existentes que não tenham autonomia económica ...", enquanto o prédio urbano é "... qualquer edifício incorporado no solo com os terrenos que lhe sirvam de logradouro".

Em ambos os casos, encontramos uma porção delimitada do solo. Impõe-se, assim, um esclarecimento da maior importância: se é a natureza das coisas que dita a "imobilidade" dos prédios, apenas o Direito permite, nesse universo, isolar cada prédio em si. De outro modo, todo o Planeta seria um único prédio! O prédio pressupõe uma delimitação artificial, feita pelo homem, de acordo com regras jurídicas, através de linhas reais ou ideais de separação. Poderemos então defini-lo como uma parcela de solo, com ou sem construções, as quais, a existirem, se incluem no próprio conceito de prédio.

II. Quando contrapôs imóveis a móveis, o legislador teve o cuidado de precisar os primeiros e de remeter, por defeito, todo o restante, para os segundos. Mas no tocante à dicotomia prédios rústicos-prédios urbanos, o legislador quis definir uns e outros. As duas definições parcelares,

---

[615] Tal o caso dos museus, bibliotecas e arquivos, bem como diversos outros elementos que integram o domínio público, nos termos do artigo 4.º do Decreto-Lei n.º 477/80, de 15 de outubro, acima examinado.

[616] José Alberto Coelho Vieira, *Direitos reais* (2008), 145.

180 *Modalidades de coisas*

daí resultantes, não se articulam inteiramente. Resultam, daí, problemas complexos que, até hoje, não têm encontrado uma solução segura. Vamos procurar situar historicamente o tema.

Em Guilherme Moreira, a contraposição entre prédios rústicos e urbanos era clara: o prédio rústico era o imóvel por natureza, enquanto o urbano o era por destinação do homem. A porção de terreno contígua a um prédio urbano e destinada ao serviço permanente dele não tinha individualidade própria, sendo apenas uma "pertença" ou "coisa acessória"[617].

Estas noções pressupunham sociedades estabilizadas, de base agrícola e de urbanização incipiente. Porém, nas décadas subsequentes, com a fuga para as cidades, estas noções bascularam. A miragem de qualquer terreno passou a ser a construção. Nessas condições, muitos prédios rústicos foram edificados, total ou parcialmente, colocando-se problemas complexos de fronteira. Qual a natureza do prédio que contenha construções?

III. Na doutrina portuguesa mais recente, podemos apontar as seguintes teorias:

– teoria do valor;
– teoria da afetação económica;
– teoria do fracionamento;
– teoria da consideração social.

Pela teoria do valor, o prédio que compreenda elementos das duas naturezas será rústico ou urbano, consoante a parcela que represente maior valor[618]. Pela da afetação económica, teríamos de apurar se o conjunto visa o aproveitamento do terreno ou o da construção: no primeiro caso, o prédio é rústico, sendo urbano, no segundo[619]. A teoria do fracionamento parte da afetação económica. Simplesmente, quando se apure que quer o

---

[617] Guilherme Moreira, *Instituições* cit., 1, 343 e, ainda, Manuel de Andrade, *Teoria geral* cit, 1, 231.

[618] Castro Mendes, *Teoria geral* cit., 2, 116, invocando o artigo 1084.º do Código Civil, então em vigor. Depois, veio dispor o artigo 2.º/1 do RAU, tendo a matéria regressado ao Código Civil em 2006: artigo 1066.º.

[619] Carvalho Fernandes, *Teoria geral* cit., 1, 5.ª ed., 680-681; Luís Menezes Leitão, *Direitos reais* cit., 7.ª ed., 61-62; esta conceção pode prevalecer-se da definição de prédio rústico do artigo 204.º/2, 1.ª parte e parece encontrar eco em Pires de Lima/Antunes Varela, *Código Civil Anotado* cit., 1, 4.ª ed., 195. É, hoje, (bem) defendida por Coelho Vieira, *Direitos reais* cit., 163.

§13.º Os imóveis; prédios, águas e partes integrantes 181

terreno, quer a construção têm autonomia económica, opta pelo fracionamento: haveria dois prédios, sendo um rústico e outro urbano[620]. Finalmente, nós próprios apresentámos uma proposta de distinção, segundo a
qual os prédios são rústicos ou urbanos consoante, na comunidade jurídica, sejam havidos por terrenos ou por construções[621].
Como optar?

IV. Impõem-se algumas reflexões circundantes. A ideia de "autonomia económica", cuja falta, em certas construções, reduziria a rústicos os
prédios onde elas se erguessem e que consta, pelo menos em parte, do
artigo 204.º/2 do Código Civil, deve ser reexplicada. O desabar da agricultura e a procura, pelos citadinos, de edificações no campo[622] alteraram
profundamente essa visão: qualquer edifício tem autonomia económica.
E por este caminho, a teoria da afetação económica perde terreno. De
certo, ela sempre foi pouco praticável: dependendo o destino económico
de um prédio da livre opção do seu proprietário, um prédio poderia ser,
sucessivamente, rústico ou urbano, consoante sucessivas e contraditórias
opções do seu dono.
Também a teoria da consideração social nos parece, hoje, *naïf*.
A comunidade jurídica – de resto, nem sempre consistente: em áreas
suburbanas pode falar-se em aglomerados mas não em comunidades! –
pode, na verdade, ver num prédio uma realidade rústica ou urbana. Mas
nos casos duvidosos, não verá coisa nenhuma, esperando ser esclarecida
pelos juristas[623]! Estas considerações afastam a generalidade dos apelos
a bitolas extrajurídicas: a dogmática dos prédios é, hoje, eminentemente
técnico-jurídica.

---

[620] Oliveira Ascensão, *Teoria geral* cit., 1, 2.ª ed., 363.

[621] *Direitos reais* cit., 274.

[622] Tanto mais que as leis que estabelecem a reserva agrícola nacional (RAN)
– Decreto-Lei n.º 73/2009, de 31 de março e a reserva ecológica nacional (REN) –
Decreto-Lei n.º 166/2008, de 22 de agosto, alterado e republicado pelo Decreto-Lei n.º
239/2012, de 2 de novembro – dificultam cada vez mais as construções novas, seja onde
for. Intensifica-se, assim, a procura de construções para "restauro" ou para "reedificação",
num movimento que acalmou com a crise económica de 2008/2014.

[623] Por isso a jurisprudência considera – e bem! – que o conceito de "prédio rústico"
(e, logo, o de urbano) é um conceito jurídico e não um facto: RPt 18-mai.-1992 (Tomé de
Carvalho), BMJ 417 (1992), 816 (o sumário). "Factos" serão os elementos donde depen-
derá, depois, a valoração do julgador.

182 *Modalidades de coisas*

A teoria do fracionamento parece colocar, na autonomia privada, o poder de fracionar prédios. Não é assim. O fracionamento de um prédio implica autorizações administrativas, seja das Câmaras Municipais, seja das Direções-Regionais de Agricultura.

Ninguém, por construir uma casa, com autonomia económica, numa herdade consegue, por isso, dois prédios juridicamente distintos.

V. Ficam-nos, pois, as noções do Código Civil: o prédio rústico é o terreno, ainda que com construções, desde que estas não tenham autonomia económica e o urbano um edifício, com o logradouro. Vamos avançar a partir da fórmula do artigo 204.º/2[624], na linha da teoria da afetação económica. Duas precisões prévias devem ser feitas: para efeitos de qualificação civil, é indiferente o tipo de inscrição matricial, dada a especialidade dos critérios fiscais[625], bem como o tipo de descrição predial[626/627]; além disso, a lei não admite, aqui, o qualificativo de "prédio misto"[628].

Temos, depois, os núcleos dos conceitos de prédios rústicos e urbanos: um terreno não construído é rústico; o terreno totalmente coberto por um edifício é, seguramente, urbano. E como a construção é obra humana, podemos concluir que o proprietário pode, por essa via e dentro da lei, transformar o prédio e logo determinar a sua natureza rústica ou urbana[629].

Finalmente e ainda em pano de fundo: por defeito, os prédios são rústicos. Não sendo possível qualificá-los como um edifício (ainda que com logradouro), impõe-se a rusticidade.

VI. Prosseguindo agora nos halos dos conceitos, encontramos a noção de edifício. Na lógica do artigo 204.º/2, "edifício" é uma construção importante, ou de habitação ou pronta a habitar[630]; todavia, o prédio

---

[624] Trata-se, aliás, do procedimento habitual da jurisprudência: STJ 24-fev.-1976 (Rodrigues Bastos), BMJ 254 (1976), 167-170 (169) e STJ 14-mai.-1991 (Joaquim de Carvalho), Proc. 080186 e STJ 8-set.-2016 (Fernanda Isabel Pereira), Proc. 175/09.

[625] RCb 30-jan.-1978 (Antonino Pais), CJ III (1978) 3, 1042-1045 (1044/I) e RCb 22-jan.-1991 (Francisco Lourenço), CJ XVI (1991) 1, 54-57 (55/II).

[626] RLx 7-jun.-1990 (Cardona Ferreira), BMJ 398 (1990), 572-573.

[627] Ressalvando-se apenas que, quer da inscrição matricial, quer da descrição predial, podem resultar elementos de facto úteis, para o julgador, no que toca ao conhecimento das realidades prediais que lhe cumpre qualificar.

[628] STJ 1-jul.-1986 (Gama Prazeres), BMJ 359 (1986), 661-667 (665).

[629] RCb 17-nov.-1981 (Martins de Almeida), CJ VI (1981) 5, 69-71 (70/II).

[630] RCb 17-nov.-1981 cit., CJ VI, 5, 70/II.

§13.° Os imóveis; prédios, águas e partes integrantes 183

urbano não se reduz ao espaço delimitado pelas paredes e telhado, antes abrangendo também os terrenos que lhe sirvam de logradouro[631].
A ideia de "logradouro" torna-se, assim, a chave da distinção. O Supremo explica que "logradouro", na falta de definição legal, surge como um conceito jurídico indeterminado, que só se torna preciso aquando da aplicação ao caso concreto[632]. Ele abrange – ou pode abranger:

(...) o terreno adjacente à casa, com carácter de quintal, pátio ou jardim, terreno de horta, com árvores, na dependência da moradia, servindo de aproveitamento ou suporte às necessidades ocasionais dos donos da casa[633].

O logradouro, por seu turno:

(...) será o que é ou pode ser gozado, fruído ou disfrutado por alguém (...) Casa e terreno constituirão normalmente uma unidade cujas características variarão de região para região e até dentro da mesma localidade[634].

O logradouro está afeto ao edifício, normalmente para habitação[635]: dá apoio aos moradores. Mas pode, também, apoiar um edifício industrial ou comercial: parque de estacionamento, área de depósito de materiais, jardim de resguardo ecológico, campos de desporto, pistas de ensaios ou, simplesmente, área verde exigida pelos planos de urbanização, como anexo às edificações.

VII. O prédio rústico poderá ter uma afetação agrícola[636]; as construções que nele existam não prejudicam essa qualificação global, se não tive-

---

[631] STJ 2-mar.-1983 (Alves Peixoto), BMJ 325 (1983), 383-388 (385); o edifício pode não ocupar o solo todo, nas palavras do STJ 23-abr.-1996 (Sousa Magalhães), CJ XXI (1996) 2, 115-118 (117/I).

[632] STJ 25-mar.-1993 (Pais de Sousa), CJ/Supremo I (1993) 2, 33-34 (34/II).

[633] RCb 17-nov.-1981 cit., CJ VI, 5, 70/I; vide, ainda, RCb 22-jan.-1991 cit., XVI, 1, 55/II.

[634] STJ 25-mar.-1993 cit., CJ/Supremo I, 2, 34/II.

[635] STJ 29-fev.-1972 (Albuquerque Rocha), BMJ 214 (1972), 126-130 (129).

[636] Regadio, arvense, hortícula ou de sequeiro, de acordo com as classificações da Portaria n.° 202/70, de 21 de abril; vide RCb 5-mar.-1991 (Augusto Vieira), CJ XVI (1991) 2, 72-75 (74/II).

184 *Modalidades de coisas*

rem autonomia económica[637], servindo a agricultura. Mas o prédio rústico poderá ser estéril, estar abandonado ou destinar-se, simplesmente, à construção, aguardando ou não as competentes licenças[638]: também então eventuais construções sem relevo, abandonadas, destinadas ao guarda ou a pessoal de apoio ou a resguardo de material ou de viaturas, não prejudicam.

A solução de recurso será sempre a seguinte: não se provando factos que permitam uma qualificação como urbano, o prédio é rústico.

VIII. Como se vê, a distinção civil entre prédios rústicos e urbanos é pouco precisa. E assim, nos casos em que a contraposição tenha grandes exigências de precisão, outras normas jurídicas apontam critérios mais seguros: não há, em suma, conceitos únicos[639]. Particularmente relevante é o conceito fiscal de prédio: tem um papel particular no registo predial, por razões abaixo apontadas.

O artigo 5.º, § 1.º, do Código da Contribuição Predial, hoje revogado mas com evidente interesse interpretativo, definia prédio rústico como:

> (...) o que está afecto, ou pode destinar-se à agricultura, compreendendo esta a exploração agrícola, silvícola ou pecuária.

Por seu turno, segundo o artigo 5.º, § 2.º, daquele mesmo Código,

> prédio urbano é o que está afecto a quaisquer outros fins, ou não pode destinar-se à agricultura.

É o chamado conceito funcional de prédio rústico ou urbano[640].

O subsequente Código da Contribuição Autárquica, aprovado pelo Decreto-Lei n.º 442-C/88, de 30 de novembro, veio precisar a noção de prédio rústico, embora sem alterar a filosofia básica do antigo Código da Contribuição Predial. Essa noção ficou consignada no atual Código do Imposto Municipal sobre Imóveis (CIMI), aprovado pelo Decreto-Lei n.º

---

[637] STJ 11-jun.-1987 (Frederico Baptista), BMJ 368 (1987), 522-525 (525): e isso mesmo quando, nelas, exista um arrendamento para habitação, segundo o mesmo acórdão.

[638] STJ 7-mai.-1985 (Aurélio Fernandes), BMJ 347 (1985), 384-389 (387), a propósito do artigo 410.º/3.

[639] No próprio Direito civil, surgem aceções específicas de prédio. Assim, no campo da acessão, o "prédio" é limitado ao sítio da construção: STJ 16-abr.-1998 (Mário Cancela), BMJ 476 (1998), 428-432 (430).

[640] Nuno Sá Gomes, *Os conceitos fiscais de prédio* cit., 149.

§13.º Os imóveis; prédios, águas e partes integrantes   185

287/2003, de 12 de novembro, por último alterado pela Lei n.º 20/2012, de 14 de maio.

Atente-se no seu artigo 3.º:

> 1. São prédios rústicos os terrenos situados fora de um aglomerado urbano que não sejam de classificar como terrenos para construção, nos termos do n.º 3 do artigo 6.º, desde que:
>
> > *a)* Estejam afetos ou, na falta de concreta afetação, tenham como destino normal uma utilização geradora de rendimentos agrícolas, tais como são considerados para efeitos do imposto sobre o rendimento das pessoas singulares (IRS);
> > *b)* Não tendo a afetação indicada na alínea anterior, não se encontrem construídos ou disponham apenas de edifícios ou construções de carácter acessório, sem autonomia económica e de reduzido valor.
>
> 2. São também prédios rústicos os terrenos situados dentro de um aglomerado urbano (...)
>
> 3. São ainda prédios rústicos:
>
> > *a)* Os edifícios e construções diretamente afetos à produção de rendimentos agrícolas, quando situados nos terrenos referidos nos números anteriores;
> > *b)* As águas e plantações (...)
> >
> > (...)

Posto o que, segundo o artigo 4.º do Código do Imposto Municipal sobre Imóveis,

> Prédios urbanos são todos aqueles que não devam ser classificados como rústicos, sem prejuízo do disposto no artigo seguinte.

A ideia de prédio urbano é residual: basta que o prédio em jogo não se possa considerar rústico, perante o artigo 3.º citado. Diziam, por exemplo, F. Pinto Fernandes e J. Cardoso dos Santos, em anotação ao artigo 4.º do Código da Contribuição Autárquica, equivalente, neste ponto, ao atual Código do Imposto Municipal sobre Imóveis:

> Consequentemente, são prédios urbanos não apenas os edifícios habitacionais, comerciais, industriais ou de serviços, como ainda os terrenos para construção e aqueles que estão afetos a fins diferentes da agricultura,

186 *Modalidades de coisas*

v.g. os campos de futebol, golf ou ténis, os parques e jardins, depósitos de fábricas, campos de corridas, estacionamento de veículos, etc.[641].

Em suma: parece claro que, também pela lei fiscal, a natureza rústica ou urbana de um prédio depende, ou pode depender, de opção do seu proprietário. Basta que um edifício ou construção seja afeto diretamente à agricultura para poder tornar-se num prédio rústico ou melhor: em parte de um prédio rústico. Se perder essa afetação, voltará a prédio urbano.

Há, assim, uma instabilidade entre os conceitos de prédios rústicos e urbanos. Uma concreta classificação pode oscilar em função de opções lícitas e legítimas do titular.

IX. O Registo Predial publicita as situações jurídicas relativas a prédios.

Para esse efeito, surge a descrição predial que tem por fim, segundo o artigo 79.º/1 do Código do Registo Predial[642], "... a identificação física, económica e fiscal dos prédios".

O Registo Predial deve, pois, exprimir a natureza rústica ou urbana do prédio em jogo. Iria contra os princípios básicos que justificam a própria existência do registo predial que um prédio rústico fosse publicitado como urbano e vice-versa, em termos que, tanto quanto se sabe, nunca levantaram quaisquer dúvidas. Mas uma vez que a contraposição entre prédios rústicos e urbanos varia com os ramos do Direito, qual delas escolher para efeitos de registo predial?

Curiosamente, o Registo Predial parece trabalhar com o conceito fiscal. Por duas razões fundamentais:

– o artigo 79.º/1 do Código do Registo Predial aponta, para a descrição, a identificação fiscal dos prédios; ora a contraposição rústico/ /urbano tem um alcance essencialmente fiscal;
– o artigo 28.º do mesmo Código dispõe a harmonização do registo com as matrizes prediais; ora, à luz desse princípio, não pode a matriz proclamar rústico algo que, no registo, seja dito urbano.

---

[641] F. Pinto Fernandes/J. Cardoso da Silva, *Código da Contribuição Autárquica*, 2.ª ed. (1990), 40. Pode aí – a p. 41 ss. – confrontar-se uma longa e interessante casuística.
[642] Aprovado pelo Decreto-Lei n.º 224/84, de 11 de dezembro, por último alterado pelo Decreto-Lei n.º 89/2017, de 21 de agosto.

§ 13.º Os imóveis; prédios, águas e partes integrantes	187

Quer isto dizer que o Registo Predial tenderá a consagrar a natureza rústica ou urbana dos prédios em função do que resulte, para os mesmos, dos termos fiscais.

64. Os limites dos prédios

I. Em moldes naturalísticos, o prédio é uma porção delimitada da crosta terrestre. No plano da superfície, ele abrange a área comportada pelas suas extremas, isto é, por linhas real ou idealmente traçadas no terreno[643].

Quanto à altura e à profundidade, entendiam os romanos que os prédios não tinham limites: iam até aos céus e até aos infernos (*usque ad coelos et usque ad inferos*). Esta noção surgia ainda no Código Napoleão, artigo 522.º: *la proprieté du sol importe la proprieté du dessus et du dessous* – e no Código de Seabra – artigo 2288.º:

> O direito de fruição do solo abrange não só o mesmo solo em toda a profundidade, salvas as disposições da lei em relação a minas, mas também o espaço aéreo correspondente ao mesmo solo, na altura susceptível de ocupação.

II. Os próprios códigos da segunda geração mantiveram o âmbito largo dos prédios; segundo o § 905 do BGB[644],

---

[643] Manuel de Andrade, *Teoria geral* cit., 1, 232.

[644] A doutrina sublinha a redução crescente da aplicação deste preceito, por via das regras de Direito público: Walther Mosich, *Das Grundeigentum und seine Begrenzung nach §§ 905 und 906 BGB*, JhJb 80 (1930), 255-330, Georg Turner, *Zur Auslegung des 905 BGB*, JZ 1968, 250-254, Joachim Linding, *Über die fiktive und funktionelle Gegenständlichkeit des Grundstückes*, AcP 169 (1969), 459-482, Ruhwedel, *Fluglärm und Schadensausgleich im Zivilrecht*, NJW 1971, 641-648, H. Schulte, *Freiheit und Bindung des Eigentums im Bodenrecht*, JZ 1984, 297-304, Ulrich Hildesheim, *Zum Umfang des Herrschaftsrechts des Grundstückseigentümers nach §§ 903, 905 BGB – BVerfGE 58, 300*, JuS 1985, 996-1000 e Staudinger/Herbert Roth, *BGB* 13.ª ed. (1996), § 905, Nr. 1 ss. (87 ss.). Como explica este Autor, e para evitar exageros, o preceito é de tomar à letra: o direito do proprietário *alarga-se* aos espaços aéreos e subterrâneos, dentro de uma definição de interesses. *Vide*, ainda, Franz Jürgen Säcker, *Münchener Kommentar*, 5.ª ed. (2009), § 905, (809 ss.), Bettina Brückner, no *Münchener Kommentar*, 7.ª ed. (2017), § 905 (839 ss.) e Sebastian Herrler, no Palandt, 79.ª ed. (2019), § 905 (1629).

188   *Modalidades de coisas*

O direito do proprietário de um imóvel estende-se ao espaço sobre a superfície e ao subsolo sob a mesma superfície.

O Código Civil, no artigo 1344.º, determina:

1. A propriedade dos imóveis abrange o espaço aéreo correspondente à superfície, bem como o subsolo, com tudo o que neles se contém e não esteja desintegrado do domínio por lei ou por negócio jurídico.
2. O proprietário não pode, todavia, proibir os atos de terceiro que, pela altura ou profundidade a que têm lugar, não haja interesse em impedir.

III. Muitos códigos, entre os quais o nosso, tratam este problema a propósito da propriedade. Simplesmente, isso sucede por lhes faltar um capítulo geral sobre direitos reais. Na verdade, a questão em análise tem consequências não apenas para a propriedade, mas para todos os direitos reais relativos a prédios. Prende-se, assim, com a própria configuração do objeto[645].

IV. A afirmação de que os prédios têm limites verticais que os alargam ao espaço aéreo e ao espaço subterrâneo poderá parecer quimérico: estamos no domínio do Direito privado; aí, dada a limitação das forças dos particulares, pouco se poderá fazer para alcançar os espaços aéreo e subterrâneo. Mas tem importância. Por todo o País, proliferam, sem critério, os cabos aéreos, elétricos e telefónicos, que sobrevoam os prédios, obrigando à sua devassa e ao corte indiscriminado de árvores. Também a ocupação do subsolo, à margem da propriedade mineira, se intensifica à medida que diminui o espaço para estacionamento de automóveis.

A atribuição, aos particulares, de acordo com os respetivos prédios, dos inerentes espaços aéreo e subterrâneo, obriga o Estado e os próprios particulares incumbidos de certas tarefas a, pelo menos, ter de recorrer a leis de exceção e a indemnizações, para privar os particulares de parte dos seus prédios. Além da defesa dos cidadãos, esta solução tem a vantagem de obrigar à procura das melhores soluções técnicas, para não incomodar as pessoas e prejudicar o ambiente.

---

[645] *Vide*, em especial, José Alberto Coelho Vieira, *Direitos reais* cit., 150.

§13.º Os imóveis; prédios, águas e partes integrantes 189

65. Os prédios urbanos

I. Os prédios urbanos são, fundamentalmente, edifícios ou casas.
A lei não define edifício, tendo-se entendido que remete para a conceção
comum[646]. Deve, todavia, ser uma construção de certo relevo[647]. Além
disso, o artigo 204.º/2, 2.ª parte, exige a "incorporação" no solo: ficam
excluídos barracões, tendas ou construções elementares, meramente assentes no terreno.

II. Pergunta-se, na hipótese de um edifício composto de diversos
fogos – e, portanto, de diversas frações autónomas, com saídas indepen-
dentes para o exterior ou para uma parte comum – se estamos perante
vários imóveis, um imóvel composto ou um imóvel único com várias
partes.

Temos muitas dúvidas que uma questão desta natureza se possa
solucionar com recurso a noções extrajurídicas. No português corrente,
"prédio" e, até, "imóvel" equivalem a edifício: qualquer noticiário dará fé
dos "prédios" e dos "imóveis" clandestinos ou em construção.

O processo de licenciamento dos edifícios destinados a propriedade
horizontal e a técnica registal, conjuntamente com a existência das partes
comuns levam-nos, de todo o modo e hoje, a aderir à posição de Oliveira
Ascensão[648]: o prédio urbano traduz um único imóvel; as frações autónomas são partes desse mesmo prédio.

III. O prédio urbano engloba, necessariamente, uma porção delimitada de solo. Trata-se de uma regra tão impressiva que, no domínio da
propriedade horizontal, a lei define o solo como uma das partes necessariamente comuns do edifício – artigo 1421.º/1, a).

66. As águas

I. O Código Civil enumera, como segunda categoria de coisa imóvel,
as águas. Trata-se de águas particulares, suscetíveis de comportar apropriação privada.

---

[646] Pires de Lima/Antunes Varela, *Código Civil Anotado* cit., 1, 195.
[647] Recorde-se RCb 17-nov.-1981, CJ VI, 5, 70/I.
[648] Oliveira Ascensão, *Teoria geral* cit., 1, 2.ª ed., 365.

190 *Modalidades de coisas*

Com efeito, o artigo 1385.º distingue as águas públicas e particulares. Apenas estas últimas se sujeitam à dogmática privada.

As águas – designação tradicional – podem estar em movimento: assim sucederá na hipótese de um rio ou curso de água. Quando isso suceda, elas são havidas como imóveis, porquanto delimitadas pelo leito e pelas margens do curso considerado.

II. As águas surgem como imóvel na medida em que, por lei ou por negócio, possam ser tratadas como coisas autónomas[649]. De outro modo, elas são partes componentes do prédio em que se integrem[650].

A matéria das águas dá origem a um regime complexo e delicado[651]. Trata-se de uma rubrica que será inserida em Direitos Reais.

67. Árvores, arbustos, frutos e direitos

I. O Código Civil, além dos prédios e das águas, considera imóveis as árvores, os arbustos e os frutos naturais, enquanto estiverem ligados ao solo, os direitos inerentes aos imóveis mencionados nas alíneas anteriores e as partes integrantes dos prédios rústicos e urbanos – alíneas c) a e) do artigo 204.º/1.

No tocante a árvores, arbustos e frutos, impõem-se duas precisões. Em princípio, essas três realidades são partes integrantes dos prédios a que pertençam. Como tal, não têm autonomia. Ao considerá-las "imóveis", a lei diz-nos simplesmente que elas fazem parte do prédio em que se integrem. Quanto à segunda precisão: uma vez separadas, essas coisas passam a ser móveis[652]. Assim, quem comprar árvores em pé está, na realidade, a adquirir coisas móveis futuras: enquanto estiverem ligadas ao solo, elas

---

[649] STJ 31-mai.-2011 (Fernandes do Vale), Proc. 3252/03.

[650] Pires de Lima, *Das coisas* cit., 211, Pires de Lima/Antunes Varela, *Código Civil Anotado* cit., 1, 4.ª ed., 196 e Carvalho Fernandes, *Teoria geral* cit., 1, 3.ª ed., 685-686.

[651] Como obra de referência, citamos Mário Tavarela Lobo, *Manual de Direito de Águas*, 2.ª ed., 2 volumes (1999).

[652] Como não deixa de reconhecer Pires de Lima, *Das coisas* cit., 212, a propósito das notas justificativas do anteprojeto que hoje dá, no essencial, forma ao Código Civil.

§13.º Os imóveis; prédios, águas e partes integrantes 191

são imóveis, não suportando negócios jurídicos autónomos[653]. A mesma regra é aplicável aos arbustos e aos frutos naturais[654].

II. A única margem em que as árvores, arbustos e frutos naturais, sem perderem a natureza de imóveis, têm autonomia, ocorre nos casos em que a lei permite a celebração de negócios separados que se lhes reportem. Dado o princípio da tipicidade dos direitos reais, isso só será possível na superfície vegetal[655]. A propriedade superficiária relativa a plantações recai, pois, sobre imóveis ou, se se quiser, sobre partes de imóvel.

III. Os direitos "inerentes" a imóveis são, eles próprios, imóveis. Trata-se, naturalmente, de uma perífrase – de resto tradicional – para exprimir a ideia de que, aos direitos relativos a imóveis, se aplica o regime dos imóveis, mesmo quando tais direitos não sejam de propriedade.

68. Partes integrantes

I. As partes integrantes vêm definidas, no n.º 3 do artigo 204.º, como

(...) toda a coisa móvel ligada materialmente ao prédio com carácter de permanência.

Tal como vimos suceder com as árvores e os arbustos e como, de resto, resulta da transcrita definição legal, as partes integrantes não têm autonomia: elas inserem-se no imóvel a que pertençam. O mérito da lei, ao referenciá-las como imóveis, é, no fundo, transmitir-nos essa mesma mensagem. E quando, porventura, fossem separadas do imóvel a que pertençam, elas perderiam a natureza de imóveis.

Apenas na medida em que sejam possíveis negócios jurídicos autónomos sobre "partes integrantes", a natureza imóvel destas assumiria um papel independente. Veremos que, em princípio, tais negócios não são possíveis.

---

[653] STJ 10-abr.-1997 (Sampaio da Nóvoa), BMJ 466 (1997), 477-484 (482 e 483).

[654] STJ 19-mai.-1992 (Martins da Fonseca), BMJ 417 (1992), 718-725 (722): um caso de eucaliptos para corte: tratar-se-ia de partes integrantes; tendo, porém, sido cortados antes de tempo, não se poderiam considerar como frutos.

[655] *Vide* o artigo 1524.º.

192 *Modalidades de coisas*

II. A noção de parte integrante tem, ainda, o papel importante de afastar, do universo dos imóveis, a categoria napoleónica dos "imóveis por destinação" – artigo 524.º do Código Napoleão[656]. Segundo este preceito, o móvel afeto ao serviço do imóvel – animais, equipamento agrícola, meios de transporte – seria, ele próprio, imóvel. Com as seguintes consequências práticas[657]:

– a venda do imóvel, sem exclusões, acarreta a venda dos "imóveis" por destinação nele incluídos;
– a hipoteca do imóvel abrange os "imóveis" em causa – artigo 2118.º, 1.º, do Código Napoleão;
– a penhora dos "imóveis" em causa só é possível com a do imóvel propriamente dito.

Esta orientação levantava dificuldades práticas. Consignada no Código italiano de 1865, ela foi abandonada no de 1942, que reconduziu os antigos "imóveis por destinação" às coisas acessórias ou pertenças, ainda que para lhes aplicar, supletivamente, o regime dos imóveis – e ao contrário do que, como veremos, sucede com o Direito português.

III. O Direito português da pré-codificação optava pela solução napoleónica[658]. Todavia, o Código de Seabra, no seu artigo 375.º, 1.º, não tinha margem para ela[659].

Não obstante, o problema voltou a pôr-se a propósito do tipo de conexão exigida para se poder falar de "parte integrante". Para uma teoria dita tradicional, teria de haver uma ligação material: a parte integrante deveria estar *fixada*, *presa* ou *unida* ao prédio, nas palavras de Manuel de Andrade[660]. A ela opor-se-ia a doutrina da destinação económica: o móvel passaria a imóvel quando, independentemente de uma definitiva ligação material ao prédio, ele estivesse ao seu serviço[661]. No fundo, era o ressurgir da solução francesa, sem apoio na lei e, como tal, diretamente combatida por Manuel de Andrade. O anteprojeto de Pires de Lima, depois

---

[656] Jean Carbonnier, *Les biens* cit., 19.ª ed., 110.
[657] Pires de Lima, *Das coisas* cit., 213.
[658] Coelho da Rocha, *Instituições* cit., § 79 (1, 46).
[659] Cunha Gonçalves, *Tratado* cit., 3, 82 ss..
[660] Manuel de Andrade, *Teoria geral* cit., 1, 239.
[661] Trata-se de uma orientação defendida pela RLJ 68 (1936), 378-382 e por Cunha Gonçalves, *Tratado* cit., 3, 88 ss..

§13.º Os imóveis; prédios, águas e partes integrantes 193

vertido em lei, pôs-lhe, definitivamente, cobro[662]: a ligação deve ser material[663], sendo compatível, em casos eventuais, com a separabilidade[664], de resto sempre teoricamente possível.

IV. O Código Civil, preso à lógica classificatória da parte geral, acabaria por não dar, com generalidade, o regime das partes integrantes[665]. Não obstante, parece claro que elas seguem o destino do imóvel em que se integrem. Dois argumentos depõem nesse sentido:

– o regime das coisas acessórias: como veremos a propósito do artigo 210.º/1, estas têm – ou podem ter – um destino separado do das principais, ficando claro que só o serão se não forem pertenças; logo, é de esperar que as partes integrantes tenham precisamente o regime inverso: o que resulta de estarem intimamente ligadas às coisas em que se integrem, seguindo pois o regime destas;

– o princípio da tipicidade dos direitos reais: por força do artigo 1306.º/1, só seria possível um direito separado a uma parte integrante quando a lei o permitisse; pelo Direito vigente, apenas o direito de superfície dá cobertura a tal situação.

V. O regime das partes integrantes, acima proposto, é ainda confirmado pela história do instituto.

No Direito romano distinguiam-se já as coisas unitárias, que não comportavam partes individualizáveis – como o escravo ou o animal – das coisas compostas por várias outras, como o navio ou as partes integrantes

---

[662] Pires de Lima, *Das coisas* cit., 213.

[663] Em RCb 20-mai.-1986 (Ataíde das Neves), CJ XI (1986) 3, 55-58, fora adquirido um barracão com uma série de objetos no interior; tratava-se de apurar, desses objetos, quais as partes integrantes: elas estariam automaticamente incluídas no negócio; este acórdão fez, nessa base, uma esclarecedora triagem –*idem*, 38/I.

[664] STJ 11-jun.-1992 (Sá Pereira), BMJ 418 (1992), 478-484 (480): foram indevidamente tiradas janelas, aros e portas interiores, de uma casa em construção.

[665] Tal regime aflora, todavia e por exemplo, a propósito da hipoteca; o artigo 691.º/1 do Código Civil, na redação dada pelo Decreto-Lei n.º 225/84, de 6 de julho, vem dispor:

A hipoteca abrange:

a) As coisas imóveis referidas nas alíneas c) a e) do artigo 204.º;

194 *Modalidades de coisas*

de prédios[666]. Na pandetística e nas leis gerais germânicas – o ALR prussiano e o ABGB austríaco – distinguiam-se as partes integrantes ou elementares das pertenças[667].

Aquando da preparação do BGB, ponderou-se a bondade da solução romana: por razões de razoabilidade económica, as partes integrantes deveriam acompanhar o todo, sob pena de se assistir a uma desarticulação pouco vantajosa[668].

E efetivamente, o § 93 do BGB[669], hoje epigrafado "partes essenciais de uma coisa", veio dispor:

> Os elementos de uma coisa [partes integrantes], que não possam ser separados dela sem que um ou outra sejam destruídos ou alterados no seu valor (partes essenciais), não podem ser objeto de direitos especiais.

Esta noção surgiria, aparentemente, mais restrita do que a das nossas "partes integrantes"[670]. Porém, o § 94 do BGB ("partes essenciais de um fundo ou edifício")[671] vem acrescentar:

---

[666] Ernst Holthöfer, *Sachteile und Sachzubehör im römischen und gemeinen Recht* (1972), 23 ss.. *Vide* Raúl Ventura, *Direito das coisas* cit., 71 ss.. Holthöfer, *Sachteile und Sachzubehör* cit., constitui hoje o estudo histórico de referência sobre o tema das partes de coisas, das coisas compostas e das coisas acessórias; *vide* a rec. de Theo Mayer-Maly, SZRom 90 (1973), 512-515. Holthöfer distingue três graus de integração de coisas: as partes integrantes – 23 ss. –, as coisas acessórias – 30 ss. – e as compostas – 64 ss..

[667] Ernst Holthöfer, *Sachteile und Sachzubehör* cit., 124 ss. e 153 ss..

[668] Walter Bekker, *Die einheitliche Sachen als wirtschaftlicher Wert und als Rechtsbegriff*, ZAkDR 1936, 84-87.

[669] Com indicações: Malte Stieper, no *Staudingers Kommentar* (2017) cit., § 93, (60-81); Christina Stresemann, no *Münchener Kommentar* cit., 1, 8.ª ed., § 93 (1069-1077).

[670] O RG 19-abr.-1906, numa definição muito citada, entende por "elementos de uma coisa",

> (...) os objetos corpóreos (...) que pela natureza das coisas formam uma unidade ou que através da sua ligação entre si perderam a autonomia de tal modo que enquanto durar a ligação elas surjam como um todo ou uma coisa unitária.

Vide RGZ 63 (1906), 171-174 (173).
O juízo exigido ao juiz é um juízo de valor: não um juízo comum: RG 14-nov.-1938, RGZ 158 (1939), 362-377 (370), a propósito da revisibilidade da matéria.

[671] Malte Stieper, no *Staudingers Kommentar* (2017) cit., § 94, (82-102); Christina Stresemann, no *Münchener Kommentar* cit., 1, 8.ª ed., § 94 (1077-1088)

§ 13.º Os imóveis; prédios, águas e partes integrantes 195

(1) Pertencem às partes essenciais de um prédio as coisas firmemente ligadas ao solo, em especial edifícios assim como os apetrechos do prédio, enquanto ligados ao solo. (...)

O § 95 faz determinadas exclusões. Designadamente: retira, do prédio, as "partes" que mantenham uma ligação apenas com um fim transitório[672]. De todo o modo, estes preceitos não se limitam aos imóveis.

A doutrina põe a tónica na natureza anti-económica que representaria a desarticulação das partes integrantes[673]. Por seu turno, a jurisprudência impede a própria execução mobiliária sobre essas partes, separadas da principal[674].

Das partes integrantes distinguem-se as pertenças, em termos que, com alguma controvérsia, têm vindo a ser afinados pela jurisprudência[675].

VI. Regressando ao Direito português, cumpre frisar a natureza dos negócios que se reportem a partes integrantes. À partida e uma vez que estas não têm uma identidade jurídica diferente da da coisa a que pertençam, tais negócios não podem ter eficácia real: não atingem a titularidade da "parte integrante". Podem, todavia, ter outros efeitos. O valor fundamental prosseguido pelo Direito quando, às partes integrantes, retira autonomia jurídica, é o de proteger a mais-valia social e económica que resulta da sua junção no todo[676]. Desarticular uma coisa não produz riqueza: pelo contrário.

VII. Ilustrativo é o caso decidido em STJ 23-nov.-1976. Em 21-mar.-1968, o dono de um prédio vendeu verbalmente a um terceiro um valioso painel de azulejos nele incorporados: por 24 c., pagos na altura. Os

---

[672] Richard Giesen, *Scheinbestandeil/Beginn und Ende*, AcP 202 (2002), 689-721 (693 ss.); com elementos: Joachim Jickeli/Malte Stieger, no *Staudingers Kommentar* cit., §§ 90-124, § 95 (96 ss.).

[673] *Vide* Manfred Wolf/Jörg Neuner, *Allgemeiner Teil* cit., 11.ª ed., § 25, Nr. 22 (305). Outros elementos podem ser confrontados em Joachim Jickeli/Malte Stieger, no Staudinger (2012) cit., § 93, Nr. 7 ss. (60 ss.).

[674] Assim, BGH 20-mai.-1988, BGHZ 104 (1989), 298-304 = NJW 1988, 2789-2790 = JuS 1989, 58-59; crítico: Hans Friedhelm Gaul, *Sachenrechtsordnung und Vollstreckungsordnung im Konflikt/Fehlerhafte Mobiliarvollstreckung in wesentliche Grundstucksbestandteile*, NJW 1989, 2509-2515.

[675] Karl Michaelis, *Voraussetzungen und Auswirkungen der Bestandsteilseigenschaft*, FS Nipperdey 70. (1965), 1, 553-579.

[676] Thomas Rüfner, no HKK/BGB cit., 1, §§ 90-103, Nr. 25 (333).

196 *Modalidades de coisas*

azulejos não foram retirados do local. Em 10-mai.-1969, o mesmo dono vende o prédio, na sua totalidade, por escritura pública: recebe 160 c.. Ambos os compradores querem os azulejos.

Entendeu o Supremo que o painel era uma parte integrante e logo imóvel: artigo 204.º/1, *e*). Nos termos do artigo 408.º/2, o comprador dos azulejos só adquiriria a sua propriedade com a separação, a qual não ocorreu. Logo, o painel pertence ao segundo comprador; o negócio celebrado com o primeiro tinha mera eficácia obrigacional[677]. Em termos axiológicos, deve entender-se que o painel valoriza o local e é, por ele, valorizado.

VIII. O tema é ainda documentado por uma problemática importante, que envolveu um nicho de decisões judiciais e que respeita ao regime das partes integrantes: a problemática dos elevadores vendidos com cláusula de reserva de propriedade[678].

Os elevadores dos edifícios são coisas móveis ligadas materialmente ao prédio, com carácter de permanência: trata-se, pois – e visto o artigo 204.º/3 –, de uma parte integrante[679]. Aconteceu que os construtores de prédios acordavam, com empresas da especialidade, o fornecimento de elevadores: venda e instalação. Não sendo pagos a pronto, as partes acordavam numa cláusula de reserva de propriedade: o fornecedor manter-se-ia dono dos elevadores até que o competente preço fosse pago. Sucedeu ainda – e mais de uma vez – que os elevadores assim "reservados" eram montados e o prédio vendido. Não sendo pagos, podia o fornecedor invocar a sua propriedade?

Num primeiro momento, a jurisprudência admitiu a manutenção da reserva de propriedade, mesmo após a incorporação dos elevadores: estes não perderiam, havendo reserva, a sua qualidade de móveis[680], não se transformando, pela ligação, em partes integrantes[681]: isso só sucederia quando o proprietário do edifício e o do próprio elevador fossem uma e a mesma pessoa[682].

---

[677] STJ 23-nov.-1976 (Bruto da Costa), BMJ 261 (1976), 165-170 (168 e 169); o acórdão dá conta de, nos competentes autos, terem sido inseridos pareceres, não coincidentes, dos professores Fernando Olavo e Castro Mendes.

[678] Para mais elementos *vide* o nosso *Venda com reserva de propriedade, incorporação de elevadores e novo regime dos assentos*, anot. a STJ(P) 31-jan.-1996, ROA 1996, 307-329 (319 ss.).

[679] *Vide*, aliás, o artigo 1421.º/2, *a*).

[680] RLx 16-abr.-1985 (Meneses Falcão), CJ X (1985) 2, 127-129.

[681] RLx 18-jan.-1990 (Ribeiro Coelho), CJ XV (1990) 1, 146-148 (147).

[682] RPt 12-jan.-1993 (Paz Dias), CJ XVIII (1993) 2, 175-178.

§13.º Os imóveis; prédios, águas e partes integrantes 197

A jurisprudência da Relação de Lisboa veio a modificar esta orientação: em RLx 12-mai.-1988, decidiu-se que os elevadores eram partes integrantes do edifício[683] e em RLx 20-mai.-1993, entendeu-se que, por força dos regulamentos existentes, num edifício com mais de três pisos, os elevadores eram obrigatórios, tornando-se parte integrante: a reserva de propriedade passaria a ter eficácia meramente obrigacional[684], numa orientação retomada por RLx 7-dez.-1993[685] e, em certos moldes, por RLx 17-mar.-1994[686].

Ainda em 1993, o Supremo veio decidir que a colocação de um elevador, num prédio objeto de empreitada, tornava física e legalmente impossível a cláusula de reserva de propriedade, relativa ao mesmo elevador[687]. Houve uma inflexão em STJ 26-jan.-1994 – apesar de integrado, o elevador manteria a sua individualidade, sendo viável a reserva[688] – regressando-se à impraticabilidade da cláusula, em 17-nov.-1994[689]. Em STJ 14-fev.-1995, a orientação é retomada considerando-se, designadamente, que os direitos reais incidem sobre a totalidade da coisa[690], numa posição reforçada em 6-abr. desse mesmo ano: além de não poder ser retirado, o elevador não é objeto de qualquer inscrição registal: a reserva não poderia ser oposta ao terceiro adquirente[691]. A questão acabaria por subir ao Pleno do Supremo, para "assento"[692]. Este surgiu em 31-jan.-1996: aí, na base da dogmática das partes integrantes, entendeu-se – uniformizando jurisprudência – que[693]:

A cláusula de reserva de propriedade convencionada em contrato de fornecimento e instalação de elevadores em prédios urbanos torna-se ineficaz logo que se concretize a respetiva instalação.

[683] RLx 12-mai.-1988 (Carvalho Pinheiro), CJ XIII (1988) 3, 141-143 (142/II).
[684] RLx 20-mai.-1993 (Eduardo Batista), CJ XVIII (1993) 3, 107-112 (109/I e II e 111/I).
[685] RLx 7-dez.-1993 (Afonso de Melo), CJ XVIII (1993) 5, 137-139 (139).
[686] RLx 17-mar.-1994 (Pires Salpico), CJ XIX (1994) 2, 86-89 (88).
[687] STJ 6-jul.-1993 (Machado Soares), CJ/Supremo I (1993) 2, 181-184.
[688] STJ 26-jan.-1994 (Mário Cancela), BMJ 433 (1994), 525-530.
[689] STJ 17-nov.-1994 (Sequeira Sampaio), CJ/Supremo II (1994) 3, 143-145.
[690] STJ 14-fev.-1995 (Fernando Fabião), CJ/Supremo III (1995) 1, 88-91 (91).
[691] STJ 6-abr.-1995 (Joaquim de Matos), CJ/Supremo III (1995) 2, 33-37 (37).
[692] Então ainda transitoriamente possível, embora já com outra designação e significado; sobre o problema *vide* a nossa *Venda com reserva de propriedade* cit., 307 ss. e 327 ss..
[693] STJ(P) 31-jan.-1996 (Cardona Ferreira), ROA 1996, 291-305 = BMJ 453 (1996), 46-47. *Vide* o Parecer do MP (Barreto Nunes), BMJ 453 (1996), 22-30, em sentido confluente.

198 *Modalidades de coisas*

Esta mesma regra é aplicável ao "AVAC" (sistema de aquecimento, arrefecimento e climatação central): uma vez instalado, é uma parte integrante, tornando-se ineficaz a cláusula de reserva de propriedade[694].

69. O regime: consequências

I. Os imóveis dispõem de um regime bastante diferenciado. Vamos chamar a atenção para alguns pontos. Uma vez que os móveis constituem a categoria genérica donde, *ex lege*, sobressaem os imóveis, apontamos o regime destes como especialidade.

Os negócios relativos a imóveis estão, em princípio[695], sujeitos a forma solene e, designadamente, a escritura pública ou o documento particular autenticado. É o que sucede, em geral, com a compra e venda[696] – artigo 875.º – com a doação – 947.º1 – com a sociedade – 981.º/1 – com a renda vitalícia – 1239.º –, com a consignação de rendimentos – 660.º/1 – com a hipoteca – 714.º – e com a cessão de herança – 2126.º[697]. É o que sucederá ainda, por remissão, nos casos de cessão de bens aos credores – artigo 832.º/1 –, de transação – artigo 1250.º – e, em geral, nos casos do contrato-promessa e do pacto de preferência, um e outro com eficácia real – artigos 413.º/2 e 421.º/1.

II. A legitimidade para a celebração de negócios relativos a imóveis torna-se, por vezes, mais exigente requerendo-se, ainda certas autorizações. Assim, é o que sucede com a alienação de imóveis (e de certos

---

[694] RGm 15-fev.-2018 (António Sobrinho), Proc. 989/15.

[695] A regra não deve ser absolutizada: como explica Carvalho Fernandes, *Teoria geral* cit., 1, 3.ª ed., 692, nota 2, há atos relativos a imóveis e que não exigem escritura pública, com relevo para contratos não dispositivos: o contrato-promessa – 410.º/2 – o pacto de preferência – 415.º – e o arrendamento – 1029.º.

[696] Excetuando-se a celebrada, em certas circunstâncias, perante uma instituição de crédito, quando seja acompanhada por mútuo, nos termos do Decreto-Lei n.º 255/93, de 15 de julho: *Direito bancário*, 6.ª ed., 688; *vide*, ainda, o regime "imediato" do Decreto-Lei n.º 263-A/2007, de 23 de julho, por último alterado pelo Decreto-Lei n.º 125/2013, de 30 de agosto.

[697] *Vide* o CNot, artigo 80.º/2. Recordamos que o Código do Notariado em vigor foi aprovado pelo Decreto-Lei n.º 207/95, de 14 de agosto, com alterações subsequentes, a última das quais adotada pela Lei n.º 89/2017, de 21 de agosto.

§13.º Os imóveis; prédios, águas e partes integrantes 199

móveis) pelo curador provisório – artigo 94.º/3, aplicável ao curador definitivo *ex vi* artigo 110.º – pelo cônjuge – artigo 1682.º-A – e pelos pais como representantes dos filhos – artigo 1889.º/1, *a*), que abrange bens em geral.

III. Aparecem, depois, direitos, negócios e atos específicos dos imóveis ou que, quando reportados a imóveis, assumem uma especial feição. Determinados direitos reais só podem recair sobre a imóveis: é o que sucede com a propriedade horizontal – 1414.º – com o direito de habitação – artigo 1484.º/2 – com a superfície – 1524.º – com as servidões – 1543.º – e com o direito real de habitação periódica – artigo 1.º do Decreto-Lei n.º 275/93, de 5 de agosto, na redação dada pelo Decreto-Lei n.º 37/2011, de 10 de março.

A hipoteca, que está na base do crédito predial ou imobiliário, também só é genericamente possível sobre imóveis – artigo 686.º/1.

O Direito bancário conhece os fundos de investimento imobiliários: aqueles que visam investimentos em valores imobiliários, isto é, direitos de propriedade sobre imóveis e similares[698].

IV. Diversos preceitos restringem a capacidade de certas pessoas coletivas no tocante à aquisição de imóveis: por exemplo, nos termos do artigo 112.º do Regime Geral das Instituições de Crédito[699], as instituições em causa não podem, salvo autorização concedida pelo Banco de Portugal, adquirir imóveis que não sejam indispensáveis à sua instalação e funcionamento ou à prossecução do seu objeto social.

Trata-se de evitar a absorção, por parte dessas entidades e com meros fitos financeiros, da propriedade de imóveis, em detrimento da população. Também a este nível se reconhece, pois, a delicadeza dos imóveis.

---

[698] *Vide* o artigo 4.º do Decreto-Lei n.º 60/2002, de 20 de março, alterado e republicado pelo Decreto-Lei n.º 71/2010, de 18 de junho e relativo a fundos de investimentos imobiliários. Contrapõem-se-lhe os fundos de investimento mobiliário, regulados pelo Decreto-Lei n.º 252/2003, de 17 de outubro, alterado e republicado igualmente pelo Decreto-Lei n.º 71/2010, acima referido. Hoje, estes diplomas foram substituídos pela Lei nº 16/2015, de 24 de fevereiro, relativa aos organismos de investimento coletivo.

[699] Aprovado pelo Decreto-Lei n.º 298/92, de 31 de dezembro, com alterações subsequentes, a última das quais resultante da Lei n.º 23/2019, de 13 de março.

200 *Modalidades de coisas*

V. Os imóveis – particularmente os prédios – sujeitam-se a um esquema de publicidade racionalizada, organizado pelo Estado: o registo predial. Aplica-se-lhes, assim, todo um complexo normativo de relevo, com princípios próprios e regras pormenorizadas[700].

Trata-se de matéria que tem a sua sede fundamental no Código de Registo Predial, aprovado pelo Decreto-Lei n.º 224/84, de 6 de julho, sucessivamente alterado e, por último, pela Lei n.º 89/2017, de 21 de agosto.

VI. O conhecimento das grandes linhas do regime que enforma os imóveis habilita-nos a ponderar as suas consequências. E designadamente: confirmar-se-á a decadência da distinção entre móveis e imóveis?

De facto, é um lugar comum a afirmação de um crescente valor dos móveis, em detrimento dos imóveis. Essa deslocação confirma-se com a supremacia do sector secundário e, sobretudo, do terciário, sobre o primário. A ponderação do regime e o controlo de alguns aspetos sociológicos envolvidos levam, todavia, a matizar essas asserções[701].

As coisas imóveis traduzem, no essencial, uma parcela da superfície do Planeta. À escala humana, elas são praticamente imutáveis. Não se podem esconder e não escapam nem à vista de todos, nem à soberania do Estado. O seu valor é intrínseco: não depende de regras jurídicas nem de convenções. Em regra, os imóveis exprimem um tipo de apropriação duradouro, suscetível, pela sucessão hereditária, de sobreviver a cada um. Serão, em regra, pouco produtivos, designadamente no campo agrícola. Mas mantêm sempre um forte valor psicológico e sociológico, além de uma absoluta resistência física.

As coisas móveis podem ter muito valor. Assim sucede com coisas representativas – *maxime*, ações de sociedades ou o próprio dinheiro – e com certos objetos de valor: obras de arte ou antiguidades. Em regra, todavia, elas são contingentes.

Os imóveis, embora batidos como riqueza absoluta, mantêm, pela natureza das coisas, um elevado valor. Além disso, eles correspondem a uma evidente realidade física e sociológica, dotada de características inconfundíveis e à qual o Direito não pode deixar de dispensar um tratamento diferenciado. Finalmente: eles comportam regras matriciais que

---

[700] *Direitos Reais, Reprint*, 269 ss. e J. A. Mouteira Guerreiro, *Noções de Direito Registral*, 2.ª ed. (1994).
[701] Assim, as considerações de Jean Carbonnier, *Les biens* cit., 87 ss..

§ 13.º Os imóveis; prédios, águas e partes integrantes   201

são, depois, a base de normas aplicáveis noutras fórmulas de apropriação. Num curioso retorno histórico: parece estar em curso uma "reabilitação" da propriedade imobiliária. E assim sendo, as especialidades jurídicas dirigidas aos imóveis, além de explicáveis, têm justificação e futuro.

§ 14.° OS MÓVEIS

70. Categoria geral

I. Nos termos do artigo 205.°/1, a categoria das coisas móveis é residual: abrange todas as coisas que o Direito não considera imóveis. Ficam particularmente em causa:

– os objetos materiais;
– a energia;
– os móveis sujeitos a matrícula e registo;
– as coisas representativas.

Os bens intelectuais são coisas incorpóreas, ficando fora da contraposição entre móveis e imóveis; esta abre, apenas, no universo das coisas corpóreas[702]. No entanto, na medida em que se deve fazer apelo às regras gerais sobre coisas, para reger os bens intelectuais, relevam as relativas às coisas móveis: elas congregam as normas mais gerais relativas aos objetos das situações jurídicas. O mesmo se poderá dizer em relação aos *quia* jurídicos[703]. Assim, os "ordenados, vencimentos e salários" serão móveis[704], outrotanto sucedendo com os direitos sociais dos sócios[705].

II. A energia é – com exceção do Direito alemão – considerada uma coisa móvel, na generalidade dos Direitos. No entanto, ela suscita regras especiais, pelo que abaixo será referida. Também os móveis sujeitos a

---

[702] Cunha Gonçalves, *Tratado* cit., 3, 69-70.

[703] *Supra*, 168-169.

[704] RPt 15-mar.-1974, BMJ 235 (1974), 359 (o sumário sem ind. de relator), RLx 2-mai.-1975 (Lima Cluny), BMJ 248 (1975), 458-459 (o sumário) e RLx 24-nov.-1976 (Corte Real), BMJ 263 (1977), 293-294.

[705] STJ 24-mar.-1992 (Beça Pereira), BMJ 415 (1992), 547-555 (550).

§ *14.° Os móveis*   203

matrícula e a registo e as coisas representativas – designadamente os documentos – serão abaixo referidas.

III. A variedade praticamente infinita de móveis pouco mais permite avançar, para além das apontadas generalidades.

Aparece, todavia, ainda a categoria dos semoventes para designar os móveis que se movem por si próprios. Reservada aos animais, ela poderia ser alargada, por interpretação atualista, a automóveis, a navios e a aeronaves[706]. Esse alargamento é, de resto, reforçado pela tendência atual de não considerar os animais como coisas mas, antes, como uma categoria própria, sem personalidade mas com uma tutela específica.

Finalmente, devemos recordar que, sendo o "imóvel" artificialmente definido pelo Direito, outrotanto acaba por acontecer com o "móvel"[707]: toda esta matéria é modelada pela História e pelo Direito. Quando usada em linguagem comum, há que averiguar que sentido lhe pretenderam dar as partes[708].

71. Móveis sujeitos a matrícula e a registo

I. Em princípio, os móveis, mesmo os de menor valor, são reconhecíveis pelos seus donos e pelas pessoas que os circundem: desde sinais particulares até à sua simples localização: tudo pode contribuir para a sua imediata identificação.

Certos móveis, porém, em função do seu valor económico, de razões de polícia ou da facilidade com que mudam de localização, requerem um esquema público de identificação. Isso consegue-se, comodamente, através da aposição de uma matrícula e da sujeição do móvel a um registo público. Estão em causa, fundamentalmente, os automóveis, os navios e as aeronaves.

---

[706] Contra: Carvalho Fernandes, *Teoria geral* cit., 1, 5.ª ed., 686-687.

[707] RPt 10-out.-1996 (Custódio Pontes), CJ XXI (1996) 4, 225-227 (227/I) e RPt 12-out.-1998 (Azevedo Ramos), CJ XXIII (1998) 4, 210-211 (211/I).

[708] Assim, se, num testamento, o *de cuius* dispõe dos "móveis", há que averiguar se ele pretendeu mesmo destinar todos os móveis no sentido do artigo 205.° ou se, apenas, se quis referir à "mobília" ou "mobiliário": STJ 8-fev.-1974 (Rodrigues Bastos), BMJ 234 (1974), 293-298 (298).

204 *Modalidades de coisas*

II. O automóvel é definido pelo artigo 105.º/1 do CE como:

(...) o veículo com motor de propulsão, dotado de pelo menos quatro rodas, com tara superior a 550 kg, cuja velocidade máxima é, por construção, superior a 25 km/h, e que se destina, pela sua função, a transitar na via pública, sem sujeição a carris.

Os automóveis estão sujeitos a matrícula – artigo 117.º/1 do CE – atribuída nos termos do competente regulamento[709].

O registo da propriedade ou outros direitos, de mudança de nome ou de denominação, de residência atual ou da sede dos proprietários é obrigatória – artigo 5.º/2 do Decreto-Lei n.º 54/75, de 12 de fevereiro. Na sua falta, o veículo e os documentos são apreendidos – *idem*, n.º 3.

O registo da propriedade automóvel é regulado pelo citado Decreto-Lei n.º 54/75, de 12 de fevereiro[710], tendo o Regulamento do Registo de Automóveis sido aprovado pelo Decreto n.º 55/75, de 12 de fevereiro[711].

III. O registo de navios vinha tratado no Código de Registo Comercial de 1959[712] e no seu Regulamento[713].

O Decreto-Lei n.º 403/86, de 3 de dezembro, que aprovou o Código do Registo Comercial em vigor[714], no seu artigo 5.º/2, ressalvou as disposições referentes ao registo de navios, até que fosse publicada nova legislação sobre a matéria.

Os navios não podem empreender qualquer viagem enquanto não estiverem matriculados – artigo 10.º do Decreto-Lei n.º 42 644 – sendo a matrícula obrigatória – *idem*, 6.º. Os diversos factos referentes a navios estão sujeitos a registo – *idem*, 4.º.

---

[709] Rege o Regulamento de Atribuição de Matrícula aprovado pelo Decreto-Lei n.º 128/2006, de 5 de julho, alterado e republicado pelo Decreto-Lei n.º 152-A/2017, de 11 de dezembro.

[710] Alterado várias vezes e, por último, pela Lei n.º 30/2017, de 30 de maio.

[711] Alterado também várias vezes e, por último, pelo Decreto-Lei n.º 185/2009, de 12 de agosto.

[712] Aprovado pelo Decreto-Lei n.º 42 644, de 14 de novembro de 1959.

[713] Aprovado pelo Decreto n.º 42 645, de 14 de novembro de 1959.

[714] Sucessivamente alterado e, por último, pelo Decreto-Lei n.º 24/2019, de 1 de fevereiro.

§ *14.º Os móveis*   205

O registo é feito na conservatória do registo comercial em cuja área estiver situada a capitania ou delegação marítima respetiva ou, encontrando-se ele no estrangeiro, na Conservatória de Lisboa[715].

O Decreto-Lei n.º 96/89, de 28 de março, criou o Registo Internacional de Navios da Madeira[716].

IV. A legislação relativa ao registo das aeronaves não está sistematizada. Não obstante, recorrendo à integração com recurso aos princípios gerais, é possível estabelecer um sistema seguro[717].

O aparecimento de aeronaves, no princípio do século XX, não deu lugar a um regime específico. A doutrina reclamou a aplicação das regras próprias dos navios, contidas no Código Comercial[718], designadamente no tocante à necessidade de registo[719].

Portugal foi signatário da Convenção Internacional de Navegação Aérea, de 13 de outubro de 1919. Foi, no entanto, necessário aguardar o Decreto n.º 13:357, de 27 de abril de 1927, para ver surgir uma primeira regulamentação sobre a matéria. Este diploma veio estabelecer a obrigatoriedade de matrícula das aeronaves – artigo 4.º, *a*) – concentrando no Ministério do Comércio e Comunicações todos os assuntos relativos à aviação – artigo 21.º.

Seguiu-se o Decreto n.º 20:062, de 25 de outubro de 1930, que aprovou o Regulamento de Navegação Aérea. Entre outros aspetos, assinalamos o artigo 47.º desse Regulamento, que estabelece a obrigatoriedade de matrícula no registo aeronáutico nacional, para poder sobrevoar o território do País. O artigo 48.º regulava o conteúdo desse registo.

A transferência de propriedade obriga à competente alteração no registo – artigo 67.º.

O artigo 52.º do mesmo Regulamento dispunha que:

> O certificado de navegabilidade é o documento que atesta que a aeronave satisfez favoravelmente às provas e exames técnicos prescritos para a navegação.

[715] Artigo 6.º do Decreto n.º 42 645, de 14 de novembro de 1959.

[716] Sucessivamente alterado e, por último pelo Decreto-Lei n.º 234/2015, de 13 de outubro.

[717] Como obra de âmbito geral: Dário Moura Vicente (coord.), *Estudos de Direito Aéreo* (2012), 634 pp..

[718] Adriano Anthero, *O Direito aereo* (1920), 22 ss..

[719] *Idem*, 30 ss..

206 *Modalidades de coisas*

A bilateralização destas regras não oferecia dúvidas: quando matriculada no estrangeiro, caberia à respetiva ordem jurídica definir as regras de navegabilidade.

Prosseguindo, cabe assinalar a Convenção sobre Aviação Civil Internacional, assinada em Chicago, em 7 de dezembro de 1944 e aprovada, para ratificação, pelo Decreto-Lei n.º 36:158, de 17 de fevereiro de 1947. Segundo o artigo 19.º da Convenção:

> A matrícula ou a transferência de matrícula de uma aeronave em qualquer Estado contratante deverá ser feita de harmonia com as leis e regulamentos desse Estado.

Além disso, o artigo 1.º da mesma Convenção atribuía, a cada Estado, a soberania completa e exclusiva sobre o espaço aéreo que cobre o seu território.

O artigo 12.º, sempre da Convenção de Chicago de 7 de dezembro de 1947, determinava, na sua 1.ª parte:

> Cada Estado contratante compromete-se a adotar as medidas necessárias para garantir que as aeronaves que sobrevoem o seu território ou nele manobrem e as aeronaves portadoras do distintivo da sua nacionalidade, onde quer que se encontrem, se conformem, umas e outras, com as leis e regulamentos sobre vôo e manobra em vigor no respetivo Estado.

Finalmente, deparamos com a Convenção Relativa ao Reconhecimento Internacional de Direitos sobre Aeronaves, concluída em Genebra, em 19 de junho de 1948 e aprovada para ratificação pelo Decreto do Governo n.º 33/85, de 4 de setembro.

Dispõe o artigo I, n.º 1, da Convenção:

> Os Estados Contratantes comprometem-se a reconhecer:
>
> *a)* O direito de propriedade sobre aeronaves;
> *b)* O direito de o possuidor de uma aeronave adquirir a sua propriedade por compra;
> *c)* O direito de utilizar uma aeronave ao abrigo de um contrato de locação por um prazo mínimo de seis meses;
> *d)* A hipoteca, *mortgages* e direitos similares sobre uma aeronave, criados convencionalmente para a garantia do pagamento de uma dívida;

§ 14.º Os móveis 207

desde que tais direitos tenham sido:

> f) Constituídos de acordo com a lei do Estado Contratante em que a aeronave estivesse matriculada ao tempo da sua constituição; e
>
> g) Devidamente inscritos no registo público do Estado Contratante em que a aeronave esteja matriculada.

A regularidade das inscrições sucessivas em diferentes Estados Contratantes é determinada pela lei do Estado Contratante em que a aeronave estivesse matriculada ao tempo de cada inscrição[720].

V. Tentando sistematizar e simplificar toda esta matéria relativa ao registo de coisas móveis, foi preparado e aprovado, pelo Decreto-Lei n.º 277/95, de 25 de outubro, um denominado Código do Registo de Bens Móveis[721].

Segundo o artigo 1.º/2 desse Código, os móveis em causa seriam, precisamente, os veículos, os navios e as aeronaves – artigo 1.º/2. Toda a legislação anterior seria revogada. Simplesmente, o Código entraria em vigor apenas com um regulamento e determinadas portarias, referidos no seu artigo 7.º e por força do mesmo. Como tais regulamentos e portarias nunca surgiram, o Código do Registo de Bens Móveis, publicado em 1995, continua sem vigorar[722]. Mantém-se, pois, a fragmentária legislação anterior.

VI. Os móveis sujeitos a matrícula e a registo constituem, assim, uma categoria heterogénea.

Alguns vetores os aproximam. Estando sujeitos a registo, eles disfrutam de uma publicidade racionalizada. Estão sujeitos a hipoteca – e não a penhor, como seria lógico – e comportam certos negócios como o contrato-promessa com eficácia real – artigo 413.º – e o pacto de preferência, também com eficácia real – artigo 421.º/1.

Trata-se, em suma, de uma categoria em dogmatização crescente e que anima o atual universo das coisas corpóreas.

---

[720] Sobre toda esta matéria: Dário Moura Vicente, *O estatuto jurídico da aeronave*, em *Estudos de Direito aéreo* (2012), 571-589.

[721] Com a Ratificação n.º 131/95, de 31 de outubro; este diploma foi ainda alterado pelo Decreto-Lei n.º 311-A/95, de 21 de novembro.

[722] RPt 20-mar.-2003 (Sousa Leite), Proc. 0331363.

208   *Modalidades de coisas*

72. Coisas representativas; dinheiro; títulos de crédito e cartões

I. Uma especial categoria de móveis é a das coisas representativas, isto é, daquelas que, mercê de convenção sócio-jurídica, representam seja um valor que as transcende, seja uma determinada posição jurídica[723].

Nessa ordem de ideias ocorre, em primeiro lugar, o dinheiro ou melhor, as espécies que o exprimam.

A moeda surge como uma bitola de valor e como um instrumento geral de troca[724]. Num primeiro momento, ter-se-á apurado uma mercadoria persistente, de fácil manuseio e que todos estivessem permanentemente dispostos a aceitar em troca de quaisquer produtos: uma função que os chamados metais preciosos estariam prontos a desempenhar.

Seguidamente[725], a organização humana apercebeu-se de que não seria necessária a circulação material das espécies preciosas, para o desempenho da função monetária: bastaria que elas estivessem depositadas em local de confiança e que o depositário entregasse ao dono um documento representativo da mesma e que habilitasse o portador, em qualquer altura, a proceder ao seu levantamento.

Em determinada altura do percurso, o Estado chama a si o processo. Ele começa por atestar o valor material das espécies preciosas. Depois controla a emissão dos títulos representativos – a moeda fiduciária. Finalmente, emite títulos representativos de valor, independentemente de cobertura subjacente: é o papel-moeda.

Assim entendido como espécie monetária, o dinheiro é uma coisa móvel[726].

II. Os títulos de crédito são, *grosso modo*, documentos que exaram um determinado direito, a favor do seu portador ou titular. O título é

---

[723] Cunha Gonçalves, *Tratado* cit., 3, 39 ss., já autonomizava esta categoria, referindo-a como *cousas incorporadas* ou *semi-corpóreas*.

[724] *Direito bancário*, 6.ª ed., 85 ss..

[725] Trata-se de uma construção racional comum e não, propriamente, de uma reconstituição histórica.

[726] Max Kaser, *Das Geld im Sachenrecht*, AcP 143 (1937), 1-27.Malte Stieger, no *Staudingers Kommentar* (2017) cit., §§ 90-124, § 91, Nr. 6-7 (55-56.); a expressão "representativa" não equivale à noção "representável" do § 91 do BGB: este exprime as coisas que se exprimem, no tráfego (apenas) por conta, peso ou medida, entre nós ditas "fungíveis"; *vide infra*, 207 ss.. O dinheiro, além de representativo é, também, "representável", na aceção apontada; *vide* ob. e loc. cit., § 91, Nr. 1 (54).

§14.º Os móveis 209

marcado pelas características tradicionais de literalidade, de autonomia e de abstração: literalidade por a letra, do nele exarado, ser decisiva para a determinação do conteúdo, dos limites e da modalidade do direito nele exarado; autonomia por o seu adquirente, quando esteja de boa-fé e de acordo com as regras de circulação, ser havido como titular originário; abstração por ser essencialmente independente da relação jurídica que lhe esteja na origem[727].

O título de crédito é um documento: uma coisa corpórea móvel. O seu sentido transcende-a, porém e por natureza. Não obstante: regras do seu regime básico advêm-lhe da sua qualidade de coisa[728].

III. Finalmente, temos os cartões. Estes correspondem a retângulos normalizados de substância plástica, que exprimem um contrato celebrado com a entidade emitente. A sua posse permite o acesso a diversos bens e coisas, *maxime*, tratando-se de cartões bancários, a operações de levantamento, de pagamento e de crédito[729]. Também aqui uma coisa móvel assume um sentido figurativo e operacional, que em muito a transcende.

Determinadas regras referentes a coisas móveis aplicam-se, todavia, às coisas representativas. Caso a caso haverá que apurar a extensão dessa aplicação.

---

[727] *Manual de Direito bancário*, 6.ª ed., 629 ss., com indicações.

[728] Hans Pikart, *Die sachenrechtliche Behandlung von Geld und Wertpapieren in der neueren Rechtsprechung*, WM 1980, 510-520.

[729] *Direito bancário*, 6.ª ed., 666 ss., quanto à casuística.

§ 15.º A ELETRICIDADE

73. Evolução geral

I. A eletricidade é uma forma de energia resultante da deslocação de partículas num condutor. Um átomo possui (entre outras partículas) protões e eletrões. Quando em proporções idênticas, o átomo é neutro. Caso o número de protões seja superior ao de eletrões, temos uma carga positiva; negativa, na hipótese inversa. A tendência para o reequilíbrio explica a corrente elétrica. A carga pode ser natural – basta a fricção de um vidro num tecido para que aquele se dote de uma carga elétrica positiva: perde eletrões a favor do tecido. Pode, ainda, ser causada industrialmente, de modo a gerar um fluxo, conhecido globalmente como eletricidade. Esta pode ser convertida em energia térmica, em movimento ou em luz. As aplicações são inúmeras: toda a civilização industrial pós-industrial depende da eletricidade. E a própria biologia assenta nela: as informações que transitam até ao cérebro, o funcionamento deste e a contração dos músculos derivam de (re)equilíbrios elétricos, processados pelos organismos diversos.

II. Etimologicamente, eletricidade provém do grego ἤλεκτρον (êlektron), que significava âmbar amarelo. Os gregos clássicos, provavelmente recolhendo ensinamentos egípcios ou orientais, sabiam que o âmbar, uma vez esfregado, atraia objetos pequenos e produzia faíscas. Os efeitos da eletricidade estática foram descritos em 600 a.C. por Tales de Mileto. Admite-se que, nos templos gregos, no âmbito dos denominados "mistérios", fossem conhecidas aplicações da eletricidade e do próprio magnetismo. Todavia, os inerentes princípios, não sendo ensinados ao público interessado, perderam-se.

A utilização moderna do termo eletricidade é atribuída ao médico inglês William Gilbert (1544-1603)[730]. Otto von Guericke (1602-1686) é

---

[730] William Gilbert, *De magnete, magnetisque corporibus, et de magne tellure*, ed. Londres (1600); o original latino e a sua tradução inglesa de P. Fleury Mottelay, *On the*

§15.° A eletricidade

conhecido pela invenção da bomba de aspiração, sendo o responsável científico pela célebre experiência dos hemisférios de Magdeburgo, que em 1654, demonstrou, de modo espetacular, a pressão atmosférica. Além disso, ele construiu um esquema primitivo de produção elétrica: uma esfera de enxofre em rotação, esfregada com as mãos. Seguiram-se novas descobertas: Charles Dufay (1698-1739) distingue cargas positivas e negativas; Benjamim Franklin (1706-1790) apura a eletricidade dos relâmpagos; Alessandro Volta (1745-1827) inventa a bateria elétrica ou pilha voltaica; André-Marie Ampère (1775-1836) estabelece relações entre o magnetismo e a eletrodinâmica; Michael Farraday (1791-1867) fixa a lei que tem o seu nome, segundo a qual um campo magnético em movimento produz eletricidade. Seguiram-se inúmeras aplicações, com relevo para o dínamo (1868), a lâmpada elétrica (1879), a energia hidro-elétrica (1883) e a primeira linha de alta tensão, para servir Frankfurt (1891).

74. O acolhimento jurídico

I. A evolução muito rápida da eletricidade, da sua produção, do seu transporte e das suas inúmeras aplicações, não foi, desde logo, acompanhada pelo Direito. Nos finais do século XIX, o problema da sua natureza foi espoletado por duas ordens de razões práticas: (a) pela incidência fiscal; (b) pela necessidade de tutela penal, em face do "furto" de eletricidade. À partida, eram celebrados contratos relativos ao transporte e à disponibilização de energia elétrica. Tais contratos, concluídos ao abrigo da autonomia privada, deviam ser respeitados. Como, porém, taxar a matéria e *quid iuris* perante a sua utilização ilegítima[731]?

II. Um primeiro ciclo de problemas surgiu em torno da lei prussiana do imposto do selo, de 7-mar.-1822. Para efeitos de aplicação dessa lei, interessava saber se a disponibilização comercial da eletricidade originava

---

Loadstone and Magnetic Bodies, and on the Great Magnet the Earth (ed. de 1893), estão digitalizados, podendo ser confrontados na Net. Sobre a história da eletricidade, Gérard Borvon, *Histoire de l'electricité/de l'ambre à l'électron* (2009), 266 pp..

[731] Como atual escrito de referência: Jan Hövermann, *Recht und Elektrizität/Der juristische Sachbegriff und das Wesen der Elektrizität 1887 bis 1938* (2018), XVI + 361 pp., 17 ss.. Tomamos a experiência alemã como paradigmática, uma vez que é a que melhor pontua, na jurisprudência e na doutrina, a evolução do tratamento jurídico da eletricidade.

212   *Modalidades de coisas*

um contrato de fornecimento na linha do ALR prussiano[732]. O *Reichsgericht*, em acórdão de 10-mar.-1887, respondeu pela negativa: a eletricidade não seria natureza corpórea[733]. Nessa ocasião, Ludewig veio explicar que a eletricidade podia ser objeto de contratos[734]. Não teria natureza corpórea, podendo, todavia, ser tratada como tal[735]. Mais complicada foi a vertente penal, numa situação complicada pela aproximação do BGB, publicado em 1896 e em vigor a partir de 1900: segundo o seu § 90, apenas há coisas coepóreas. Confrontado com um desvio ilícito de eletricidade[736], o RG entendeu que não havia crime de furto: o § 242 do Código Penal (StGB) apenas previa o furto de coisas corpóreas: havendo lacuna, apenas o legislador a poderia integrar[737]. Esta decisão originou uma série de intervenções doutrinárias. Dernburg pronunciou-se contra, explicando que embora o gás e a eletricidade provenham do trabalho humano, este não estava em jogo: antes o produto desse trabalho[738]. Foi contraditado por Loebell: a decisão estaria correta, na falta de lei[739]. Dernburg ainda replicou, recordando que o *furtum usus* já era conhecido pelos romanos[740]. Ocorreram outras intervenções[741].

O problema penal foi ultrapassado pelo legislador: uma Lei de 9-abr.-1900 veio acrescentar um § 248c ao Código Penal Alemão, de modo a criminalizar o desvio ilícito de eletricidade[742].

---

[732] ALR, I, 11, § 981 = A. J. Mannkopff, *Allgemeines Landrecht für die Preussischen Staaten*, 1 (1837), 457. Dispõe esse preceito:

    Diz-se fornecedor aquele que se obrigue a ceder a outrem determinada coisa por um certo preço.

[733] RG 10-mar.-1887, RGZ 17 (1887), 269-273 (272-273).

[734] Ludewig, *Ueber den rechtlichen Charakter der durch die neuere Entwicklung der Elektrizität hervorgerufenen Verträge und ihr Verhältniss zum preussischen Stempelgesetze vom 7 März 1822*, ZHR 35 (1888), 14-36 (26 ss.).

[735] *Idem*, 34.

[736] Anteriormente, já Stenglein, *Die Frage ob Elektrizität gestohlen werden kann*, DJZ 1895, 102-103 (103/I), respondendo pela negativa.

[737] RG 7-mai.-1896, DJZ 1896, 446 e RG 20-out.-1896, RGSt 29 (1897), 111-118.

[738] Heinrich Dernburg, *Diebstahl an Elektrizität*, DJZ 1896, 473-474.

[739] Loebell, *Elektrizität im Civil und Strafrecht*, DJZ 1897, 36-37.

[740] Heinrich Dernburg, *Nochmals Diebstahl an Elektrizität*, DJZ 1897, 76-78 (77/II).

[741] A. Pfleghart, *Die Sachqualität der elektrischen Energie*, AbürgR 24 (1904), 300-324 (301 ss.); Rudolf Sohm, *Noch einmal der Gegenstand*, JhJb 53 (1908), 373-394 (384-385).

[742] Joachim Vogel, *Strafgesetzbuch/Leipziger Kommentar*, VIII, 12.ª ed. (2010), § 248c (297).

§15.º A eletricidade 213

III. A dogmática da eletricidade desenvolveu-se, sendo reconhecida como possível objeto de direitos, ainda que não reais.

IV. A jurisprudência foi fazendo o seu caminho, em torno de problemas concretos. Assim, em RG 5-fev.-1904, entendeu-se a eletricidade como uma coisa não-corpórea, suscetível de fornecimento, ainda em torno do imposto de selo[743]. RG 16-dez.-1907, a propósito das consequências de um acidente, decidiu-se que uma central produtora de eletricidade não deixa de ser uma fábrica pelo facto de, nela, não se produzirem coisas corpóreas[744]. RG 10-nov.-1914, de novo a propósito do imposto de selo, julgou-se que a eletricidade, não sendo embora uma coisa corpórea, lhe seguia, em certos pontos, o regime[745].

V. A dogmática da eletricidade desenvolveu-se. Esta foi reconhecida como possível objeto de direitos, ainda que não sendo coisa corpórea[746], sendo gerível por contrato[747]. Houve contributos assentes na Física[748]. A eletricidade foi admitida como bem económico próprio, objeto imediato de contratos e posições patrimoniais[749], em especial de tipo contratual[750].

75. A situação atual

I. Hoje, a generalidade dos Direitos – assim, além do italiano[751], temos o francês[752], o austríaco[753] e, maioritariamente, o suíço[754] – consi-

---

[743] RG 5-fev.-1904, RGZ 56 (1904), 403-410 (409).

[744] RG 16-dez.-1907, RGZ 67 (1908), 229-233 (231).

[745] RG 10-nov.-1914, RGZ 86 (1915), 12-14 (14).

[746] A. Pfleghart, *Die Elektrizität als Rechtsobjekt*, I – *Allgemeiner Teil* (1901), IV + 91 pp., 11 ss. e 90.

[747] *Idem*, II – *Spezieller Teil* (1902), VI + 93-436 pp., 227 ss..

[748] Emil Budde, *Energie und Recht/Eine physikalisch-juristische Studie* (1902), VI + 96 pp., reconhecendo a energia com o objeto primário da tutela jurídica (78) a tomar como *tertium genus* na contraposição entre *res corporales* e *res incorporales*.

[749] Ludwig Niessen, *Die privatrechtliche Stellung der Elektrizität und des Elektrizitätslieferungsvertrags* (1925), IV + 75 pp., 7 ss., 10 ss. e 14 ss..

[750] *Idem*, 25 ss.; Friedrich List, *Elektrische Strömungs- und elektrische Schwigungs-Energie* (1931), 48 pp., 22 pp., 22 ss. e 26 ss..

[751] Martina Petri, em Pietro Rescigno (org.), *Codice civile* 1, 7.ª ed. (2008), art. 815.º (1446).

[752] Christian Atias, *Droit civil/Les biens*, 4.ª ed. (1999), 36, embora sublinhando a sua especificidade.

[753] Helmut Koziol/Rudolf Welser, *Grundriss des bürgerlichen Rechts*, II – *Sachen-*

214 *Modalidades de coisas*

deram a energia como uma coisa móvel. Apenas o Direito alemão, firme na pureza pandetista da "materialidade", considera a energia elétrica – e, em geral, a energia – como não sendo coisa, nos termos do § 90[755].

Na jurisprudência nacional, o problema foi discutido sobretudo a propósito da subtração fraudulenta de energia elétrica: entendeu-se que esta integrava o crime de furto de coisa móvel[756]. Por seu turno, o fornecimento de eletricidade seria um contrato de compra e venda de móvel[757].

II. Apesar de, tecnicamente, a energia ser uma coisa corpórea, o regime dos direitos reais não lhe é plenamente aplicável. A aproximação às coisas deve-se ao facto de, no século XIX, quando surgiram meios de captar e usar a energia, se ter recorrido à propriedade para conseguir a sua tutela[758].

III. A energia, mesmo quando "natural", não é aproveitável, de modo direto, pelo cidadão comum. Apenas uma teia de atuações e serviços – de produção, de transporte, de distribuição e de venda – permite, a cada um, dispor de energia para consumo. Assim, a energia apresenta-se mais como o produto de uma prestação de serviço – o de fornecimento de energia – do que como algo de, diretamente, aproveitável[759]. A energia coloca problemas centrais nas sociedades modernas. Os Estados têm, pois, largos poderes de supervisão sobre todo o processo que lhe diz respeito[760]. Com

---

recht, Familienrecht, Erbrecht, 9.ª ed. (1991), 6-7, com diversas indicações jurisprudenciais e doutrinárias.

[754] Arthur Meier-Haioz, *Schweizerisches Zivilgesetzbuch / Berner Kommentar*, IV – *Das Sachenrecht*, 1 – *Das Eigentum*, 4.ª ed. (1966), Nr. 123-125 (65-66). Este Autor explica, com oportunidade, que mesmo considerando a energia como uma "coisa", as suas particulares características sempre obrigariam à confeção de um regime especial.

[755] Com elementos (incluindo de Direito comparado), Malte Stieger, no *Staudingers Kommentar* (2017) cit., §§ 90-124 (2012), § 90, Nr. 8-11 (17-18); Jan Hovermann, *Recht und Elektrizität* cit., 138 ss. e 166 ss..

[756] RCb 24-fev.-1988 (Armando Pinto Bastos), CJ XIII (1988) 1, 86-87.

[757] STJ 22-fev.-2000 (Lopes Pinto), CJ VIII (2000) 1, 110-114 (111/II), com indicações de jurisprudência anterior.

[758] Scozzafava, *Dei beni* cit., 78.

[759] Paul Schulze, *Elektrizität und Sachbegriff im Bürgerlichen Recht* (1934), X + 23 pp., 11 ss., 19 ss. e 21 ss..

[760] Hans-Ulrich Evers, *Das Recht der Energieversorgung*, 2.ª ed. (1983), 99 ss.; deste Autor *vide*, também, *Entstehungsgeschichte, Ziele, Konzeption, Grundsätze und Änderung des Energiewirtschaftsgesetzes* em *Das Energiewirtschaftsgesetz im Wandel*

§ *15.º A eletricidade*   215

o tempo, têm vindo a ser produzidas regras específicas[761] onde coexistem, lado a lado, elementos públicos e privados[762]. De todo o modo, os contratos de fornecimento celebrados com os consumidores finais são considerados contratos privados, de compra e venda[763]. O seu regime aproxima-se, por isso, mais do Direito das obrigações do que dos Direitos Reais.

76. A eletrificação do País

I. A eletrificação do País deu-se, fundamentalmente, nas primeiras décadas do século XX[764]. As empresas de produção e de distribuição de energia elétrica iniciais foram as Companhias Reunidas de Gás e Electricidade (1891) e a Central da Boavista (1903). As unidades de produção termoelétrica pioneiras foram, no Porto, a Central do Ouro (1890) e, em Lisboa, a Central Tejo (1914), atual Museu da Eletricidade. A falta de recursos naturais levou ao desenvolvimento de centrais hidroelétricas. Surgiram a Sociedade Eléctrica do Norte de Portugal (1908), a Empresa Hidroelétrica da Serra da Estrela (1909) e a Central do Desterro (1909).

II. A instabilidade governativa da I República dificultou a tomada de medidas nacionais relativas à produção e à distribuição de energia elétrica. Um primeiro e importante passo foi dado pelo Decreto n.º 12:559, de 20 de outubro de 1926, que aprovou a Lei dos Aproveitamentos Hidráulicos. Visava-se pôr termo à "drenagem de ouro para a aquisição de combustíveis estrangeiros, que se pode computar em mais de um milhão de libras"[765].

---

von fünf Jahrzehnten (1987), 15-42. Comentando o que tem por excessiva intervenção do Estado, Jürgen F. Baur, *Sinn und Unsinn einer Energierechtsreform*, FS Lukes (1989), 253-269 (269).

[761] Ulrich Büdenbender, *Die Kartellaufsicht über die Energiewirtschaft* (1995), 20.

[762] Ulrich Büdenbender, *Energierecht* (1982), Nr. 9 (3); Martin Hack, *Energie-Contracting* (2003), XXIII + 241 pp., 11 ss., apresentando o fornecimento de eletricidade como um contrato semelhante à compra e venda; Stefan Tüngler, *Zur Einführung: Das Recht der Energiewirtschaft*, JuS 2001, 739-745.

[763] Hans-Rudolf Ebel, *Energielieferungsverträg / Recht der Elektrizitäts-, Gas- und Fernwärmeversorung industrieller Sonderabnehmer* (1991), 2.

[764] Em especial. Nuno Luís Madureira (coord.), *A História da energia (Portugal 1890-1980)* (2005), 230 pp.; Ana Cardoso Matos/Fátima Mendes/Fernando Faria/Luís Cruz, *A electricidade em Portugal: dos primórdios à 2.ª Guerra Mundial* (2004), 440 pp..

[765] DG I, n.º 240, de 27 de outubro de 1926, 1713/I.

216 *Modalidades de coisas*

Em dezassete bases, essa lei fixava um quadro geral de eletrificação e de distribuição, com a instituição da Rede Eléctrica Nacional, que abrangeria determinadas linhas consideradas de utilidade pública, objeto de concessão. As empresas interessadas deviam reunir certas condições, podendo o Governo promover e auxiliar a construção e exploração de centrais e da distribuição que diretamente interessem à economia nacional (base V). Determinava-se, ainda, o estudo da eletrificação dos caminhos de ferro. O material a importar teria certas isenções alfandegárias (base XVII). Foi ministro responsável Abílio Passos e Sousa (1881-1966).

Em paralelo com a progressão, no terreno, da eletrificação, foi adotada, após múltiplas discussões, a Lei n.º 2:002, de 26 de dezembro de 1944 (José Dias Ferreira Júnior)[766], denominada "Electrificação do País". A Lei n.º 2:002, comportava XXXII bases, assim ordenadas em partes:

    I – Da rede eléctrica nacional (I a XIII);
    II – Das concessões (XIV a XVIII);
    III – Da pequena distribuição (XIX a XXV);
    IV – Das tarifas e condições de venda (XXVI a XXIX);
    V – Das instalações particulares – Disposições gerais (XXX a XXXII).

As concessões eram relativas a centrais produtoras hidráulicas, a centrais produtoras térmicas, a linhas de transporte e a linhas de grande distribuição (XV). Já então era preocupação promover uma certa concentração (XVII). Seguiram-se as edificações das grandes barragens: Castelo do Bode (Zêzere), Venda Nova (Rabagão), Pracana (Ocreza) e Belver (Tejo). Em 1947 surgiu a Companhia Nacional de Electricidade, que acapararia a distribuição nacional em alta tensão.

III. No ano de 1969, foi constituída a Companhia Portuguesa de Electricidade (CPE), através da fusão das concessionárias de produção e transporte da rede elétrica primária. Ela operou como entidade dominante, precursora da atual EDP.

Em 1974, a eletrificação do País estava quase concluída: apenas agregados populacionais isolados estavam, ainda, por cobrir. Quanto às entidades do sector: elas assumiam, na generalidade, a forma de sociedades anónimas de responsabilidade limitada ou SARL, na terminologia da época.

---

[766] DG I, n.º 285, de 26 de dezembro de 1944.

§ 15.° A eletricidade 217

No âmbito da Revolução de 1974-1975, o Decreto-Lei n.° 205-G/75, de 16 de abril (Vasco Gonçalves), veio nacionalizar as empresas do sector de eletricidade. Vamos recordar o seu preâmbulo, redigido de acordo com a linguagem da época[767]:

> Considerando a necessidade de prosseguir na via da concretização de uma política económica posta ao serviço das classes trabalhadoras e das camadas mais desfavorecidas da população portuguesa, em cumprimento do Programa do Movimento das Forças Armadas;
>
> Considerando que a actual situação do sector da electricidade, caracterizada por elevado número de entidades actuantes, em muitos casos de dimensão inaceitável, acarretando sobreposições de redes, excessiva diversidade tarifária e entraves ao prosseguimento de uma política de electrificação global acelerada, não é compatível com uma infra-estrutura básica cujo correcto funcionamento é essencial ao progresso económico do País e ao bem-estar da sua população;
>
> Considerando que os elevadíssimos investimentos inerentes ao sector, representando proporção crescente dos recursos globalmente disponíveis para o efeito, justificam o atento contrôle pelo Estado da forma da sua aplicação, com o objectivo de assegurar a sua máxima reprodutividade, tendo em conta os seus reflexos em outros sectores da economia nacional;
>
> Considerando que a nacionalização de empresas concessionárias de serviços públicos não pode deixar de abranger os interesses estrangeiros, os quais têm, de resto, representação pouco significativa no conjunto do sector de forma a garantir a integração vertical aconselhada por razões técnicas e económicas;

Isto posto, determinava o artigo 1.°/1 do referido Decreto-Lei n.° 205-G/75:

> 1. São declaradas nacionalizadas, com eficácia a contar de 15 de Abril de 1975, as sociedades exploradoras do serviço público de produção, transporte e distribuição de energia eléctrica a seguir indicadas:
>
> AES – Aliança Eléctrica do Sul, S. A. R. L.;
> CEAL – Companhia Eléctrica do Alentejo e Algarve, S. A. R. L.;
> CEB – Companhia Eléctrica das Beiras, S. A. R. L.;
> CHENOP– Companhia Hidroeléctrica do Norte de Portugal, S.A.R.L.;
> CRGE – Companhias Reunidas Gás e Electricidade, S. A. R. L.;

---

[767] DG I, n.° 89 (supl.), de 16 de abril de 1975, 576-(10)-576-(11).

218 Modalidades de coisas

CPE – Companhia Portuguesa de Electricidade, S. A. R. L.;
ED – Eléctrica Duriense, Lda.;
EHEC – Empresa Hidroeléctrica do Coura, S. A. R. L.;
EHESE – Empresa Hidroeléctrica da Serra da Estrela, S. A. R. L.;
EIE – Empresa Insular de Electricidade (Ponta Delgada), S. A. R. L.;
HEAA – Hidroeléctrica do Alto Alentejo, S. A. R. L.;
HEP – Hidroeléctrica Portuguesa, S. A. R. L.;
SEOL – Sociedade Eléctrica do Oeste, Lda.;
UEP – União Eléctrica Portuguesa, S. A. R. L

O Decreto-Lei n.º 205-G/75 previa uma Comissão de Reestruturação. Caber-lhe-ia preparar a transferência do substrato inerente às empresas nacionalizadas para uma grande unidade (artigo 13.º).

Salientamos ainda que as comissões administrativas que substituíam os órgãos próprios das entidades nacionalizadas tinham meros poderes de gestão. Os restantes exigiam, para o seu exercício, autorização do Ministro da Indústria e Tecnologia (8.º).

IV. A gestão das empresas nacionalizadas foi operando ao sabor dos governos que se sucederam. O Decreto-Lei n.º 260/76, de 8 de abril, estabeleceu um esquema geral, para as empresas públicas, que incluíam as empresas nacionalizadas[768]. Esse diploma nem sempre foi rigorosamente aplicado: as grandes empresas públicas seriam estabelecidas por decretos-leis, de tal modo que as regras especiais por estes previstas prevaleciam sobre as gerais.

Neste contexto, foi publicado o Decreto-Lei n.º 502/76, de 30 de junho (Walter Ruivo) que criou a Electricidade de Portugal – Empresa Pública ou, abreviadamente, EDP. Do seu preâmbulo, retemos[769]:

> Na redacção do presente diploma tem-se em conta o texto das bases gerais para as empresas públicas recentemente aprovado pelo Governo. Houve por isso que alterar o projecto apresentado pela comissão de reestruturação de modo a adaptá-lo às soluções consagradas nas mencionadas bases gerais. Teve-se, porém, o cuidado de limitar as alterações ao mínimo possível, respeitando o texto elaborado pela comissão de reestruturação em tudo quanto ele não se opunha às soluções gerais adoptadas.

[768] Vide o nosso Direito da economia (1980), 227 ss., com indicações.
[769] DR I, n.º 151, de 30 de junho de 1976, 1439/I.

§ 15.º A eletricidade 219

Dentro do quadro genérico definido para as empresas públicas, procurou-se garantir autonomia de gestão à nova empresa exploradora de serviço público de produção, transporte e distribuição de energia eléctrica, libertando-a da intervenção casuística dos serviços públicos e incluindo na lista dos actos para cuja prática é necessária a aprovação ou autorização do Governo quase só aqueles que as bases gerais para as empresas públicas consideram obrigatórios.

As sociedades nacionalizadas que constituíam a base da EDP consideravam-se juridicamente extintas, com a entrada em vigor do Decreto-Lei n.º 502/76, de 30 de junho. Mais tarde, a EDP foi reprivatizada assistindo-se, como sucedeu com as grandes empresas nacionais, à sua progressiva passagem para titulares estrangeiros. O grande paradoxo das nacionalizações de 1974-1975 foi pois, mercê da destruição da burguesia nacional, a entrega dos meios de produção mais relevantes ao estrangeiro.

77. Natureza jurídica da eletricidade e da energia

I. O sistema elétrico nacional é hoje assegurado pelo Decreto-Lei n.º 29/2006, de 15 de fevereiro, com múltiplas alterações e, em especial, pela levada a cabo pelo Decreto-Lei n.º 215-A/2012, de 8 de outubro, que o republicou em anexo, por último modificado pela Lei n.º 42/2016, de 28 de dezembro. O Decreto-Lei n.º 29/2006 regula os diversos aspetos relativos à produção, ao transporte e à comercialização da eletricidade. Retemos o seu artigo 45.º-A, na redação dada pelo Decreto-Lei n.º 215-A/2012, de 8 de outubro[770]:

1. Os contratos de fornecimento de eletricidade estão sujeitos à forma escrita e devem integrar informações sobre os direitos dos consumidores, incluindo sobre o tratamento de reclamações, as quais devem ser comunicadas de forma clara e de fácil compreensão, nomeadamente através das páginas na Internet dos comercializadores.
2. Sem prejuízo de outros requisitos previstos na lei, o contrato de fornecimento de energia elétrica rege-se por princípios de transparência, informação e equidade, devendo especificar os seguintes elementos:

---

[770] DR 1.ª série, n.º 194, de 8-out.-2012, 5588-(36)/I e II: a versão republicada.

220 *Modalidades de coisas*

a) A identificação completa e o endereço do comercializador, bem como o código de identificação da instalação de consumo;

b) Os serviços fornecidos e os níveis de qualidade desses serviços, suas características e data do início de fornecimento de eletricidade, bem como as condições normais de acesso e utilização dos serviços do comercializador;

c) O tipo de serviços de manutenção, caso sejam oferecidos;

d) A duração do contrato, as condições de renovação e termo, bem como as condições de denúncia, devendo especificar se a denúncia importa ou não o pagamento de encargos;

e) A compensação e as disposições de reembolso aplicáveis caso os níveis de qualidade dos serviços contratados não sejam atingidos, designadamente em caso de faturação inexata ou em atraso;

f) A especificação dos meios de pagamento ao dispor dos clientes;

g) Os meios de resolução de litígios, que devem ser acessíveis, simples e eficazes;

h) Informações sobre os direitos dos consumidores, incluindo as relativas ao tratamento de reclamações e tarifas e taxas de comunicação aplicáveis, as quais devem ser comunicadas de forma clara, nomeadamente através das páginas na Internet das empresas.

3. Os comercializadores devem ainda:

a) Facultar, a todo o momento, o acesso do cliente aos seus dados de consumo, de forma gratuita;

b) Conceder acesso aos dados do cliente a outro comercializador mediante acordo do cliente, nos termos a estabelecer na lei;

c) Informar os clientes sobre o seu consumo, os preços e as tarifas aplicáveis, com frequência suficiente que lhes permita regular o seu próprio consumo, sem custos adicionais.

4. Previamente à celebração dos contratos, os comercializadores devem prestar aos clientes informação sobre as condições contratuais referidas no n.º 2 e as garantias previstas no número anterior.

5. As condições gerais devem ser equitativas e transparentes e ser redigidas em linguagem clara e compreensível, assegurando aos clientes a escolha quanto aos métodos de pagamento, em conformidade com a legislação que estabelece o regime aplicável às práticas comerciais desleais das empresas nas relações com os consumidores.

6. Qualquer diferença nos termos e condições de pagamento dos contratos com os clientes deve refletir os custos dos diferentes sistemas de pagamento para o comercializador.

§15.º A eletricidade

7. Os clientes devem ser notificados, nos termos previstos no Regulamento de Relações Comerciais, de qualquer intenção de alterar as condições contratuais e informados do seu direito de denúncia.

8. Os comercializadores devem notificar os seus clientes de qualquer aumento dos encargos resultante de alteração de condições contratuais, previamente à entrada em vigor do aumento, podendo os clientes denunciar de imediato os contratos se não aceitarem as novas condições que lhes sejam notificadas pelos respetivos comercializadores.

Estruturalmente, configura-se uma prestação de serviço.

II. Tecnicamente, a eletricidade constitui o objeto desse contrato. Dada a amplidão do artigo 202.º do Código Civil, ela integra o conceito de coisa em sentido amplo. Se atentarmos nas aceções de coisa[771], verificamos que ela preenche a noção própria: não tem personalidade jurídica e pode ser objeto de direitos e de obrigações. Já o considerá-la uma coisa corpórea, mormente para efeitos de aplicação da disciplina de Direitos Reais (1302.º/1) parece pouco realista. Caso haverá que ajuizar dessa aplicação.

III. Estas considerações aplicam-se, em geral, à energia. Esta, em muitas das suas formas, pode ser apreendida pelos sentidos. Nos outros casos, tal é indiretamente possível, com recurso a instrumentos científicos adequados: pense-se num contador *geiger*, para medir a radioatividade.

O Código Civil não refere a energia entre as coisas, embora se lhe reporte, a propósito da responsabilidade[772] e dos privilégios creditórios[773]. Pelo contrário, o Código Civil italiano refere expressamente, no seu artigo 814.º, que a energia é uma coisa móvel – e, portanto, uma coisa.

IV. A energia não é uma mera criação do espírito humano. Não sendo um "objeto", a energia tem existência objetiva, podendo ser, nalguns casos, apropriada. Embora a aplicação do regime dos direitos reais, à energia, suscite algumas dificuldades, ela tende hoje – na linha, aliás, de

---

[771] *Supra*, 52.

[772] Recordamos o artigo 509.º, relativo a danos causados por instalações de energia elétrica ou gás; *vide Tratado* VIII, 681 ss..

[773] Assim o artigo 739.º, segundo o qual gozam de privilégios sobre os frutos dos prédios rústicos respetivos: *a*) os créditos pelos fornecimentos de sementes, plantas e adubos, e de água ou energia para irrigação ou outros fins agrícolas.

222   Modalidades de coisas

toda uma tradição anterior[774] – a ser considerada como uma coisa corpórea móvel, tanto pela doutrina[775], como pela jurisprudência[776]. Alguns autores incluem, dentro das coisas corpóreas, a energia como uma coisa imaterial. Evitamos, todavia, essa terminologia: coisa "imaterial" é, também, a incorpórea, com todas as confusões a que isso dá azo[777]. Ficamo-nos, pois, por uma coisa móvel específica ou "coisa energética".

---

[774] Assim, já Manuel de Andrade, *Teoria geral* cit., 1, 227 e Pires de Lima, *Das coisas* cit., 213.

[775] Assim, Carvalho Fernandes, *Teoria geral* cit., 1, 5.ª ed., 227 e Oliveira Ascensão, *Teoria geral* cit., 323-324.

[776] STJ 6-mai.-1998 (Lopes Pinto), BMJ 477 (1998), 451-459 (458).

[777] A física moderna esbate as fronteiras entre "energia" e "matéria"; recorde-se a fórmula basilar de Einstein, relativa à convertibilidade da matéria em energia: $E = mc^2$, sendo E a energia, m a massa e c a velocidade da luz; portanto: a energia equivale ao quadrado do produto da massa pela velocidade da luz ou constante universal. *Vide* Albert Einstein, *Ist die Trägheit eines Körpers von seinem Energieinhalt abhängig?*, Annalen der Physik 323 (1905), 639-643 ; há trad. inglesa, confrontável na Net.

§ 16.° COISAS FUNGÍVEIS, CONSUMÍVEIS E DETERIORÁVEIS

78. Coisas fungíveis e não-fungíveis

I. No Direito romano, certos contratos reportavam-se a coisas que tinham a particularidade de se identificarem por peso, conta ou medida[778]. E assim sucede por não terem qualquer característica individual que, no género a que pertençam, as individualize[779]: um quilo de trigo, meia-dúzia de pães ou um litro de azeite. Esta figuração terá raízes orientais anteriores[780].

Com a implantação do pensamento sistemático – o que, sabidamente, ocorreu primeiro com o humanismo – procurou denominar-se, em geral, as coisas que aparentam tal característica. Surgiram diversas expressões, como coisas representáveis[781], coisas substituíveis, coisas sub-rogáveis, coisas de género e coisas de quantidade[782]. Uma das primeiras designa-

---

[778] Paulus, D. 12. 1. 2. 1. = Mommsen/Krüger, 6.ª ed. (1954), 190-191: *Mutui datio consistit in his rebus, quae pondere numero mensura consistunt* (...). Para a análise deste texto, que considera interpolado, *vide* Guglielmo Savagnone, *La categoria delle res fungibiles*, BIDR LV-LVI (1952), 18-64. Referimos, ainda, Max Kaser, *Das römische Privatrecht* cit, 1, 2.ª ed., § 93, II (1, 323).

[779] Malte Stieger, no *Staudingers Kommentar* (2017) cit., §§ 90-124, § 91, Nr. 1 (54).

[780] Thomas Rüfner, *Vertretbare Sachen?/Die Geschichte der res, quae pondere numero mensura constant* (2000), 172 pp., 22 ss, bem como em HKK/BGB cit., 1, §§ 90-103, Nr. 22 (330-331).

[781] Era a expressão da pandectística tardia – assim: Ferdinand Regelsberger, *Pandekten* 1 (1893), § 99 (1, 378 ss.) e Dernburg/Biermann, *Pandekten* cit., 7.ª ed., § 75 (1, 171) – e finalmente consignada no § 91 do BGB:

> No sentido da lei, são representáveis as coisas móveis que, no tráfego, costumem ser determinadas pelo número, medida e peso.

[782] Tal a opção de Savigny, *System des heutigen Römischen Rechts* 6 (1847), § 268 (123); *vide* Windscheid/Kipp, *Pandekten* cit., 9.ª ed., § 141 (1, 702), em cuja edição italiana se terá documentado Raúl Ventura, *Direito das coisas* cit., 61.

224 *Modalidades de coisas*

ções propostas, para esse efeito, foi a de "coisas fungíveis". Trata-se de uma locução que se deve a Zasius[783], humanista alemão do século XVI[784] e que ficaria consignada nos países latinos[785].

Às coisas fungíveis contrapor-se-iam as não-fungíveis, isto é, as coisas individualizadas pelas suas características próprias.

II. Apesar das querelas terminológicas, as "coisas fungíveis" conservaram-se, apenas, em áreas sectoriais. Os códigos civis italianos (de 1865 e de 1942) e o francês (de 1804) não contêm definições genéricas, embora pressuponham as inerentes categorias[786]. Nessa mesma linha, o Código de Seabra não sentiu necessidade de se lhe reportar em geral: elas surgiam em preceitos específicos e, designadamente, no artigo 1507.º, relativo à distinção entre o comodato e o mútuo[787].

Na preparação do Código Civil, jogou o exemplo alemão[788]. Foi assim proposta uma definição, que transitou para o texto definitivo, nos termos seguintes – artigo 207.º:

> São fungíveis as coisas que se determinam pelo seu género, qualidade e quantidade, quando constituam objeto de relações jurídicas.

O próprio Código – assim, no artigo 408.º/2 – fala ainda em coisas "indeterminadas". Estas, porém, só poderão ser reconduzidas às fungíveis

---

[783] Vdalrici Zasii, *Commentaria, seu Lecturas eiusdem in titulos primae Pandectarum partis*, 1 (1550, reimpr. do Scientia Verlag, 1964), 633, 6. Zasius apresenta aí a expressão *res fungibiles* como *novum nostrum vocabulum*, para melhor exprimir a sua função. *Vide*, também, o 5.º vol., 21, 22, bem como Edoardo Volterra, *Istituzioni di diritto privado romano* (1961), 283.

[784] Quanto a Udalricus Zasius – aliás, Ulrich Zäsy – (1461-1535), humanista alemão ligado ao estudo de Acúrsio, *vide* R. Stintzing, *Geschichte der Deutschen Rechtswissenschaft*, I (1880), 166, focando justamente o seu papel na "descoberta" das coisas fungíveis e, ainda, Hermann Lange, *Römisches Recht im Mittalter* – I (1997), 378.

[785] A expressão *res fungibiles*, presente em Karl Adolf von Vangerow, *Lehrbuch der Pandekten* 1, 7.ª ed. (1863), 104, é considerada "bárbara e totalmente incaracterística" por Windscheid/Kipp, *Lehrbuch* cit., 9.ª ed., 702, nota 3, os quais retomam, em parte, Savigny, *System* cit., 6, § 268, (a) (123). O próprio Savigny usara, todavia e em obra de juventude, a expressão *res fungibiles*: *vide* a sua *Pandektenvorlesung* 1824/25, ed. Horst Hammen (1993), 54.

[786] *Vide* Jean Carbonnier, *Les biens* cit., 19.ª ed., 96 ss..

[787] Manuel de Andrade, *Teoria geral* cit., 1, 253.

[788] Pires de Lima, *Das coisas* cit., 215-216, que cita, ainda, o artigo 950.º do Código civil grego.

§ 16.º *Coisas fungíveis, consumíveis e deterioráveis* 225

quando a determinação implique operações de conta, de medida ou de pesagem.

III. A noção contida no artigo 207.º tem especificidades que importa realçar: elas ressaltam, com mais alguma clareza, se a confrontarmos com a definição do § 91 do BGB alemão[789].

De facto, a tradição alemã apontava para uma noção objetiva de "fungibilidade" (ou "representabilidade")[790]. Trata-se de uma orientação bem presente em Otto Karlowa (1836-1904), aquando da preparação do BGB[791] e que se manteve até hoje[792]. Apenas com uma precisão importante: a "fungibilidade" não seria ditada apenas pela natureza, mas também pela normalidade social e pelos costumes do tráfego[793], como de resto se infere do próprio § 91.

O Código Civil fez uma opção mais subjetiva: tudo depende da concreta situação verificada[794]. Exprimiu-se, porém, em termos inabituais: (...) *quando constituam objeto de relações jurídicas*, diz o final do artigo 207.º[795].

Num português discutível, o Código pretendeu dizer que são fungíveis as coisas que, na situação jurídica considerada, se determinem pelo género, qualidade e quantidade. Isto é: apenas *in concreto* (*quando*

---

[789] Transcrito *supra*, nota 734. *Vide* Barbara Völzmann-Stickelbrock, no PWW/ /BGB cit., 13ª ed., § 91 (75-76).

[790] Rudolf von Jhering, *Beiträge zur Lehre von der Gefahr bein Kaufcontracte*, JhJb 4 (1861), 366-438 (401 ss.).

[791] Otto Karlowa, *Ueber den Begriff der fungiblen Sachen und die Anwendung desselben bei den verschieden Rechtsverhältnissen und Rechtsgeschäften des römischen Rechts*, GrünhutsZ 16 (1889), 407-456 (407 ss.).

[792] Larenz/Wolf, *Allgemeiner Teil* cit., 8.ª ed. 389, 9.ª ed., § 20, Nr. 30 (356) e Wolf/ /Neuner, 11.ª ed., § 25, Nr. 12 (303) – a noção está orientada para o tráfego comercial – e Gerhard Dilcher, no *Staudingers Kommentar*, 13.ª ed. (1995), § 91, Nr. 3 (562). Dilcher admite que as partes venham estipular que uma obrigação possa ser cumprida com uma de duas ou mais coisas não representáveis; criam, com isso, uma obrigação genérica lícita, mas não fazem passar a representáveis (fungíveis) coisas que o não sejam.

[793] Otto Karlowa, *Ueber den Begriff* cit., 408.

[794] Também Carvalho Fernandes, *Teoria geral* cit., 1, 5.ª ed., 693-694. Trata-se da opção claramente assumida por Pires de Lima, *Das coisas* cit., 216 e que vinha já de Manuel de Andrade, *Teoria geral* cit., 1, 253. Cunha Gonçalves, *Tratado* cit., 3, 43, optava por uma noção objetiva embora, depois – *idem*, 44 –, a subjetivasse.

[795] Oliveira Ascensão, *Teoria geral* cit., 1, 337, considera esta fórmula incompreensível. Nem tanto.

226   *Modalidades de coisas*

constituam objeto ...) se poderá afirmar se há ou não fungibilidade. Uma moeda será fungível ou não conforme os casos: uma moeda de coleção ou a moeda "da sorte" não são fungíveis; precisamente a mesma moeda, noutras circunstâncias, sê-lo-á. Note-se que a fungibilidade, não sendo evidente, deve ser invocada e demonstrada[796].

Descontando a fórmula linguística anómala acima apontada, o sistema do Código Civil é adequado e conveniente.

IV. Outra diferença, perante o BGB, reside no facto de o Código Civil não limitar a distinção às coisas móveis. Não obstante, alguma doutrina, para além da letra da lei, faz essa restrição[797]: não há razões para tanto[798].

Podem as partes ter interesses atendíveis em considerar fungíveis determinados imóveis; e mesmo na normalidade do tráfego, tal poderá suceder; por exemplo: uma construtora promete comprar vinte lotes numa urbanização: a determinação é feita pelo género e pelo número.

V. A distinção tem grande relevo prático. Assim, o contrato de mútuo diz respeito a coisas fungíveis (1142.º), enquanto o comodato pressupõe coisas não-fungíveis (1129.º): no primeiro caso, o beneficiário terá de restituir coisa equivalente enquanto no segundo, reportar-se-á à própria coisa emprestada. O depósito recai sobre coisas não-fungíveis, sendo irregular quando isso não suceda (1205.º). O contrato de fornecimento, não tipificado na lei portuguesa, é uma modalidade de empreitada que se reporta a coisas fungíveis[799]. A compensação exige duas obrigações que tenham, por objeto, coisas fungíveis – artigo 847.º/1, *b*).

A classificação entre coisas fungíveis e não-fungíveis pode ser transposta para o domínio das obrigações[800]. Aí, a "prestação fungível" é aquela que tanto possa ser executada pelo devedor como por terceiro, o que permite, a este, realizar o cumprimento (767.º, onde se mantém a ideia de uma possível não-fungibilidade convencional). O artigo 828.º fala em "facto fungível". Prestações essencialmente fungíveis são as que

---

[796] STJ 22-fev.-1984 (Moreira da Silva), BMJ 334 (1984), 441-444 (443-444): os títulos representativos de ações não são, só por si, fungíveis.

[797] Assim, Pires de Lima/Antunes Varela, *Código Civil Anotado* cit., 1, 4.ª ed., 201; anteriormente, era essa a opção de Cunha Gonçalves, *Tratado* cit., 3, 44.

[798] Assim: Castro Mendes, *Teoria geral* cit., 2, 2.ª ed., 134, nota 1 e Carvalho Fernandes, *Teoria geral* cit., 1, 5.ª ed., 694.

[799] Ulrich Büdenbender, *Der Werkvertrag*, JuS 2001, 625-635 (629/II).

[800] *Tratado*, VI, 2.ª ed., 542 ss..

§ 16.º Coisas fungíveis, consumíveis e deterioráveis 227

constituam o objeto de obrigações genéricas (539.º). As prestações de facto não-fungíveis podem dar azo a sanções pecuniárias compulsórias (829.ª-A/1)[801].

A sub-rogação em consequência de empréstimo, feito ao devedor, implica o cumprimento, pelo devedor, com uma coisa fungível, emprestada por terceiro (591.º/1). O cumprimento de uma obrigação cujo crédito esteja empenhado, quando envolva uma prestação de coisa fungível, deve ser feita aos dois credores (685.º/2). O legatário de coisa fungível tem hipoteca legal sobre os bens sujeitos ao encargo do legado ou, na sua falta, sobre os bens que os herdeiros responsáveis houvessem do testador [705.º, f)]; ainda neste caso, não é possível exigir caução (707.º/2). A sentença que condene o devedor à realização de uma prestação em coisa fungível é título bastante para o registo de uma hipoteca judicial (710.º/1). Havendo venda de coisa defeituosa fungível, tem o comprador o direito de exigir a sua substituição (914.º e 921.º/1), em certas condições variáveis, nos dois casos. Pode ser objeto de renda perpétua uma coisa fungível – artigo 1231.º – outrotanto sucedendo com a renda vitalícia (1238.º). Deve sublinhar-se que a lei usa, com frequência, a locução "dinheiro ou outra coisa fungível".

Finalmente, no domínio das sucessões, surge-nos a figura do legado de coisa genérica (2253.º), a que corresponde o regime do artigo 2266.º[802].

79. Coisas consumíveis e não-consumíveis

I. O Direito romano isolava uma categoria de coisas de existência efémera: o seu uso normal implicava a sua destruição, designadamente na forma do consumo. Donde as locuções *res quae usu consummuntur*[803]. A ideia inicial, estritamente ligada à natureza das coisas – particularmente aos alimentos – veio a ser alargada. O albergueiro que vende alimentos lida com coisas consumíveis; e só pode fazê-lo uma única vez: depois de vendidos, os alimentos saem definitivamente da sua esfera jurídica. A ideia

---

[801] *Tratado*, IX, 3.ª ed., 526 ss..

[802] No Direito alemão, onde a "fungibilidade" é puramente objetiva, a coisa fungível não se confunde com a genérica; *vide* Windscheid/Kipp, *Lehrbuch* cit., 9.ª ed., 1, 703.

[803] Ulpianus, D. 7. 5. 1., dá conta da medida do Senado de permitir o usufruto de coisas *quae usu tolluntur vel minuuntur*. *Vide* Max Kaser, *Römisches Privatrecht* cit., 1, 2.ª ed., § 93, II (1, 323).

228 *Modalidades de coisas*

de coisa consumível ficava, todavia, muito próxima da coisa fungível, sendo frequente a confusão. Apenas a pandectística do século XIX, sob a figura pioneira de Thibaut, logrou diferenciar as duas realidades[804].

A partir daí, chegou-se a uma construção jurídica de "consumo": este ocorre seja perante coisas efémeras, cujo uso envolve a sua destruição, seja perante coisas duradouras, que se destinem, todavia, a ser alienadas[805].

II. Os códigos modernos, quando referem a distinção, fazem-no, precisamente, para alargar o conceito natural de "coisa consumível"[806]. O BGB fá-lo em dois tempos: no § 92 (1) começa por definir coisas consumíveis como aquelas cujo uso regular se traduza no consumo ou na alienação; no § 92 (2) acrescenta ainda os móveis que pertençam a um depósito ou a um conjunto cujo uso regular implique a alienação de coisas singulares[807].

Na linha da apontada tradição romano-germânica, o Código Civil define, no seu artigo 208.º, as coisas consumíveis como *aquelas cujo uso regular importa a sua destruição ou a sua alienação*. Trata-se, assumidamente, de um conceito jurídico e não naturalístico[808].

III. Com referência à distinção das coisas em consumíveis e não-consumíveis, importa ainda fazer algumas precisões. No domínio naturalístico, o princípio de Lavoisier (1743-1794) recorda-nos que "na natureza nada se cria, nada se perde: tudo se transforma". O "consumo" natural implicará, simplesmente, uma transformação radical ou irreversível da coisa. Mesmo com essa precisão, apenas uma decisão humana – normalmente tomada pelo proprietário da coisa – pode determinar a natureza "naturalmente" consumível da coisa em causa: uma garrafa de boa colheita pode ser consumida ou pode ser guardada para coleção; uma peça de mobiliário pode ser consumida como lenha ou usada no fabrico de serradura. É certo que

---

[804] Thomas Rüfner, *Vertretbare Sachen?* cit., 91 e 100 ss..

[805] *Vide* Cunha Gonçalves, *Tratado* cit., 3, 44 ss. e Manuel de Andrade, *Teoria geral* cit., 1, 254.

Para os romanos, o dinheiro era, assim, uma coisa consumível, na linha da confusão acima referida. *Vide*, ainda, Raúl Ventura, *Direito das coisas* cit., 57 ss..

[806] Foi decisiva, também aqui, a pandetística: Ferdinand Regelsberger, *Pandekten* cit., § 100 (1, 380-381).

[807] Gerhard Dilcher, no *Staudingers Kommentar*, cit., 13.ª ed., § 92 (568) e Manfred Wolf/Jörg Neuner, *Allgemeiner Teil* cit., 11.ª ed., § 25, Nr. 15 (303-304).

[808] Pires de Lima, *Das coisas* cit., 216.

§ *16.° Coisas fungíveis, consumíveis e deterioráveis*   229

o Código Civil, ao apelar ao "uso regular" sobrepõe um sentido objetivo à distinção, em detrimento do que poderia ser uma aceção puramente subjetiva. Mas mesmo então, o "uso regular" pode, dentro de certa margem, ser determinado pelo proprietário.

A distinção legal visa, no essencial, o regime do usufruto; vejam-se os artigos 1451.°, 1452.°/1, 1468.° e 1483.°.

80. Coisas deterioráveis e duradouras

I. Ao lado da classificação das coisas em consumíveis e não-consumíveis, outra surge: a que separa as coisas duradouras das deterioráveis. As primeiras mantêm-se como tais, mau grado o uso; as segundas, perante o seu uso, mesmo regrado e regular, vão perdende qualidades e valor: é o que sucede com o vestuário ou com os automóveis, por exemplo[809]. A natureza deteriorável de uma coisa não faz, dela, uma coisa consumível[810]. Tem, todavia, diversas implicações, no campo, por exemplo, do usufruto: veja-se, assim, o artigo 1452.°. A presença de coisas deterioráveis requer, aí, um critério de diligência no seu uso: este deve ser regular, mantendo-se no que lhe é próprio e não devendo haver "culpa".

II. O Direito civil conhece, ainda, a categoria das coisas "suscetíveis de deterioração": artigo 1889.°/1, *a*), por exemplo. Desta feita, trata-se de coisas que, independentemente do seu uso, tenham uma duração limitada; pense-se nos alimentos.

Verificada essa ocorrência, justificar-se-ão regimes adaptados como, por exemplo, os que permitam facilidades na alienação. Vejam-se, ainda, os artigos 94.°/4 (curadoria provisória) e 2090.°/1 (venda, pelo cabeça-de-casal, de "bens deterioráveis").

---

[809] No Direito romano falava-se em *res quae usu minuuntur*; *vide* Raúl Ventura, *Direito das coisas* cit., 60.

[810] Joachim Jickeli/Malte Stieper, no *Staudingers Kommentar*, §§ 90-124 cit., § 92, Nr. 1 (54), Christine Stresemann, no *Münchener Kommentar* cit., 1, 8.ª ed., § 92, Nr. 3 (1068) e Manfred Wolf/Jörg Neuner, *Allgemeiner Teil* cit., 11.ª ed., § 25, Nr. 15 (304).

§ 17.º COISAS DIVISÍVEIS, FUTURAS E PRINCIPAIS

81. Coisas divisíveis e indivisíveis

I. São divisíveis – diz o artigo 209.º – as coisas que podem ser fracionadas sem alteração da sua substância, diminuição de valor ou prejuízo para o uso a que se destinam. O legislador indicou três critérios heterogéneos, sendo clara a dominância do segundo: sem diminuição do valor. Trata-se, como bem diz o Supremo, de um critério jurídico e não físico, uma vez que tudo, sem exceção do átomo, é divisível[811].

A classificação remonta ao Direito romano[812]. Havia, nele, uma discussão clássica que consistia, precisamente, em saber se devia ou não intervir o critério do valor[813]. Designadamente pela influência de Manuel de Andrade[814], na feitura do Código Civil de 1966 – o de Seabra, à semelhança da generalidade dos outros Códigos, aplicava a noção mas não a definia, em termos gerais –, prevaleceu o critério do valor.

Já se tem feito notar que tal critério não pode ser hipertrofiado: há muitas situações nas quais coisas perfeitamente divisíveis – bibliotecas, coleções ou garrafeiras, como exemplos – vêm alterar o valor das parcelas com a separação: a soma dos valores só por coincidência corresponderá ao valor global inicial. De novo teremos de apelar para a concreta situação considerada, de modo a formular uma definitiva opção de divisibilidade.

---

[811] STJ 12-dez.-1989 (Ricardo da Velha), BMJ 392 (1990), 458-463 (461) e RCb 7-mar.-1995 (Quinta Gomes), CJ XX (1995) 2, 8-10 (8/I). À luz do Direito anterior: Cunha Gonçalves, *Tratado* cit., 3, 46 ss..

[812] Raúl Ventura, *Direito das coisas* cit., 63 ss..

[813] A discussão conservou-se ao longo do "Direito romano moderno": Carl Georg von Wächter, *Ueber Theilung und Theilbarkeit der Sachen und Rechte*, AcP 27 (1844), 155-197 e, já com elementos consideráveis, Gustav Rümelin, *Zur Lehre von der Theilung der Rechte. Bedeutung der Begriffsbildung und legislatorische Behandlung*, JhJb 28 (1889), 386-484.

[814] Deste Autor, *vide Teoria Geral* cit., 1, 256 ss..

§ *17.º Coisas divisíveis, futuras e principais* 231

II. A jurisprudência sublinha que as qualidades da coisa que permitam a divisibilidade devem ser aferidas no momento em que se ponha o problema. O facto de, no futuro, a coisa poder ser divisível não permite, desde logo, qualificá-la como tal[815]. Assim, não é considerada divisível a casa cuja repartição implicaria obras de reparação e de remodelação[816].

III. As aplicações da noção de divisibilidade centram-se, desde logo, nas hipóteses de comunhão. Nos termos do artigo 1412.º, ninguém é obrigado a permanecer na indivisão. Desencadeada a divisão de coisa comum, das duas uma – artigo 1052.º do Código de Processo Civil[817]: ou a coisa é divisível, altura em que se procederá à divisão em substância ou isso não sucede e haverá que recorrer à adjudicação ou venda da coisa, com repartição do respetivo valor.

Em processo de divisão de coisa comum, a eventual indivisibilidade da coisa é de conhecimento oficioso – artigo 1053.º/4 do CPC – o que só se entende por via da celeridade processual: estão em jogo situações patrimoniais disponíveis[818].

A divisibilidade releva, ainda, no tocante ao modo por que se efetua a redução de liberalidades inoficiosas[819].

IV. Finalmente, a divisibilidade das coisas tem uma aplicação importante, quando transposta para o domínio das obrigações. Aí, há divisibilidade sempre que a prestação possa ser fracionada, sem prejuízo para o interesse do credor. Não obstante, mesmo perante prestações divisíveis, o cumprimento deve ser efetuado por inteiro (artigo 763.º/1).

Assim não será na hipótese de complexidade subjetiva – portanto: de surgir uma obrigação com vários sujeitos – altura em que tem aplicação o regime especial do artigo 534.º.

V. Contributo interessante vem-nos, ainda, da pandectística tardia: aí se distinguia entre a indivisibilidade absoluta e a relativa[820]. A primeira

---

[815] RPt 28-fev.-1991 (Mário Cancela), CJ XVI (1991) 1, 260-262 (261/I).

[816] RCb 7-mar.-1995 cit., CJ XX, 2, 9, muito bem decidido.

[817] Na redação dada pelo Decreto-Lei n.º 329-A/95, de 12 de dezembro.

[818] Todavia, aquele que pretenda prevalecer-se de uma indivisibilidade que invoque, deve prová-la: RCb 28-mar.-2000 (Nuno Cameira), BMJ 495 (2000), 366/II.

[819] *Vide* o artigo 2174.º/1 e 2.

[820] Dernburg/Biermann, *Pandekten* cit., 7.ª ed., § 76 (1, 173).

232   *Modalidades de coisas*

derivaria da natureza; a segunda, de razões jurídico-privadas, seja por a divisão ofender vontades protegidas, seja por prejudicar interesses tutelados. À luz do Direito positivo português, a indivisibilidade seria, sempre, a relativa.

82. Coisas presentes e futuras

I. O Código Civil estabelece uma distinção entre coisas presentes e coisas futuras. As coisas futuras são apresentadas pelo artigo 211.º[821], como:

> (...) as que não estão em poder do disponente, ou a que este não tem direito, ao tempo da declaração negocial.

Temos, em abstrato, duas situações bastante diversas.

Por um lado, pode haver coisas objetiva (Biondi) ou absolutamente (Castro Mendes) futuras[822]: coisas que não existem, ainda, na facticidade – *in rerum natura* – mas que se espera venham a surgir. Por outro, pode-se lidar com coisas subjetiva ou relativamente futuras[823], isto é, coisas que já existem, mas que não se encontram no património do disponente. Esta última situação absorve a primeira: quando o disponente adquira a coisa, é porque esta, além do mais, já existe. É, então, seguramente presente.

II. O Direito admite negócios relativos a coisas futuras: nessa altura, eles só produzem efeitos quando a coisa seja adquirida pelo alienante (artigo 408.º/2)[824]. Os negócios sobre coisas alheias podem ser havidos como sobre coisas futuras, desde que as partes as considerem enquanto tal (artigo 893.º)[825].

---

[821] Trata-se de uma definição que não constava do anteprojeto inicial de Pires de Lima: ela veio a ser acrescentada nas revisões ministeriais.

[822] Biondo Biondi, *Les biens* cit., 257 e Castro Mendes, *Teoria geral* cit., 2, 145.

[823] *Idem*, Autores e ob cit..

[824] Tais os casos decididos em STJ 23-nov.-1976 cit., BMJ 261, 169: o da venda do painel de azulejos, que só se tornaria eficaz com a sua separação e em STJ 10-abr.-1997 cit., BMJ 466, 483: a venda de árvores em pé, que só se efetiva com o corte.

[825] STJ 12-jan.-2010 (Moreira Alves), Proc. 4317/07 e RGm 24-abr.-2012 (Maria da Purificação Carvalho), Proc. 862/11. *Vide* o *Tratado*, XI (2018), 114 ss..

§ 17.º Coisas divisíveis, futuras e principais   233

Quando se celebrem negócios sobre coisas futuras, o disponente fica obrigado às diligências necessárias para que elas se tornem presentes – artigo 880.º/1. Veja-se, também, o artigo 918.º. O Código Comercial admite, no seu artigo 467.º, a compra e venda de coisas futuras, incluindo as alheias[826].

A categoria aplica-se às obrigações, que podem ser futuras: artigos 628.º/2 (fiança de obrigação futura), 654.º (*idem*), 666.º/3 (obrigação futura garantida por penhor), 686.º (*idem*, por hipoteca) e 701.º/1 (*idem*).

III. O exemplo nítido da dogmática das coisas futuras é o caso decidido em STJ 23-abr.-1998. Fora celebrado um contrato de resinagem relativo a determinado pinhal. Simplesmente, antes de ter sido feita a colheita, o pinhal foi destruído por um incêndio. É devido o preço acordado pela resina?

Se a resina já tivesse sido adquirida pelo interessado, a resposta seria positiva: o risco do perecimento acidental de uma coisa corre sempre pelo seu dono. Simplesmente a resina, mero fruto, não tendo ainda sido extraída, não tinha autonomia jurídica. O contrato de resinagem era, na realidade, um contrato relativo à aquisição de uma coisa futura. Não se mostrando – como não se mostrou – que as partes tivessem querido celebrar um contrato aleatório – artigo 880.º/2 – o preço não era devido, uma vez que a coisa não surgiu. Assim decidiu o Supremo[827]: e bem.

---

[826] STJ 18-dez.-1971 (Ludovico da Costa), BMJ 202 (1971), 194-200 (198).
[827] STJ 23-abr.-1998 (Matos Namora), CJ/Supremo VI (1998) 2, 46-49 (48/I).

§ 18.º COISAS SIMPLES E COMPOSTAS

83. Coisas simples

I. No Direito romano, a coisa simples continha-se num único espírito[828]. Tínhamos, aqui, um aflorar do pensamento estóico, para o qual o espírito de uma coisa, enquanto parte da alma universal do mundo, constituía a sua essência e determinava a sua unidade[829].

Este tipo de asserção permite documentar como, desde cedo, o Direito elaborava os seus próprios critérios. A simplicidade de uma coisa não era – já então – ditada pela natureza ou pela sua estrutura físico-química: antes por uma certa forma de a enquadrar.

Pesquisando o Direito romano, Raúl Ventura vem apontar, como simples, as coisas seguintes:

– a coisa produzida pela natureza: um animal, uma árvore ou uma pedra;
– a coisa produzida pelo homem, em reprodução de matéria natural;
– a coisa de tipo novo, criada pelo homem.

II. Ainda com base no Direito romano, é possível apresentar os seguintes traços próprios do regime jurídico das coisas simples. Assim:

– a coisa simples pode conter elementos substituíveis, sem prejuízo da sua natureza;
– ela implica a unidade dos atos jurídicos que a tenham por objeto;
– sobre ela existe, ainda, um único direito.

Este último aspeto era considerado o decisivo[830].

---

[828] Pompónio, abaixo citado. *Vide* Edoardo Volterra, *Istituzioni* cit., 285.
[829] Raúl Ventura, *Direito das coisas* cit., 75 e Bonfante, *Corso* cit., 2, 102 ss..
[830] Raúl Ventura, *Direito das coisas* cit., 77-78.

§ 18.º Coisas simples e compostas 235

84. Coisas compostas

I. No Direito romano, distinguiam-se, opostas às simples, as coisas compostas. Estas podiam ser compostas *ex contingentibus* ou *ex distantibus*.

As coisas compostas *ex contingentibus* são formadas por conjuntos de coisas móveis, devidamente conetadas. Por exemplo, um telhado, o qual é constituído por diversas telhas.

As compostas *ex distantibus* implicam agrupamentos de seres animados distintos, dotados, todavia, de uma alma comum. O exemplo romano era o do rebanho[831].

Resta acrescentar que ambos estes tipos de coisas tinham a particularidade de poder ser objeto de atos jurídicos únicos.

II. Na evolução subsequente, podemos dizer que se assistiu a um duplo movimento. Por um lado, encurtaram-se os termos da distinção,

---

[831] Raúl Ventura, *Direito das coisas* cit., 79 ss. e 81 ss.. Tem interesse consignar o texto de Pompónio (atribuído, em Castro Mendes, *Teoria geral* cit., 2, 126, por lapso manifesto, a Ulpiano), D. 41. 3. 30. = Mommsen/Krüger, 6.ª ed. cit., 705/II-706/I, relativo ao tema:

> tria autem genera sunt corporum, unum, quod continetur uno spiritu et Graece ἡνωμένον [id est: continuum] vocatur, ut homo tignum lapis et similia: alterum, quod ex contingentibus, hoc est pluribus inter se coharentibus constat, quod συνημμιένον [id est: coniunctum] vocatur, ut aedificium navis armarium; tertium, quod ex distantibus constat, ut corpora plura non soluta, sed uni nomini subiecta, veluti populus legio grex.

em vernáculo:

> há também três géneros de coisas: uma, que se contém num espírito e a que na Grécia se chama *henoménon* [isto é: *continuum*], como o homem, a madeira, a pedra e similares; outra, que consta de coisas conetadas, isto é, de várias realidades ligadas entre si, e a que se chama *synemménon* [isto é: conjunto], como um edifício, uma nave ou um armário; uma terceira, que consta de realidades separadas, como várias coisas não integradas, mas sujeitas a um nome, como o povo, a legião ou o rebanho.

Vide, ainda, Heinrich Göppert, *Über einheitliche, zusammengesetze und Gesammt-Sachen nach römischem Recht* (1871; trata-se do título exato), 114 pp., 7, Max Kaser, *Römisches Privatrecht* cit., 1, 2.ª ed., § 93, II (1, 324), apontando uma influência estóica, no texto transcrito, Aldo dell'Oro, *Le cose collettive nel diritto romano* (1963), 3 ss. e Erich A. Daubermann, *Die Sachgesamtheit als Gegenstand des klassischen römischen Rechts* (1993), onde se examinam várias hipóteses do seu manuseio, incluindo na aplicação da *lex aquilia*.

236 *Modalidades de coisas*

reconduzindo as coisas compostas *ex contingentibus* às simples; como compostas manter-se-iam, apenas, as *ex distantibus*[832]. Por outro lado, porém, alongou-se o universo das coisas compostas, através da introdução de uma categoria medieval: a das universalidades[833], particularmente reanimada nos princípios do século XIX[834].

As universalidades andam paredes-meias com a ideia nascente de personalidade coletiva[835]; designavam o conjunto, abarcando, pois, todos os seus bens. Distinguiam-se a *universitas rerum* ou universalidade de coisas, aqui em causa, das *universitates personarum* ou universalidades de pessoas, de tipo corporacional.

E nas *universitates rerum* surgiam as universalidades de facto, similares às antigas coisas compostas *ex distantibus* e as universalidades *iuris* ou de direito, que se reportavam a uma nova realidade: a conjuntos articulados de posições heterogéneas, ativas e passivas, também ditas "patrimónios especiais"[836]. A doutrina alemã reteve as coisas compostas como agrupamentos de coisas corpóreas, suscetíveis de uma aquisição unitária[837].

---

[832] Na reformulação do universo das coisas, em termos de racional simplificação, foi decisiva a obra de Carl Christoph Hofacker (1749-1794); *vide* Ernst Holthöfer, *Sachteil und Sachzubehör* cit., 156 ss.. Do próprio Hofacker, *Principia iuris civilis romano-germanici*, tomo II, 2.ª ed., por Christian Gmelin (1801), §§ 716 ss., 1 ss..

[833] Christian Friedrich Mühlenbruch, *Ueber die s.g. iuris und facti universitatis*, AcP 17 (1834), 321-379 (328), imputa a expressão *universitates*, com este sentido, a Jason Maynus (Glason del Maino), *Commentaria* (Venetiis, 1590), VIII, 9.

Todavia, ela será mais antiga, remontando à Glosa: Aldo dell'Oro, *Le cose collettive nel diritto romano* cit., 1, notas 2 e 3.

[834] Temos em mente a série de estudos que lhe dedicou a bicentenária revista *Archiv für die civilistische Praxis*. Assim, além do escrito de Mühlenbruch, cit. na nota anterior: Hasse, *Ueber Universitas juris und rerum, und über Universal- und Singular- -Succession*, AcP 5 (1822), 1-68 e Warnkönig, *Ueber den Begriff und die juristische Wichtigkeit der sogennanten Universitas rerum*, AcP 11 (1828), 169-204.

[835] Helmut Coing, *Europäisches Privatrecht*, I – *Älteres und Gemeines Recht* cit., 261 ss. e, em especial, Biondo Biondi, *La dottrina giuridica della universitas nelle fonti romana*, BIDR LXI (1958), 1-59, ressaltando o papel da *hereditas*.

[836] Dernburg/Biermann, *Pandekten* cit., 7.ª ed., 1, 158. *Vide* o clássico Filippo Milone, *Le universitates rerum* (1894, reimp., 1971), 46 ss. e 80 ss..

[837] Paul Oertmann, *Zum Rechtsproblem der Sachgesamtheit*, AcP 136 (1932), 88-104 (88 e 101).

§ 18.º Coisas simples e compostas   237

III. Entre nós, aquando da receção do pandetismo, estávamos precisamente nesse estádio: Guilherme Moreira distinguia as *universalidades de cousas*, dando, como exemplo, um rebanho – artigo 2225.º do Código de Seabra – e as *de direitos*[838], exemplificadas com a herança[839]. Ambas seriam unificadas em função de um escopo, sendo tratadas, pelo Direito, como uma única realidade[840].

No período subsequente, a doutrina procurou simplificar as distinções; foram introduzidas novas locuções, como "coisas complexas" e "coisas coletivas"[841], o que nem sempre contribuiu para a simplificação pretendida[842]. A nível geral, podemos afirmar que a doutrina francesa ainda manteve a referência a "universalidades"[843], tal como a italiana[844]. A "universalidade de direito", todavia, não parou de perder terreno, pelo seu artificialismo, de tal modo que o artigo 816.º do Código italiano de 1942 veio, como universalidade, referir simplesmente a "de facto", nos seguintes termos:

> É considerada universalidade de móveis a pluralidade de coisas que pertençam à mesma pessoa e tenham um destino comum.
>
> As coisas singulares componentes da universalidade podem formar objeto de atos e relações jurídicas separados.

---

[838] Guilherme Moreira, *Instituições* cit., 1, 357-358; também, Cunha Gonçalves, *Tratado* cit., 3, 100 ss..

[839] Assim apresentada por Guilherme Moreira – ob. cit., 358:

> Esta é o conjuncto de todos os direitos patrimoniaes transmissiveis, sendo assim uma universalidade que se compõe de direitos reaes e de obrigações, e que o nosso codigo considera indivisivel (art. 2015.º).

[840] Galvão Telles conclui o seu escrito *Das universalidades* (1940), 173, com a seguinte definição (também transcrita em Castro Mendes, *Teoria geral* cit., 2, 132, nota 2):

> (...) complexo de coisas jurídicas, pertencentes ao mesmo sujeito e tendentes ao mesmo fim, que a ordem jurídica reconhece e trata como formando uma coisa só.

[841] Dias Marques, *Teoria geral do Direito civil* 1 (1958), 347 ss., distinguia coisas simples e complexas e, nestas, as compostas e as coletivas.

[842] *Vide*, porém, Cabral de Moncada, *Lições de Direito civil* cit., 2, 3.ª ed., 61, bem como Manuel de Andrade, *Teoria geral* cit., 1, 259 ss., já limitado a coisas simples e compostas.

[843] Jean Carbonnier, *Les biens* cit., 19.ª ed., 111 ss. (116-117), referindo os clássicos anteriores.

[844] Assim Scozzafava, *Dei beni* cit., 105 ss. e 110 ss., com indicações.

238   *Modalidades de coisas*

85. *Tertium genus*? Posição adotada

I. Na preparação do Código atual, Pires de Lima limitou-se a traduzir o citado artigo 816.º do Código italiano[845]. Simplesmente, enquanto este falava em "universalidades de móveis", passando a defini-las, Pires de Lima veio adotar a epígrafe "coisas compostas", referindo "coisa composta ou universalidade de facto". Incorreu, assim, em críticas acesas, tanto mais que tal proposta passaria, sem discussão, ao Código Civil[846].

Oliveira Ascensão preconiza outra terminologia: distingue coisas simples e complexas; as primeiras, ao contrário das segundas, não se poderiam analisar noutras mais simples; dentro das complexas, distingue as compostas das coletivas: as compostas corresponderiam às *ex contingentibus* e as coletivas às *ex distantibus* ou universalidades de facto[847].

II. A discussão em torno das coisas simples ou compostas/complexas é prejudicada por assentar numa evolução histórica sempre recorrente. Se pretendermos resultados dogmaticamente operacionais, teremos de situar o problema em termos de regime, abdicando de querelas puramente terminológicas.

Como ponto de partida, temos de assentar em que o Direito atual, pelo menos à partida, não trabalha com direitos subjetivos "globais": estruturalmente, haverá sempre tantos direitos subjetivos quantos os objetos tecnicamente existentes[848]. O objeto é o ponto de referência das situações jurídicas, falando-se, a tal propósito, no princípio da especialidade.

---

[845] Pires de Lima, *Das coisas* cit., 214.

[846] Nesse sentido, Oliveira Ascensão, *Teoria geral* cit., 1, 2.ª ed., 373 e 377.

[847] Trata-se da nossa interpretação das considerações, agudas mas um tanto dispersas, de Oliveira Ascensão, *Teoria geral* cit., 1, 2.ª ed., 369 a 377.

[848] Larenz/Wolf, *Allgemeiner Teil* cit., 8.ª ed., 391 e Wolf/Neuner, 11.ª ed., § 25, Nr. 19 (305). Num exemplo destes Autores: não há *um* direito de propriedade a uma biblioteca mas, antes tantos direitos de propriedade quantos os livros que nela se incluam. Por isso pode o dono retirar um (ou mais) livros, doá-los, encadorná-los, vendê-los, etc.. No sentido da boa doutrina *vide*, entre nós, Coelho Vieira, *Direitos reais* cit., 169, bem como Menezes Leitão, *Direitos reais* cit., 7.ª ed., 68.

A origem deste princípio remonta a Donnellus – *vide* Holthöfer, *Sachteil* cit., 129 ss. – sendo evidente que ele só se poderia impôr depois de alcançada a ideia de direito subjetivo.

§ 18.º Coisas simples e compostas 239

Admitimos que considerações de ordem sócio-cultural nos digam se uma coisa é simples ou não; mas apenas o Direito poderá dizer se um universo de coisas simples gera ou não uma coisa composta.

III. Vamos deixar o raciocínio nesse ponto e abordar uma questão diversa: haverá uma tripartição de coisas como queriam os romanos – simples, compostas *ex contingentibus* e compostas *ex distantibus* – e os medievais – simples, universalidades de facto e universalidades de direito?

Perante o Direito atual, como resulta da evolução histórica e do próprio regime legal, não há tripartição mas, apenas, uma bipartição.

As antigas coisas compostas *ex contingentibus* são, hoje, coisas simples: um armário, um automóvel ou um telhado admitem um único direito e operam, sócio-culturalmente, como uma unidade[849]. Por seu turno, as universalidades de direito traduzem patrimónios de afetação: não são coisas, sem prejuízo de, em certos casos, o Direito admitir um seu tratamento unitário[850].

Temos pois: por um lado coisas simples, que abrangem as coisas com várias peças, cuja autonomia ficou perdida com a junção, isto é, as antigas *ex contingentibus*; por outro, as compostas, que englobam várias coisas simples, pertencentes à mesma pessoa e com um destino unitário: estas absorvem as antigas *ex distantibus*, bem como as subsequentes universalidades de facto.

A especialidade está no seguinte: as coisas compostas podem ser objeto de atos jurídicos unitários, para comodidade do titular e da comuni-

---

[849] O perturbador exemplo de Castro Mendes, *Teoria geral* cit., 2, 129, retomado por Oliveira Ascensão, *Teoria geral* 1, 1.ª ed. (1997), 345, da pessoa que furta uma peça e a incorpora no relógio próprio; o dono da peça não ficaria inibido de a reivindicar, assim se caindo no artigo 206.º/2, prova de que o relógio seria coisa composta, não colhe: a incorporação da peça só extingue o direito autónomo à peça furtada se houver união – artigos 1333.º e seguintes do Código Civil; no caso do furto, há má-fé, pelo que a peça deve ser restituída *ex* artigo 1334.º/1: a peça não perdeu autonomia, porque o destino unitário que lhe foi dado é ilícito, devendo cessar. O relógio é, claramente, uma coisa simples. Quanto a direitos a partes de coisas: apenas são possíveis, por força de leis específicas – porquanto vêm bulir com a tipicidade – no campo dos imóveis; no dos móveis, não vemos como poder impedir o funcionamento das regras da união ou da confusão; defendendo aparentemente algo de diverso, Oliveira Ascensão, *Teoria geral* cit., 1, 2.ª ed., 374, nota 421.

Sobre a necessidade da bitola das incorporações para operar a "unificação" da coisa *vide* o nosso *Venda com reserva de propriedade/Incorporação de elevadores* cit., 322-323.

[850] *Infra*, 270 e *passim*.

240 *Modalidades de coisas*

dade; todavia, implicam direitos autónomos sobre as coisas componentes, podendo haver especialidades. Os exemplos são clássicos: o rebanho, a biblioteca ou a coleção de moedas. As coisas compostas conservam-se como tal enquanto operar o elemento que aglutine as coisas que as componham[851].

IV. Finalmente: a lei vigente (206.º/1) limita as coisas compostas aos conjuntos de móveis. A ideia é clara: um "conjunto" de imóveis, justamente pelas regras formais, de registo e outras que sobre eles impendem, nunca poderia ser tratado como uma coisa única. Conseguimos, assim, retirar um fio condutor, em toda esta matéria historicamente controversa.

[851] Assim, em STJ 15-fev.-1974 (João Moura), BMJ 334 (1974), 224-288 (225), retoma-se uma orientação da Relação de Lisboa segundo a qual um posto emissor de radio-difusão com a respetiva licença, pessoal e intransmissível e os seus elementos materiais ou técnicos, constitui uma universalidade de facto a qual, porém, cessa logo que cesse a licença de emissão.

§ 19.º COISAS ACESSÓRIAS, FRUTOS E BENFEITORIAS

86. Coisas principais e acessórias ou pertenças

I. No Direito romano, já era conhecida a situação na qual determinadas coisas, sem perda da sua autonomia, eram colocadas ao serviço de outras. Assim sucedia, designadamente, com o *instrumentum fundi*, isto é, com todos os animais e utensílios destinados à exploração agrícola[852]. A coisa servida é a principal; a que facilita a sua utilização é a acessória.

Já no Direito romano, o relevo da figura estava no seguinte: uma vez que existe uma relação de acessoriedade funcional entre ambas as coisas – a principal e a acessória – resulta, daí, uma mais-valia: é, pois, de esperar que a transmissão da coisa principal envolva a da acessória. Tudo estaria em interpretar, a essa luz, a vontade das partes[853].

II. Na evolução subsequente, assistir-se-ia a uma progressão, nem sempre linear, da ideia de acessoriedade. De acordo com os estudos de Holthöfer[854], no período intermédio vieram a autonomizar-se as pertenças: estas seriam entendidas como coisas de escasso valor, que não sendo embora partes integrantes estariam ao serviço do fundo. Uma aplicação germânica da noção dar-lhe-ia um alcance mais vasto: a pertença formaria, com a principal, uma unidade económica, abrangendo, por exemplo, todo

---

[852] Encontramos a sua enumeração em Ulpiano, D. 33. 7. 8. = 6.ª ed. Mommsen/ /Krüger, 510/II.

[853] Ernst Holthöfer, *Sachteil und Sachzubehör* cit., 74-75. Alguma doutrina, sem a matiz interpretativa, afirma todavia que, no Direito romano, a coisa acessória não segue a principal, salvo disposição nesse sentido; assim Alberto Burdese, *Manuale di diritto privato romano*, 3.ª ed. (1987), 180 e Edoardo Volterra, *Instituzioni* cit., 288.

[854] Ernst Holthöfer, *Sachteil und Sachzubehör* cit., 98; presumir-se-ia a vontade da sua transferência com a coisa principal – *idem*, 148-149. *Vide* Josef Kohler, *Zur Lehre von den Pertinenzen*, JhJb 28 (1888), 1-184 e, com indicações úteis, Thomas Rüfner, no HKK/ /BGB cit., 1, §§ 90-103, Nr. 26 ss. (334 ss.).

242   *Modalidades de coisas*

o inventário agrícola de um fundo rústico[855]. Trata-se de uma orientação económica muito bem vincada, nos §§ 97 e 98 do BGB alemão[856].

III. Os agrupamentos intermédios de conceitos permitiriam isolar uma ideia ampla de acessoriedade. Esta surgiria sempre que, perante coisas autónomas conexionadas, fosse possível estabelecer uma relação de predominância a favor de uma delas. Teríamos, assim[857]:

– as partes integrantes;
– as pertenças;
– os frutos;
– as benfeitorias.

As partes integrantes não têm, contudo, autonomia: não são verdadeiras coisas. Os frutos e as benfeitorias têm regimes explícitos e específicos: merecem tratamento autónomo. Ficam-nos, pois, as pertenças, enformadas pela existência de uma ligação de tipo económico com a coisa principal e às quais se poderá também chamar "coisas acessórias em sentido estrito".

IV. O Código de Seabra não consagrava, com generalidade, a matéria. Tal como o Código de Napoleão[858], as pertenças apenas afloravam nalguns preceitos e com o seguinte alcance fundamental: o de seguirem o destino jurídico das coisas principais[859].

A ampla consagração que as pertenças alcançaram, no Código alemão, influenciou as codificações tardias. Segundo o artigo 817.º do Código civil italiano de 1942[860],

---

[855] *Vide* Gerhard Dilcher, no *Staudingers Kommentar* cit., 13.ª ed., (1995), § 97, Nr. 2 (612).

[856] Christine Stresemann, no *Münchener Kommentar* cit., 1, 8.ª ed., § 97, Nr. 1 (1102).

[857] *Vide* Guilherme Moreira, *Instituições* cit., 1, 355, que inclui, também, o tesouro, Manuel de Andrade, *Teoria geral* cit., 1, 264 e Oliveira Ascensão, *Teoria geral* cit., 1, 2.ª ed., 379.

A tetrapartição apontada – *res accessoriae sive pertinentes, impensae* e *fructus* – deve-se a Hofacker: B. Caroli Christophori Hofacker, *Principia iuris civilis romano-germanici*, cit., §§ 728 ss. (8 ss.). *Vide* Holthöfer, *Sachteil* cit., 157, com outras fontes.

[858] *Vide* Jean Carbonnier, *Les biens* cit., 19.ª ed., 107.

[859] Guilherme Moreira, *Instituições* cit., 1, 355.

[860] O Código de 1865 era omisso, surgindo semelhante ao Napoleão e ao Seabra; *vide* Scozzafava, *Dei beni* cit., 125.

§ 19.º Coisas acessórias, frutos e benfeitorias 243

São pertenças as coisas destinadas de modo duradouro ao serviço ou ao ornamento de uma outra coisa. A destinação pode ser efetuada pelo proprietário da coisa principal ou por quem tenha um direito real sobre a mesma.

O artigo 818.º estabelecia a regra (supletiva) da circulação das pertenças em conjunto com a coisa principal, em termos que suscitaram dúvidas e críticas[861]. A doutrina veio, assim e nalguns casos[862] a restringir a ideia de pertença; a seu lado haveria ainda lugar para coisas acessórias de diversa natureza.

V. Estavam, de todo o modo, criadas condições para o acolhimento da figura, no que viria a ser o Código Civil de 1966. Pires de Lima, confiante no facto de pretender estabelecer a regra inversa do artigo 818.º do Código italiano – o que, de facto, fez – entendeu que nada impediria uma total identificação entre coisa acessória e pertença[863]. Propôs, assim, a fórmula que transitaria para o artigo 210.º/1.

87. Segue; o regime

I. As coisas acessórias não se apresentam como meras partes integrantes. Por isso, elas são objeto de direitos autónomos. A razão de ser da "acessoriedade" jurídica ou relação de pertença reside, desde o Direito romano, na possibilidade de, automaticamente, lhes aplicar o destino da coisa principal. No período intermédio, esse vetor foi fixado com recurso ao brocardo *accessorium principale sequitur*.

II. A regra indicada surgia, no Código Napoleão, em diversos institutos. Assim, na venda do bem principal, presumir-se-ia, salvo cláusula em contrário, a venda do acessório – artigo 1018.º. Outrotanto sucedia no tes-

---

[861] Scozzafava, *Dei beni* cit., 143 ss..
[862] Scozzafava, *Dei beni* cit., 149 ss., com indicações.
[863] Pires de Lima, *Das coisas* cit., 218.

244 *Modalidades de coisas*

tamento – artigo 1615.°[864]. Trata-se de uma doutrina também defendida, entre nós, no domínio do Código de Seabra[865].

O Código alemão – o primeiro que dogmatizou, em geral, as pertenças – foi cauteloso quanto ao regime. Limitou-se a, em sede dos contratos, prever uma regra especial de interpretação segundo a qual, na dúvida, o negócio de disposição da coisa principal se alargaria, também, às pertenças – § 311[866].

Prosseguindo nesta linha, o artigo 818.° do Código italiano dispõe[867]:

> Os atos e as relações jurídicas que tenham por objeto a coisa principal compreendem também as pertenças, se não se dispuser diversamente.

III. Pires de Lima veio considerar a solução do Código italiano como uma inovação não apoiada: parte do princípio de que ela é uma alternativa à antiga categoria de imóveis por destinação[868]. E assim, preconizou, para o então futuro Código Civil, a pura e simples abolição da regra *accessorium principale sequitur*, substituindo-a por uma norma inversa. Tal norma consta hoje do artigo 210.°/2, com a seguinte redação:

> Os negócios jurídicos que têm por objeto a coisa principal não abrangem, salvo declaração em contrário, as coisas acessórias.

Trata-se de um aparatoso erro histórico: desde o Direito romano, passando pelo Direito intermédio, pelos Direitos francês, alemão e italiano e pelo Direito português clássico – basta ver Guilherme Moreira e Manuel de Andrade! – que a autonomização de coisas acessórias e/ou pertenças sempre teve o sentido útil de aplicar, ainda que de modo mais ou menos matizado, ao acessório, o regime do principal. A não ser assim, nem se compreenderia o porquê da autonomização da categoria: sendo uma coisa distinta, é evidente que nunca haveria que lhe aplicar o regime de uma outra.

De todo o modo, a regra está em vigor: haverá que viver com ela.

---

[864] Jean Carbonnier, *Les biens*, 19.ª ed. cit., 107.

[865] Guilherme Moreira, *Instituições* cit., 1, 355 e Manuel de Andrade, *Teoria geral* cit., 1, 267.

[866] Larenz/Wolf, *Allgemeiner Teil* cit., 8.ª ed., 401 e Wolf/Neuner, 11.ª ed., § 25, Nr. 27 (307); o atual § 311c correspondia ao § 314, antes da grande reforma de 2001.

[867] Martina Petri, em Pietro Rescigno, *Codice Civile* cit., 1, 8.ª ed., art. 818.° (1453-1454).

[868] Pires de Lima, *Das coisas* cit., 218.

§ 19.º Coisas acessórias, frutos e benfeitorias 245

IV. Na normalidade da vida social, o negócio relativo à coisa principal deve abranger as acessórias ou, pelo menos: aquelas que, de imediato, por todos são reconhecidas como tais. Assim, seria impensável que o empregado de uma sapataria, depois de vender um par de sapatos, lhes retirasse os cordões, invocando o artigo 210.º/2; ou que o vendedor de automóveis, concluído o negócio, citasse o mesmo preceito para vender *a latere* o macaco e a roda de socorro. Nada disto tem a ver com imóveis por natureza! E mesmo havendo imóveis: a venda de uma herdade tem, implícitas, as alfaias que em qualquer herdade se espera encontrar.

É certo que as pessoas podem tudo prever em contrato. Mas as (boas) leis existem, precisamente, para enfrentar situações onde a vontade das partes falte ou tenha sido deficientemente expressa.

V. Procurando delimitar os problemas práticos suscitados pela impensada solução do artigo 210.º/2, Castro Mendes propôs a manutenção das diferenças entre coisas acessórias e pertenças. O artigo 210.º/2 aplicar-se-ia às primeiras; não às segundas[869]. Segue-o, no essencial, Carvalho Fernandes[870]. Também Oliveira Ascensão apoia essa orientação indo mesmo mais longe: invoca, pelo menos nalguns casos, um costume *contra legem* que teria já revogado a lei[871]. Estamos perante uma linha doutrinária coerente, que mais de meio século e que, quanto ao fundo, parece adequada. Deve, no entanto, ser tecnicamente reestruturada, até para permitir uma maior eficácia.

VI. O artigo 210.º/2, por supreendente que surja, existe, é claro e não contraria a Constituição. Deve – como qualquer preceito – é ser afeiçoado ao sistema. Perante problemas concretos, nunca nenhuma regra se aplica sozinha: funciona, sim, o ordenamento no seu todo.

Não nos parece viável estabelecer uma diferença de fundo entre coisas acessórias e pertenças: há uma equiparação de regimes – e não, apenas, de qualificações – que não vemos possa ser afastada. Quanto ao costume *contra legem*: tanto quanto sabemos, o artigo 210.º/2 tem sido aplicado sempre que invocado; falta uma prática reiterada de afastamento.

---

[869] Castro Mendes, *Teoria geral* cit., 2, 144; dá como exemplos o vendedor da espada que pretendesse retirar a bainha ou o do relógio de parede que não quisesse entregar a corda.

[870] Carvalho Fernandes, *Teoria geral* cit., 1, 5.ª ed., 709 ss., com importantes desenvolvimentos.

[871] Oliveira Ascensão, *Teoria geral* cit., 1, 2.ª ed., 382.

246 *Modalidades de coisas*

Quedam-nos, então, os seguintes instrumentos de normalização sistemática:

1.º Alargamento das partes integrantes, em detrimento de coisas acessórias[872]: na normalidade do tráfego, a corda do relógio de parede, os cordões dos sapatos ou a roda sobressalente fazem parte de um todo, ainda que não estejam materialmente soldados; transmitem-se em conjunto;

2.º Aproveitamento das regras de interpretação e de integração dos negócios: quem compra uma piscina quer comprar, também, a rede de limpeza; quem compra um cavalo quer comprar os arreios feitos, para ele, à medida; e quem vende uma e outra quer vender o acessório, que já não lhe servirá para nada; ainda que o não digam, o negócio forma-se nesse sentido, podendo invocar-se os artigos 236.º, 237.º e 239.º[873];

3.º Deveres acessórios derivados da boa-fé: quem compra uma coisa fá-lo para que ela seja usada ou para que produza; logo, a coisa adquirida deve vir acompanhada dos acessórios necessários, sob pena de violação do artigo 762.º/2;

4.º Defesa do consumidor: segundo o artigo 4.º da LDC:

1. Os bens e serviços destinados ao consumo devem ser aptos a satisfazer os fins a que se destinam e produzir os efeitos que se lhes atribuem, segundo as normas legalmente estabelecidas, ou, na falta delas, de modo adequado às legítimas expectativas do consumidor.

Pois bem: à luz desta regra, a coisa deverá sempre ser vendida com o seu acessório, quando ele seja necessário para realizar a sua função.

88. Frutos

I. No Direito romano não surgiu propriamente uma "teoria geral" dos frutos[874]. Etimologicamente, *fructus* provirá de *fruor* (gozar, fruir), raiz de

---

[872] Contra: Carvalho Fernandes, *Teoria geral* cit., 1, 5.ª ed., 710.

[873] Coelho Vieira, *Direitos reais* cit., 181, retém, em especial, esta via de solução.

[874] Em especial: Mariano Scarlata Fazio, *Frutti (diritto romano)*, ED XVIII (1969), 189-198 e R. Leonhard, *Fructus*, PWRE 7, 1 (1910), 120.

§ 19.º Coisas acessórias, frutos e benfeitorias 247

frumo, equivalente a *vescos* (satisfazer a necessidade de alimento). De uma origem mais restrita, o *fructus* viu alargar o seu horizonte significativo.

Assim, na origem, o *fructus* seria o meio fornecido pela terra, para alimentação das pessoas. Teríamos, depois, o fruto dos animais, isto é, todas as utilidades materiais que eles poderiam fornecer, sem pôr em risco a sua própria sobrevivência. Finalmente, o fruto da escrava: considerada *res*, o seu próprio *partus* integraria esta categoria[875].

A natureza frutífera de certos bens beneficiava o proprietário: tratava-se de uma asserção tão natural que apenas devido às necessidades de regular o usufruto, o fruto veio a obter regras próprias[876].

II. Esforços para uma definição abstrata – por oposição a meramente empírica – de fruto surgiram, no período intermédio: o fruto seria o produto orgânico que, periodicamente, se destaca da coisa, deixando íntegra a substância desta[877].

Na Idade Média, a figuração do termo permitiu distinguir frutos espirituais e frutos temporais. Nestes, haveria frutos naturais, frutos industriais e frutos civis: os primeiros adviriam da natureza, os segundos do trabalho do homem, exercido sobre matérias naturais e os terceiros, de simples arranjos jurídicos[878]. Outras distinções viram, então, a luz, mantendo-se, até hoje.

Toda esta matéria foi, em geral, recebida nas codificações[879].

---

[875] Fazio, *Frutti* cit., 190 ss., 194 e 195. Quanto a essa última categoria, Max Kaser, *Partus ancillae*, SZRom 75 (1958), 156-200; o Direito romano acabou por recusar este tipo de *fructus*.

[876] Vide o clássico Gustav Ernst Heimbach, *Die Lehre von der Frucht* (1843, reimp. 1970), 1 ss. (3).

[877] Romualdo Trifone, *Frutti (diritto intermedio)*, ED XVIII (1969), 198-204 (198/ /II). Vide as raízes romanas em Edoardo Volterra, *Istituzioni* cit., 288-289.

[878] Trifone, *Frutti* cit., 200/II. Vide Manuel Rodrigues, *A posse*, 2.ª ed. cit., 333-334.

[879] Assim, nos §§ 99 e seguintes do BGB. Vide W. von Blume, *Beiträge zur Auslegung des deutschen BGB*, JhJb 39 (1898), 390-462 (429 ss.). Após a publicação do BGB, a doutrina logo fez notar que ele se aproximara muito das construções romanas: Hans Reichel, *Der Begriff der Frucht im römischen Recht und im deutschen B.G.B.*, JhJb 42 (1901), 205-308 (205 ss.). Quanto à doutrina atual, Christine Stresemann, no *Münchener Kommentar* cit., 1, 8.ª ed., § 99 (1120-1126), Malte Stieger, no *Staudingers Kommentar* (2017) cit., §§ 90-124, § 99 (147 ss.) e Manfred Wolf/Jörg Neuner, *Allgemeiner Teil* cit., 11.ª ed., § 27, Nr. 1 ss. (322 ss).

248   *Modalidades de coisas*

III. No período da pré-codificação, a doutrina efetuava diversas distinções que se repercutiram, depois, no Código de Seabra. Coelho da Rocha distinguia os (...) *productos corporeos organicos de uma cousa* (...) ou *fructos naturaes*, dos *fructos civis*, que abarcam (...) *toda a utilidade, ou rendimento, que se póde tirar de qualquer cousa, como os juros, os alugueres* (...)[880]. E quando, para a produção dos frutos, além das forças da natureza, concorressem também o trabalho e a indústria do homem, teríamos os *fructos industriaes*[881].

O Código de Seabra aceitou esta tripartição dos frutos: a doutrina, todavia, já acentuava que a diferença entre os frutos naturais e os industriais apenas tinha importância histórica[882]. Não admira, pois, que Pires de Lima, no âmbito da preparação do atual Código Civil, tenha proposto a supressão dos frutos industriais, reconduzindo-os aos naturais[883].

Ainda nessa altura, era comum a distinção entre frutos e produtos. O fruto surgiria periodicamente da coisa frutífera, sem prejudicar a sua substância. O produto, segundo uns, poderia provocar ou não a diminuição da substância[884] enquanto, segundo outros, não seria periódico[885]. A doutrina atual centra a diferença entre o fruto e o produto na periodicidade do primeiro, que falta no segundo[886]: adiante explicaremos o bem fundado desta orientação.

IV. Recolhendo estes elementos, o Código Civil fez as seguintes opções essenciais:

---

[880] Coelho da Rocha, *Instituições* cit., § 83 (1, 48).

[881] *Idem*, 49.

[882] Guilherme Moreira, *Instituições* cit., n.° 135 (1, 357).

[883] Pires de Lima, *Das coisas* cit., 219. Diz ele:

> Não há em rigor frutos puramente naturais ou industriais. As forças da natureza são orientadas pelo homem, e, só a acção do homem, sem o auxílio da natureza, nada produz. Por outro lado, não se vê que a distinção tenha interesse jurídico. A disciplina de uns e de outros é sempre a mesma.

[884] Guilherme Moreira, *Instituições* cit., 1, 356.

[885] Manuel de Andrade, *Teoria geral* cit., 1, 235; mais adiante – ob. cit., 269 – este Autor admite também que os produtos possam provocar a redução da substância da coisa.

[886] Carvalho Fernandes, *Teoria geral* cit., 1, 5.ª ed., 713 e Oliveira Ascensão, *Teoria geral* cit., 1, 353; *vide* STJ 3-jun.-1992 (Ricardo da Velha), BMJ 418 (1992), 693-697, onde se admitiu que a extração periódica de minerais desse azo a frutos e isso mau grado uma lenta destruição da substância.

§ 19.º Coisas acessórias, frutos e benfeitorias 249

– definiu fruto como o que a coisa produza periodicamente, sem prejuízo da sua substância – artigo 212.º/1;
– distinguiu, apenas, frutos naturais e civis: os naturais provêm diretamente da coisa, enquanto os civis correspondem a "rendas ou interesses" que a coisa produza "em consequência de uma relação jurídica" – artigo 212.º/2[887];
– precisa o que entender por frutos de universalidades de animais – artigo 212.º/3.

A periodicidade é importante, mas não por razões conceptuais: todo o regime dos frutos está moldado à ideia de que, regularmente, eles vão surgindo: só assim é possível dispor sobre a partilha dos frutos (artigo 213.º), sobre os frutos colhidos prematuramente (artigo 214.º) e sobre a restituição de frutos (215.º). Uma indemnização por privação indevida de uma coisa não pode ser considerada fruto[888]. A determinação dos frutos naturais deve ser feita em concreto. Assim, o corte de árvores, afetando a substância, não dá, em princípio, lugar a frutos; mas se se tratar de cortes periódicos de árvores plantadas justamente para a produção de madeira, já teremos frutos[889].

V. Os frutos naturais seguem a coisa: só com a colheita ganham autonomia[890]. Recorde-se o artigo 204.º/1, c), acima examinado. A ideia do Direito é a de respeitar os processos produtivos naturais; por isso, os frutos pertencem a quem tiver direito a eles, no momento normal da colheita; se forem colhidos prematuramente, devem ser restituídos a quem, naquele momento, tenha o direito em causa (artigo 214.º). Tendo alguém direito a frutos naturais até um certo momento – ou a partir de certo momento – faz seus os frutos percebidos na vigência do seu direito, em nova manifestação daquele princípio (artigo 213.º/1). Já tratando-se de frutos civis, a partilha é proporcional à duração do direito de cada interveniente (idem, n.º 2).

---

[887] A jurisprudência alarga este âmbito, puramente exemplificativo: STJ 14-mai.--1981 (Mário de Brito), BMJ 307 (1981), 235-240 (239-240), refere ainda os dividendos, os juros de títulos da dívida ou de obrigações, os lucros líquidos de um estabelecimento e dos direitos de autor ou de inventos patenteados.
[888] STJ 24-jan.-1981 (Aníbal Aquilino Ribeiro), BMJ 333 (1984), 440-446 (446).
[889] Assim, STJ 1-jun.-1988 (Baltazar Coelho), BMJ 378 (1988), 728-733 (731).
[890] STJ 27-nov.-1986 (Almeida Ribeiro), BMJ 361 (1986), 569-573 (572).

250 *Modalidades de coisas*

A este propósito, cumpre assinalar toda uma terminologia: os frutos são *pendentes* ou *separados*, consoante estejam ou não ligados à coisa produtora; quando separados por ação humana, dizem-se *percebidos*, sendo *percebiendos* os frutos que, devendo ser percebidos, o não foram. Os frutos *extantes* não se encontram no património de determinada pessoa, enquanto os *consumpti* estão em situação inversa[891].

VI. O princípio básico do respeito pelos ciclos produtivos ocorre ainda no artigo 215.º, a propósito da restituição dos frutos. Quem deva restituí-los tem direito a ser indemnizado "... das despesas de cultura, sementes e matérias-primas e dos restantes encargos de produção e colheita, desde que não sejam superiores ao valor desses frutos ..."[892] – n.º 1. Mas se os frutos estiverem pendentes, o obrigado à entrega da coisa já não tem direito a qualquer indemnização, salvo nos casos especialmente previstos na lei – n.º 2: trata-se de um reflexo do disposto no artigo 213.º/1.

89. Benfeitorias

I. As benfeitorias têm, na origem, aplicações (*impensae*) feitas pelo marido nos bens dotais da mulher. Estes não lhe pertenciam, assim se suscitando um problema delicado.

A tradição românica descobria três tipos de *impensae*: *necessariae*, quando forem requeridas para a manutenção da coisa; *estilos*, quando elevassem o seu valor e *voluptuosae*, quando apenas valessem para vantagem imediata[893].

Ao longo da História, a ideia das benfeitorias foi-se alargando, de modo a cobrir, genericamente, todas as situações nas quais alguém realizasse melhorias ou despesas referentes a uma coisa que, em definitivo, lhe não coubesse.

---

[891] *Direitos Reais* cit., 1, 290 ss..

[892] Entenda-se: a indemnização tem, como limite máximo (hipotético), o valor desses frutos.

[893] Ulpiano, D. 25. 1. 1. = 6.ª ed. Mommsen cit., 363/I. Max Kaser, *Römisches Privatrecht* cit., § 81, IV (1, 289). Quanto à origem da tripartição clássica, Hubert Niederländer, *Zur Herkunft der römischen Impensen-Dreiteilung*, SZRom 75 (1958), 201-219.

§ 19.º Coisas acessórias, frutos e benfeitorias   251

II. A tripartição das benfeitorias era corrente, na doutrina portuguesa da pré-codificação[894]. O Código de Seabra recebera-as, sem problemas, ainda que inserindo-as a propósito da posse: artigos 498.º e seguintes[895].

O Código Civil acolheu a matéria em sede geral das coisas, mas apenas para definir benfeitorias (artigo 216.º/1) e para as classificar, de acordo com a apontada tripartição (*idem*, n.º 2 e n.º 3).

III. Segundo a definição legal (216.º/1), benfeitorias são todas as despesas feitas para conservar ou melhorar a coisa. A jurisprudência permite precisar esta noção: assim, não são benfeitorias as despesas feitas com sementeiras, limpeza de matos e árvores, adubação destas e retirada de ramada[896]; também um pequeno barraco de madeira para WC não é considerado uma benfeitoria útil[897]; despesas de transporte e de deslocação não são benfeitorias: não se encorporam na coisa[898].

As benfeitorias necessárias equivalem a reparações[899].

IV. A análise do regime das benfeitorias exige o conhecimento de diversos institutos de Direitos Reais. Para aí remetemos. De todo o modo, adiantamos que quem quiser prevalecer-se desse regime deve destrinçar que tipo de benfeitorias realizou e se as pode ou não remover[900], "... pormenorizando a obra que levou a cabo, especificando a sua utilidade e finalidade imediata ..."[901].

---

[894] Coelho da Rocha, *Instituições* cit., § 84 (1, 49 ss.).

[895] Manuel de Andrade, *Teoria geral* cit., 1, 273 ss. e Manuel Rodrigues, *A posse* cit., 2.ª ed., 338 ss..

[896] Tais despesas são, antes, regulamentadas pelas disposições atinentes aos frutos – artigos 212.º a 215.º: REv 22-mar.-1974 (s/indicação de Relator), BMJ 235 (1974), 371-372.

[897] RPt 3-abr.-1974 (s/indicação de Relator), BMJ 238 (1974), 279-280; porém uma casa de banho com janela, incorporada, poderá sê-lo: STJ 26-fev.-1992 (Cura Mariano), BMJ 414 (1992), 556-563 (561).

[898] STJ 8-jul.-1980 (António Furtado dos Santos), BMJ 299 (1980), 289-292 (292).

[899] STJ 16-mai.-1975 (Correia Guedes), BMJ 247 (1975), 112-118 (116).

[900] STJ 3-abr.-1984 (Joaquim Figueiredo), BMJ 336 (1984), 420-423 (423).

[901] STJ 28-mai.-1986 (Góis Pinheiro), BMJ 357 (1986), 440-445 (443).

252 *Modalidades de coisas*

Delicado é o problema da distinção entre as benfeitorias e a acessão[902]: também esta matéria deverá ser vista em Direitos Reais.

[902] Retenha-se alguma jurisprudência: STJ 8-mai.-1984 (Alves Costa), BMJ 337 (1984), 372-376 (376), STJ 4-abr.-1995 (Martins da Costa), BMJ 446 (1995), 245-251 (247), STJ 8-fev.-1996 (Costa Marques), CJ/Supremo IV (1996) 1, 80-82 e STJ 17-mar.-1998 (Machado Soares), BMJ 475 (1998), 690-703 (700-701), bem como, entre as decisões mais recentes, RCb 23-out.-2012 (Virgílio Mateus), Proc. 1058/09, RGm 20-nov.-2012 (Rosa Tching), Proc. 229.07 e RGm 15-nov.-2018 (Jorge Teixeira), Proc. 3558/14. Uma breve referência ao regime das benfeitorias consta de STJ 26-abr.-1996 (Miranda Gusmão), BMJ 446 (1995), 262-280 (275-276).

CAPÍTULO IV
PATRIMÓNIO E EMPRESA

§ 20.º TEORIA DO PATRIMÓNIO

90. Teoria clássica (Aubry e Rau)

I. A teoria romana das coisas encarava-as em si mesmas, isto é: independentemente da posição que ocupassem perante as pessoas, sujeitos de Direito. Embora muitas das classificações de coisas acabassem por ser enformadas por fatores subjetivos, a postura de base mantinha-se.

No século XIX, e apesar do relativo silêncio das codificações já existentes, os Autores tentaram ordenar as coisas segundo as pessoas. Surgiu, assim, a ideia de património, cuja construção mais acabada – a teoria clássica – pertence, ainda hoje, aos Autores franceses Charles Aubry (1803-1883) e Frédéric-Charles Rau (1803-1877).

II. Aubry e Rau vêm a considerar o património a propósito dos direitos sobre os objetos exteriores[903]. Ele consistiria no conjunto dos bens de uma pessoa, encarado como universalidade de Direito, isto é, uma massa heterogénea unificada apenas pela ideia de pertença a uma pessoa. As coisas e serviços incluídos só relevariam na medida em que fossem objeto de direitos e de obrigações: apenas estes integrariam o património, de natureza puramente intelectual.

Noutro prisma e sempre segundo esta conceção, o património seria uma emanação da personalidade humana. Como tal, além de direitos, ele compreenderia, também, obrigações. Os próprios direitos de personali-

---

[903] Charles Aubry/Frédéric-Charles Rau, *Droit civil français*, 6.ª ed. por Paul Esmein, tomo IX (1953), §§ 573 ss. (305 ss.). A teoria original deve ser confrontada na 4.ª ed., tomo VI, 229-260 e na 5.ª ed., tomo IX, 333-382, refundida pelos próprios. A 1.ª ed. foi publicada entre 1838 e 1844, apresentando-se, tal como a 2.ª, como uma tradução de Zachariä.

254   *Património e empresa*

dade – em terminologia atual – deveriam ser integrados; porém, perante os esquemas legais, o património limita-se às posições pecuniárias, ativas e passivas, como compete a uma universalidade de direito.

III. Desta conceção geral, Aubry e Rau retiram diversas consequências, que fazem parte da "teoria do património", ainda que progressivamente alterada[904]. Assim:

1.ª O património é uma universalidade jurídica: daí decorre uma ligação entre o ativo e o passivo, de tal modo que o primeiro responde pelo segundo; e daí deriva, ainda, a sub-rogação real[905], isto é, a situação na qual um bem substitui outro, no património, mantendo intactas as relações entre o ativo e o passivo.

2.ª O património está ligado à pessoa, sendo uma emanação de personalidade; três consequências: (a) só as pessoas têm um património; (b) toda a pessoa tem um património, a entender como continente e mesmo que, *in concreto*, não seja titular de qualquer posição jurídica e sem que, jamais, se possam despojar de todo o património; (c) cada pessoa só tem um património.

3.ª O património só compreende posições patrimoniais.

91. Teoria moderna

I. A conceção clássica de património, mau grado louvores generalizados, suscitou diversas críticas. Na origem encontramos Gény[906], que

---

[904] Henri e Jean Mazeaud/Jean Mazeaud, *Leçons de Droit Civil*, I/1, *Introduction à l'étude du droit*, 11.ª ed. por François Chabas (1996), n.º 283 ss. (403 ss.).

Originalmente, Aubry e Rau apresentavam assim as consequências da sua conceção de património – ob. cit., 6, 4.ª ed., 231 ss.:

1.ª O património é uno e indivisível, excluindo, por natureza, qualquer fracionamento em universalidades de direito distintas;
2.ª É inseparável da pessoa, inalienável por ato entre vivos;
3.ª Só se transmite, por morte, aos sucessores porque estes continuam a personalidade do falecido.

[905] Véronique Ranouil, *La subrogation réelle en droit civil français* (1985), que começa por focar a dispersão legal da matéria.

[906] François Gény, *Methode d'interprétation et sources en droit privé positif/Essai critique* 1, 2.ª ed. (1954), n.º 67 (141 ss.); a 1.ª ed. é de 1899.

§ 20.º Teoria do património

sublinha o essencial: a teoria clássica do património é uma pura conceção do espírito; ela parte de uma constatação – o complexo de direitos e deveres de uma pessoa, que permite explicar a responsabilidade patrimonial e a sucessão *mortis causa* – para erguer um edifício do qual retira consequências práticas. Estas, fixadas *a priori*, não correspondem ao verdadeiro regime jurídico-positivo em jogo e impedem inovações jurisprudenciais importantes, como as que admitem patrimónios de afetação.

As críticas subsequentes retêm a ligação entre personalidade e património, como particularmente inadequada: ela impossibilita a transmissão do património, viável pelo menos nalguns casos e dificulta a consagração de patrimónios especializados ou de afetação[907].

II. Na parte construtiva, a teoria moderna tem uma maior dificuldade de afirmação. Existem, de resto, diversas formulações, nem sempre harmoniosas[908].

No essencial, ela entende que o património é algo de objetivo, relativamente independente da pessoa do seu titular. Poderia haver pessoas com vários patrimónios distintos. No fundo, o património isolar-se-ia pelo seu fim ou pela sua destinação[909].

Na sua globalidade, podemos considerar que a doutrina moderna – ou o conjunto de orientações que a ela se acolhem – apresenta uma menor carga humanista, no tocante ao património e à forma subjacente de entender o Direito civil. São, todavia, tecnicamente mais aperfeiçoadas[910].

III. Não obstante a procedência de muitas das formuladas objeções, a doutrina clássica, devidamente adequada às evoluções subsequentes, mantém-se, até hoje, como ponto de partida para qualquer exposição sobre o património[911].

---

[907] Mazeaud/Chabas, *Introduction* 11.ª ed. cit., 409 ss..

[908] Paulo Cunha, *Do património*, I (1934), 63 ss.: o estudo clássico e sempre atual, sobre o tema.

[909] Existe uma manifesta proximidade com as doutrinas de Jhering sobre a personalidade coletiva, que examinamos no *Tratado*, IV, 5.ª ed. (2019), 634 ss..

[910] Entre nós e subscrevendo teorias "modernas" do património, *vide* Guilherme Moreira, *Patrimónios autónomos nas obrigações segundo o direito civil português*, BFD VII (1921-23), 49-64 e Teixeira d'Abreu, *Curso de Direito civil*, vol. I cit., 357.

[911] *Vide* Muriel Fabre-Magnan, *Propriété, patrimoine et lien social*, RTDCiv 1997, 583-613 (599 ss.).

256 *Património e empresa*

92. A doutrina de Paulo Cunha

I. À teoria do património dedicou Paulo Cunha uma excelente monografia[912]: trata-se, hoje, de uma obra clássica do Direito civil lusófono. Procurando singrar através das diversas teorias do património – que Paulo Cunha nega poderem ser reduzidas apenas a duas[913] – este Autor vem fixar-se na seguinte ideia: o património traduz um conjunto de bens ou de relações jurídicas, com carácter pecuniário, tendo entre si qualquer coisa de comum que dê, a essa pluralidade, uma coesão[914].

II. Passando a determinar os grandes vetores que enformam o instituto do património, Paulo Cunha apura os seguintes:

- não existe uma relação central entre as noções de património e de personalidade[915];
- embora raramente, pode haver pessoas sem património[916];
- não pode haver património sem qualquer conteúdo: trata-se de uma noção quantitativa que, a não haver conteúdo, ficaria sem base alguma[917];
- o património não compreenderia nem os chamados bens inatos, nem bens futuros[918].

Os denominados princípios da constância e da inerência do património seriam, assim, infundados: traduziriam, no fundo, a ideia de capacidade: não a de património[919].

III. Na parte construtiva, Paulo Cunha apresenta o património como um conjunto de bens unificado por uma identidade de regime jurídico,

---

[912] Paulo Cunha, *Do património* cit., I (1934), 437 pp.; é o único volume publicado, tendo sido apresentado como dissertação de doutoramento em Direito, na Universidade de Lisboa.

[913] Paulo Cunha, *Do património* I cit., 63 ss.: acaba por isolar seis conceções de património.

[914] Paulo Cunha, *Do património* I cit., 300-301.

[915] Paulo Cunha, *Do património* I cit., 324 ss..

[916] Paulo Cunha, *Do património* I cit., 334 ss..

[917] Paulo Cunha, *Do património* I cit., 351 ss..

[918] Paulo Cunha, *Do património* I cit., 363 ss..

[919] Paulo Cunha, *Do património* I cit., 387 ss..

§ 20.º Teoria do património

quanto à responsabilidade por dívidas[920]. O conceito de património poderia ser dado pela fórmula sintética: massas de responsabilidade.

93. **Evolução subsequente**

I. Uma tomada de posição exige algumas considerações preliminares. O património, enquanto noção civil, é seguramente herdeiro de múltiplos institutos e valorações. Parece menos adequado gizar construções – ainda que notáveis – sem levantar as origens históricas do instituto. E por outro lado, a ser uma noção jurídica, o património deverá apresentar um alcance dogmático efetivo: ele definirá – ou contribuirá para definir – regimes concretos aplicáveis aos problemas reais.

Estas considerações permitem situar as construções examinadas. Aubry e Rau abdicaram dos antecedentes e das realidades dogmáticas, apresentando uma noção racionalista centrada em (meros) postulados centrais. Além disso, não tiveram em conta o Direito vigente, que antes procuram moldar aos seus próprios conceitos. Houve, assim, uma inversão metodológica de largas proporções, oportunamente denunciada por Gény. Por seu turno, Paulo Cunha atendeu ao regime. Mas partiu apenas de um dos aspetos em jogo. Além disso, abdicou dos níveis histórico-culturais que o património comporta.

Vamos, à luz destas considerações, reconstruir o conceito.

II. A noção operacional de património tem importantes antecedentes romanos. Tal como a conhecemos, ela desenvolveu-se em torno do Direito das sucessões[921]. Foi sendo aperfeiçoado, sobretudo pelos dogmáticos do Direito romano moderno, ao longo do século XIX[922], como fórmula

---

[920] Esta noção não surge, propriamente, no texto do livro *Do património*: antes ocorre na introdução – Paulo Cunha, *Do património* I cit., XV –, onde o Autor antecipa o que, segundo o plano inicial, deveria constar do II volume da obra. Além disso, ela vem desenvolvida em Paulo Cunha, *Da garantia nas obrigações*, tomo I (1938-1939), por Eudoro Pamplona Côrte-Real, 25-93; esta obra funciona como o segundo volume, nunca publicado, de *O património*.

[921] Trata-se de uma constatação básica de Zachariä/Crome, *Handbuch des Französischen Civilrechts*, 1, 8.ª ed. (1894), § 112 (1, 313-314). Recorde-se que Zachariä está na origem do pensamento de Aubry e Rau.

[922] Como exemplo, C. F. A. Köppen, *System des heutigen römischen Erbrechts* (1862), 246 ss., a propósito da herança jacente.

258   *Património e empresa*

de resolver, sem sobressaltos para ninguém, o drama representado pela súbita supressão, em inúmeros direitos e obrigações, do sujeito titular. A manutenção do património até à definitiva atribuição aos sucessores consegue, no Direito civil, um feito da maior importância: a imortalidade das diversas situações jurídicas subjetivas. Para tanto, é decisiva a preservação coerente e articulada das várias posições, ativas e passivas. A ideia de património é excelente, à luz dessa necessidade.

III. Também o acervo de bens coletivamente imputado à família fez apelo ao património, no período em que os novos institutos civis se encontravam em gestação[923]. Através desse expediente, era possível designar e trabalhar com todo um conjunto de situações, sem ter de as nomear ou isolar. O aperfeiçoamento das regras da responsabilidade patrimonial exigiu novo apelo ao património: complexo de Direitos através dos quais respondem as mesmas dívidas, nas palavras lapidares de Bekker[924].

Outros institutos, como a administração dos diversos bens pertencentes a uma pessoa, operam com recurso ao património[925].

IV. Em suma: para diversos efeitos dogmáticos e práticos, há que manusear, no seu conjunto, todas as posições jurídicas, de uma pessoa, avaliáveis em dinheiro. Trata-se de uma ideia que, tendo já sido alcançada no século XIX[926], colheria apoio alargado no século XX. No fundo, ela exprime-se pela fórmula seguinte: não sendo possível lidar individualmente com os milhares de situações jurídicas imputadas a um sujeito, haverá, para o efeito, que recorrer a uma técnica de conjunto.

---

[923] Assim Christian Friedrich Glück, *Pandekten* 2, 2.ª ed. (1800), § 129 (203-204).

[924] Ernst Immanuel Bekker, *System des heutigen Pandektenrechts*, I (1886, reimp., 1979), §§ 40-43 (1, 134 ss.).

[925] J. Kohler, *Das Vermögen als sachrechtliche Einheit*, AbürgR 20 (1903), 1-20 (5).

[926] Segundo Windscheid/Kipp, *Pandekten*, 9.ª ed. cit., § 42 (1, 178-179), "Mas quando se fala em património de uma pessoa, os direitos patrimoniais que lhe assistem não se exprimem singularmente, mas como um conjunto, como aquele conjunto que assiste aquela pessoa".

Está por estudar toda a génese do património, enquanto instituto, na pandetística oitocentista; refira-se, de todo o modo, a monografia de Karl Birkmeyer, *Das Vermögen im juristischen Sinn* (1879), com as importantes recensões de Mandry, AcP 62 (1879), 361-367 e Hölder, ZHR 24 (1879), 609-616. A ideia de património terá ficado na sombra, mercê do vivo interesse despertado, na época, pela personalidade coletiva.

§ 20.º Teoria do património   259

Quando se acentue o nexo que liga o património ao sujeito, chega-se a uma construção tipo Zachariä[927] e, daí, tipo Aubry e Rau[928]: o património é o prolongamento da personalidade, acabando por receber um regime consonante com esse dado basilar.

94. Posição adotada

I. Mas se o património sofreu os desvios personalizantes indicados, ele também os teve na outra vertente: a objetivante. Partindo do princípio – aparentemente inóquo – de que o património era um conjunto de bens e ou de bens e obrigações[929], a doutrina institucionalista (antiliberal) dos anos trinta e quarenta do século XX encontrou nele uma fórmula suscetível de substituir os direitos individuais: o património exprimiria o "real", sendo o cerne da Ciência do Direito[930]. As pessoas ficavam na sombra, outrotanto sucedendo com a alma humanista e personalista do Direito civil.

II. A decorrência dos desvios personalizantes e objetivantes levou alguma doutrina a acolher-se aos estritos dispositivos vigentes. Chegar-se-á, assim, à conclusão de que não há um instituto unitário e coerente que mereça a designação "património"[931]. E tão-pouco se poderia falar, a seu

[927] Carl Salomo Zachariä von Lingenthal, *Handbuch des Französischen Civilrechts*, 6.ª ed. por Sigismund Puchelt, III (1875), § 573 (505 ss.): "o património de uma pessoa é a ideia jurídica da unidade de todos os objetos exteriores que lhe pertençam" e "património é (...) a personalidade da própria pessoa na sua relação com os objetos exteriores dos seus direitos". Esta hipertrofia do património liga-se, no fundo, a conceções negativistas da personalidade coletiva, radicadas em Brinz – *vide* o nosso *O levantamento da personalidade colectiva* cit., 47 ss. – e com origem no próprio Jhering. O que se compreende: a personalização do património é feita à custa da própria personalidade jurídica.

[928] O aproveitamento de Zachariä e das conceções germânicas subjacentes por Aubry e Rau vêm referidas pelo próprio Jean Carbonnier, *Les biens* cit., 19.ª ed., 9.

[929] Por exemplo, entre os clássicos: G. F. Puchta, *System und Geschichte des römischen Privatrechts*, 10.ª ed. (1893), § 193 (2, 11) e Otto Gierke, *Deutsches Privatrecht*, I – *Allgemeiner Teil und Personenrecht* (1895), 275 e 276.

[930] Tal a leitura de Franz Wieacker, *Zum System des deutschen Vermögensrechts/ /Erwägungen und Vorschläge* (1941), 38 ss., usando a (confrangedora) linguagem da época. *Vide* as (cuidadosas) prevenções de Heinrich Lange, *Zum System des deutschen Vermögensrechts. Zur einer Schrift von Franz Wieacker*, AcP 147 (1941), 290-303.

[931] Assim, Vincenzo Michele Trimarchi, *Patrimonio (nozione)*, ED XXXII (1982), 271-280 (271 ss.).

260   *Património e empresa*

propósito, numa universalidade de direito porque o Direito não o unifica[932]!
Os dados jurídico-positivos não têm consistência suficiente para erguer
uma teoria unitária de património. Logicamente: o legislador não pode
produzir o que a Ciência do Direito (ainda) não tenha logrado alcançar.

III. Por tudo isto, a doutrina mais recente apresenta-se com desânimo
perante o tema do património. Este é entendido como uma noção não definida na lei, suscetível de diversas aplicações[933]. Fundamentalmente consistente num conjunto de direitos e deveres[934], o património tem, todavia,
uma aceção a determinar caso a caso, pela interpretação[935].

IV. Tudo visto, podemos apresentar o património como um conjunto
de posições ativas patrimoniais unificado em função de determinado ponto
de vista.

Decompondo a noção – e aproveitando o método e várias das conclusões de Paulo Cunha – temos:

    – um conjunto: o património é uma noção plural; ele não se coaduna
      com realidades virtuais ou singulares; há que manter a ideia de
      património distinta da de capacidade[936];
    – de posições ativas[937]: não se trata de "direitos e bens" ou de "direi-
      tos e relações jurídicas" – realidades heterogéneas que não podem
      sobrepor-se; o património reúne direitos subjetivos e outras reali-
      dades a eles equiparáveis;
    – patrimoniais[938]: estão em causa realidades que o Direito trata como
      tendo natureza económica sendo, assim, avaliáveis em dinheiro;
    – unificado: o património visa, precisamente, tratar em conjunto
      realidades que têm autonomia e que, por isso, exigiriam um trata-
      mento analítico;

---

[932] *Idem*, 277.

[933] Manfred Wolf/Jörg Neuner, *Allgemeiner Teil* cit., 11.ª ed., § 26, Nr. 14-51 (315-
-322), com desenvolvimentos.

[934] Malte Stieger, no *Staudingers Kommentar* (2017) cit., §§ 90-124, § 90, Nr. 74
(45).

[935] Enneccerus/Nipperdey, *Allgemeiner Teil des Bürgerlichen Rechts*, 15.ª ed., 1
(1959), § 131, Rn 14.

[936] Todavia, no artigo 1732.º, afirma-se que o património comum dos cônjuges é
constituído por todos os seus bens presentes e futuros.

[937] *Tratado* I, 4.ª ed., 903 ss..

[938] *Idem*, 867.

§ 20.° Teoria do património 261

– em função de determinado ponto de vista: é o traço histórico-cultural do património, que põe em causa uma estrutura totalmente racional desse instituto; na verdade, consoante as circunstâncias, assim o Direito usa um ou outro critério, para autonomizar o património; deste modo, e perante o Código Civil temos, como fatores de aglutinação de patrimónios[939]:

- a pertença a uma pessoa singular: 119.°/1 (ausente), 961.° (reversão da doação), 1726.° (património próprio de um dos cônjuges), 1727.° (*idem*), 1938.°/1, *d*) (património do menor), 2253.° (património do testador) e 2254.°/1 e 2 (*idem*);
- a pertença a uma pessoa coletiva: 167.°/1 e 2 (associação), 181.° (*idem*), 184.°/1 (*idem*), 190.°/1, *c*) (fundação), 193.° (*idem*) e 1345.° (Estado);
- a pertença a uma pessoa singular ou coletiva: 337.°/1 (legítima defesa), 764.°/2 (enriquecimento) e 831.° (cessão de bens aos credores);
- a afetação a certo fim: 188.°/3 (à constituição de fundação), 997.°/2 (património social), 1009.°/2 (*idem*), 1014.°/2 (*idem*) e 1015.° (*idem*);
- a responsabilidade unitária por dívidas: 191.°/1 e 2 (onerações de fundações), 198.°/1 e 2 (associações sem personalidade e comissões especiais), 616.°/1 (ação pauliana), 735.°/2 (privilégios mobiliários), 601.° (garantia geral), 817.° (*idem*) e 998.°/2 (responsável social);
- uma origem comum ou tratamento comum: 731.°/2 (administradores de patrimónios alheios), 872.° (patrimónios separados na confusão), 940.°/1 (doação), 1689.° (património comum dos cônjuges), 1639.°/2 (*idem*), 1697.°/2 (*idem*), 1722.°/2 (*idem*), 1722.°/2, *a*) (patrimónios ilíquidos), 1276.° (património comum dos cônjuges), 1727.° (*idem*), 1728.°/1 (*idem*), 1730.° (*idem*), 1731.° (*idem*), 1732.° (*idem*), 1770.° (*idem*), 2030.°/2 e 4 (património do falecido), 2068.° (*idem*), 2072.°/1 (*idem*), 2073.°/1 (*idem*), 2086.°/1, *b*) (património hereditário), 2101.°/2 (*idem*), 2162.°/1 (património do autor da sucessão) e 2252.° (património comum dos cônjuges).

---

[939] Sublinhamos os aspetos mais característicos; alguns dos pontos aqui em jogo exigiriam desenvolvimentos agora incompatíveis.

262 *Património e empresa*

Confirmamos, pois, à luz do Direito português vigente, o diagnóstico feito nos Direitos alemão e italiano: apenas pela interpretação, realizada em cada contexto, poderemos apurar o sentido preciso do "património", dentro da aceção geral acima expendida. Resta ainda acrescentar que, muitas vezes, as leis falam em "bens" ou "direitos" quando, com propriedade, poderiam dizer "património".

§ 21.º TEORIA DA EMPRESA

95. Generalidades; a tradição alemã

I. As necessidades que obrigaram o Direito ao tratamento unitário de coisas ou de certos grupos de coisas levaram à teoria do património. Mas elas foram ainda mais longe: dando um particular alcance às articulações produtivas de coisas, elas originaram a teoria da empresa.

Nos Direitos continentais, encontramos duas poderosas tradições relativas à empresa: a alemã e a latina. Principiaremos pela primeira que, de resto, tem tido uma influência significativa, entre nós[940]. Adiantamos que a tradição alemã apresenta uma noção objetivada de "empresa", capaz de concorrer com a ideia de pessoa coletiva ou, pelo menos, de objeto do comércio; já a tradição latina – em rigor, mais antiga do que a alemã – trabalhava a "empresa" como uma atividade comercial; desta feita, tratar-se-ia de concorrer com o ato de comércio. Na evolução subsequente e salvaguardando, embora, a experiência italiana, poderemos considerar que a tradição alemã prevaleceria. Por isso, vamos principiar por esta.

II. A utilização jurídico-científica de "empresa", na tradição alemã, iniciou-se pela pena de Wilhelm Endemann, em 1867[941]. Usando embora o termo *Geschäft*, Endemann fez, da empresa, uma pedra angular do seu

---

[940] Na doutrina portuguesa o tema foi analisado por Pedro de Albuquerque, *Direito de preferência dos sócios em aumentos de capital nas sociedades anónimas e por quotas* (1993), 303 ss., Jorge Manuel Coutinho de Abreu, *Da empresarialidade (as empresas no Direito)* (1994), 225 ss., Carlos Frederico Bianchi Barata Gonçalves Pereira, *O sistema de proibição de voto e o artigo 58.º, n.º 1, b), do Código das Sociedades Comerciais* (1994, polic.), 8 ss. e 208 ss., e Menezes Cordeiro, *Da responsabilidade civil dos administradores das sociedades comerciais* (1997), 498 ss., donde se desdobra parte do desenvolvimento subsequente.

[941] Wilhelm Endemann, *Das deutsche Handelsrecht/Systematisch dargestellt*, 2.ª ed. (1868, Heidelberg), § 15 (76-78) = 4.ª ed. (1887, Leipzig), § 18 (54-55).

264   *Património e empresa*

sistema de Direito comercial. Com efeito – explica ele – no início o *Geschäft* tinha, apenas, o escopo de dar lucro ao seu dono e de desenvolver a produção; mais tarde, ele ganharia a vida própria; o dono ou chefe é, com frequência, apenas a cabeça ou a alma do negócio: às vezes, nem isso. O *Geschäft* tem características próprias, não dependendo, arbitrariamente, do dono. Os auxiliares dedicam as suas forças ao negócio. Este faz o comerciante e não o contrário. O negócio é o verdadeiro suporte do crédito, surgindo como um organismo, que supera as pessoas que lhe deram origem. Estariam, por aqui, abertas as portas à subjetividade jurídica, funcionando os auxiliares como órgãos[942]. Estava lançado o repto: é evidente que a empresa, assim entendida, tenderia a ocupar o lugar de personalidade coletiva ou, pelo menos, de uma "personalidade comercial". E de facto, autores como Hedemann[943] vieram profetizar, ao conceito de empresa, o mais lato futuro. Teriam alguma razão: mas pouca. O século XX o mostraria.

III. O grande trunfo dogmático da empresa foi jogado pouco depois: a sua capacidade para constituir um objeto (unitário) de negócios e de outras vicissitudes jurídicas; tal o mérito, logo no princípio do século XX, dos austríacos von Ohmeyer[944] e Pisko[945], a que podemos acrescentar Isay[946]. Esta aptidão permitiu, ainda, avanços jurisprudenciais notáveis e, designadamente, o que consistiu em, à venda da empresa, com defeitos não aparentes, aplicar as regras dos vícios da coisa vendida[947].

---

[942] Endemann, *Handelsrecht*, 2.ª ed. cit., 77 = 4.ª ed. cit., 55; aqui, na nota 6, o Autor responde já às críticas provocadas pelas edições anteriores, designadamente a Laband. Esta matéria foi exemplarmente exposta por Hermann Krause, *Unternehmer und Unternehmung/Betrachtungen Rechtsgrundlage des Unternehmertums* (1954), 5 ss..

[943] Justus Wilhelm Hedemann, *Das bürgerliche Recht und die neue Zeit* (1919), 17, afirmando, designadamente, que o estabelecimento "... talvez esteja destinado a tornar-se no conceito dominante, na reconstrução da ordem jurídica privada".

[944] Kamillo Edlen von Ohmeyer, *Das Unternehmen als Rechtsobjekt/Mit einer systematischen Darstellung der Spruchpraxis betreffend die Exekution auf Unternehmen* (1906), 8 e *passim*.

[945] Oskar Pisko, *Das Unternehmen als Gegenstand des Rechtsverkehrs* (1907), 46 ss. e *passim*, preconizando a aplicabilidade, à empresa, dos grandes princípios sobre coisas.

[946] Rudolf Jsay, *Das Recht am Unternehmen* (1910), 12 ss., que vai, justamente, usar particularidades dogmáticas envolvidas, para mostrar a existência de um direito sobre a empresa.

[947] Com diversos elementos jurisprudenciais e doutrinários, *vide* Menezes Cordeiro, *Aquisição de empresas/Anotação ao acórdão do Tribunal Arbitral de 31-Mar.-1993*, ROA 55 (1995), 37-104 (88 ss. e 93 ss.), para onde se remete. A cedibilidade da empresa foi,

§ 21.º Teoria da empresa

96. A empresa como centro autónomo de interesses

I. A apresentação da empresa como especial núcleo defletor de interesses foi difícil. E isso mau grado a tentativa de Müller-Erzbach[948], nome prestigioso da jurisprudência dos interesses e, de certa forma, precursor de Rathenau, o grande teórico da matéria.

II. A defesa da personalidade coletiva, contrariando a transformação da mera empresa em sujeito, foi imediatamente lançada, contra Endemann, por Laband[949].

Na verdade, a empresa, a ser subjetivada, ofereceria aos juristas o que a personalidade (normalmente) coletiva já dava, *menos* o seu nível significativo-ideológico. Havia, pois, que reforçar o poder figurativo da empresa, o que seria tentado através da doutrina, algo sibilina, do *Unternehmen an sich*. A doutrina da "empresa em si" tem sido imputada, entre nós – pensamos que por via das referências de Jaeger[950] – a Rathenau.

De facto, Rathenau não chegou a lançar o conhecido mote; ocupando-se da grande empresa, ele sublinhou, sim, que ela não representava, apenas, a soma dos interesses dos seus acionistas, antes surgindo como um fator em si[951]; trata-se de um novo *Daseinsrecht*[952]. A ideia foi

particularmente, sublinhada, na época, por Hans Oppikofer, *Das Unternehmensrecht in geschichtlicher, vergleichender und rechtspolitischer Betrachtung* (1927), 68 ss..

[948] Müller-Erzbach, *Die Erhaltung des Unternehmens*, ZHR 61 (1908), 357-413. No seu manual – Rudolf Müller-Erzbach, *Deutsches Handelsrecht* 2.ª e 3.ª ed. (1928) – este Autor, dando relevo à empresa, coloca-a no seu lugar de objeto – ob. cit., 71 ss..

[949] Paul Laband, rec. a Endemann, *Das deutsche Handelsrecht*, ZHR 8 (1865), 638-649 (643 ss.).

[950] Pier Giusto Jaeger, *L' interesse sociale* (1964, reimpr., 1972), 17 ss.; esta obra, de resto excelente, não pode ser considerada como um repositório da doutrina alemã da empresa; faltam-lhe referências importantes (Endemann, Isay, Jacobi, Krause, Laband, Pisko e von Ohmeyer, como exemplos) e não tem preocupações dogmáticas.

[951] Walther Rathenau, *Vom Aktienwesen/Eine geschäftliche Betrachtung* (1918), 28. O escrito de Rathenau obteve, logo, a reação de Hachenburg, *Vom Aktienwesen im Grossbetriebe*, JW 1918, 16-18, o qual, entre outros aspetos, veio sublinhar que aquele Autor se cingira à grande empresa e que, inclusive, ele pretendia limites ao direito dos sócios de questionar a administração. Repondo a verdade histórica do *Unternehmen an sich*, Adolf Grossmann, *Unternehmensziele im Aktienrecht/Eine Untersuchung über Handlungsmassstäbe für Vorstand und Aufsichtsrat* (1980), 142 e Michael Jürgenmeyer, *Das Unternehmensinteresse* (1984), 52 ss..

[952] Rathenau, *Vom Aktienwesen* cit., 39. Este Autor preocupava-se, em especial, com o abuso das "minorias", cujos poderes entendia excessivos: foi esta preocupação

266 *Património e empresa*

criticada por Fritz Hausmann, em escritos sucessivos[953], aí aparecendo, sim, a "empresa em si"[954]. O ponto alto desta orientação surgiu com o 34.º DJT[955], onde o interesse próprio das sociedades foi sublinhado, e no projeto de 1930, de lei sobre sociedades anónimas, cuja justificação de motivos, após diversas explicações de ordem geral, vinha explicitar que "... os interesses da empresa, enquanto tal, são tão carecidos de proteção como o interesse individual do acionista em si"[956]. A batalha estava, porém, perdida. As indicações da justificação de motivos não singraram, em texto legal, ficando a ideia, atribuída a Rathenau, apenas, como mais um contributo para o debate sobre a empresa[957]. Repare-se: as duas grandes novidades, que a empresa poderia trazer, residiam ou na alternativa à personalidade coletiva, ou na descoberta de um centro de interesses – ou

inicial – hoje, numa certa ironia histórica, já esquecida – que levou ao lançamento de um (pretenso) interesse da empresa, sobreposto ao dos sócios.

[953] Fritz Hausmann, *Vom Aktienwesen und vom Aktienrecht* (1928) *apud* Oskar Netter, *Zur aktienrechtlichen Theorie des "Unternehmens an sich"*, FS Albert Pinner (1932), 507-612 (545 ss.); Netter é importante, por ter feito o ponto de situação, quanto ao *Unternehmens an sich*, reunindo – ob. cit., 544-545, nota 35 –, a bibliografia, do seu tempo, sobre o tema. Ainda de Hausmann: *Die Aktiengesellschaft als "Unternehmen an sich"*, JW 1927, 2953-2956, com elementos de *Vom Aktienwesen*, explicando, designadamente, que o seu pensamento não contraditava a economia de mercado, e *Gesellschaftsinteresse und Interessenpolitik in der Aktiengesellschaft*, Bank-Archiv XXX (1930/31), 57-65 e 86-95; aqui, cumpre reter a afirmação de que a bitola dos interesses resulta da *Verkehranschauung* – ob. cit., 87.

[954] A exposição básica sobre a teoria em causa, será, porventura e ainda hoje, a de Oskar Netter, *Zur aktienrechtlichen Theorie des "Unternehmens an sich"* cit., 535 ss. e a – de resto sintética – de Hermann Krause, *Unternehmer und Unternehmung* cit., 12..

[955] Assim, Julius Lehmann, *Soll bei einer künftigen Reform des Aktienrechts eine Annährung an das englisch-amerikanische Recht in grundlegenden Fragen stattfinden?*, DJT 34 (1927) 1, 258-331, e o relatório de Albert Pinner, DJT 34 (1927) 2, 611-678 (626 ss. e *passim*). *Vide*, também, Eberhard Schmidt, *Bedarf das Betriebsgeheimmis einer verstärkten Schutz?*, DJT 36 (1930) 1, 101-230 (133 ss.), sublinhando o papel da empresa, a sua objetivação e os seus interesses.

[956] *Entwurf eines Gesetzes über Aktiengesellschaften und Kommanditgesellschaften auf Aktien sowie Entwurf eines Einführungsgesetzes nebst erläuternden Bemerkungen* (1930, Berlim), 94.

[957] Em termos inesperados, e na sequência de modificações introduzidas, nesse sentido, na fase terminal do projeto, por Brito Correia, ela reapareceria – ou poderia ter reaparecido – no artigo 64.º do CSC, pelo que, abaixo, terá de ser retomada. Quanto às circunstâncias que acompanharam essa alteração, Coutinho de Abreu, *Da empresarialidade* cit., 226-227, nota 590.

§ 21.º Teoria da empresa

de valores – diferente do dos seus suportes humanos. O primeiro termo foi rebatido, em moldes categóricos, num importante trabalho de Jacobi[958], enquanto o segundo caiu, sob a pena de Netter: os interesses dos acionistas conformariam o interesse da sociedade[959].

III. Entretanto, prosseguiu o afinamento possível da dogmática da empresa. Passow adiantou a contraposição entre *Betrieb*, *Unternehmen* e *Konzern*[960]: o *Betrieb* traduziria um complexo de fatores unitário e destinado a desenvolver uma atividade económica duradoura; o *Unternehmen* exprimiria um *Betrieb* autónomo; o *Konzern*, finalmente, daria corpo a um conjunto de empresas[961]. Jacobi aperfeiçoou os dois primeiros termos: o *Betrieb* seria determinado por escopos técnicos, enquanto o *Unternehmen* obedeceria à satisfação de necessidades; daí que um *Unternehmen* pudesse abranger vários *Betriebe*[962]. Deve sublinhar-se que *Betrieb* veio aproximar-se de um original conceito de "fábrica", próprio da industrialização, acabando, mercê das leis relativas à co-gestão, por adquirir, no Direito do trabalho, um sentido preciso, que se mantém[963]; já o *Unternehmen*, próprio da comercialística, conserva, até hoje, irredutível indeterminação[964]. A tutela da empresa era, entretanto, precisada por Callmann[965],

---

[958] Erwin Jacobi, *Betrieb und Unternehmen als Rechtsbegriffe*, FS Ehrenberg (1927), 1-39 (15 e 22, para o *Betrieb* e o *Unternehmen*, respetivamente).

[959] Netter, *Zur aktienrechtliche Theorie* cit., 611.

[960] Poder-se-ia propor a tradução de *Betrieb*, por estabelecimento, de *Unternehmen*, por empresa e de *Konzern*, por grupo de empresas; a situação doutrinária portuguesa não permite, porém, ainda, tal afinação.

[961] Richard Passow, *Betrieb, Unternehmen, Konzern* (1925), 2, 41 e 100; este Autor explica, ainda, que o património da empresa é uma realidade diversa: trata-se do património que serve para a atividade da empresa.

[962] Jacobi, *Betrieb und Unternehmen* cit., 23. Também, Karl August Eckardt, *Betrieb und Unternehmen/Ein Beitrag zur juristischen Terminologie*, ZHR 94 (1929), 1-30, que, de resto – ob. cit., 28-29 – acaba por considerar dispensáveis tais conceitos.

[963] *Vide* o escrito fundamental de Detlev Joost, *Betrieb und Unternehmen als Grundbegriffe im Arbeitsrecht* (1988), 13 ss..

[964] Antecipando, cite-se, novamente, Joost, *Betrieb und Unternehmen* cit., 396.

[965] Rudolf Callmann, *Der Unternehmensbegriff im gewerblichen Rechtsschutz*, ZHR 97 (1932), 129-152 (150), tomando a empresa como um bem económico, dotado de proteção jurídica. Refira-se, ainda, Werner Marquitz, *Der Rechtsschutz des kaufmännischen Unternehmens durch die §§ 823 ff. BGB* (1937), onde, com prevenções, se podem apreciar os progressos conseguidos, já, nos anos trinta do séc. XX.

268 *Património e empresa*

enquanto Barbara Meyer a entendia como objeto de um direito a um bem imaterial[966].

IV. Ainda nos anos trinta – e isso mesmo numa segunda frente de desenvolvimento, relativa à empresa – veio-se a debater a possibilidade de, em torno dela, erguer normas e princípios, no "Direito das empresas": tal o caso de Jessen[967]. Trata-se de um filão tocado, ainda, por Krause, num primeiro trabalho sobre o tema[968], por Gieseke[969] e por Fechner[970]. Este último, contradizendo o primeiro, vem afirmar a necessidade de construir um conceito unitário de empresa, a que associa grande importância, no momento histórico então atravessado. Para o efeito contrapõe, aos tradicionais, os conceitos gerais-concretos, de tipo neo-hegeliano, recentemente introduzidos, na época, por Karl Larenz. Mau grado esta colocação promissora, Fechner acabou por apresentar uma ação complexa e pouco manuseável[971].

V. Numa outra linha evolutiva, iniciara-se, entretanto, a utilização do termo "empresa", para, com o adjetivo, designar a empresa pública[972].

[966] Barbara Elisabeth Meyer, *Das subjektive Recht am Unternehmen* (1933), 35 ss..

[967] Jens Jessen, *Unternehmen und Unternehmensrecht*, ZHR 96 (1931), 37-94; já na altura, este Autor começa a sua intervenção dizendo ser uma autêntica empresa conseguir dizer algo de novo, sobre a empresa. Subsequentemente, ele apresenta a empresa não apenas como elemento económico, mas, também, jurídico, procedendo a um apanhado de elementos de Direito comparado.

[968] Hermann Krause, *Kaufmannsrecht und Unternehmensrecht*, ZHR 105 (1938), 69-132 (64 ss.), o qual refere, ainda, as suas ligações com a economia – ob. cit., 131.

[969] Paul Gieseke, *Die rechtliche Bedeutung des Unternehmens*, FS Ernst Heymann (1940), 112-147; este trabalho tem alguns pontos curiosos, que cumpre consignar; assim, Gieseke sublinha que a personificação da empresa é um facto, p. ex., na linguagem corrente – ob. cit., 118; a Ordem Jurídica, por seu turno, não se limita a acolher a empresa económica, antes elaborando, também, a sua própria teoria – ob. cit., *maxime* 121; finalmente, a tutela da empresa não é primária: visa-se uma proteção geral do ordenamento – ob. cit., 147. Gieseke teve, ainda, o mérito de ter sublinhado a inexistência de um conceito unitário de empresa.

[970] Erich Fechner, *Das wirtschaftliche Unternehmen in der Rechtswissenschaft* (1942).

[971] Erich Fechner, *Das wirtschaftliche Unternehmen* cit., 4-6, 13 e 17.

[972] Quanto a empresas mistas – e afirmando que o fenómeno nada tinha de novo – cumpre citar Kurt Bussmann, *Die Rechtsstellung der gemischtwirtschaftlichen Unternehmungen/unter besonderer Berücksichtigung der Gross-Hamburger Elektrizitätswirtschaft* (1922); este Autor – ob. cit., 2 – explica que as empresas públicas são demasiado lentas,

§ 21.º Teoria da empresa   269

Esta, porém, veio a adquirir um sentido técnico preciso, acentuadamente formal[973], não dependendo do que se venha a encontrar, para "empresa" *tout court*[974]. A empresa pública suscita, hoje, intervenções doutrinárias, na Alemanha, relacionadas com temas de concorrência[975], enquanto, em Itália, se debatia a sua definição[976].

VI. No pós-guerra, o tema foi retomado, de modo prudente, por Julius von Gierke[977] e por Fritz Brecher[978]. Do nosso ponto de vista, a "prudência" tem a ver com o seguinte: a ideia de empresa tende – ou pode tender – a ocupar o lugar da pessoa; lembre-se, logo no início, a querela entre Endemann e Laband; assim, a empresa foi usada por correntes totalitárias, de esquerda e de direita, para despersonalizar o Direito privado; resultará, daí, um certo preconceito contrário à empresa, enquanto sujeito jurídico, que se mantém, até hoje. Von Gierke retoma a ideia de que não há um conceito unitário de empresa, a qual nos terá advindo de economia[979]; de todo o modo, ele intenta surpreendê-la, com recurso a três traves mestras: a atividade, as coisas e posições jurídicas – incluindo vinculações

donde a ideia de as privatizar parcialmente. Com elementos históricos, Volker Emmerich, *Das Wirtschaftsrecht der öffentlichen Unternehmen* (1969), 24 ss..

[973] Günther Püttner, *Die öffentlichen Unternehmen/Ein Handbuch zu Verfassungs- und Rechtsfragen der öffentlichen Wirtschaft*, 2.ª ed. (1985), 25, o qual foca, também, aspetos materiais.

[974] Assim, Jorge Coutinho de Abreu, *Definição de empresa pública* (1990), 137, acabando, afinal, por concordar com Menezes Cordeiro, *Direito da Economia* 1 (1986), 267-268. *Vide*, ainda, Eduardo Paz Ferreira, *Sumários de Direito da Economia*, I (1995), 203 ss..

[975] Volker Emmerich, *Das Wirtschaftsrecht der öffentlichen Unternehmen* cit., 183 ss., Jürgen Backhaus, *Öffentliche Unternehmen*, 2.ª ed. (1980), 77 ss. e Wolfgang Fikentscher, *Wirtschaftsrecht*, II – *Deutsches Wirtschaftsrecht* (1983), 113 ss..

[976] Sabino Cassese, *L' impresa pubblica: storia di un concetto*, em Berardino Libonati/Paolo Ferro-Lizzi, *L' impresa* (1985), 167-182. Também, em Itália, se recorreu à técnica de transformação, em sociedades anónimas: *Le privatizzazioni: forma di società per azioni e titolarità pubblica del capitale (Seminario)* (1995), com múltiplas intervenções, Piergaetano Marchetti (org.), *Le privatizzazioni in Italia/Saggi, leggi e documenti* (1995), também com vários interventores e Renzo Costi, *Privatizzazione e diritto delle società per azioni*, GiurComm 22.1 (1995), 77-100.

[977] Julius von Gierke, *Das Handelsunternehmen*, ZHR 111 (1948), 1-17.

[978] Fritz Brecher, *Das Unternehmen als Rechtsgegenstand/Rechtstheoretische Grundlegung* (1953), X + 148 pp..

[979] Julius von Gierke, *Das Handelsunternehmen* cit., 2 e 5.

270   *Património e empresa*

– para tanto necessárias e a comunidade de pessoas que a servem[980]. Trata-se de pontos retomados por Hubmann, que releva, ainda, a circulabilidade das empresas e a tutela de que beneficiam[981].

VII. De então para cá, a empresa veio sendo trabalhada, em várias frentes, sem que, dela, se possa dar uma imagem dogmática concatenada. Assim, os Autores acentuam o valor próprio, que ela traduz[982], bem como a sua origem na Economia[983], destinando-se a produzir lucros[984]. Aspetos diversificados do seu regime têm sido explorados, tal como a sua esfera de sigilo[985], a sua aptidão para poder funcionar, como objeto do enriquecimento[986] ou a sujeição dos seus sujeitos ao princípio da igualdade[987]. A doutrina está de acordo, quanto ao facto de a empresa poder apresentar

---

[980] Von Gierke, *Das Handelsunternehmen* cit., 7-8; o Autor procede, igualmente, a um apanhado de Direito comparado – ob. cit., 17; as três linhas, referidas no texto, surgem, ainda, em J. von Gierke, *Firmenuntergang und Firmenverlegung*, ZHR 112 (1949), 1-11 (8-9).

[981] Heinrich Hubmann, *Das Recht am Unternehmen*, ZHR 117 (1955), 41-81 (41-42, 46, 60 ss. e 74 ss.). *Vide*, ainda, Karsten Schmidt, *Vom Handelsrecht zum Unternehmens- Privatrecht?*, JuS 1985, 249-257 (255).

[982] Konrad Mellerowicz, *Der Wert der Unternehmung als Ganzes* (1952), 18 e 19.

[983] Ralf Bodo Schmidt, *Wirtschaftslehre der Unternehmung* (1969), 8.

[984] Hans-Martin Lauffer, *Der notwendige Unternehmensgewinn/Eine Analyse des bilanziellen Mindestgewinns* (1968), concluindo que deveria ser procurado o lucro necessário, para prosseguir a sua tarefa; quanto ao conceito de lucro, Georg Döllerer, *Zum Gewinnbegriff des neuen Aktiengesetzes*, FS Gessler (1971), 93-110, sendo de citar, no tocante à transposição da Diretriz referente a balanços, Peter Hommelhoff/Hans-Joachim Priester, *Bilanzrichtliniengesetz und GmbH* (1986) e Peter Ulmer, *Begriffsvielfalt im Recht der Verbundenen Unternehmen als Folge des Bilanzrichtlinien – Gesetzes – Eine systematische Analyse*, FS Goerdeler (1987), 623-648.

[985] Jean Nicolas Druey, *Geheimsphare des Unternehmens* (1977), 104 ss.; este Autor sublinha que as pessoas coletivas também gozam de direitos de personalidade, os quais também tutelam valores económicos; a empresa, por seu turno, traduz uma conexão de direitos e deveres, que asseguram uma articulação de fatores produtivos, sendo tutelada – ob. cit., 89, 94, 101 e 102.

[986] Kurt Ballerstedt, *Das Unternehmen als Gegenstand eines Bereicherungsanspruchs*, FS W. Schilling (1973), 289-307.

[987] Klaus Reuber, *Die haftungsrechtliche Gleichbehandlung von Unternehmensträgern/Der allgemeine Gleichheitssatz (Art. 3 Abs. 1GG) als Wertungskriterium für die Anwendung des § 31 BGB auf Unternehmensträger* (1990); *vide*, aí, 29, quanto à noção de empresa.

§ 21.º Teoria da empresa

diversas formas jurídicas[988], incluindo a de pessoa singular, a de sociedade de pessoas[989], a de cooperativa[990] e a de fundação[991]. Em todo este período, manteve-se uma certa discussão teórica, em torno da ideia de empresa[992], com uma expressa ressalva do monismo dos interesses, embora não esteja definitivamente adquirido[993].

[988] Ernst Joachim Mestmäcker, *Zur Systematik des Rechts der Verbundenen Unternehmen im neuen Aktiengesetz*, FG Kronstein (1967), 129-150, Fritz Rittner, *Unternehmenspenden an politische Parteien*, FS Knur (1972), 205-233 (206, notas), Ralf Bodo Schmidt, *Wirtschaftslehre der Unternehmung* cit., 42-44 e Georg Crezelius, em Karl Peter/Georg Crezelius, *Neuzeitlich Gesellschaftsverträge und Unternehmensformen*, 5.ª ed. (1987), Nr. 7 (3). No tocante a "empresas internacionais", Hans-Georg Koppensteiner, *Internationalen Unternehmen im deutschen Gesellschaftsrecht* (1971), 31, explica que funcionam, como tais, todos os empreendimentos estrangeiros, no País, seja qual for a sua natureza.

[989] Werner Merle, *Personenhandelsgesellschaften als Unternehmer im Gewerberecht*, FS Bartholomeizcik (1973), 279-288 e Harry Westermann, *Gedanken zum Unternehmensschutz im Recht der Personenhandelsgesellschaft*, idem, 395-414 (401), focando, designadamente, que a tutela acaba por ser dada, através do esquema societário.

[990] *Vide* o folheto, aliás interessante, de W. W. Engelhardt, *Sind Genossenschaften gemeinwirtschaftliche Unternehmen?* (1978).

[991] Heinz-Ludwig Steuck, *Die Stiftung als Rechtsform für wirtschaftliche Unternehmen* (1967), 64 e 65, Uwe Paver, *Eignet sich die Stiftung für den Betrieb erwerbwirtschaftlicher Unternehmen?* (1967), Vinken, *Die Stiftung als Trägerin von Unternehmen und Unternehmensteilen* (1970) e H. Berndt, *Stiftung und Unternehmen*, 3.ª ed. (1978).

[992] Fritz Rittner, *Unternehmen und Freier Beruf als Rechtsbegriffe* (1962), 5, fazendo apelo aos conceitos de ordem, de Heck, para explicar a empresa, Oswald von Nell-Breuning, *Unternehmensverfassung*, FG Kronstein (1967), 47-77 (47 e 50 ss.), considerando a empresa como um conceito organizatório e criticando o velho "Unternehmen an sich", Peter Nobel, *Anstalt und Unternehmen/Dogmengeschichtliche und vergleichende Vorstudien* (1978), recorrendo a categorias de Max Weber, pergunta se não se passará a personificação de empresa – 60 ss. e 12 –, Otto Kunze, *Unternehmen und Gesellschaft*, ZHR 147 (1983), 16-20, tentando uma síntese de pontos de vista, Thomas Raiser, *Unternehmensrecht als Gegenstand juristischer Grundlagenforschung*, FS Erich Potthoff (1989), 31-45, concluindo, um tanto contra a corrente hoje prevalecente, que o Direito da empresa é uma nova disciplina jurídica e Antje Mattfeld, no *Münchener Handbuch des Gesellschaftsrechts*, I (1995), § 46, Nr. 15 (847-848), sublinhando que o conceito de empresa é funcional e não institucional.

[993] Horst Steinmann, *Das Grossunternehmen im Interessenkonflikt/Ein wirtschaftswissenschaftlicher Diskussionsbeitrag zu Grundfragen einer Reform der Unternehmensordnung in hochentwickelten Industriegesellschaften* (1969), 32 e 35, depois de ter criticado a "empresa em si", defende a inexistência de uma unidade de interesses, entre a empresa e os seus titulares; este Autor preconiza uma reativação dos acionistas, para quebrar a separação entre a propriedade e o poder de decisão; em compensação, Franz Jürgen Säcker, *Unternehmensgegenstand und Unternehmensinteresse*, FS Lukes (1989), 547-557

272   *Património e empresa*

VIII. Por fim e em termos dogmáticos, a empresa surge no âmbito do Direito dos grupos de sociedades[994] – onde, de resto, é usada para cobrir as diversas formas societárias – no Direito da concorrência desleal[995] e no domínio do Direito do trabalho[996], embora, aí, predomine o conceito técnico preciso de *Betrieb*[997]. Por vezes, a empresa é referida como sujeito de direitos, ainda que em linguagem menos rigorosa[998], mantendo-se a ideia da noção pré-jurídica[999] e, em todo o caso, ampla[1000].

(557), embora apoiado no dever de lealdade, acaba por preconizar um dever dos acionistas de votar o alargamento do objeto da sociedade, quando o seu interesse objetivo o exigir. No tocante a deveres específicos, *vide* Fritz Rittner, *Zur Verantwortung des Vorstandes nach § 76 Abs 1, AktG 1965*, FS Gessler (1971), 139-158, referindo o interesse da sociedade e o interesse público (156).

[994] Ainda antes do *AktG 1965*, cumpre referir Ernst Gessler, *Der Schutz der abhängigen Gesellschaft*, FS Walter Schmidt (1959), 247-278; depois dessa lei, *vide*: Hans-Friedrich Luchterhandt, *Der Begriff "Unternehmen" im Aktiengesetz 1965*, ZHR 132 (1969), 149-174 (155 ss.), Wolfgang Hefermehl, *Der Aktionär als "Unternehmen" im Sinne des Konzernrechts*, FS Gessler (1971), 203-217, Ernst-Joachim Mestmäcker, *Europäisches Wettbewerbsrecht* (1974), 193 ss. e *passim*, numa obra já clássica, Wolfgang Zöllner, *Zum Unternehmensbegriff der §§ 15 ff AktG*, ZGR 1976, 1-32, Horst S. Werner, *Der aktienrechtliche Abhängigkeitstatbestand/Eine Untersuchung der Herrschaftsmöglichkeiten von Unternehmen über Unternehmen in der faktischen Konzernverbindung* (1979), Peter Hommelhoff, *Die Konzernleitungspflicht/Zentrale Aspekte eines Konzernverfassungsrechts* (1982) – trata-se de uma habilitação maciça –, Bruno Kropff, *Konzerneingangskontrolle bei der qualifiziert konzerngebundenen Aktiengesellschaft*, FS Goerdeler (1987), 259-278 e Uwe Huffer, *Gesellschaftsrecht*, 4.ª ed. (1996), 340 ss..

[995] Como mero exemplo: Eberhard Günther, *Das Unternehmen im Wettbewerb*, FS Bartholomeyczick (1973), 59-74.

[996] Kurt H. Biedenkopf, *Answirkungen der Unternehmensverfassung auf die Grenzen der Tarifautonomie*, FS Kronstein (1967), 79-105, Franz Böhm, *Der Zusammenhang zwischen Eigentum, Arbeitskraft und dem Betreibe eines Unternehmens*, idem, 11-45, von Nell-Breuning, ob. cit., 58 ss., Otto Kunze, *Bemerkungen zu Inhalt und Methode einer Unternehmensrechtsreform*, FS Gessler (1971), 47-57 e *Bemerkungen zum Verhältnis von Arbeits- und Unternehmensrecht*, FS W. Schilling (1973), 333-361 (347), Fritz Rittner, *Unternehmensverfassung und Eigentum*, idem, 363-384 e Wilfried Guth, FS Semler (1993), 713-719, também como meros exemplos.

[997] Joost, *Betrieb und Unternehmen* cit., 231 e 265.

[998] Ernst Gessler, *Das "Unternehmen" im Aktiengesetz*, FS Knur (1972), 145-164 (148).

[999] Konrad Duden, *Zur Methode der Entwicklung des Gesellschaftsrechts zum "Unternehmensrecht"*, FS W. Schilling (1973), 309-331 (311).

[1000] Dirk Ehlers, *Der Schutz wirtschaftlicher Unternehmen vor terroristische Anschlägen, Spionage und Sabotage*, FS Lukes (1989), 337-357.

§21.º Teoria da empresa 273

97. A tradição latina; *a*) França

I. A tradição latina das "empresas" pode ser fixada no artigo 632.º, do *Code de Commerce*, com raízes na *Ordonnance*, de 1673. Aquele preceito, a propósito da competência dos tribunais de comércio, que abrangia os atos comerciais, independentemente da qualidade das pessoas, que neles interviessem, vinha dispor:

> La loi répute actes de commerce, tout achat de denrées et marchandises pour les revendre, soit en nature, soit après les avoir travaillées et mises en oeuvre, ou même pour en louer simplement l'usage; toute *entreprise* de manufactures, de commission, de transport par terre ou par eau; toute *entreprise* de fournitures, d'agences, bureaux d'affaires, établissements de vente à l'encan, de spetacles publics; toute opération de change, banque et courtage; toutes les opérations des banques publiques; toutes obligations entre négocians, marchands et banquiers; entre toutes personnes, les lettres de change, on remises d'argent faites de place en place[1001].

Como explica Escarra temos, subjacente, uma ideia, rica, mas pouco praticável, de Direito comercial, assente em profissões de comerciantes e não em atos isolados[1002].

II. Acompanhando, depois, uma evolução semântica, a que não foi estranha a prática dirigista da organização das profissões, no segundo pós-guerra, a "empresa" veio a traduzir não já a atividade em si, mas a própria organização, necessária para o desenvolvimento da atividade.

Reclamando uma origem económica para o conceito de empresa, Yvonne Lambert-Faivre propõe, como definição jurídica de empresa, a de "... quadro no qual capital e trabalho são postos em ação por um chefe de empresa, com vista a um fim económico"[1003]. A empresa seria suscetível

---

[1001] Trata-se da versão original, de 1808; *vide Les cinq codes* (1811), 463-464. Atualmente, este preceito tem uma extensão maior, tendo sido alterado por leis de 7-jun.-1894, 13-jul.-1967 e 9-jul.-1970; Marie-Jeanne Campana, *Code de Commerce* (1991), ed. Litec, 523 ss., com larga anotação.

[1002] Jean Escarra, *Cours de Droit Commercial* (1952), n.º 91 (60) e Françoise Dekeuwer-Défossez, *Droit commercial*, 4.ª ed. (1995), 243: a empresa, no *Code*, daria corpo a atos de comércio, não isolados, mas assentes em estruturas, com repetição.

[1003] Yvonne Lambert-Faivre, *L'entreprise et ses formes juridiques*, RTDComm XXI (1968), 907-975 (947 e 948).

274 *Património e empresa*

de assumir diversas formas[1004], acabando, contudo, por ser considerada o "objeto" da sociedade[1005].

III. Entretanto, já em 1967, a propósito da preparação da (antiga) lei das falências, houvera uma tentativa gorada de, aí, definir a empresa, cada vez mais objetivada, na linguagem económica e de gestão[1006]. Os manuais de Direito comercial, contudo, só lhe faziam breves referências[1007], apresentando, mais recentemente, os diversos sentidos que ela comporta[1008].

IV. Curiosamente, foi no Direito da falência e, mais precisamente, na Lei de 11 de julho de 1985, relativa ao *Redressement et liquidation judiciaires des entreprises*, que a empresa ganharia novo fôlego e, mesmo, uma definição jurídica[1009]. De facto, o artigo 81.º desse diploma define a empresa como centro de atividades suscetível de exploração autónoma[1010]. Trata-se de uma noção que pouco tem auxiliado a doutrina[1011] mas que, de todo o modo, permite tornar operacional a lei francesa das falências. Este diploma tem um papel muito particular por ter, de modo direto, inspirado o CREF português, de 1993.

[1004] Lambert-Faivre, *L' entreprise* cit., 911; Michel Trochu, *L' entreprise: antagonisme ou collaboration du capital et du travail*, RDComm XXII (1969), 681-717 (684).

[1005] Lambert-Faivre, *L' entreprise* cit., 974.

[1006] Proliferaram manuais, dirigidos a cursos de gestão, pouco ou nada explícitos quanto à noção de empresa, mas tendo-a, por título. Assim: Jean-Pierre Tosi, *Introduction au droit de l' entreprise* (1970), Jean-Pierre Casimir/Alain Couret, *Droit des affaires/ gestion juridique de l' entreprise* (1987) onde, por exemplo, se debate a "escolha da estrutura para a empresa" (55) e Le Court, *L' entreprise/Environnement juridique-economique* (1988).

[1007] Michel de Juglart/Benjamin Ippolito, *Traité de Droit Commercial*, 2, *Les sociétés*, 3.ª ed. (1980), n.º 332-4 (4).

[1008] Elie Alfandari, *Droit des affaires* (1993), n.º 215 (167), onde se refere a empresa como atividade, como um bem e como uma organização.

[1009] Fernand Derrida/Pierre Goddé/Jean-Pierre Sortais, *Redressement et liquidation judiciaires des entreprises*, DS hors série 1986, 2.ª ed. e, desses mesmos autores, *Cinq années d' application de la loi du 25-Jan.-1985*, 3.ª ed. (1991). De teor marcadamente prático, Bernard Jadaud, *Le redressement et la liquidation judiciaires des entreprises* (1986).

[1010] Jean Paillusseau/Jean-Jacques Caussain/Henry Lazarski/Philippe Peyramaure, *La cession d'entreprise* (1988), n.º 1003 (498).

[1011] Assim, vejam-se as dúvidas, que se mantêm, em Derrida/Goddé/Sortais, *Redressement* cit., 7 e *Cinq années d' application* cit., 13 ss., bem como as explicações de Paillusseau/Caussain/Lazarski/Peyramaure, *La cession d' entreprise* cit., 497 e 498-499.

§ 21.º Teoria da empresa   275

98. Segue; b) Italiana

I. O Código de Comércio italiano, de 1882, abordava, também, as empresas, pelo prisma dos atos de comércio – artigo 3.º, números 6 e seguintes. A interpretação destes preceitos suscitava dúvidas e teorias, parecendo prevalecer a que detetava, nelas, o exercício de uma atividade complexa, com uma repetição de atos singulares relativos a determinada atividade[1012].

II. A influência da cultura jurídica alemã jogou, depois, acelerando a objetivação da empresa e intentando, dela, perante as invocadas realidades do comércio, fazer um conceito-chave, no Direito comercial[1013]. Parece inevitável considerar que todo este movimento foi auxiliado, pela "doutrina" do corporativismo, então oficial, sob a ditadura do partido de Mussolini: a vários títulos, a reificação da empresa e a sua sobrevalorização permitiriam combater, quer o liberalismo, quer o socialismo.

III. Todo este forte movimento, de entre as guerras, deu frutos relativos, no Código Civil de 1942. Na verdade, este diploma compreende um livro V, dedicado ao trabalho, que trata, sucessivamente, noutros tantos títulos, da disciplina das atividades profissionais, do trabalho na empresa, do trabalho autónomo, do trabalho subordinado, das sociedades, das cooperativas, da associação em participação, do estabelecimento, da disciplina sobre as obras do engenho e invenções industriais, da disciplina da concorrência e dos consórcios e de disposições penais, em matéria de sociedade e de consórcios. Como se vê, o plano era ambicioso. Falhou: hoje, está adquirida a repartição de toda essa matéria em disciplinas per-

[1012] Alfredo Rocco, *Principii di diritto commerciale/Parte generale* (1928), 182 ss.. Em especial e com múltiplas indicações históricas, Roberto Montessori, *Il concetto di impresa negli atti di commercio/Dell' art. 3 Cod. di Comm.*, RDComm X (1912) 1, 408-445 e 497-523.

[1013] Assim, com indicações: Lorenzo Mossa, rec. a Wieland, *Handelsrecht*, RDComm XIX (1921) 1, 283-287 (285) e, depois, sucessivamente e em crescendo, *I problemi fondamentali del diritto commerciale*, RDComm XXIV (1926) 1, 233-252 (245) e *Per il nuovo codice di commercio*, RDComm XXVI (1928) 1, 16-33 (16 ss. e 25 ss.). Finalmente, já com o novo Código à vista, *vide* Mossa, *Trattato del nuovo diritto commerciale/ /Secondo il Codice Civile del 1942 – I – Il livro del lavoro/L' impresa corporativa* (1942), 35 ss.. *Vide*, ainda, Alberto Asquini, *Codice di commercio, codice dei commercianti o codice misto di diritto privato?*, RDComm XXV (1927) 1, 507-524 (512).

276 *Património e empresa*

feitamente autónomas, com cultores e dogmáticas próprios: Direito do trabalho, Direito comercial, Direito das sociedades comerciais, Direito da propriedade industrial, Direito da concorrência e Direito penal. As empresas surgiam, nos artigos 2082 e seguintes, *Título II – Do trabalho na empresa, Capítulo I – Da empresa em geral* e *Secção I – Do empresário*. Era dececionante: o *Codice* limitava-se, naquele preceito, a definir "empresário" (*imprenditore*)[1014]:

> (...) aquele que exerce profissionalmente uma atividade económica organizada, com vista à produção ou à troca de bens e serviços.

No artigo 2086.º, ao sabor da época, sob a epígrafe "direção e hierarquia na empresa", dispunha-se que o empresário é o chefe da empresa, dele dependendo hierarquicamente os seus colaboradores.

IV. O fracasso daquilo que, à partida, pareceria ser a consagração da empresa como instrumento jurídico-chave, no Direito comercial, tem uma explicação científica. O legislador de 1942 optou, na verdade – e pensamos que por razões menos jurídicas – por consagrar a empresa, enquanto realidade objetiva. Simplesmente, e por falta de desenvolvimentos científicos mínimos, não lhe foi possível prescindir de conceitos "concorrentes", como o de sociedade comercial e, até, o de estabelecimento (*azienda*). Nestas condições, o espaço normativo da empresa pouco mais seria do que verbal.

No pós-guerra, a empresa – na base da definição legal de empresário – vem a ser definida como o "exercício profissional de uma atividade económica organizada, com fins de produção ou de troca de bens ou serviços"[1015]. Houve que afirmar a sua sobrevivência, em relação ao corporativismo deposto[1016], mantendo-se, depois, a sua definição, como

---

[1014] *Vide* as anotações de Cian/Trabucchi, *Commentario breve al Codice Civile*, 4.ª ed. (1992), 1729 ss..

[1015] Angelo Nattini, *Lezioni di diritto commerciale/Impresa – Azienda – Società – Titoli di credito-cambiali* (1950), 9 e Giuseppe Fanelli, *Introduzione alla teoria giuridica dell' impresa* (1950), 79.

[1016] Fanelli, *Introduzione* cit., 8 ss. e 44 ss..

§ 21.º Teoria da empresa

atividade[1017]. Não faltariam estudos, assentes na análise económica da empresa[1018], documentando-se, ainda, um uso polissémico da expressão[1019].

Nos manuais mais recentes, mantêm-se as definições de empresário[1020] ou de empresa[1021], coladas à da lei, sem que, daí, se retirem especiais consequências dogmáticas. Mesmo os autores que, como Auletta/ Salanitro, conservam, à empresa, um certo papel sistemático, limitam-se, praticamente, a afirmações de princípio e a contrapor, antes de um estudo de tipo tradicional, empresários a empresas coletivas[1022].

Paralelamente, e para além do uso de "empresa" em temas comunitários, essa locução surge em "empresas públicas"; tem, aí, contudo, um sentido técnico preciso[1023].

99. A experiência portuguesa

I. A "empresa" surge, no Direito moderno português, como forma de delimitar o âmbito comercial. O primeiro Código Comercial português, de 1833 – o Código Ferreira Borges – no Livro I – *Das pessoas do commercio*, da Parte I, Título I – *Dos commerciantes, e suas especies*, Secção I – *Dos commerciantes em geral*, dispunha:

> 34. Os empresarios de fabricas gozam dos privilegios dos commerciantes em quanto respeita á direcção d'ellas, e venda dos artigos fabricados.

[1017] Vittorio Colussi, *Capacità e impresa* I – *L'impresa individuale* (1974), 5 ss. e Vincenzi Panucchio, *Teoria giuridica dell'impresa* (1974), 117 ss..

[1018] Remo Franceschelli, *Imprese e imprenditori* (1972, reimpr. da 3.ª ed.), 11 ss..

[1019] Assim: Berardino Libonati/Paolo Ferro-Luzzi (org.), *L'impresa* (1985) e Nino Longobardi, *Crisi dell'impresa e intervento pubblico* (1985).

[1020] Pier Giusto Jaeger/Francesco Denozza, *Appunti di diritto commerciale* I – *Impresa e società*, 2.ª ed. (1993) = 1.ª ed. (1989), 14 ss..

[1021] Gastone Cottino, *Diritto commerciale/Imprenditori, impresa e azienda*, vol. I, tomo 1.º, 3.ª ed. (1993), 171 ss. e Maria Elena Gallesio-Piuma/Vittorio Polleri, *Elementi di diritto commerciale*, 2.ª ed. (1996), 24.

[1022] Giuseppe Auletta/Niccolò Salanitro, *Diritto Commerciale*, 8.ª ed. (1993), 6, 13 ss. e 103 ss..

[1023] Laura Ammannati, *Le privatizzazioni delle imprese pubbliche in Italia* (1995), com diversos estudos e uma cronologia. Quanto a "empresa", no Direito comunitário, designadamente para efeitos de transferência de empresa, *vide*, do TJE, 7-mar.-1996, JuS 1996, 836-837, anot. Dieter Reuter.

278　　　　　　　　　*Património e empresa*

35. Commerciante é voz generica, que comprehende os banqueiros, os seguradores, os negociantes de comissão, os mercadores de grosso e retalho, e os fabricantes ou empresarios de fabricas na aceção dada.

Portanto: empresário era o detentor de fábricas, sendo equiparado a comerciante. Daí, seria possível extrapolar, a própria fábrica, como empresa.

II. No segundo Código Comercial português, de 1888 – o Código Veiga Beirão, ainda em vigor –, o mesmo objetivo – de inspiração napoleónica –, de melhor definir o universo dos atos de comércio ou da atividade comercial, manteve-se. Segundo o seu artigo 230.º, "Haver se-hão por comerciais as emprêsas, singulares ou colectivas, que se propuzérem: ..."; seguia-se uma lista, que veio a ser alargada por sucessiva legislação posterior. Perante este articulado, a doutrina entendeu, em geral e na sequência de José Tavares[1024], que a "empresa" era, aí, a pessoa, singular ou coletiva, que pretendesse praticar os atos em jogo[1025]. Não faltaram, porém e desde o início, orientações de tipo objetivista que, na empresa viam "... um organismo productor collectivo que se propõe realizar uma série de actos destinados a uma especulação económica"[1026]. Nesta tradição, provavelmente reforçada por elementos jurídico-científicos alemães, se poderá inscrever Ferrer Correia que, pelo menos num certo momento do seu pensamento, equiparou a empresa ao estabelecimento comercial[1027], numa orientação que é mantida por alguns Autores[1028].

[1024] José Tavares, *Sociedades e empresas comerciais*, 2.ª ed. (1924), 728-729; tal posição já havia sido tomada, em edição anterior de *Das emprezas no Direito Comercial*; *vide*, aí, 107, onde se diz que a empresa, no artigo 230.º, é sinónimo de empresário.

[1025] Cunha Gonçalves, *Comentário ao Código Comercial Português*, 1 (1914), 586, Barbosa de Magalhães, *Do estabelecimento comercial*, 2.ª ed. (1951), 21 e Oliveira Ascensão, *Lições de Direito Comercial*, I – *Parte Geral* (1986/87), 121-122, que, depois, procura aproveitar a noção.

[1026] Adriano Anthero, *Comentario ao Codigo Commercial Portuguez*, 1 (1913), 424; este Autor – ob. cit., 425 – não deixa de reconhecer que o Código Comercial deu, à noção, um emprego subjetivo. Quanto ao artigo 230.º, do Código Comercial, com numerosos elementos, cumpre citar Paulo M. Sendin, *Artigo 230, Código Comercial, e teoria jurídica da empresa mercantil (um primeiro apontamento)* (1989, sep. dos *Estudos em Homenagem ao Prof. Doutor Ferrer Correia)*, 137 ss., as conclusões.

[1027] Ferrer Correia, *Lições de Direito Comercial* cit., 1, 201.

[1028] Assim, Orlando de Carvalho, *Critério e estrutura do estabelecimento comercial*, I – *O problema da empresa como objecto de negócios* (1967), 7 ss., nota 3 (8) e Coutinho de Abreu, *Da empresarialidade* cit., 4.

§ 21.º Teoria da empresa

III. Apesar de certos esforços, destinados a reanimar a empresa, enquanto fator relevante do Direito comercial[1029], podemos considerar que a comercialística portuguesa não está, nesse domínio, mais avançada do que as suas congéneres francesa, alemã e italiana, aqui tomadas como exemplares.

IV. Um reforço particular, para a ideia de empresa, adveio do Direito da economia[1030], tomado, latamente, enquanto normas e princípios, ordenados em função de pontos de vista jurídico-económicos. Diversos diplomas, com incidência económica, dimanam normas diretamente dirigidas a empresas. Coroando esta evolução – e sob manifesta influência da experiência francesa – o CREF, aprovado pelo Decreto-Lei n.º 132/93, de 23 de abril, veio aplicar-se a empresas[1031]. O artigo 2.º desse Código adianta, mesmo, como definição:

> Considera-se empresa, para o efeito do disposto no presente diploma, toda a organização dos fatores de produção destinada ao exercício de qualquer atividade agrícola, comercial ou industrial ou de prestação de serviços.

O CIRE, aprovado pelo Decreto-Lei n.º 53/2004, de 18 de março, simplificou as noções. No seu artigo 5.º, define:

> Para efeitos deste Código, considera-se empresa toda a organização de capital e de trabalho destinada ao exercício de qualquer atividade económica.

Paralelamente, o CIRE ampliou o universo das entidades sujeitas à insolvência, diminuindo o relevo da empresa.

Resta concluir que, embora para efeitos limitados, será possível, no domínio falimentar, uma dogmática da empresa; esta não substitui, contudo, a personalidade jurídica[1032], tendo um alcance efetivo muito escasso.

[1029] Com relevo para José de Oliveira Ascensão.

[1030] Vide os nossos Direito da Economia cit., 1, 231 ss. e Aquisição de empresas cit., 88 ss..

[1031] Segundo o seu artigo 1.º:

   1. Toda a empresa em situação de insolvência pode ser objeto de uma ou mais providências de recuperação ou ser declarada em regime de falência.

[1032] STJ 23-abr.-1996 (Cardona Ferreira), CJ/Supremo IV (1996) 1, 167-170 (170): o Código, aprovado pelo Decreto-Lei n.º 132/93, reconhece a personalidade judiciária das empresas, para facilitar, mesmo quando não tenham personalidade jurídica.

280 *Património e empresa*

V. Adiantamos, todavia, que, entre nós – e como, aliás, na experiência dadora francesa – não havia uma dogmática da empresa, minimamente desenvolvida, para permitir uma codificação complexa, que a tenha por cerne. Não admirará, pois, que, na prática do CREF e, agora, na do CIRE, o papel da empresa seja pouco mais do que vocabular.

Poderemos, assim, concluir que, no nosso Direito como noutras experiências europeias, com relevo para a alemã, a "empresa" é uma locução disponível para o legislador, sem se embaraçar com uma técnica jurídica precisa, indicar destinatários para as suas normas, designadamente as de natureza económica.

100. O "interesse" da empresa

I. Com estes elementos, consideremos o problema do interesse. Em sentido subjetivo, o interesse traduz uma relação de apetência entre o sujeito considerado e as realidades que ele entenda aptas para satisfazer as suas necessidades ou os seus desejos; em sentido objetivo, interesse traduz a relação entre o sujeito com necessidades e os bens aptos a satisfazê-las[1033]. A noção de interesse, porém, só terá algum relevo quando se defira, ao próprio sujeito, a função de definir quais os interesses e como os prosseguir. Doutra forma, a lei mandaria, *ad nutum*, adotar certa atuação: seria uma mera norma de conduta.

II. Temos de ser realistas: a noção de interesse não é, dogmaticamente, aproveitável, no estado atual da Ciência do Direito. Falta a instrumentação necessária para, dele, fazer um conceito atuante e útil[1034]. Assim sendo e por maioria de razão: não é viável falar num "interesse" da "empresa": à indefinição de um iríamos somar a do outro, em moldes que representariam um completo retrocesso. A aplicação, à responsabilidade

---

[1033] Menezes Cordeiro, *Direitos Reais* (*Reprint*, cit.), 217. Com múltiplos elementos, Pedro de Albuquerque, *Direito de preferência* cit., 310 ss..

[1034] Nesse sentido, aliás, o estudo exaustivo de Christian Schmidt-Leithoff, *Die Verantwortung der Unternehmensleitung* (1989), 45 ss.. Também Fritz Rittner, *Zur Verantwortung der Unternehmensleitung*, JZ 1988, 113-118 (188), concluíra que o "interesse da empresa" não é operacional.

§ 21.º *Teoria da empresa* 281

dos administradores, do "interesse da empresa" deve, pura e simplesmente, ser afastada[1035].

Assinalamos que "interesse" tem, no Direito civil, uma vocação multifacetada, a determinar, pela interpretação, em cada norma: não permite avançar no domínio aqui em causa[1036].

III. Põe-se, agora, o problema do "interesse da sociedade" e isso por via legislativa: segundo a versão original do artigo 64.º do Código das Sociedades Comerciais, os administradores "... devem atuar com a diligência de um gestor criterioso e ordenado, no interesse da sociedade, tendo em conta os interesses dos sócios e dos trabalhadores".

Este preceito tem uma origem anómala, que não pode deixar de ser referida. Ele provém do artigo 17.º/1 do Decreto-Lei n.º 49.381, de 15 de novembro de 1969, segundo o qual[1037]:

Os administradores da sociedade são obrigados a empregar a diligência de um gestor criterioso e ordenado.

Trata-se de um preceito que passou ao projeto, com uma redação equivalente[1038]. Foi, pois, na fase final da revisão do projeto que, por iniciativa de Brito Correia, se acrescentou "... no interesse da sociedade, tendo em conta os interesses dos sócios e dos trabalhadores"[1039]. À primeira vista, este preceito teria um impacto tremendo. Na verdade, o CSC fala, diversas vezes, em interesse social – artigos 6.º/3, 252.º, 328.º/2, c), 400.º/1, b) e 460.º/2; porém, todos esses preceitos têm sido reconduzidos, sem dificuldades, pela doutrina, aos interesses comuns dos sócios[1040]. No artigo 64.º, porém, a saída não é tão simples: a lei refere, lado a lado, os interesses da sociedade e os dos sócios, em termos que sugerem uma contraposição.

[1035] Schmidt-Leithoff, ob. e loc. cit., *maxime* 154. *Vide*, também, o estudo e as conclusões de Adolf Grossmann, *Unternehmensziele im Aktienrecht* cit., 256: o interesse da empresa é demasiado indeterminado.

[1036] *Direito dos seguros* 2.ª ed. (2016), 546 ss..

[1037] Manuel dos Santos Machado/João Carlos Godinho, *Novo regime de fiscalização das sociedades anónimas anotado* (1970), 41.

[1038] *Código das Sociedades (Projecto)* cit., BMJ 325, 107; no artigo 92.º/1, do Projeto, apenas se substituiu "administradores" por "gerentes, administradores e diretores".

[1039] Di-lo o próprio: Brito Correia, *Direito Comercial, 2, Sociedades Comerciais* (1989), 49.

[1040] Coutinho de Abreu, *Da empresarialidade* cit., 225 e 226; quanto ao artigo 460.º/2, *vide* Pedro de Albuquerque, *Direito de preferência* cit., 340 ss., também citado na obra anterior.

282 *Património e empresa*

Brito Correia afirma, sucessivamente, ter-se inspirado no § 76, do *AktG 1965*[1041] e no § 70, do *AktG 1937*[1042]. Mas não: o § 76, do *AktG 1965*, nada tem a ver com o tema[1043], enquanto o § 70, do *AktG 1937* dispunha:

A direção deve conduzir a sociedade sob a sua própria responsabilidade, tal como o requeiram o bem da empresa e do seu pessoal e a utilidade comum do povo e do *Reich*.

Tratava-se do *Führerprinzip*[1044], numa das poucas manifestações do pensamento nacional-socialista, vertidas na Lei de 1937. A Lei de 1965 afastou-o, não tanto para evitar comentários fáceis, mas, antes por outra substancial razão: a impossibilidade dogmática de reduzir tão estranha construção. De todo o modo, e no que aqui releva: o § 70, do *AktG 1937* também não contrapõe os interesses dos sócios aos da sociedade. De todo o modo, nem do "interesse da empresa", nem do bem comum é possível – na falta de violação de regras – retirar normas exequíveis, pelo Estado[1045].

Resta concluir que não há razões sólidas ou, sequer pensadas, que amparem o acrescento feito no Projeto e que, depois, preencheu a 2.ª parte do artigo 64.°, do CSC, versão original. A reforma de 2006 alargou, ainda mais, o papel do "interesse", reforçando este entendimento.

[1041] Brito Correia, *Direito Comercial* cit., 2, 49.

[1042] Brito Correia, *Os administradores de sociedades anónimas* cit., 602, nota 17, referindo, também, o artigo 10.°, *a)*, da 5.ª Diretriz da CEE, proposta modificada; trata-se de uma Diretriz relativa à defesa dos interesses dos associados e de terceiros, datada de 9-out.-1972 e modificada em 19-ago.-1983. Efetivamente, é nesta última versão – JOCE C 240, de 9-set.-1983, 12, no artigo 10 *a)*/2 –, que encontramos o seguinte preceito: "Todos os membros dos órgãos de direção e de vigilância exercem as suas funções no interesse da sociedade, tendo em conta os interesses dos acionistas e dos trabalhadores. Eles observam a necessária discrição ...". Esta regra explica-se pelo seguinte: a 5.ª Diretriz, proposta modificada, de resto sob manifesta influência alemã, pretenderia estabelecer, em certos casos, esquemas de co-gestão. Ora a presença de representantes dos trabalhadores, nos órgãos sociais, lado a lado com os eleitos pelos acionistas, obriga a explicar que, *todos eles* estão ao serviço dos acionistas, dos trabalhadores e da sociedade, evitando trazer lutas sindicais para o interior dos órgãos sociais. A introdução deste preceito – de resto, uma mera proposta – no CSC, que não prevê qualquer co-gestão, presta-se, de facto, a interpretações que nada têm a ver com o sentido inicial da regra comunitária.

[1043] Quanto muito, poderíamos chamar à colação o § 93 (1) *AktG 1965*, que dispõe a bitola do gestor consciente e ordenado ... mas sem nada dizer quanto a interesses. Chamando a atenção para a incongruência do apelo ao § 76 *AktG 1965*, Coutinho de Abreu, *Da empresarialidade* cit., 226, nota 590.

[1044] Schmidt/Meyer-Landrut, *AktG/Grosskomm*, 2.ª ed. (1961), § 70, An. 1 (430).

[1045] Dieter Baas, *Leitungsmacht und Gemeinwohlbindung der AG* (1976), especialmente 130, 133, 252 e 254.

§ 21.º Teoria da empresa   283

IV. A doutrina portuguesa tem reconduzido o interesse da sociedade ao interesse comum dos sócios.

O próprio Brito Correia vem dizer que o chamado interesse da sociedade se reconduz a interesses de pessoas físicas relacionadas com a sociedade[1046]. E acrescenta[1047]:

> Definir interesse social consiste, pois, em determinar a quem pertencem, em última análise, os interesses para cuja realização a sociedade funciona e qual o seu conteúdo típico.

Luís Menezes Leitão, por seu turno, explica[1048]:

> (...) o que o legislador pretende ao indicar que o administrador deve atuar no interesse da sociedade é referir o interesse *contratual* do conjunto dos sócios na prossecução do objeto social, sendo os interesses pessoais dos sócios e dos trabalhadores também referidos, mas unicamente pela razão de o administrador se encontrar em especial posição para lhes causar reflexamente danos, no caso de má administração, permitindo o preceito a sua responsabilidade em face deles (art. 483.º, n.º 1 C.C.).

Pedro de Albuquerque sufraga esta orientação[1049]. Coutinho de Abreu segue na mesma via, mas apenas até certo ponto: acaba por conferir um especial papel ao interesse dos trabalhadores[1050].

Mas sem unanimidade. Para além das flutuações apontadas, Oliveira Ascensão considera, de facto, um interesse da sociedade, contraposto ao dos sócios, assente numa visão institucionalista de empresa: o artigo 64.º do CSC abriria, assim, um caminho promissor[1051].

[1046] Brito Correia, *Direito Comercial* cit., 2, 50.

[1047] *Idem*, loc. cit..

[1048] Luís Menezes Leitão, *Pressupostos da exclusão de sócio nas sociedades comerciais* (1989), 39, nota 37. Anteriormente: Vasco da Gama Lobo Xavier, *Anulação de deliberação social e deliberações conexas* (1976), 242, nota 116.

[1049] Pedro de Albuquerque, *Direito de preferência* cit., 332.

[1050] Coutinho de Abreu, *Da empresarialidade* cit., *maxime* 230-231. De certo modo, trata-se de uma linha presente, já, em Eliseu Figueira, *Disciplina jurídica dos grupos de sociedades/Breves notas sobre o papel e a função do grupo de empresas e a sua disciplina jurídica*, CJ XV (1990) 4, 35-59 (54), que acaba por entender o interesse da sociedade como "... o resultado da conjugação dos interesses comuns dos sócios e dos trabalhadores".

[1051] Oliveira Ascensão, *Lições de Direito Comercial* cit., 1, 446-447; *vide*, desse mesmo Autor e obra, também o vol. IV – *Sociedades Comerciais* (1993), 54-57.

284 *Património e empresa*

V. Vamos tomar posição. A hipótese de descobrir um interesse real da sociedade diferente do dos sócios – e isso admitindo, o que não parece possível, que, de "interesse", se pudesse fazer um conceito operativo – só seria possível através da teoria da empresa[1052]. A sociedade, só por si, poderá ter realidades subjacentes tão diversas – ou, até, nenhumas – que não parece cientificamente realista descobrir-lhe interesses efetivos próprios. A alternativa estaria em reconstituir doutrinas organicistas, que dessem corpo a um "interesse" da sociedade, e isso um século depois de o próprio von Gierke ter deposto as armas, reconhecendo que o BGB – tal como os diversos códigos civis, entre os quais o nosso – não acolhera a conceção, por ele propugnada.

A empresa, como se viu, não tem, hoje, uma dogmática minimamente capaz de lhe conferir um papel nuclear ou, sequer, substancial, no Direito do comércio ou na teoria geral do Direito privado. Designadamente, não é configurável atribuir-he "interesses" próprios, capazes de ditar, infletir ou esclarecer regimes. Fica-nos, pois, apenas a sociedade.

O artigo 64.º do CSC não foi conseguido: a sua extraordinária origem atesta-o. Mas existe. E, como tal, há que lhe procurar um sentido útil, mesmo no tocante à sua segunda parte.

VI. Encetando o tema, adiante-se que a personalidade coletiva se analisa em novos complexos normativos, que se antepõem entre os destinatários, necessariamente singulares, e a realidade da vida. Uma regra, dirigida a uma pessoa coletiva, será sempre, em última instância, uma norma destinada aos administradores ou aos sócios. Mas é-o em *modo coletivo*, isto é, pela particular técnica, ideologicamente significativa, da personalidade coletiva. Assim, tal regra – que implicará sempre a intermeação de numerosas outras regras – não se confunde com os comandos, diretamente dirigidos aos administradores e aos sócios.

Aqui temos a chave do artigo 64.º do CSC. Os "interesses", nele referidos, são, simplesmente, normas e princípios jurídicos[1053]. Os admi-

---

[1052] Como, aliás, o próprio Oliveira Ascensão não deixa de reconhecer. Poder-se-ia, ainda, tentar convolar o interesse da sociedade, para o seu objeto. Tecnicamente, porém, as noções são distintas. De seguida, o objeto está no controlo dos sócios. E finalmente: do ponto de vista dogmático, o "objeto" debate-se, no plano interno, com uma fraqueza estrutural que, dele, pouca utilidade permite retirar; *vide* Elisabetta Bertacchini, *Oggetto sociale e interesse tutelato nelle società per azioni* (1995), 187 ss..

[1053] Sob a realidade jurídica existem, naturalmente, as mais diversas necessidades e apetências ("interesses"), em termos descritivos – *vide* as enumerações de Wolfgang

§ 21.º Teoria da empresa

nistradores devem usar de determinada diligência, acatando as normas e princípios relativos à sociedade, isto é, aos sócios e aos trabalhadores, mas em *modo coletivo*, ou seja, através da particular técnica da personalidade coletiva[1054].

A novidade está, no fundo, na referência aos trabalhadores. Perante os valores que enformam as modernas sociedades pós-liberais, a ideia parece adequada.

Esta linha interpretativa mantém atualidade perante a redação atual do artigo 64.º do CSC: porventura mesmo, de modo reforçado[1055].

101. O estabelecimento

I. A teoria da empresa aproxima-se pois, como vimos, da da personalidade coletiva: as leis – particularmente as comerciais e as económicas – usam a expressão empresa para designar, global e praticamente, os agentes económicos e as suas organizações.

Koch, *Das Unternehmensinteresse als Verhaltensmassstab der Aufsichtsratsmitglieder im mitbestimmten Aufsichtsrat einer Aktiengesellschaft* (s/d, 1985?), 7 e 29 ss. e Manfred H. Kessler, *Die Leitungsmacht des Vorstandes einer Aktiengesellschaft*, AG 1995, 61-76 e 120-132 (63 ss.). Tudo isso, importante para a aplicação do Direito e para a formulação de juízos de oportunidade, quanto à escolha dos administradores, não é, contudo, suscetível de os responsabilizar, civilmente, enquanto não se traduzir em normas de conduta. Em termos auxiliares, o interesse pode ser usado para a determinação do âmbito do sigilo; *vide* Dietrich von Stebut, *Geheimnischutz und Verschwiegenheitspflicht im Aktienrecht* (1972), 155. Quanto a interesses políticos: Werner Wellhöfer, *Die Ausübung der Aktionärsrechte zur Verfolgung politischer und gemeinnütziger Interessen auf den Hauptversammlungen deutscher und amerikanischer Aktiengesellschaften* (1977), 149 ss. (as conclusões).

[1054] Será ainda possível retirar, do contexto, uma ideia de funcionalização das normas em jogo. Os "interesses" da sociedade ou, mais logicamente, a lógica empresarial, poderá intervir, no seio da interpretação dos institutos em jogo, no campo societário, contribuindo, assim, para definir a responsabilidade. *Vide*, quanto à funcionalização, Gunther Teubner, *Corporate fiduciary duties and their beneficiaries: a functional approach to the legal institutionalization of corporate responsability*, em Klaus J. Hopt/Gunther Teubner, *Corporate Governance and Directors' Liabilities/Legal, economic and sociological analyse on corporate social responsability* (1985), 149-177. Um dos campos úteis, para reflexão deste esquema, é o da responsabilidade organizacional, i. é, a responsabilidade inerente à repartição de funções, nas empresas ou nos grupos de empresas. *Vide* Gert Brüggemeier, *Organisationshaftung/Deliktsrechtliche Aspekte innerorganisatorischer Funktionsdifferenzierung*, AcP 191 (1991), 33-68 (67-68).

[1055] *Código das Sociedades Comerciais Anotado*, 2.ª ed. (2011), 250 ss..

286 *Património e empresa*

Com frequência, porém, surge a empresa para traduzir, apenas, a organização em si. Teremos, então, já algo próximo da teoria das coisas.

II. O tema aproxima-se, nesta aceção, da ideia de estabelecimento: uma organização de meios humanos e materiais aptos para uma atividade articulada, normalmente económica. O Código Civil opta, sistematicamente pela expressão "estabelecimento", evitando "empresa": assim nos artigos 316.º, 317.º, 495.º/2, 1559.º, 1560.º/1, 1682.ºA, 1938.º/1, *f*), 1940.º/4 e 1962.º/1. Trata-se, ainda, da expressão usada pelo revogado RAU, materialmente civil.

O estabelecimento – ou a empresa na aceção menor – pode ser objeto de negócios: compra e venda – dita "trespasse"[1056] – e locação – dita "cessão de exploração"[1057] –, designadamente.

III. Quer a empresa – no sentido em que se aproxima do estabelecimento – quer, por maioria de razão, o próprio estabelecimento, têm um papel fundamental na moderna teoria das coisas.

Muitas das classificações inseridas no Código Civil e das regras a elas inerentes têm aplicação.

Todavia – com vimos – e um tanto à semelhança do que sucede com o "património", as aceções "empresa" e "estabelecimento" são algo flutuantes. Apenas em concreto se torna possível apurar o seu significado.

[1056] Artigo 115.º do RAU; Menezes Cordeiro, *Aquisição de empresas/Anotação ao acórdão do Tribunal Arbitral de 31-Mar.-1993*, ROA 55 (1995), 37-104. Referimos, ainda, o nosso *Direito comercial*, 4.ª ed. (2016), 330 ss..

[1057] Artigo 111.º do RAU e, hoje, 1112.º, do Código Civil; Oliveira Ascensão/ /Menezes Cordeiro, *Cessão de exploração de estabelecimento comercial, arrendamento e modalidade formal*, ROA 1987, 845-927.

CAPÍTULO V

OS ANIMAIS

§ 22.º A JUSTIFICAÇÃO DA TUTELA

102. Generalidades

I. Na tradição romana, o animal – particularmente o animal dotado de um sistema nervoso – era considerado coisa[1058]. Um juízo semelhante operava, na época, em relação ao escravo. Simplesmente, ao passo que o escravo, mercê, designadamente, do Cristianismo, se veio a emancipar, outro tanto não sucedeu com o animal.

A própria natureza das coisas diz-nos que o animal não é idêntico à planta ou ao mineral. Ele tem, pelo menos, a faculdade de se mover por si: tradicionalmente, constituiria uma categoria especial dentro dos móveis: um *semovente*[1059]. Partindo do princípio de que o aperfeiçoamento do Direito se faz no sentido de uma diferenciação crescente – e, portanto: na linha de, a situações distintas, fazer corresponder regimes próprios – é de esperar que, aos animais, se venham a dispensar regras adequadas.

II. O Código Civil – à semelhança, pelo menos até há poucos anos, do que sucede com os outros códigos civis – não dedicava preceitos aos

---

[1058] A biologia tem vindo a esbater as fronteiras entre os diversos tipos de seres vivos e entre estes e os inanimados. Usaremos, aqui, o conceito de animal na aceção comum, centrando-nos, especialmente, no conceito de "animal com sistema nervoso" – portanto capaz de sentir dor, angústia e desgosto – especialmente visado na Declaração Universal dos Direitos do Animal, de 15-out.-1978.

[1059] Manuel de Andrade, *Teoria geral* cit., 1, 249.

288 *Os animais*

animais, exceto a propósito da ocupação[1060] e noutros domínios periféricos[1061]. Tão-pouco existe, na lei civil, qualquer norma especificamente destinada a protegê-los, com exceção do artigo 1124.º que, todavia, tem uma estrutura de pura proteção contratual dos interesses do dono do animal.

Como já referimos, esta situação, comum aos diversos países, tem vindo a alterar-se. O ABGB austríaco e o BGB alemão foram revistos, em 1989 e em 1990, respetivamente, de modo a consignar, de uma forma expressa, que os animais não são considerados coisas. Mercê de uma opinião pública cada vez mais consciencializada para o problema, seguiram outros ordenamentos esse exemplo. Entre nós, isto ocorreu por via da Lei n.º 8/2017, de 3 de março, abaixo examinada[1062].

III. A proteção dos animais constitui, já hoje, um valor estruturante das modernas sociedades pós-industriais, quer a nível interno, quer a nível internacional[1063]. Abre-se, assim, uma problemática no seio do Direito civil. Pensamos que os civilistas não se devem alhear desse tema, deixando-o exclusivamente aos penalistas e aos publicistas. Seja num prisma técnico, seja numa perspetiva significativo-ideológica, o Direito civil deve acompanhar a evolução dos tempos, incentivando-a ou corrigindo-a, conforme as circunstâncias. Aceitámos por isso, na primeira edição desta obra (1999), o desafio de introduzir o tema, ainda que com concisão, numa exposição geral de Direito civil português. Verificamos, com o maior agrado, que a ideia teve êxito, multiplicando-se os escritos favoráveis a

---

[1060] Artigos 1318.º (Coisas suscetíveis de ocupação), 1319.º (Caça e pesca), 1320.º (Animais selvagens com guarida própria), 1321.º (Animais ferozes fugidos), 1322.º (Enxames de abelhas) e 1323.º (Animais e coisas móveis perdidas).

[1061] O artigo 212.º/3 fixa os "frutos das universalidades de animais"; o artigo 493.º trata ainda de "danos causados por coisas, animais ou atividades" referindo o artigo 502.º os "danos causados por animais"; nos artigos 1121.º a 1128.º surge-nos o contrato de parceria pecuária, pelo qual "... uma ou mais pessoas entregam a outra ou outras um animal ou certo número deles, para estas os criarem, pensarem e vigiarem ...", sendo de referir o artigo 1124.º, que fixa um dever de cuidado na guarda e tratamento dos animais; o artigo 1462.º reporta-se ao "usufruto sobre universalidades de animais".

[1062] *Infra*, 307 ss..

[1063] Sobre toda esta material, em especial, Fernando Araújo, *A hora dos animais*, abaixo citada, com elementos filosóficos fundamentais, bem como a bibliografia referida *infra*, 289.

§ 22.º A justificação da tutela 289

uma proteção alargada, com relevo, entre outros, para Fernando Araújo[1064], para Jorge Bacelar Gouveia[1065], para Sílvia Costa Ramos[1066], para André Dias Pereira[1067], para Carla Amado Gomes[1068], novamente para André Dias Pereira[1069], para José Luís Bonifácio Ramos[1070] para Filipe Cabral[1071], para Maria Luísa Duarte e Carla Amado Gomes[1072] e para Barreto Menezes Cordeiro[1073] entre outros. Sobressaem, ainda, interessantes trabalhos académicos[1074].

103. Fundamentação ética

I. Existe, hoje, um consenso sócio-cultural alargado no sentido de se dever prestar uma proteção aos animais. Mas o próprio princípio em si ainda tem de ser defendido e alargado, razão porque cumpre explicitar os seus fundamentos.

À partida, não haveria proteção: curiosamente, os antropólogos sublinham que os povos de caçadores respeitavam os animais e as suas neces-

---

[1064] Fernando Araújo, *A hora dos animais* (2003), 379 pp..

[1065] Jorge Bacelar Gouveia, *A prática de tiro aos pombos, a nova lei de protecção dos animais e a Constituição Portuguesa*, em *Novos Estudos de Direito público* (2002), 209-274.

[1066] Sílvia de Mira da Costa Ramos, *A protecção dos direitos dos animais*, em Estudos em honra de Cardoso da Costa (2003), 789-794.

[1067] André Gonçalo Dias Pereira, anot. a RGm 29-out.-2003 e a STJ 19-out.-2004, CDP 12 (2005), 36-53.

[1068] Carla Amado Gomes, *Ambiente e desporto: ligações perigosas/A propósito do acórdão da RG de 25-set.-2007*, D&D VI, n.º 17 (2009), 213-256.

[1069] André Gonçalo Dias Pereira, *"Tiro aos pombos"/A jurisprudência criadora de Direito*, Est. Castanheira Neves, II (2008), 539-569.

[1070] José Luís Bonifácio Ramos, *O animal: coisa ou tertium genus?*, O Direito 141 (2009), 1071-1104: um escrito muito bem documentado.

[1071] Filipe Cabral, *Fundamentação dos direitos dos animais/A existencialidade jurídica* (2015), 351 pp..

[1072] Maria Luísa Duarte/Carla Amado Gomes (org.), *Direito (do) animal* (2016), 346 pp..

[1073] António Barreto Menezes Cordeiro, *A natureza jurídica dos animais à luz da Lei n.º 8/2017, de 3 de março*, RDC 2017, 317-333.

[1074] Helena Telino Neves, *A natureza jurídica dos animais* (2006), 43 pp., 27 ss., referindo a descaracterização dos animais como coisas e Pedro Pereira Teodoro, *O contínuo entre espécies e os direitos dos animais* (2007), 25 pp..

290 *Os animais*

sidades, ao contrário dos povos sedentários, que passaram a utilizá-los sem limites[1075].

As grandes religiões sempre procuraram moderar esse estado de coisas[1076]. O Budismo indiano e o Confucionismo chinês condenam a morte de seres vivos. O Islamismo, embora entendendo que Deus pôs a natureza à disposição do homem[1077], coloca-os sob proteção divina[1078].

Também o Judaísmo e o Cristianismo determinam ou pressupõem regras de proteção[1079], recordando a proximidade entre o homem e o animal[1080]. Uma palavra particular é devida a S. Francisco (1181-1226): o grande símbolo ocidental da defesa dos animais, que tratava como irmãos. S. Tomás de Aquino (1225-1274), abaixo referido, colocava os animais como género entre o homem e o ser inanimado[1081].

[1075] Birgit Brüninghaus, *Die Stellung des Tieres im Bürgerlichen Gesetzbuch* (1993), 17.

[1076] Quanto ao papel das religiões superiores na formação de uma cultura que respeite os animais e a vida *vide* Günter Erbel, *Rechtsschutz für Tiere – Eine Bestandsaufnahme anlässlich der Novellierung des Tierschutzgesetzes*, DVBl 1986, 1235-1258 (1242 ss.), Birgit Brüninghaus, *Die Stellung des Tieres* cit., 18 ss. e Florence Burgat, *La protection de l'animal* (1997), 7 ss..

[1077] *Alcorão* (trad. por Samir el Hayek), *An Náhl*, 16.ª Surata, 8: *E (Deus) criou o cavalo, o mulo e o asno para serem cavalgados e para o nosso deleite, e cria coisas mais que ignorais; idem, 14: E foi Ele quem submeteu, para nós, o mar para que dele comesseis carne fresca* (...)

[1078] *Alcorão, An Nur*, 24.ª Surata, 42: *A Deus pertence o reino dos céus e da terra e a Deus será o retorno; idem, 45: E Deus criou da água todos os animais; e entre eles há os répteis, os bípedes e os quadrúpedes. Deus cria o que Lhe apraz, porque Deus é Omnipotente.*

[1079] *Bíblia, Liv. Gênesis*, 6, 18-22: o episódio de Noé e do dilúvio, designadamente 19: *E de cada espécie de todos os animais, farás entrar na arca dois, macho e fêmea, para que vivam contigo.* A própria linguagem figurada de Jesus Cristo, no *Novo Testamento*, é significativa: *Ev. S. João*, 10,11: *Eu sou o bom pastor. O bom pastor dá a sua vida pelas suas ovelhas; S. Lucas*, 15,4: *Qual de vós tendo cem ovelhas, se perde uma delas, não deixa as noventa e nove no deserto, e vai procurar a que se tinha perdido, até que a encontre?; S. Lucas*, 14,5: (...) *Quem de entre vós que, se o [seu] boi cair num poço, o não tirará logo [ainda que seja] em dia de Sábado?*

[1080] *Bíblia, Liv. Eclesiástico*, 13,19: *Todo o animal ama o seu semelhante; assim também todo o homem ama o seu próximo; Jonas*, 3,8 (a propósito da penitência de Ninive): *E os homens e os animais cubram-se de saco, e clamem aqueles ao Senhor com toda a sua força* (...).

[1081] *Infra*, 305.

§ 22.º A justificação da tutela 291

II. Em termos filosóficos, a tutela dos animais tem tradições. Aristóteles (384-322 a. C.) descobre nos animais almas vegetativa e sensitiva, às quais o homem – o mais perfeito animal – somaria a alma intelectiva – o logos. Teofrasto retoma o parentesco aristotélico e defende que só em legítima defesa se pode matar um animal, enquanto Plutarco (50-125) põe em crise a própria ideia de comer carne[1082].

Normalmente, os racionalistas são apontados como menos favoráveis a uma tutela alargada: Platão e, sobretudo, Descartes[1083]. Trata-se, porém, de uma mera decorrência da análise da natureza humana. É curioso que Kant – retomando postulados tomistas –, venha a considerar condenáveis os maus tratos a animais: porta aberta para maltratar as próprias pessoas[1084].

III. O romantismo e o neo-kantianismo dariam novo ênfase à dignidade animal: Schoppenhauer (1788-1860) sublinha as ligações entre o mundo animal e o humano[1085], enquanto Krause (1781-1832) defende a necessidade da sua tutela[1086]. Também Bentham (1748-1832), apodado de utilitarista, depôs nesse sentido[1087].

Mais recentemente, têm vindo a surgir posições radicais de defesa, com relevo para o "antiespecismo" (Peter Singer) que equipara a discriminação de animais às segregações e perseguições racistas, entre humanos[1088]. É de recear que o exagero possa prejudicar uma evolução rápida do problema[1089].

[1082] As competentes indicações podem ser confrontadas em Erbel, *Rechtschutz für Tiere* cit., e em Brüninghaus, *Stellung des Tieres* cit., 27 e 29.

[1083] Thomas Rüfner, no HKK/BGB cit., 1, §§ 90-103, Nr. 18 (323-326), com muitas indicações.

[1084] Immanuel Kant, *Die Metaphysik der Sitten*, II – *Metaphysische Anfangsgründe der Tugenlehre*, § 17, 443 = *Metaphysik der Sitten*, publ. Karl Vorländer, 3.ª ed. (1991), 296.

[1085] Arthur Schoppenhauer, *Die beiden Grundprobleme der Ethik* II, *Abhandlung: Grundlage der Moral* (1841), 243 ss. = *Sämtliche Werke*, 2.ª ed. (1950), IV, 234 ss., louvando a experiência inglesa no sentido de proteção.

[1086] Karl Christian Friedrich Krause, *Vorlesungen über Naturrecht oder Philosophie des Rechtes und des Staates*, publ. Richard Mucke (1892), 261 ss..

[1087] Estes e outros elementos podem ser confrontados em Erbel, *Rechtschutz für Tiere* cit., 1241-1242 e em Brünnghaus, *Die Stellung des Tieres* cit., 27 ss..

[1088] Peter Albert Singer, *Animal Liberation/A New Ethics for our Treatment of Animals*, 2.ª ed. (1995), 330 pp., especialmente 213 ss..

[1089] *Vide* Helmut F. Kaplan, *Tierrechte/Modetrend oder Moralfortschritt?* (2012),

292 *Os animais*

104. Fundamentação sócio-cultural

I. A sensibilidade é um todo. Não é pensável ser-se cruel para com os animais e bondoso para com as pessoas: uma coisa implicará a outra. O respeito pela vida é um decorrência ética do respeito pelo seu semelhante. Condenar os animais pela não-inteligência é abrir a porta à morte dos deficientes e dos incapazes. Há um fundo ético-humanista que se estende a toda a forma de vida, particularmente à sensível. O ser humano sabe que o animal pode sofrer; sabe fazê-lo sofrer; sabe evitar fazê-lo. A sabedoria dá-lhe responsabilidade. Nada disso o deixará indiferente – ou teremos uma anomalia, em termos sociais e culturais, dado o paralelismo com todos os valores humanos.

II. A biologia explica, hoje, que o homem não é estruturalmente diferente dos diversos animais: há muitas mais semelhanças do que diferenças, em termos genéticos. Têm antepassados comuns. E estarão, provavelmente, juntos no futuro, até ao fim da vida na Terra.

As atuais realidades do Planeta são muito diferentes das que, há 10.000 anos, terão justificado o império humano sobre todas as outras espécies. Hoje impõe-se um vasto programa de defesa do ambiente, decisivo para a sobrevivência da própria espécie humana, e que aposta na vida como valor autónomo.

III. Em termos económicos, é bem evidente que boa parte da atual prosperidade humana assenta na exploração, a todos os níveis, da vida animal. No Mundo, em 2003, foram mortos mais de 50 biliões de animais (seis por cada pessoa), assinalando-se ainda, em 2016, 178 milhões de toneladas de pesca (25 quilos por pessoa, o que equivale a muitas dezenas de seres vivos)[1090]. Temos, aqui, um expressivo tributo que a vida terrestre paga à sua manifestação inteligente: ao homem. Se a morte de um animal,

---

112 pp., focando os "comedores de carne"; *idem, Tierrechte/Wider den Speziesismus* (2016), 281 pp., 97 ss. e 106 ss., quanto a Peter Singer; *idem, Tierrechte/Das Ende einer Ilusion?/Warum es die Tierrechtsbewegung so schwer hat* (2017), 108 pp., 39 ss., quanto ao especismo.

[1090] Na *Net* podem ser pesquisados números precisos, por espécies. As estatísticas referem, apenas, os animais abatidos legalmente, em matadores; de fora ficam alguns biliões mortos artesanal ou clandestinamente, além dos eliminados para o aproveitamento da pele ou em caçadas, legais e ilegais.

§ 22.º A justificação da tutela   293

sem sofrimento dispensável, parece adequada para fins alimentares, o seu sofrimento inútil merece a reprovação da sociedade e da cultura.

IV. Os dados culturais mais elementares, como os que acompanham as crianças desde a tenra idade, fazendo dos animais, reais ou figurados – desenhos animados, brinquedos, contos – os melhores amigos e compa-nheiros, concatenam-se com todo um acervo religioso, filosófico, ético, antropológico, biológico e ambiental. Só por ironia se poderia colocar hoje a alternativa homem ou animal: há – como sempre houve – uma manifesta solidariedade entre ambos, que cumpre reforçar.

O futuro sócio-cultural da espécie humana passa por viver em paz com todas as outras formas de vida do Planeta.

§ 23.º A PROTEÇÃO JURÍDICA

105. Desenvolvimento histórico

I. A fundamentação ético-cultural da proteção dos animais pode considerar-se adquirida. A transposição jurídica – o que é dizer: prática – dos dados assim obtidos suscita, todavia, uma série de dificuldades técnicas e de fundo.

Na origem encontramos as *institutiones*, num texto geralmente tido como inspirado em Ulpiano, segundo o qual:

> O Direito natural é o que a natureza inculca em todos os animais. De facto, o Direito não é próprio apenas do género humano mas de todo o animal, quer tenha nascido no céu, quer na terra, quer no mar[1091].

Embora com um alcance mais filosófico do que jurídico, este curioso texto coloca, nas raízes clássicas do Direito civil, o tema da dignidade animal.

II. O caminho bimilenário do Direito civil foi, antes do mais, uma luta incansável pelo homem e pelo respeito que lhe é devido. Recorde-se que a abolição da escravatura data apenas do século XIX, enquanto, ainda hoje e nalguns países, se admite a pena de morte. Compreende-se, por isso, que só recentemente a tutela dos animais se tenha inscrito entre os objetivos de reforma legislativa. De todo o modo, documentam-se exemplos antigos: o Código de Hammurabi (2.000 a. C.) previa penas em defesa dos

---

[1091] I. 1. 2. pr.: = Okko Behrends e outros, *Corpus iuris civilis/Die Institutionen/ /Text und Übersetzung* (1993), 2: Ius naturale est quod natura omnia animalia docuit. nam ius istud non humani generis proprium est, sed omnium animalium, quae in coelo, quae in terra, quae in mari nascuntur.

§23.º A proteção jurídica

animais; na Grécia, ocorreram processos contra torcionários de animais; e ao longo da Idade Média, regras diversas tutelavam certas espécies e vedavam atitudes destruidoras[1092].

III. Como Lei moderna de defesa dos animais cita-se o britânico *Martin's Act*, de 22 de julho de 1822, *to prevent the cruel and improper treatment of cattle*. Este diploma formalizou entendimentos já consagrados, pelos tribunais, em 1770.

Na Alemanha, as regras iniciais de proteção ocorreram em 1838. Em França, as primeiras medidas datam da Revolução: uma Lei de 28 de setembro de 1791, reprime os maus tratos inflingidos a animais alheios. Mas apenas a Lei Grammont, de 2 de julho de 1850, proibiu maus tratos a animais, mesmo próprios, na via pública. Só em 7 de setembro de 1959 desapareceu a "publicidade" como condição para a repressão aos maus tratos em causa[1093].

Num curioso paradoxo histórico, a lei mais avançada de tutela dos animais foi, na época, o *Reichstierschutzgesetz* de 24 de novembro de 1933: tratava-se de uma lei que proibia a própria experimentação animal[1094], com exceções bem delimitadas[1095].

IV. Atualmente rege, na Alemanha, o *Bundestierschutzgesetz* de 24 de julho de 1972[1096]; em França, sucessivos diplomas fixam uma tutela penal e administrativa dos animais, com relevo para a Lei de 10 de julho de 1976. Uma interessante reforma legislativa do BGB, em 1990, retirou, formalmente, os animais do universo das coisas (§ 90a)[1097], enquanto uma revisão constitucional inseriu, entre as tarefas do Estado, a proteção da

---

[1092] Erbel, *Rechtsschutz für Tiere* cit., 1244 ss..

[1093] Burgat, *La protection de l'animal* cit., 27-28.

[1094] Erbel, *Rechtsschutz für Tiere* cit., 1246.

[1095] Fritz Korn, *Kommentar zum Reichs-Tierschutzgesetz vom 24.November 1933* (1934), 39 pp., 26-28; *vide* Weber Werner/Walther Schoenichen, *Der Schutz von Pflanzen und Tieren/nach der Naturschutzverordnung vom 18. März 1936* (1936), XII + 232 pp., com atualização (1941), 88 pp.; *vide*, 172.

[1096] Reformulado por uma Lei de 18-mai.-2006 e por último alterado por uma Lei de 17-dez.-2018.

[1097] *Infra*, 303-304.

296   *Os animais*

natureza e dos animais (art. 20a)[1098]. Alguma doutrina fala, a este propósito, numa proteção ética de categoria constitucional[1099].

Outros países seguem esses exemplos. Além disso, a atenção da comunidade mundial tem vindo a concentrar-se na tutela internacional, abaixo aludida. Infelizmente, a Ibéria tem funcionado como um travão, mercê da tibieza política, em face dos *lobbies* das touradas e do tiro aos pombos.

V. Para além das convenções internacionais, depois referidas, tem ainda interesse mencionar Cartas e Declarações de proteção, aprovadas e proclamadas por Ligas Internacionais de reconhecido mérito e que, embora não vinculantes, correspondem a autênticos códigos de ética universal.

Assim, temos a Declaração Universal dos Direitos do Animal, proclamada na Unesco, em Paris, em 15 de outubro de 1978, de que retemos os três primeiros artigos[1100]:

> 1.º Todos os animais têm direitos iguais à existência no quadro dos equilíbrios biológicos.
> Essa igualdade não prejudica a diversidade das espécies e dos indivíduos.
> 2.º Toda a vida animal tem direito ao respeito.
> 3.º 1. Nenhum animal pode ser submetido a maus tratos ou a atos cruéis.
> 2. Se a morte de um animal for necessária, ela deve ser instantânea, indolor e não geradora de angústia.
> 3. O animal morto deve ser tratado com decência.

Além disso, cumpre referir a Declaração sobre a Ética Alimentar, de 1981[1101] e a Carta Mundial dos Estudantes para uma Ciência e uma Biologia sem Violência, também de 1981.

[1098] *Vide* Helmut Schultze-Fielitz, em Horst Freier, *Grundgesetz Kommentar 1*, 2.ª ed. (2006), Art. 20a (288 ss.) e Günter Krings, em Bruno Schmidt-Bleibtreu/Franz Klein, *Kommentar zum Grundgesetz*, 14.ª ed. (2018), Art. 20a, Nr. 30-40 (966-969); a referência aos animais adveio da revisão constitucional de 2002.

[1099] Eva Inés Obergfall, *Ethischer Tierschutz mit Verfassungsrang*, NJW 2002, 2296-2298.

[1100] *Apud* Burgat, *La protection de l'animal* cit., 61-62.

[1101] *Idem*, 66 ss..

§ 23.º A proteção jurídica 297

VI. Adiantamos já que a expressão "direitos dos animais" pode prestar-se a equívocos. Num plano técnico, deve ser meditada: os fundamentalismos prejudicam as causas que julgam servir. O Direito subjetivo postula uma norma permissiva, eventualmente delimitada por normas impositivas e proibitivas. Ora apenas um ser inteligente é capaz de optar em função de códigos de conduta exteriores, sendo, nessa medida, titular de direitos e sujeito de obrigações. A expressão "direitos dos animais" tem um sentido não-técnico: traduz uma área de defesa que a lei lhes reconhece. Seria utópico falar em verdadeiros direitos[1102]. Todavia, parece possível estudar a personalização dos primatas hominoides (gibão, orangotango, gorila e chimpanzé), em termos abaixo referidos.

106. Proteção internacional e europeia

I. Os animais dispõem, hoje, de uma proteção internacional já considerável.

Em 10 de março de 1976, foi adotada a Convenção Europeia sobre a Proteção dos Animais nos Locais de Criação. Essa Convenção foi alargada pelo Protocolo de Alteração de 6 de fevereiro de 1992, aprovado para ratificação pelo Decreto n.º 1/93, de 4 de janeiro.

II. Em 13 de novembro de 1987, seguiu-se a Convenção Europeia para a Proteção dos Animais de Companhia, aprovada para ratificação, pelo Decreto n.º 13/93, de 13 de abril. De notar que, na versão francesa, se usa correntemente o termo neutro "detenção de um animal" – artigo 1.º/1 e artigo 4.º, como exemplos – quando, na tradução portuguesa, se usou (indevida e desnecessariamente) a locução "posse de um animal"[1103]. Vamos reter alguns preceitos dessa Convenção:

[1102] Heinrich Freiherr von Lersner, *Gibt es Eigenrechte der Natur?*, NVwZ 1988, 988-992 (992).

[1103] Prevalece, todavia, a versão francesa. Há outras incorreções de tradução que, de um modo geral, enfraquecem a tutela pretendida pela Convenção; por exemplo "sacrifice" é traduzido por "abate" quando, em francês, abate se diz "abat" e, em português, existe o termo "sacrifício": artigos 11.º e 13.º, por exemplo. Note-se que, em termos técnico-veterinários, "abate" significa a morte de um animal por sangria: artigo 2.º, *g*) do Anexo A ao Decreto-Lei n.º 28/96, de 2 de abril, correspondente a uma regra comunitária.

298 *Os animais*

Artigo 3.º
Princípios fundamentais para o bem-estar dos animais

1. Ninguém deve inutilmente causar dor, sofrimento ou angústia a um animal de companhia.
2. Ninguém deve abandonar um animal de companhia.

Artigo 4.º
Posse [Detenção]

1. Qualquer pessoa que possua [detenha] um animal de companhia ou que tenha aceitado ocupar-se dele deve ser responsável pela sua saúde e pelo seu bem estar.

2. Qualquer pessoa que possua [detenha] um animal de companhia ou que dele se ocupe deve proporcionar-lhe instalações, cuidados e atenção que tenham em conta as suas necessidades etológicas, em conformidade com a sua espécie e raça (...)

3. Um animal não deve ser possuído [detido] como animal de companhia se:

   a) As condições referidas no anterior n.º 2 não forem preenchidas; ou
   b) Embora essas condições se encontrem preenchidas, o animal não possa adaptar-se ao cativeiro.

O treino de animais não deve ser prejudicial para a sua saúde e bem-estar – artigo 7.º; são proibidas intervenções cirúrgicas sem fins curativos – artigo 10.º/1; o sacrifício do animal deve ser feito sem dor, precedendo anestesia geral profunda – artigo 11.º. Prevê-se, ainda, o lançamento de programas de informação e de educação – artigo 14.º.

III. O Decreto-Lei n.º 28/96, de 2 de abril, transpôs para a ordem interna a Diretriz n.º 93/11/CE, do Conselho, de 22 de dezembro, relativa à proteção dos animais no abate e na occisão. Dispõe o artigo 3.º do Anexo A a esse Decreto-Lei:

> Os animais devem ser manuseados de forma a evitar qualquer excitação, dor ou sofrimento durante o encaminhamento, estabulação, imobilização, atordoamento, abate e occisão.

E o artigo 6.º:

> 1. Apenas podem proceder ao encaminhamento, à estabulação, à imobilização, ao atordoamento, ao abate ou à occisão de animais pessoas

§23.º A proteção jurídica

que possuam os conhecimentos e capacidade necessários para efetuar essas operações de modo humanitário eficaz, de acordo com os requisitos do presente regulamento.

Os artigos 8.º e 13.º preveem controlos e inspeções conduzidos pelas autoridades locais e por representantes da Comissão Europeia.

IV. O Decreto-Lei n.º 294/98, de 18 de setembro, transpôs, para o Direito interno, a Diretriz n.º 91/628/CEE, de 19 de novembro, com as alterações introduzidas pela Diretriz n.º 95/29/CE, ambas do Conselho. Trata-se de estabelecer normas relativas à proteção dos animais durante o transporte. A matéria foi, depois, objeto do Regulamento (CE) n.º 1/2005, de 22 de dezembro de 2004; seguiu-se-lhe, no plano interno, o Decreto-Lei n.º 265/2007, de 24 de julho, que revogou o Decreto-Lei n.º 294/98.

V. O Decreto-Lei n.º 129/92, de 6 de julho, transpôs para o Direito interno a Diretriz 86/609/CEE, de 24 de novembro, relativa à proteção de animais utilizados para fins experimentais e outros fins científicos. Foi substituído pelo Decreto-Lei n.º 111/2013, de 7 de agosto, que transpôs a Diretriz 2010/63, de 22 de setembro. O Decreto-Lei n.º 111/2013 foi, por último e neste momento, alterado pelo Decreto-Lei n.º 1/2019, de 10 de janeiro.

VI. O Decreto-Lei n.º 64/2000, de 22 de abril[1104], por seu turno, transpôs para a ordem jurídica interna a Diretriz n.º 98/58/CE, do Conselho, de 20 de julho, relativa à proteção mínima dos animais nas explorações pecuárias. Foi alterado e republicado pelo Decreto-Lei n.º 155/2008, de 7 de agosto, que transpôs a Diretriz 98/58, de 20 de julho. Os frangos são protegidos pela Diretriz 2007/43, de 28 de junho, transposta pelo Decreto-Lei n.º 79/2010, de 25 de junho.

VII. Finalmente, o Decreto-Lei n.º 276/2001, de 17 de outubro, estabeleceu normas legais tendentes a pôr em aplicação, em Portugal, a Convenção Europeia para a Proteção dos Animais de Companhia, aprovando um regime especial para a detenção de animais potencialmente perigosos. Este diploma foi muito alterado pelo Decreto-Lei n.º 315/2003, de 17 de dezembro, que o republicou em anexo. O mesmo Decreto-Lei

---

[1104] Com a Retificação n.º 6-B/2000, de 31 de maio.

300 *Os animais*

n.º 315/2003 retirou, do Decreto-Lei n.º 276/2001, a matéria relativa aos animais perigosos. O já referido Decreto-Lei n.º 265/2007, alterou o artigo 73.º do Decreto-Lei n.º 276/2001. Este último diploma foi, por seu turno, muito modificado pelo Decreto-Lei n.º 260/2012, de 12 de dezembro, que, de novo, procedeu à sua republicação. Seguiram-se numerosas alterações adotadas pela Lei n.º 95/2017, de 23 de agosto e pelo Decreto-Lei n.º 20/2019, de 30 de janeiro, no quadro da transferência de competências para os órgãos municipais.

O regime jurídico dos animais perigosos ou potencialmente perigosos foi adotado pelo Decreto-Lei n.º 312/2003, de 17 de dezembro. Foi revogado e substituído pelo Decreto-Lei n.º 315/2009, de 29 de outubro, por último alterado pela Lei n.º 110/2015, de 26 de agosto.

VIII. Finalmente, assinalamos o Decreto-Lei n.º 255/2009, de 24 de setembro, que executando o Regulamento (CE) n.º 1739/2005, de 21 de outubro, adotou medidas de proteção dos animais de circo. Foi alterado, por último, pelo Decreto-Lei n.º 260/2012, de 12 de dezembro.

Podemos afirmar que existe um dispositivo legal extenso, de tutela dos animais. Afigura-se agora necessário passar à sua aplicação efetiva, o que pressupõe o desenvolvimento de uma cultura ambientalista, no sentido mais lato e profundo do termo. No plano jurídico: cabe estudar a preparação de um Código dos Animais, que ordene, simplifique e melhore a vasta legislação em vigor.

107. A tutela em Portugal

I. A tutela dos animais tem tradições antigas. Por diversas vezes, os Reis de Portugal proibiram as touradas: houve leis do Marquês de Pombal e de Passos Manuel, nesse sentido.

Deve-se, ainda, sublinhar uma tradição republicana muito viva, nesse mesmo sentido. O Decreto n.º 5:650, de 10 de maio de 1919, abaixo referido[1105], criminalizou toda a violência exercida sobre animais. Outras medidas foram tomadas. Convém dizer que, de um modo geral, os brandos costumes protegem os animais: existe um fundo cultural nesse sentido, o que mais faz ressaltar as anomalias abaixo referidas.

Hoje releva a Lei de Proteção dos Animais.

[1105] *Infra*, 318.

§23.º A proteção jurídica   301

II. Aprovada pela Lei n.º 92/95, de 12 de setembro, a Lei de Proteção dos Animais[1106] é um diploma sintético, com dez artigos, ordenados em três capítulos:

Capítulo I – Princípios gerais – artigo 1.º;
Capítulo II – Comércio e espetáculos com animais – artigos 2.º a 4.º;
Capítulo III – Eliminação e identificação de animais pelas câmaras municipais – artigos 5.º a 10.º.

Os princípios gerais dão corpo a "medidas gerais de proteção". Nesse sentido, é sugestivo o artigo 1.º, cujo n.º 1 dispõe:

> São proibidas todas as violências injustificadas contra animais, considerando-se como tais os atos consistentes em, sem necessidade, se inflingir a morte, o sofrimento cruel e prolongado ou graves lesões a um animal.

O n.º 2 estabelece um dever de socorro, na medida do possível, em relação a animais doentes, feridos ou em perigo, enquanto o n.º 3 elenca proibições de maus tratos, em termos claramente exemplificativos:

– esforços excessivos;
– chicotes com nós ou aguilhões com mais de 5mm;
– aquisição ou disposição de animal enfraquecido, gasto ou idoso, que tenha vivido sob proteção humana, "... para qualquer fim que não seja o do seu tratamento e recuperação ou, no caso disso, a administração de uma morte imediata e condigna";
– abandono de animais "... que tenham sido mantidos sob cuidado e proteção humana ...";
– uso de animais em exibições diversas, "... na medida em que daí resultem para eles dor ou sofrimentos consideráveis ...", salvo experiência científica de comprovada necessidade;
– utilização de animais em treinos difíceis, em experiências ou divertimentos consistentes em confrontar mortalmente animais uns contra os outros, salvo na prática da caça.

O n.º 4 prevê medidas de proteção para animais em perigo de extinção: nomeadamente para preservação dos ecossistemas em que se enquadrem.

[1106] Alterada pelas Leis n.º 19/2002, de 31 de julho (pró-touradas) e n.º 69/2014, de 29 de agosto (criminaliza maus tratos a animais de companhia).

302 *Os animais*

III. O comércio e espetáculos com animais está subordinado a diversas autorizações administrativas:

– em geral, das câmaras municipais, que devem verificar se "... as condições previstas na lei destinadas a assegurar o bem-estar e a sanidade dos animais serão cumpridas" – 2.º;
– da Direção-Geral dos Espetáculos e município respetivo, tratando-se de espetáculo comercial – 3.º/1.

O artigo 3.º/2 autoriza touradas, nos termos regulamentares. Este preceito, alterado pela Lei n.º 19/2002, de 31 de julho, está em contradição com o artigo 1.º/1 da Lei de Proteção aos Animais. Se fizermos uma projeção objetiva e razoável a partir do que tem sido a suavização dos costumes nos últimos dois séculos, não teremos dúvidas em concluir: as touradas serão abolidas ou deverão evoluir para manifestações culturais de tipo não cruento. Portugal tem boas condições culturais para liderar esse movimento, a nível ibérico.

O artigo 4.º permite a proibição de entrada no País de animais feridos, isto é, "... vertebrados que exibam feridas aparentemente provocadas por ações contrárias à legislação sobre proteção aos animais".

IV. As câmaras municipais podem reduzir o número de animais errantes, desde que o façam "... segundo métodos que não causem dores ou sofrimento" – 5.º/1 –, "... em conformidade com métodos não cruéis" – *idem*, n.º 2.

As câmaras devem promover a reprodução planificada dos animais – 6.º/1. Sendo acompanhados e devidamente acondicionados e salvo motivo atendível, os animais de companhia têm acesso aos transportes públicos – 7.º.

As associações zoófilas podem requerer a todas as autoridades e tribunais as medidas preventivas e urgentes destinadas a evitar violações em curso ou iminentes, podendo constituir-se assistentes em todos os processos originados ou relacionados com a violação da presente lei.

V. As sanções pela violação da Lei de Proteção aos Animais, dependem a regulamentação prevista no seu artigo 9.º.

VI. Além da Lei de Proteção aos Animais, diversos outros diplomas protegem determinadas espécies. Tal o caso do lobo ibérico, tutelado pela Lei n.º 90/88, de 13 de agosto, regulamentada pelo Decreto-Lei n.º 139/90,

§ 23.º A proteção jurídica 303

de 27 de abril. Os animais selvagens, necrófagos e predadores são visados pelo Decreto-Lei n.º 204/90, de 20 de junho. O Despacho Normativo n.º 15/91, de 18 de janeiro, proíbe a importação de produtos obtidos de focas--bébés, invocando expressamente a forma cruel por que são caçadas. As aves selvagens obtiveram as medidas de proteção referidas no Decreto-Lei n.º 140/99, de 24 de abril, diploma esse que substituiu o anterior Decreto--Lei n.º 75/91, de 14 de fevereiro.

108. A proteção civil

I. No seu conjunto, a ordem jurídica portuguesa dispõe de múltiplos instrumentos de tutela dos animais. Torna-se desejável o seu desenvolvimento e a complementação da lei básica de 1995.

A complexidade das clientelas políticas dos diversos partidos e um certo desinteresse da opinião pública têm colocado o País no reboque das convenções internacionais.

II. O Direito civil deve exercer a sua função de reflexão, de conceitualização e de afeiçoamento do sentimento jurídico geral.

A experiência dos países do Centro da Europa é útil. Na Áustria, uma reforma introduziu, em 1988, no ABGB, um § 825a, segundo o qual os animais não são coisas[1107]. O BGB seguiu esse exemplo, em 1990, através do § 90a[1108] e o ZGB suíço fez outro tanto, em 2003, através do artigo 641a[1109]. Particularmente, a reforma alemã: considera-se, em geral, bem preparada[1110] e foi bem recebida[1111]. Críticas houve por não se ter

---

[1107] Karl Spielbücher, em Peter Rummel, *Kommentar zum ABGB*, 1, 2.ª ed. (1990), § 285a (314).

[1108] Barbara Völzmann-Stickelbrock, no PWW/BGB cit., 13.ª ed., § 90a (75); Jürgen Ellenberger, no Palandt/BGB, 78ª ed. (2019), § 90a (70-71).

[1109] Eveline Schneider Kayasseh, *Haftung bei Verletzung oder Tötung eines Tieres/ unter besonderer Berücksichtigung des Schweizerischen und U.S. Amerikanischen Rechts* (2009), XLVIII + 287 pp., 22 ss..

[1110] Albert Lorz, *Tier = Sache?*, MDR 1989, 201-204 (203) e Bernd Pütz, *Zur Notwendigkeit der Verbesserung der Rechtstellung des Tieres im Bürgerlichen Recht*, ZRP, 1989, 171-174..

[1111] Larenz/Wolf, *Allgemeiner Teil* cit., 8.ª ed., 387: "Os animais não são coisas porque eles, como seres vivos semelhantes ao homem não devem ser mero objeto de domínio". Também Brüninghaus, *Die Stellung des Tiers im Bürgerlichen Gesetzbuch* cit., 92,

304 *Os animais*

ido mais longe[1112]. Há muito que o sentimento jurídico comum tomava os animais como coisas *sui generis*: a alteração legislativa de 1990 veio oficializar essa especialidade[1113]. As razões de forma e os seus objetivos[1114] mostram claramente que prevaleceu o entendimento segundo o qual, para a tutela dos animais, era conveniente a sua não recondução pura e simples às coisas. Todavia, não faltaram críticas: não propriamente por discordância com a necessidade de tutela dos animais, mas pela dificuldade em construir um conceito que não seja nem pessoa, nem coisa[1115]. O novo preceito foi tomado como um claro sinal axiológico-normativo[1116], com repercussões na compra e venda de animais[1117] e na penhora[1118], a qual não é possível quanto a animais de companhia.

III. Não sendo os animais coisas, como qualificá-los? Não se vislumbra qualquer intenção legislativa de os equiparar às pessoas: em sentido jurídico, só o ser racional pode ser destinatário de deveres – e, logo, de direitos. A exata qualificação dos animais ficou, pois, em aberto, sendo apenas seguro que disfrutam de proteção[1119]. A alteração legislativa tem, de todo o modo, efeitos práticos globais[1120], nunca devendo ser tomada

---

faz uma apreciação favorável da alteração, enquanto Albert Lorz, *Das Gesetz zur Verbesserung der Rechtsstellung des Tieres im bürgerlichen Recht*, MDR 1990, 1057-1061 (1061/II), explicando que a nova lei, que prenuncia mudanças, não deve ser desconsiderada.

[1112] Gregor Mühe, *Das Gesetz zur Verbesserung der Rechtstellung des Tiers im bürgerlichen Recht*, NJW 1990, 2238-2240 (2240/I).

[1113] Rolf Steding, *§ 90a BGB: nur juristische Begriffskosmetik? – Reflexionen zur Stellung des Tieres im Recht*, JuS 1996, 962-964, negando que se trate de uma cosmética conceitual, bem como Holger Pauly, *§ 90a BGB – blosse juristische Begriffskosmetik?*, JuS 1997, 287-288.

[1114] Em especial, Holch, *Münchener Kommentar*, 3.ª ed. (1993), § 90a (712 ss.) e Staudinger/Dilcher, *BGB* 13.ª ed. (1995), § 90a (556 ss.).

[1115] Karsten Schmidt, *Sind Hunde Plastiktüten?*, JZ 1989, 790-792, exprime-se em termos sarcásticos, enquanto Dieter Medicus, *Allgemeiner Teil des BGB/Ein Lehrbuch*, 10 ed. (2010), 481, fala em "cosmética conceitual".

[1116] Eva Graul, *Zum Tier als Sache i. S. des StGB*, JuS 2000, 215-220.

[1117] Jan Eichenberger/Laura Maria Zentner, *Tiere im Kaufrecht*, JuS 2009, 201-206.

[1118] Wolfgang Münzberg, *Pfandungsschutz für Schuldnergefühle gegenüber Tieren*, ZRP 1990, 215-216.

[1119] Holch, ob. cit., § 90a Nr. 3 ss. (915).

[1120] Johann Brau, *Symbolische Gesetzgebung und Folgelast – Erfahrungen im Umgang mit § 90a BGB in einer Examensklausur*, JuS 1992, 758-761. Quanto a consequências penais, Wilfried Küper, *Die "Sachen mit den Tieren" oder: Sind Tiere strafre-*

§ 25.º Anomalias ibéricas: touradas e tiro aos pombos 305

contra os valores humanos[1121]: antes a favor da vida no Planeta. A inovação alemã, que tem promovido projetos de reforma por todo o Mundo, pode, efetivamente, ser interpretada como criando uma categoria de objeto diferente da da mera coisa, a incluir entre esta e a pessoa[1122]. Não há, aqui, nada de revolucionário para a nossa cultura: trata-se de uma ideia já pressuposta, no século XIII, por S. Tomás de Aquino (1225-1274), ao distinguir os animais[1123], numa postura reforçada por reconhecer, neles, a alma sensitiva[1124].

IV. No Direito português, o problema não se pôs, logo, com tanta acuidade. Uma proposta de modificação do Código Civil, no sentido de proclamar que os animais não são coisas, foi longamente bloqueada por pruridos políticos. Apenas em 3 de março de 2017 foi possível a publicação da Lei n.º 8/2017, abaixo analisada. De todo o modo, a proteção já anteriormente existente permitia:

– ou qualificar os animais como um tipo específico de coisa;
– ou pôr em causa a estrita dicotomia pessoa/coisa.

Ambos os vetores são válidos, não estando, ainda, na ordem do dia, considerá-los "pessoas"[1125]. A ideia de coisa como algo de totalmente submetido à vontade humana deve ser abandonada. Há regras a observar. No caso dos animais, tais regras são suficientemente incisivas para forçar a uma certa relativização de conceitos. Embora objeto de direitos, os animais têm uma proteção que faz, deles, "coisas" cada vez mais dife-

---

chtlich noch "Sachen"?, JZ 1993, 435-441. Vide, como indicações mais recentes, Wolf/Neuner, Allgemeiner Teil cit., 11.ª ed., § 25, Nr. 5 (301-302).

[1121] Assim, mau grado a alteração do § 90a, a jurisprudência considera que o animal utilizado para a prática de um crime pode ser confiscado sendo, para esse efeito, "coisa"; tal a decisão do OLG Karlsruhe 2-mai.-2001, NJW 2001, 2488, num caso relativo a denominados "cães de combate", tipo pitbull.

[1122] Christine Stresemann, no Münchener Kommentar cit., 1, 8.ª ed., § 90a, Nr. 3 (1064), considerando que os animais constituem um tertium genus entre as pessoas e as coisas.

[1123] S. Tomás de Aquino, Opera omnia, ed. Leão XIII, IV (1887), Summa Theologica, Pars I, Quaestio XLVII, Art. II (487).

[1124] S. Tomás de Aquino, Opera omnia cit., V (1889), Summa Theologica, Pars I, Quaestio CXVIII, Art. I (563 ss.).

[1125] Vide Thomas Benedikt Schmidt, Das Tier – ein Rechtssubjekt?/eine rechtsphilosophische Kritik der Tierrechtsidee (1996), 126 pp..

renciadas. Parece de resto claro que a ideia de coisa está moldada sobre a de objeto inanimado, sendo, por isso, distorciva quando aplicável aos animais.

V. O Direito português, no seu conjunto, comporta já princípios estruturantes claros, no sentido da tutela dos animais. Em termos ético-culturais, o tema está maduro para se considerar, na generalidade, recebido pelo sentir jurídico das pessoas.

Pode-se, com propriedade, falar numa deontologia juridificada.

A tutela dos animais integra, pois, plenamente, a cláusula dos bons costumes e, por essa via, o coração do Direito civil.

§ 24.º O ESTATUTO JURÍDICO DOS ANIMAIS DE 2017

109. Ambiência geral

I. A Lei n.º 8/2017, de 3 de março, estabeleceu um novo estatuto jurídico dos animais. Não se trata de "estatuto" no sentido de regime geral, mas antes na aceção, também correta, de posição jurídica dos animais. Esse diploma permitiu atualizar o Direito civil português, alinhando-o pelas reformas acima referidas que, nas duas últimas décadas, visaram tutelar os animais, nos diversos países.

II. A Lei n.º 8/2017 deve ser enquadrada numa ambiência geral consubstanciada, no Parlamento, na legislatura de 2015-2019. Na eleição de 2015 foi escolhido, pela primeira vez, um deputado nas listas do PAN (Pessoas, animais, natureza) – o eng. André Lourenço Silva – circunstância que permitiu uma visibilidade reforçada aos temas de defesa dos animais, acompanhada por uma crescente sensibilidade da opinião pública a essas matérias. Os diversos partidos políticos alinharam as suas posições por temas de fácil aprovação: ainda que, por vezes, de resultados contraproducentes e sempre sem a coragem política para proibir práticas inaceitáveis como touradas ou tiro aos pombos, como abaixo melhor será explicado.

III. A colocação do novo estatuto jurídico dos animais foi acompanhada, num espaço curto de tempo, por diversas medidas, que passamos a recordar:

(1) Decreto-Lei n.º 113/2013, de 7 de agosto, transpôs a Diretriz 2010/63, de 22 de setembro, relativa à proteção dos animais utilizados para fins científicos;

(2) Lei n.º 27/2016, de 23 de agosto, que aprova medidas para a criação de uma rede de recolha oficial de animais e estabelece a proibição de abate de animais errantes como forma de controlo da

308 *Os animais*

população; foi regulamentada pela Portaria n.º 146/2017, de 26 de abril;

(3) Lei n.º 95/2017, de 23 de agosto, regula a compra e venda de animais de companhia em estabelecimentos comerciais e através da Internet, alterando o Decreto-Lei n.º 276/2001, de 17 de outubro; o artigo 54.º deste diploma, nova redação, disciplina os "requisitos da transmissão de propriedade do animal de companhia";

(4) Decreto-Lei n.º 121/2017, de 20 de setembro, assegura a execução da Convenção sobre o Comércio Internacional das Espécies de Fauna e Flora Selvagens Ameaçadas de Extinção, adaptando-a às alterações dos Regulamentos 338/97 e 865/2006;

(5) Lei n.º 15/2018, de 27 de março, altera o Regime Jurídico de Acesso e Exercício de Atividade de Comércio, Serviços e Restauração aprovado pelo Decreto-Lei n.º 10/2015, de 16 de janeiro, aditando-lhe um artigo 132.º-A que permite áreas destinadas a animais de companhia;

(6) Lei n.º 20/2019, de 22 de fevereiro, reforça a proteção dos animais utilizados em circos: um diploma omisso quanto a touradas, circo por excelência.

IV. Este enquadramento normativo é importante. O estatuto jurídico do animal, introduzido pela Lei n.º 8/2017, de 3 de março, deve ser interpretado no conjunto do subsistema relativo aos animais e à sua tutela.

110. **Processo legislativo e conspecto geral**

I. A Lei n.º 8/2017, de 3 de março, resultou de um alargado processo legislativo[1126]. Iniciado por petições de cidadãos de 2011 e de 2012 e por um projeto de 2012, do PS, ela assentou em projetos do PS, do PAN, do PSD e do BE, todos de 2016. Foram ouvidas diversas entidades, obtendo-se um consenso que permitiu, no dia 2 de dezembro de 2016, uma aprovação parlamentar por unanimidade e aclamação.

[1126] Os diversos projetos bem como extratos dos pareceres obtidos podem ser confrontados em A. Barreto Menezes Cordeiro, *A natureza jurídica dos animais à luz da Lei n.º 8/2017, de 3 de março*, RDC 2017, 317-336 (318-327). *Vide*, ainda, algumas considerações em José Luís Bonifácio Ramos, *Manual de Direitos Reais* (2017), 50 ss., que critica (e bem) a precipitação denotada na aprovação final da lei.

§24.º O estatuto jurídico dos animais de 2017

II. A Lei n.º 8/2017, de 3 de março, anuncia, no seu artigo 1.º, o objeto do diploma[1127]:

A presente lei estabelece um estatuto jurídico dos animais, reconhecendo a sua natureza de seres vivos dotados de sensibilidade, procedendo à alteração do Código Civil, aprovado pelo Decreto-Lei n.º 47 344, de 25 de novembro de 1966, do Código de Processo Civil, aprovado pela Lei n.º 41/2013, de 26 de junho, e do Código Penal, aprovado pelo Decreto-Lei n.º 400/82, de 23 de setembro.

III. No título II do Livro I do Código Civil, a Lei n.º 8/2017 aditou um subtítulo I-A – Dos animais, com três novos artigos[1128]:

Artigo 201.º-B
Animais

Os animais são seres vivos dotados de sensibilidade e objeto de proteção jurídica em virtude da sua natureza.

Artigo 201.º-C
Proteção jurídica dos animais

A proteção jurídica dos animais opera por via das disposições do presente código e de legislação especial.

Artigo 201.º-D
Regime subsidiário

Na ausência de lei especial, são aplicáveis subsidiariamente aos animais as disposições relativas às coisas, desde que não sejam incompatíveis com a sua natureza.

IV. A reforma de 2017 atingiu ainda preceitos nas áreas do Direito das obrigações, de Direitos Reais e do Direito da família. Em síntese, quanto ao Direito das obrigações, foi introduzido um novo artigo 493.º-A, relativo à indemnização no caso de lesão ou morte do animal. Assim, é prevista, na

---

[1127] DR 1.ª série, n.º 45, de 3-mar.-2017, 1145/I.

[1128] *Idem*, 1146/I. *Vide* Filipe Albuquerque de Matos/Mafalda Miranda Barbosa, *O novo estatuto jurídico dos animais* (2017), 162 pp., com dados comparatísticos e a ponderação dos novos preceitos.

310 *Os animais*

hipótese de lesão, a indemnização do proprietário ou "dos indivíduos"[1129] pelas despesas incorridas com o tratamento do animal, mesmo quando ultrapassem o seu valor venal (n.º 1 e n.º 2). O artigo 493.º-A prevê uma indemnização por danos morais, no caso de lesão causadora de morte ou de privação de órgão importante ou a afetação grave e permanente da capacidade de locomoção do animal de companhia, atribuída ao proprietário. Não vemos o porquê da limitação ao animal de companhia: mas nada impede o alargamento interpretativo desse preceito, sempre que se prove que o atentado a um animal, tecnicamente não "de companhia", provoque, comprovadamente, um desgosto sério.

V. No campo dos Direitos Reais cumpre, desde logo, atentar no novo artigo 1305.º-A (propriedade de animais)[1130]:

1. O proprietário de um animal deve assegurar o seu bem-estar e respeitar as características de cada espécie e observar, no exercício dos seus direitos, as disposições especiais relativas à criação, reprodução, detenção e proteção dos animais e à salvaguarda de espécies em risco, sempre que exigíveis.

2. Para efeitos do disposto no número anterior, o dever de assegurar o bem-estar inclui, nomeadamente:

   a) A garantia de acesso a água e alimentação de acordo com as necessidades da espécie em questão;

   b) A garantia de acesso a cuidados médico-veterinários sempre que justificado, incluindo as medidas profiláticas, de identificação e de vacinação previstas na lei.

3. O direito de propriedade de um animal não abrange a possibilidade de, sem motivo legítimo, infligir dor, sofrimento ou quaisquer outros maus-tratos que resultem em sofrimento injustificado, abandono ou morte.

Foram alterados os preceitos relativos à ocupação e ao achamento[1131]. Assim:

[1129] Em Direito civil, diz-se pessoa e não "indivíduo"; de resto, pode tratar-se de uma pessoa coletiva. Foi pena que, nas audições realizadas, a Assembleia não tenha ouvido civilistas.

[1130] DR 1.ª série, n.º 45, de 3-mar.-2017, 1146/II.

[1131] *Vide* Henrique Sousa Antunes, *Apontamentos sobre o regime da ocupação de animais*, RDC 2018, 575-581.

§24.º O estatuto jurídico dos animais de 2017

redação original	redação de 2017
Artigo 1318.º (Coisas susceptíveis de ocupação) Podem ser adquiridos por ocupação os animais e outras coisas móveis que nunca tiveram dono, ou foram abandonados, perdidos ou escondidos pelos seus proprietários, salvas as restrições dos artigos seguintes.	**Artigo 1318.º** Suscetibilidade de ocupação Podem ser adquiridos por ocupação os animais e as coisas móveis que nunca tiveram dono, ou foram abandonados, perdidos ou escondidos pelos seus proprietários, salvas as restrições dos artigos seguintes.
Artigo 1323.º (Animais e coisas móveis perdidas) 1. Aquele que encontrar animal ou outra coisa móvel perdida e souber a quem pertence deve restituir o animal ou a coisa a seu dono, ou avisar este do achado; se não souber a quem pertence, deve anunciar o achado pelo modo mais conveniente, atendendo ao valor da coisa e às possibilidades locais, ou avisar as autoridades, observando os usos da terra, sempre que os haja. 2. Anunciado o achado, o achador faz sua a coisa perdida, se não for reclamada pelo dono dentro do prazo de um ano, a contar do anúncio ou aviso. 3. Restituída a coisa, o achador tem direito à indemnização do prejuízo havido e das despesas realizadas, bem como a um prémio dependente do valor do achado no momento da entrega, calculado pela forma seguinte: até ao valor de mil escudos, dez por cento; sobre o excedente desse valor até cinco mil escudos, cinco por cento; sobre o restante, dois e meio por cento. 4. O achador goza do direito de retenção e não responde, no caso de perda ou deterioração da coisa, senão havendo da sua parte dolo ou culpa grave.	**Artigo 1323.º** [...] 1. Aquele que encontrar animal ou coisa móvel perdida e souber a quem pertence deve restituir o animal ou a coisa a seu dono ou avisá-lo do achado. 2. Se não souber a quem pertence o animal ou coisa móvel, aquele que os encontrar deve anunciar o achado pelo modo mais conveniente, atendendo ao seu valor e às possibilidades locais, e avisar as autoridades, observando os usos da terra, sempre que os haja. 3. Para efeitos do disposto no número anterior, deve o achador de animal, quando possível, recorrer aos meios de identificação acessíveis através de médico veterinário. 4. Anunciado o achado, o achador faz seu o animal ou a coisa perdida, se não for reclamada pelo dono dentro do prazo de um ano, a contar do anúncio ou aviso. 5. Restituído o animal ou a coisa, o achador tem direito à indemnização do prejuízo havido e das despesas realizadas. 6. O achador goza do direito de retenção e não responde, no caso de perda ou deterioração do animal ou da coisa, senão havendo da sua parte dolo ou culpa grave. 7. O achador de animal pode retê-lo em caso de fundado receio de que o animal achado seja vítima de maus-tratos por parte do seu proprietário.

312   *Os animais*

As alterações cifram-se: (1) na seriação de deveres a cargo dos pro-prietários dos animais, tendo em conta a defesa destes: (2) numa aparente dissociação entre animais e coisas móveis; (3) no estabelecimento de diversas regras, quiçá regulamentares, quanto ao achamento de animais.

VI. No Direito da família, as modificações introduzidas nos artigos 1733.º/1 e 1775.º/1 cifram-se em:

(a) considerar não-comunicáveis os animais de companhia que cada um dos cônjuges tiver ao tempo do casamento;
(b) determinar, na hipótese de divórcio por mútuo consentimento, a exibição de um acordo sobre o destino dos animais de compa-nhia, caso existam.

A Lei n.º 8/2017 aditou ainda um artigo 1793.º-A sobre o destino dos animais de companhia, no caso de divórcio, não havendo acordo: são confiados a um ou a ambos os cônjuges, tendo em conta, nomeadamente, os interesses de cada um deles e dos filhos do casal e, ainda, o bem-estar do animal.

VII. Cabe ainda assinalar modificações em 20 artigos do Código Penal, no sentido de conferir tutela penal aos valores representados pelos animais. Tais regras podem valer como normas de proteção para efeitos do artigo 483.º/1, 2ª parte: um ponto a verificar caso a caso.

Finalmente, foi alterado o artigo 736.º do Código de Processo Civil, acrescentando-lhe uma alínea g): os animais de companhia passam a ser bens absolutamente impenhoráveis.

111. Observações de política legislativa

I. A reforma de 2017 traduz a inserção, na Lei civil fundamental, do princípio da tutela dos animais. Tanto basta para merecer aplauso. Os desenvolvimentos a que procede vão ao encontro de aspetos práticos. Surgem adequados, tanto mais que enquadram alguns problemas práticos reconhecidos. Todavia, fica claro que o Código Civil, por si, não aborda os numerosos problemas em aberto: nem essa será a sua função. Cabe ter sempre presentes os vastos diplomas complementares.

§ 24.º O estatuto jurídico dos animais de 2017 313

II. A defesa dos animais depende, antes do mais, da cultura dominante e da sua expansão. Não há normas capazes de assegurar uma tutela eficaz, para mais num mundo que legitima a ocisão de biliões de seres vivos. Há milhares de espécies em risco e a evolução da política mundial parece revelar um inacreditável retrocesso no combate, cada vez menos eficaz, ao aquecimento global. No caso português, a manutenção de touradas e do tiro aos pombos retira, ao legislador, legitimidade moral para grandes sanções, nos casos de violação da vida ou do bem-estar dos animais. Impõe-se, ainda, uma política consequente, que terá de ser mundial, na tutela dos antropóides não-humanos e, designadamente: vedando experimentações médicas dispensáveis ou cruentas.

III. A intervenção do Estado é decisiva: deve ser realista e séria. Por exemplo, cometer às autarquias a captura de animais errantes, proibindo o seu abate e não lhes conferindo meios bastantes, tem levado, no terreno, a que proliferem cães e gatos abandonados. Os serviços competentes não têm, pura e simplesmente, a possibilidade de acudir. Há, ainda, que controlar pragas de gatos: sem predadores naturais e sem controlo, o gato é considerado um (novo) desastre ambiental: de rápida reprodução, ele contribui para a extinção de espécies indefesas, designadamente aves e pequenos roedores.

112. A natureza jurídica

I. Cabe perguntar pela natureza jurídica dos animais, em face da reforma do Código Civil de 2017. Como ponto de partida, devemos recordar que as qualificações legislativas, só por si, não são vinculativas para a Ciência do Direito: a lei comanda, mas não teoriza. Todavia, uma qualificação normativa pode subentender uma valoração jurídica a qual deve ser atendida e repercutida nas normas subsequentes. O essencial de qualquer natureza jurídica advém do regime efetivamente em vigor, regime esse que, nos termos apontados, poderá ser influenciado por qualificações legais.

II. No plano qualificativo, a lei portuguesa não é tão incisiva como o § 90 do BGB: os animais não são coisas. Todavia, a anteposição do artigo 201.º-B (os animais são seres vivos dotados de sensibilidade e objeto de proteção jurídica em virtude da sua natureza) ao artigo 202.º (noção de coisa) mostra que o legislador pretendeu dar, aos animais, uma posição

314   *Os animais*

distinta da das coisas. Acresce que, pelo artigo 201.º-D, as disposições relativas às coisas apenas subsidiariamente são aplicáveis aos animais. Como preceitos especialmente relevantes assinalamos os artigos 493.º-A, 1305.º-A e 1323.º, que reportam, *expressis verbis*, os animais como objeto de propriedade. Sendo objeto de direitos, a lei exclui a personalização dos animais. Aliás, essa hipótese constava do projeto do PAN, não tendo tido acolhimento[1132].

III. A hipótese de se reconhecerem direitos aos animais – e, eventualmente, alguns "deveres" elementares, como o de respeitar o ser humano, sob "pena" de serem abatidos (artigo 20.º do Decreto-Lei n.º 276/2001, de 17 de outubro) – envolveria o reconhecê-los como centros de imputação de normas jurídicas o que é dizer: admiti-los como pessoas não-humanas[1133]. A personalização dos animais não repugna aos civilistas: não atenta contra a dignidade do ser humano (pelo contrário!) e é moeda-corrente no Direito privado, através das pessoas coletivas. Pela nossa parte, acolhê-la-iamos de bom grado. Mas a eventual personificação dos animais coloca desafios jurídico-científicos que, de momento, não parece possível ultrapassar. Assim:

(1) haveria que traçar uma fronteira de personificação: esta perderia sentido se abrangesse todos os animais; onde traçá-la? nos vertebrados? nos mamíferos? nos primatas? nos animais em extinção? nos de companhia?

(2) seria necessário montar, para cada animal, um sistema de representação, do tipo tutela; definindo-a como?

Não parece que uma personificação envolvesse, por si, uma proteção mais adequada. Melhor será avançar no sentido do aperfeiçoamento das normas já existentes e, sobretudo: na sua aplicação efetiva. Todavia, a hipótese de personificação dos primatas hominoides está em aberto e deve ser discutida.

[1132] Também a Ordem dos Advogados se mostrou favorável à atribuição de direitos aos animais; *vide* A. Barreto Menezes Cordeiro, *A natureza jurídica dos animais* cit., 327-328. Essa é ainda a orientação de José Luís Bonifácio Ramos, *Manual de Direitos Reais* cit., 53. Deste Autor, *vide* também *Direitos Reais/Relatório* (2013), 148-149.

[1133] *Vide*, quanto ao debate do tema, Filipe Albuquerque de Matos/Mafalda Miranda Barbosa, *O novo estatuto jurídico dos animais* cit., 41 ss. e 69 ss..

§ 24.º O estatuto jurídico dos animais de 2017   315

IV. Ficamo-nos, pois, pelos animais como objeto de direitos e centro de deveres dos "donos", diverso das coisas corpóreas[1134]. Recuperando a contraposição entre as aceções lata (o que não é pessoa), própria (o que, não sendo pessoa, possa ser objeto de direitos e de obrigações) e estrita (objeto material apropriável), o animal integra a segunda categoria: não é pessoa, não é coisa corpórea *stricto sensu* e pode ser objeto de direitos[1135].

[1134] Estas, de resto, ocasionam ou podem ocasionar múltiplos deveres para os seus proprietários.

[1135] Aderimos, assim, à posição de A. Barreto Menezes Cordeiro, *A natureza jurídica dos animais* cit., 333 ss..

§ 25.º ANOMALIAS IBÉRICAS: TOURADAS E TIRO AOS POMBOS

113. Aspetos gerais

I. A proteção dos animais surge como uma decorrência cultural do mundo civilizado. Afigura-se um ponto pacífico, que o passar dos anos tem vindo a sedimentar e a pacificar. Todavia, na Península Ibérica, com uma projeção limitada na América Latina, mantêm-se duas práticas cruentas: as touradas e o tiro aos pombos.

II. As touradas têm antecedentes nos jogos do circo, em Roma e, mais latamente, no sacrifício ritual de pessoas e de animais. Em ambos os casos, procedia-se à morte de seres vivos sensíveis (homens e bichos), eventualmente precedida de tortura, para satisfazer divindades e paixões da assistência.

O Direito, na sua milenária marcha para a suavização dos costumes, veio limitar e proibir tais práticas. Periodicamente, todavia, elas têm regressado, sob diversas formas. A defesa da cultura e da civilização nunca está garantida: bastará lembrar as barbáries nazi e estalinista.

Sempre com o perigo de recaídas, podemos todavia considerar que, no plano mundial, a batalha está ganha: o sofrimento e a morte de seres vivos, para gáudio de "aficionados" ou de "praticantes", está em total contradição com o percurso cultural da Humanidade.

III. Nas touradas procede-se à "lide" e, em certos casos, à morte de touros. O touro é um herbívoro não violento mas que, quando espicaçado, investe. Esta qualidade permite simular uma luta entre o touro, previamente enfraquecido, física e psicologicamente, com estratagemas inarráveis, e um profissional nessa prática: o "toureiro". A "lide" consiste em provocar um sofrimento crescente no animal, com recurso a técnicas experimentadas que não lhe dão qualquer hipótese, desnorteando-o, ainda, com imagens que ele não sabe (nem pode) interpretar: capas, cavalos e

§ 25.º Anomalias ibéricas: touradas e tiro aos pombos

sons[1136]. No final, com o ser esgotado e mutilado, procede-se à sua morte ou à "pega": tudo em público.

Cumpre esclarecer que, na simulação tauromáquica, o risco que o toureiro corra ou finja correr é considerado um suplemento do "espetáculo". As regras de segurança que – a serem seguidas – tornam a prática das "touradas" ou das "corridas" segura para o homem são, por vezes, postergadas. Daí resultam acidentes, com lamentáveis danos pessoais e, mesmo, a morte do "toureiro"; a colhida permite, ao aficionado, atingir o climax[1137].

IV. No tiro aos pombos – por vezes, pudicamente, dito "tiro em voo" – também admitido apenas em Portugal e em Espanha, o atirador, travestido de desportista, tenta abater pombos, largados para o efeito. Antes de largado, o pombo, previamente enfraquecido pela fome e pela sede, é mutilado, através do arrancamento das penas traseiras. Supostamente: para ter um voo irregular.

114. Touradas

I. As touradas foram, ao longo da Historia, proibidas diversas vezes, pelos Reis de Portugal[1138]. Mas renasciam, sob diversos pretextos, ainda que sem estruturas organizadas. Em Espanha, sucedeu outro tanto. Na atualidade, elas têm vindo a ser proibidas nalgumas regiões, como as Canárias e a Catalunha.

No Mundo lusófono, elas não penetraram em África, onde a natureza constitui um valor respeitado pelas populações e foram banidas do Brasil, a partir de 1934.

[1136] Veja-se, Miguel Torga, *Os bichos* (1.ª ed., 1940), particularmente o conto *Miura*, confrontável na *Net*.

[1137] Cumpre referir o clássico Vicente Blasco Ibañez, *Sangre y Arena* (1.ª ed., 1908), sobre o mundo das corridas de touros, através da história do toureiro Juan Gallardo, em Sevilha.

[1138] Foram igualmente proibidas pela Igreja, pelo menos desde 1567, por bula (*De salute gregis dominici*) do Papa Pio V (1504-1572); há trad. alemã na *Net*: *Stierkampfverbot: 1. De salutate gregis dominici*.

318 *Os animais*

II. Em 19 de setembro de 1836, um Decreto de Passos Manuel proibiu as touradas. Dizia o preâmbulo[1139]:

> Considerando que as corridas de Touros são um divertimento barbaro, e improprio de Nações civilisadas; e bem assim que semelhantes espectaculos servem unicamente para habituar os homens ao crime, e á ferocidade; e Desejando Eu remover todas as causas que podem impedir, ou retardar o aperfeiçoamento moral da Nação Portugueza: Hei por bem Decretar que d'ora em diante fiquem proibidas em todo o Reino as corridas de Touros.

No ano seguinte, uma Lei de 27 de junho de 1837 revogou o Decreto em causa, mandando aplicar os regulamentos policiais[1140]. Na falta de regulamentos específicos, as touradas eram praticadas, especialmente nas zonas de maior influência espanhola.

III. A legislação da I República parecia vedar touradas. Com efeito, o já referido Decreto n.º 5:650, de 10 de maio de 1919, dizia lapidarmente (1.º)[1141]:

> Toda a violência exercida sobre animais é considerada acto punível.

Este preceito não terá sido aplicado. Certo é que, dois anos volvidos, foi publicada a Portaria n.º 2:700, de 6 de abril de 1921 (Bernardino Machado), que passamos a transcrever[1142]:

> Com o fundamento de que as touradas eram um divertimento bárbaro e impróprio de nações civilizadas, e que únicamente serviam para habituar os homens ao crime e à ferocidade, foram elas proïbidas por decreto de 19 de Setembro de 1836;
> E não obstante ter êste decreto sido revogado pela lei de 30 de Junho de 1837, é certo que o bárbaro espectáculo de touros de morte não tem sido permitido no nosso pais;

[1139] *Collecção de Leis e outros Documentos Officiaes publicados desde 10 de Setembro até 31 de Dezembro de 1836*, Sexta Serie (1837), 11.

[1140] *Collecção* cit., do *2.º Semestre de 1837* (1837), 1; a revogação foi feita "provisoriamente".

[1141] DG I, n.º 93, de 10-mai.-1919, 1066/II.

[1142] DG I, n.º 70, de 6-abr.-1921, 571/II.

§25.º Anomalias ibéricas: touradas e tiro aos pombos   319

Mas, por que tenha sucedido que, em um ou outro ponto do país, e a despeito da vigilância das autoridades, se tenham realizado touradas de morte, e convindo pôr côbro a tam grave abuso, que é ao mesmo tempo um crime considerado punível pelo decreto n.º 5:650, de 10 de Maio de 1919:

Manda o Governo da República Portuguesa, pelo Ministro do Interior, sejam rigorosameute observadas as disposições do citado decreto n.º 5:650, cuja doutrina implicitamente se opõe à realização de touradas com touros de morte.

IV. Os abusos terão continuado. O legislador interveio novamente. O Decreto n.º 15:355, de 14 de abril de 1928[1143], veio dispor:

As touradas foram entre nós proïbidas por decreto de 19 de setembro de 1836, por serem então consideradas como um divertimento bárbaro e impróprio das nações civilizadas, que servia ùnicamente para habituar os homens ao crime e à ferocidade;

Revogado o decreto de 1836 pela lei de 30 de junho de 1837, algumas vezes, a despeito da vigilância das autoridades competentes, se têm realizado touradas de morte;

Considerando que a portaria n.º 2:700, de 6 de Abril de 1921, proïbiu terminantemente as touradas de morte;

Considerando que é necessário estabelecer sanções pesadas para pôr côbro aos abusos que têm sido cometidos;

Usando da faculdade que me confere o n.º 2 do artigo 2.º do decreto n.º 12:740, de 26 de novembro de 1926, sob proposta dos Ministros de todas as Repartições:

Hei por bem decretar, para valer como lei, o seguinte:

Artigo 1.º Em todo o território da República Portuguesa ficam absolutamente proïbidas as touradas com touros de morte, quer quando realizadas nas praças a êsse fim especialmente destinadas, quer em qualquer outro recinto para êsse fim improvisado.

§ único. A violação do preceito dêste artigo implica as seguintes penas:

1.º O proprietário dos touros ou novilhos perdê-los há em favor da assistência pública;

2.º Os empresários da praça onde se realizar a corrida serão punidos com a multa de 50.000$ pela primeira vez, agra-

[1143] DG I, n.º 85, de 14-abr.-1928, 915-916.

320 *Os animais*

vada segundo as regras gerais de direito, sendo encerrada a praça à 3.ª reincidência;

3.º O matador será punido com prisão correcional até três anos agravada com multa nunca inferior a 10.000$, e não mais poderá trabalhar em praças portuguesas;

4.º Quando a corrida tiver lugar em qualquer recinto que não tenha proprietário com idoneidade para pagar a multa cominada no n.º 2 será solidàriamente responsável por ela o dono dos touros ou novilhos.

Art. 2.º As penas cominadas nos números do § único do artigo anterior serão aplicadas em processo correcional.

Art. 3.º Fica revogada a legislação em contrário.

Este diploma deveria ter sido seguido por outros que, pura e simplesmente, retomassem o Decreto de 1836. Faltou coragem política ao regime do Estado Novo, fiel à máxima *panis et circenses*: pão e circo, para manter o Povo tranquilo. O Decreto n.º 15:355 manteve-se, todavia, em vigor assegurando, em conjunto com os regulamentos tauromáquicos, que a "corrida à portuguesa" fosse menos sangrenta do que a espanhola.

V. Em Barrancos, simpática vila alentejana quase encravada em Espanha, mantinha-se a prática de matar reses na praça, para alimentar a população, aquando das festas anuais. Essa prática – que antes não correspondia, coreograficamente, à tourada com "touros de morte" – de discutível higiene, levou a que fossem requeridas providências cautelares, nos termos da lei, para lhe pôr cobro. Tais providências foram deferidas, como era suposto serem-no[1144]. Foi isso um pretexto para uma intensa campanha política, em defesa da "cultura" de Barrancos[1145]. Incapaz de aplicar a lei, o Governo da época (Ministro Fernando Gomes) conseguiu, do Parlamento, a revogação do Decreto n.º 15:355, de 14 de abril de 1928.

Na passagem do milénio assistiu-se, assim, em Portugal, a uma inversão contrária ao curso da História. As sanções penais do Decreto n.º 15:355, pela morte do touro, foram substituídas por meras soluções con-

---

[1144] Assim, RPt 1-mar.-2001 (Moreira Alves), Proc. 0031555 e STJ 27-set.-2001 (Silva Salazar), CJ/Supremo IX (2001) 3, 41-44 (43).

[1145] Só por desconhecimento completo se pode supor que a "cultura de Barrancos" tenha a ver com a morte do touro; antes se liga a uma série de costumes, de trajes e de cânticos e a um dialeto (o barranquenho), hoje moribundo, perante a indiferença geral.

§25.º *Anomalias ibéricas: touradas e tiro aos pombos*   321

traordenacionais, com coimas: através da Lei n.º 12-B/2000, de 8 de julho. Além disso, o Decreto-Lei n.º 196/2000, de 23 de agosto, veio estabelecer sanções simbólicas, quando a morte do touro correspondesse a uma "prática ancestral"[1146].

A Lei n.º 19/2002, de 31 de julho, maculou o artigo 3.º da Lei n.º 92/95, de 12 de setembro, permitindo tais práticas.

VI. O atual sistema político-partidário joga contra a defesa dos animais. Nenhum dirigente político corre o risco de perder um voto que seja, por semelhante causa. Há, assim, que percorrer um caminho longo, com pedagogia e paciência. Seria decisivo que os "agentes tauromáquicos" fizessem evoluir o espetáculo, de modo a manter os aspetos coreográficos mais animados, banindo, progressivamente, as práticas cruentas. A cultura teria, com isso, tudo a ganhar.

De todo o modo, cumpre-nos rebater os três grandes argumentos pró-touradas: (a) a cultura; (b) a ancestralidade; (c) a existência de outros males. Assim:

(a) a cultura que exista numa tourada não pode ter a ver com a tortura pública de um herbívoro; residirá, antes, na cor, nos trajos, na equitação e na música; ora estes aspetos podem ser ressalvados, sem os resquícios cruentos;

(b) a ancestralidade não se documenta com clareza; há uma tradição muito antiga de proibição de espetáculos sangrentos, particularmente em Portugal; de todo o modo, cabe às leis combater as práticas inadequadas, por antigas que sejam: para isso a Humanidade criou o Direito;

(c) outros males, como o sofrimento dos animais nos matadouros, não justificam coisa nenhuma: a não ser a necessidade de, também aí, a lei intervir, para evitar sofrimentos inúteis[1147].

[1146] Diversos elementos podem ser confrontados em Norberto Franco, *O porquê de Barrancos*, 2.ª ed. (2005); permitimo-nos insistir: a cultura de Barrancos não assenta (nem poderia assentar) na morte do touro; nem a de Barrancos, nem qualquer outra. Quanto à bizarra posição deste diploma, vide Rolf Neuhaus, *Kunst oder Barbarei/Apologie und Ablehnung des Stierkampf*, em *idem Der Stierkampf* (2007), 9-46 (21).

[1147] Rodrigo de Zayas, *La tauromaquia y el afán totalitario de su prohibición* (2010), insiste na ideia de que as crianças estão muito expostas a cenas violentas; mas isso não justifica as touradas nem, muito menos, que se levem lá crianças.

322　　　　　　　　　　　*Os animais*

Não conhecemos nenhuma intervenção jurídico-científica séria em defesa da barbárie representada pelas touradas[1148].

VII. A surpreendente criatividade do legislador nacional levou ao Decreto-Lei nº 89/2014, de 11 de junho, em cujo preâmbulo se lê uma defesa pretensamente cultural das touradas. Esse diploma aprova um Regulamento do "Espetáculo Taurino". Salientamos, apesar do nosso total criticismo, a regra segundo as quais (artigo 4º/3):

> Compete à Direção-Geral de Alimentação e Veterinária (DGAV), em articulação com a IGAC, assegurar o cumprimento das regras previstas no presente regulamento em matéria de bem-estar animal.

E ainda, a do artigo 32º/1:

> As reses utilizadas nos espetáculos tauromáquicos, realizados em praças de toiros fixas, são objeto de occisão imediata e em curro, realizado por médico veterinário ou segundo a sua orientação e supervisão.

Os números seguintes desse mesmo preceito introduzem várias exceções.

Quaisquer comentários são inúteis.

VIII. A Lei nº 31/2015, de 23 de abril, "estabelece o regime de acesso e exercício da atividade de artista tauromáquico e de auxiliar de espetáculo tauromáquico". Invoca legislação europeia que nada tem a ver com touradas.

IX. Finalmente, o Parlamento, no artigo 270º da Lei nº 71/2018, de 31 de dezembro, aprovou a redução para 6% do IVA sobre as entradas para touradas. De novo dispensamos comentários.

[1148] Crítica relativamente a touradas: Alexandra Leitão, *Os espetáculos e outras formas de exibição de animais*, em Maria Luísa Duarte/Carla Amado Gomes, *Direito (do) animal* (2016), 15-40 (36-37).

§ 25.º *Anomalias ibéricas: touradas e tiro aos pombos*   323

115. Tiro aos pombos

I. O tiro aos pombos, com as características acima apontadas, é frontalmente contrário ao artigo 1.º/1 da Lei n.º 92/95: sem qualquer necessidade, tal prática traduz-se em infligir a morte, com sofrimento cruel, a um animal inofensivo. O processo mental que consiste em justificar tal prática com o "desporto" é incompreensível. Desde logo, o desporto envolve uma ética e uma responsabilidade diametralmente opostas a práticas cruentas. De seguida, é desnecessário: o tiro ao voo faz-se com pratos, que podem ser preparados para um trajeto irregular.

II. Os tribunais, confrontados com o problema, começaram por, corajosamente, tomar a posição que deles se esperaria: proibiram "torneios" de tiro aos pombos[1149]. E nisso foram apoiados por uma plêiade de jovens jurisconsultos[1150].

Todavia, ilustres publicistas de peso nacional vieram opinar em sentido contrário. E hoje, algumas decisões dos tribunais superiores[1151], consideram "justificada" a violência perpetrada por esta prática.

Também aqui há que ter paciência e aguardar pelas novas gerações.

[1149] RGm 29-out.-2004 (Espinheira Baltar), CDP 12 (2005), 2, 227 e TCAS 2-dez.-2004 (Cristina Santos), Proc. 00375/04.

[1150] Assim, os já referidos André Dias Pereira, anot. a RGm 29-out.-2003 e a STJ 19-out.-2004, CDP 12 (2005), 36-53 e *"Tiro aos pombos"* cit., 568-568, Jorge Bacelar Gouveia, *A prática de tiro aos pombos e a nova lei de protecção dos animais e a Constituição*, em *Novos estudos de Direito público* (2002), 209-274 e Carla Amado Gomes, *Ambiente e desporto: ligações perigosas/A propósito do acórdão da RG de 25-set.-2007*, D&D VI, n.º 17 (2009), 213-256 (227), onde se lê:

> (...) qualquer prática desportiva que sacrifique desnecessariamente o bem-estar animal à expressão da personalidade humana corporizada na prática de desporto deve ser erradicada, por ilegal e inconstitucional.

Vide, ainda, *supra* 289.

[1151] STJ 3-out.-2002 (Ferreira de Almeida), CJ/Supremo X (2002) 3, 86-89, STJ 15-mar.-2007 (Gil Roque), CJ/Supremo XV (2007) 1, 132-136 e STA 23-set.-2010 (Madeira dos Santos), Proc. 0399/10.

ÍNDICE DE JURISPRUDÊNCIA

JURISPRUDÊNCIA PORTUGUESA

Tribunal Constitucional

TC n.° 325/89, de 4 de abril (José Magalhães Godinho), baldios; Constituição – 143, 156

TC n.° 24/98, de 22-jan. (Armindo Ribeiro Mendes), taxas – 87

TC n.° 103/99, de 10-fev. (Messias Bento), domínio público – 82

Supremo Tribunal de Justiça (Pleno)

STJ (P) 19-abr.-1989 (Solano Viana), caminhos – 60

STJ (P) 31-jan.-1996 (Cardona Ferreira), partes integrantes; elevadores; reserva de propriedade – 196, 197

Supremo Tribunal de Justiça

STJ 30-jul.-1880 (Dias de Oliveira), domínio público; margens do Tejo – 73

STJ 18-dez.-1971 (Ludovico da Costa), coisas futuras – 233

STJ 29-fev.-1972 (Albuquerque Rocha), logradouro – 183

STJ 8-fev.-1974 (Rodrigues Bastos), móveis; testamento – 203

STJ 15-fev.-1974 (João Moura), universalidade de facto – 240

STJ 16-mai.-1975 (Correia Guedes), benfeitorias necessárias – 251

STJ 24-fev.-1976 (Rodrigues Bastos), prédios rústicos e urbanos – 182

STJ 23-nov.-1976 (Bruto da Costa), partes integrantes (caso do painel) e coisas futuras – 195, 196, 232

STJ 1-fev.-1979 (João Moura), monumentos nacionais – 60

STJ 8-jul.-1980 (António Furtado dos Santos), benfeitorias – 251

STJ 24-jan.-1981 (Aníbal Aquilino Ribeiro), frutos; indemnização – 249

STJ 14-mai.-1981 (Mário de Brito), frutos civis – 249

STJ 2-mar.-1983 (Alves Peixoto), prédio urbano; logradouro – 183

STJ 22-fev.-1984 (Moreira da Silva), coisas fungíveis – 226

STJ 3-abr.-1984 (Joaquim Figueiredo), benfeitorias – 251

STJ 8-mai.-1984 (Alves Costa), benfeitorias e acessão – 252

STJ 7-mai.-1985 (Aurélio Fernandes), prédio rústico – 184

STJ 28-mai.-1986 (Góis Pinheiro), benfeitorias – 251

STJ 1-jul.-1986 (Gama Prazeres), prédio misto – 182

STJ 6-nov.-1986 (Góis Pinheiro), ruas – 60

STJ 27-nov.-1986 (Almeida Ribeiro), frutos naturais – 249

326   *Tratado de Direito civil*

STJ 11-jun.-1987 (Frederico Baptista), prédio rústico – 184
STJ 1-jun.-1988 (Baltazar Coelho), frutos; corte de árvores – 249
STJ 9-jun.-1988 (Almeida Ribeiro), baldios; repristinação – 142
STJ 27-out.-1988 (Varela Pinto), cemitérios – 119
STJ 12-dez.-1989 (Ricardo da Velha), coisas divisíveis – 230
STJ 14-mai.-1991 (Joaquim de Carvalho), prédio urbano – 182
STJ 26-fev.-1992 (Cura Mariano), benfeitorias – 251
STJ 24-mar.-1992 (Beça Pereira), móveis – 202
STJ 19-mai.-1992 (Martins da Fonseca), arbustos; frutos naturais – 191
STJ 3-jun.-1992 (Ricardo da Velha), frutos; extração de minerais – 248
STJ 11-jun.-1992 (Sá Pereira), partes integrantes – 193
STJ 15-ago.-1992 (Santos Monteiro), baldios; assembleia de compartes – 143
STJ 15-dez.-1992 (Santos Monteiro), baldios; respristinação – 142
STJ 12-jan.-1993 (Martins da Costa), baldios; coisas comuns – 156
STJ 25-mar.-1993 (Pais de Sousa), logradouro – 183
STJ 6-jul.-1993 (Machado Soares), partes integrantes; elevadores – 197
STJ 26-jan.-1994 (Mário Cancela), partes integrantes; elevadores – 197
STJ 17-nov.-1994 (Sequeira Sampaio), partes integrantes; elevadores – 197
STJ 26-jan.-1995 (Miranda Gusmão), bens da igreja – 60
STJ 14-fev.-1995 (Fernando Fabião), partes integrantes; elevadores – 197
STJ 4-abr.-1995 (Martins da Costa), benfeitorias – 252
STJ 6-abr.-1995 (Joaquim de Matos), partes integrantes; elevadores – 197
STJ 8-fev.-1996 (Costa Marques), benfeitorias e acessão – 252
STJ 18-abr.-1996 (Sousa Inês), baldios; Constituição – 143
STJ 23-abr.-1996 (Cardona Ferreira), empresa – 279
STJ 23-abr.-1996 (Sousa Magalhães), prédio urbano; logradouro – 183
STJ 26-abr.-1996 (Miranda Gusmão), benfeitorias – 252
STJ 10-abr.-1997 (Sampaio da Nóvoa), árvores; natureza; coisa futura – 191, 232
STJ 30-out.-1997 (Pereira da Graça), coisa pública; desafetação tácita – 84
STJ 19-fev.-1998 (Pereira da Graça), largos – 60
STJ 17-mar.-1998 (Machado Soares), benfeitorias e acessão – 252
STJ 16-abr.-1998 (Mário Cancela), prédio; acessão – 184
STJ 23-abr.-1998 (Matos Namora), coisa futura; regime – 233
STJ 6-mai.-1998 (Lopes Pinto), energia – 222
STJ 17-jun.-1998 (Costa Marques), obra literária ou artística – 165
STJ 20-jan.-1999 (Miranda Gusmão), usucapião de baldios – 140
STJ 29-abr.-1999 (Hugo Lopes), crime de destruição do património nacional – 130
STJ 8-fev.-2000 (Machado Soares), baldios; defesa pelas autarquias – 143
STJ 22-fev.-2000 (Lopes Pinto), fornecimento de eletricidade – 214
STJ 20-jun.-2000 (Pinto Monteiro), autorização de antenas em baldios – 142
STJ 12-out.-2000 (Barata Figueira), uso privativo; tutela – 89
STJ 21-nov.-2000 (Ferreira Ramos), usucapião de baldios – 140
STJ 13-dez.-2000 (Neves Ribeiro), responsabilidade por acidentes no domínio público – 86
STJ 27-set.-2001 (Silva Salazar), touros de morte; providência cautelar – 320
STJ 3-out.-2002 (Ferreira de Almeida), tiro aos pombos – 323

Índice de jurisprudência

STJ 11-dez.-2003 (Ferreira de Almeida), baldios; ações de demarcação – 146
STJ 29-jan.-2004 (Azevedo Ramos), baldios; titularidade dos compartes – 157
STJ 9-mar.-2004 (Quirino Soares), baldios; anulabilidade das deliberações – 149
STJ 19-out.-2004 (Ferreira Girão), nulidade dos atos; limite temporal – 146
STJ 19-out.-2004 (Salvador da Costa), tiro aos pombos – 289, 323
STJ 13-jan.-2005 (Ferreira Girão), baldios; delimitação – 145
STJ 19-abr.-2005 (Lemos Triunfante), cemitérios – 60
STJ 25-out.-2005 (Azevedo Ramos), baldios; usucapião – 148
STJ 23-mar.-2006 (Salvador da Costa), baldios; universo dos compartes – 145, 146
STJ 3-out.-2006 (Sousa Leite), baldios; posse – 147
STJ 15-mar.-2007 (Gil Roque), tiro aos pombos – 323
STJ 16-jun.-2009 (Silva Salazar), baldios; usucapião – 138, 148
STJ 12-jan.-2010 (Moreira Alves), bens alheios; coisas futuras – 232
STJ 25-fev.-2010 (Álvaro Rodrigues), baldios; usucapião – 148
STJ 23-set.-2010 (Álvaro Rodrigues), baldios; assembleia dos compartes; personalidade judiciária – 157
STJ 31-mai.-2011 (Fernandes do Vale), águas – 190
STJ 15-set.-2011 (Granja da Fonseca), baldios; casa do guarda – 145
STJ 24-abr.-2012 (Moreira Alves), monumentos nacionais – 60
STJ 21-jun.-2012 (Pereira da Silva), direitos privados sobre coisas públicas – 60
STJ 18-dez.-2012 (Salazar Casanova), águas públicas – 60
STJ 8-set.-2016 (Fernanda Isabel Pereira), prédio rústico; critério – 182
STJ 12-jan.-2017 (Oliveira Vasconcelos), baldio – 147
STJ 13-set.-2018 (Maria da Graça Trigo), baldio; questão-de-direito – 148
STJ 18-out.-2018 (Hélder Almeida), bens da Igreja – 60

Supremo Tribunal Administrativo (Pleno)
STA (P) 29-fev.-1984 (Valadas Preto), domínio público – 60, 82
STA (P) 26-mai.-1994 (Correia de Lima), domínio público – 60

Tribunal Central Administrativo Norte
TCAN 18-nov.-2016 (Rogério da Costa Martins), comparte em baldios – 147

TCAN 25-jan.-2018 (Ana Patrocínio), prédio rústico; aerogeradores – 178

Tribunal Central Administrativo Sul
TCAS 2-dez.-2004 (Cristina Santos), tiro aos pombos – 323

TCAS 22-mar.-2018 (Anabela Russo), prédio rústico; aerogeradores – 178

Supremo Tribunal Administrativo
STA 28-mai.-1997 (Pamplona de Oliveira), domínio público – 60, 84
STA 1-jul.-1997 (Ferreira Neto), parcómetros; bloqueio de automóveis – 87
STA 3-jun.-1998 (Pamplona de Oliveira), domínio público; foro competente – 60
STA 24-set.-1998 (Correia de Lima), cemitérios – 119
STA 5-maio-1999 (Ernâni Figueiredo), natureza do uso privativo – 88
STA 23-set.-2010 (Madeira dos Santos), tiro aos pombos – 323

328   *Tratado de Direito civil*

Tribunal da Relação de Coimbra
RCb 20-jan.-1971 (sem indicação do relator), cemitérios – 119
RCb 27-fev.-1974 (o sumário, sem ind. relator), águas públicas – 60
RCb 30-jan.-1978 (Antonino Pais), prédios rústicos e urbanos – 182
RCb 17-nov.-1981 (Martins de Almeida), prédios rústicos e urbanos; edifício – 182, 183, 189
RCb 4-mar.-1986 (A. Pires de Lima), baldios; repristinação – 142
RCb 20-mai.-1986 (Ataíde das Neves), partes integrantes – 193
RCb 4-nov.-1986 (Castanheira da Costa), baldios; reivindicação pela freguesia – 143
RCb 24-fev.-1988 (Armando Pinto Bastos), energia; natureza – 214
RCb 9-mai.-1989 (Mota e Costa), baldios; coisas fora do comércio – 142
RCb 22-jan.-1991 (Francisco Lourenço), prédios rústicos e urbanos; matriz – 182, 183
RCb 5-mar.-1991 (Augusto Vieira), prédios rústicos; classificação – 183
RCb 10-mai.-1994 (Carvalho Costa), delimitação de leitos e margens dominiais – 100
RCb 10-jan.-1995 (Cardoso de Albuquerque), cemitérios – 60, 119
RCb 7-mar.-1995 (Quinta Gomes), coisas divisíveis – 230, 231
RCb 9-mar.-1999 (Eduardo Antunes), uso privativo; defesa – 89
RCb 26-jul.-1999 (Távora Vitor), caminhos – 60
RCb 28-mar.-2000 (Nuno Cameira), coisas indivisíveis – 231
RCb 3-out.-2000 (Araújo Ferreira), mutação dominial – 84
RCb 19-out.-2004 (Silva Freitas), baldios; assembleia; providência cautelar contra outra assembleia – 146
RCb 31-jan.-2006 (Cardoso Albuquerque), baldios; coisa pública – 156
RCb 7-fev.-2006 (Monteiro Casimiro), baldios; nulidade dos atos; não-conhecimento oficioso – 147
RCb 8-mar.-2006 (Coelho de Matos), baldios; coisa comum – 156
RCb 5-jun.-2007 (Silva Freitas), baldios; usucapião – 138
RCb 20-out.-2009 (Jaime Ferreira), baldios; usucapião – 148
RCb 28-abr.-2010 (Barateiro Martins), baldios; compartes – 145
RCb 21-set.-2010 (Manuela Fialho), baldios; compartes; emigrante – 149
RCb 8-nov.-2011 (Teles Pereira), baldios; justificações notariais – 147
RCb 23-out.-2012 (Virgílio Mateus), benfeitorias; acessão – 252
RCb 24-out.-2012 (Vasques Osório), baldios; pessoas coletivas de Direito privado; custas – 157
RCb 23-mai.-2017 (António Pires Robalo), baldio; usucapião – 147

Tribunal da Relação de Évora
REv 22-mar.-1974 (s/indicação de Relator), benfeitorias – 251
REv 3-nov.-1994 (Cortez Neves), cemitérios – 60, 119
REv 26-jun.-1997 (Bogalhão do Casal), cemitérios – 60, 119
REv 25-nov.-1999 (Fernando Bento), uso privativo; defesa –89

Tribunal da Relação de Guimarães
RGm 14-abr.-2004 (Espinheira Baltar), baldios; compartes – 145
RGm 9-jun.-2004 (Manso Raínho), baldios; destituição da direção – 150

Índice de jurisprudência

RGm 30-jun.-2004 (Espinheira Baltar), baldios; águas – 145
RGm 20-set.-2004 (Vieira e Cunha), baldios; usucapião – 148
RGm 14-jan.-2008 (Antero Veiga), baldios; casa do guarda florestal – 145
RGm 8-mai.-2008 (Rosa Tching), baldios; comparte; recenseamento – 149
RGm 23-nov.-2010 (Espinheira Baltar), baldios; posse útil; alienação – 147
RGm 24-abr.-2012 (Maria da Purificação Carvalho), bens alheios; coisas futuras – 232
RGm 20-nov.-2012 (Rosa Tching), benfeitorias e acessão – 252
RGm 13-out.-2016 (Luís Castro Baptista), baldio; usucapião – 147
RGm 25-jan.-2018 (Cristina Cerdeira), baldio; função – 147
RGm 15-fev.-2018 (António Sobrinho), AVAC; parte integrante – 198
RGm 26-abr.-2018 (Margarida Almeida Fernandes), baldio; função – 147
RGm 15-nov.-2018 (Jorge Teixeira), baldio; benfeitorias e acessão – 252

Tribunal da Relação de Lisboa

RLx 2-mai.-1975 (Lima Cluny), móveis – 202
RLx 24-nov.-1976 (Corte Real), móveis – 202
RLx 8-fev.-1978 (Raúl Moreira de Andrade), monumentos nacionais – 60, 93
RLx 16-abr.-1985 (Meneses Falcão), móveis; elevadores – 196
RLx 4-jun.-1987 (José Magalhães), caminhos – 60
RLx 12-mai.-1988 (Carvalho Pinheiro), partes integrantes; elevadores – 197
RLx 18-jan.-1990 (Ribeiro Coelho), partes integrantes; elevadores – 196
RLx 7-jun.-1990 (Cardona Ferreira), prédios rústicos e urbanos; registo – 182
RLx 18-fev.-1993 (Almeida Mira), cemitérios – 119
RLx 20-mai.-1993 (Eduardo Batista), partes integrantes; elevadores – 197
RLx 7-dez.-1993 (Afonso de Melo), partes integrantes; elevadores – 197
RLx 17-mar.-1994 (Pires Salpico), partes integrantes; elevadores – 197
RLx 26-abr.-1994 (Pinto Monteiro), tutela do *software* – 173
RLx 10-out.-1995 (Silva Pereira), tutela do *software* – 173
RLx 29-mar.-2001 (Mário Morgado), programação informática; natureza – 174
RLx 10-maio-2001 (Silva Santos), marcas; defesa cautelar – 167
RLx 5-jun.-2018 (Luís Espírito Santo), bens da Igreja – 60

Tribunal da Relação do Porto

RPt 5-dez.-1873 (Rocha), baldios; usucapião – 155
RPt 9-jan.-1874 (Leitão), baldios; usucapião – 155
RPt 12-fev.-1875 (Leite), baldios; natureza pública – 155
RPt 15-mar.-1974 (sem ind. de relator), móveis – 202
RPt 3-abr.-1974 (s/indicação de Relator), benfeitorias – 251
RPt 19-jun.-1986 (Sá Ferreira), baldios; legitimidade do Estado – 143
RPt 4-jun.-1987 (Jorge Vasconcelos), baldios; repristinação – 142
RPt 28-fev.-1991 (Mário Cancela), coisa divisível – 231
RPt 18-mai.-1992 (Tomé de Carvalho), prédio rústico; conceito de Direito – 181
RPt 12-jan.-1993 (Paz Dias), móveis; elevadores – 196
RPt 1-abr.-1993 (Cesário Matos), telecomunicações – 60
RPt 31-mai.-1993 (Bessa Pacheco), monumentos nacionais – 60

330   *Tratado de Direito civil*

RPt 10-out.-1996 (Custódio Pontes), móveis – 203
RPt 12-out.-1998 (Azevedo Ramos), móveis – 203
RPt 20-jan.-1999 (Teixeira Pinto), marca; tutela – 167
RPt 29-Nov.-1999 (Ribeiro de Almeida), bens da Igreja – 60
RPt 1-mar.-2001 (Moreira Alves), touros de morte; providências cautelares – 320
RPt 28-mar.-2001 (Manso Rainho), baldios; comunidade de compartes – 157
RPt 20-mar.-2003 (Sousa Leite), Código do Registo dos Bens Moveis – 207
RPt 19-fev.-2004 (Emídio Costa), baldios; transação; anulabilidade – 146
RPt 8-jul.-2004 (Pinto de Almeida), baldios; àguas; servidão – 146
RPt 21-set.-2004 (Martins Lopes), baldios; aquisição, por usucapião, a favor dos compartes – 157
RPt 22-fev.-2005 (Alziro Cardoso), baldios; casa do guarda – 145
RPt 23-mar.-2006 (Saleiro de Abreu), baldios; casa do guarda – 145
RPt 7-jan.-2008 (Sousa Lameira), baldios; aproveitamento pelos compartes – 148
RPt 20-mai.-2008 (Vieira e Cunha), baldios; administração pelas freguesias – 149
RPt 11-set.-2008 (Deolinda Varão), baldios; acessão – 150
RPt 17-dez.-2008 (Cândido Lemos), baldios; aquisição pelo registo – 147
RPt 17-mar.-2009 (Carlos Moreira), baldios; usucapião – 138, 148
RPt 5-jan.-2010 (Anabela Dias da Silva), baldios; deliberações inexistentes – 149
RPt 25-mar.-2010 (M. Pinto dos Santos), baldios; usucapião – 148
RPt 17-set.-2010 (Pedro Lima Costa), baldios; servidões – 147
RPt 3-fev.-2011 (Joana Salinas), baldios; justificação notarial – 147
RPt 22-mar.-2011 (Ana Lucinda Cabral), baldios; pessoa coletiva – 157
RPt 25-mai.-2011 (Coelho Vieira), baldios; mandatários judiciais – 150
RPt 24-jan.-2012 (Ondina Carmo Alves), baldios; uso pelos compartes – 145

Primeira Instância
Oliveira de Azeméis, 21-mai.-1874 (Serpa Pimentel), baldios; natureza pública – 155
Lx 5.ª Vara Cível 29-abr.-1977 (Ianquel Silbarcant Milhano), monumentos nacionais – 60

Procuradoria-Geral da República
PGR n.º 166/82, de 18-abr.-1985 (Ferreira Ramos), baldios; venda de madeira em pé; bens futuros – 142
PGR n.º 37/87, de 22-out.-1987 (Padrão Gonçalves), baldios; coisas fora do comércio – 142
Parecer do MP (Barreto Nunes), elevadores; partes integrantes – 197

JURISPRUDÊNCIA EUROPEIA

Tribunal de Justiça Europeu
TJE, 7-mar.-1996, empresa; conceito – 277

Índice de jurisprudência

JURISPRUDÊNCIA ESTRANGEIRA

Alemanha

Reichsgericht
RG 10-mar.-1887, eletricidade; natureza – 212
RG 7-mai.-1896, furto de eletricidade – 212
RG 5-fev.-1904, energia; natureza – 213
RG 19-abr.-1906, partes integrantes – 194
RG 16-dez.-1907, energia; natureza – 213
RG 10-nov.-1914, energia; natureza – 213
RG 14-nov.-1938, partes integrantes – 194

Bundesgerichtshof
BGH 30-abr.-1953, propriedade pública – 65
BGH 18-nov.-1955, propriedade pública – 65
BGH 14-jul.-1956, propriedade pública – 65
BGH 15-jun.-1967, propriedade pública – 65
BGH 30-out.-1970, propriedade pública – 65
BGH 4-nov.-1987, tutela de *software* – 172
BGH 20-mai.-1988, partes integrantes – 195

Tribunais de apelação
OLG Schleswig 14-dez.-2000, propriedade privada – 100
OLG Karlsruhe 2-mai.-2001, cães de combate – 305

ÍNDICE ONOMÁSTICO

Abreu, A. J. Teixeira d' – 45, 52, 72, 154, 255
Abreu, Jorge Coutinho de – 263, 266, 269, 278, 281, 282, 283
Abreu, Saleiro de – 145
Albuquerque, Cardoso de – 60, 119, 156
Albuquerque, Pedro de – 263, 280, 281, 283
Alessi, Renato – 53
Alfandari, Elie – 274
Allara, Mario – 40
Almeida, Ferreira de – 146, 323
Almeida, Helder – 60
Almeida, Martins de – 182
Almeida, Pinto de – 146
Almeida, Ribeiro de – 60
Alves, Moreira – 60, 232, 320
Alves, Ondina Carmo – 145
Amaral, Diogo Freitas do – 80, 81, 86, 88, 99, 100
Amelio, Mariano d' – 39
Amira, Karl vom – 25
Ammannati, Laura – 277
Andrade, Manuel de – 45, 51, 53, 81, 95, 155, 165, 169, 170, 176, 180, 187, 192, 222, 224, 225, 228, 237, 242, 244, 248, 251, 287
Andrade, Raúl Moreira de – 60, 93
Andriske, Wolfgang – 65
Anthero, Adriano – 205, 278
Antunes, Eduardo – 89
Antunes, Henrique Sousa – 310
Apolloni, Ettore – 114
Araújo, Fernando – 54, 159, 288, 289
Aristóteles – 15, 16, 291
Arndt, H. W. – 28

Ascensão, José de Oliveira – 47, 76, 77, 78, 121, 140, 165, 167, 168, 169, 173, 177, 178, 181, 189, 222, 225, 238, 239, 242, 245, 248, 278, 279, 283, 284, 286
Asmuth, B. – 16
Asquini, Alberto – 275
Astuti, Guido – 20, 24
Atias, Christian – 213
Aubry, Charles – 30, 176, 253, 254, 257, 259
Auletta, Giuseppe – 277
Axer, Peter – 67
Azara, António – 26
Azevedo, Álvaro Villaça – 48

Baas, Dieter – 282
Bachof, Otto – 66
Backhaus, Jürgen – 269
Baldus, Christian – 20
Ballerstedt, Kurt – 270
Baltar, Espinheira – 145, 147, 323
Baptista, Frederico – 184
Baptista, Luís Castro – 147
Barata, J. F. Nunes – 79, 82, 90
Barros, Henrique da Gama – 134
Bartlsperger, Richard – 66
Bártolo, Diogo – 47
Bartsch, Michael – 172
Bastos, Armando Pinto – 214
Bastos, Rodrigues – 182, 203
Batista, Eduardo – 197
Baur, Jürgen F. – 215
Beater, Axel – 168
Becker, Christoph – 16
Behrends, Okko – 20, 21, 294
Bekker, Ernst Immanuel – 15, 38, 258

334   *Tratado de Direito civil*

Bekker, Walter – 194
Benedetto, Maria Ada – 62
Bentes, João Inácio Formosinho – 136
Bento, Fernando – 89
Bento, Messias – 82
Bergel, Jean-Louis – 29, 56
Berndt, H. – 271
Bertacchini, Elisabetta – 284
Bertrand, André – 172, 173
Beudant, Ch. – 30
Biedenkopf, Kurt H. – 272
Biermann, Johannes – 162, 223, 231, 236
Binder, Julius – 37
Biondi, Biondo – 20, 39, 40, 162, 232, 236
Birkmeyer, Karl – 258
Blume, W. von – 247
Boehmer, Justus – 27
Böhm, Franz – 272
Bonfante, Pietro – 13, 20, 21, 22, 24, 175, 234
Borvon, Gérard – 211
Brau, Johann – 304
Brecher, Fritz – 269
Brito, Mário de – 249
Brito, Miguel Nogueira de – 84
Brückner, Bettina – 187
Brüggemeier, Gert – 285
Brüninghaus Birgit – 290, 291, 303
Brunner Heinrich – 23, 26
Bruschi Marc – 29, 56
Buchda Gerhard – 154
Budde Emil – 213
Büdenbender Ulrich – 215, 226
Burckas Leo – 36
Burdese Alberto – 241
Burgat Florence – 290, 295, 296
Bussmann Kurt – 268
Bydlinski Peter – 172

Cabral Ana Lucinda – 157
Cabral, Costa - 117
Cabral, Filipe – 289
Caetano, Marcello – 63, 80, 81, 82, 84, 85, 86, 87, 88, 90, 91, 93, 94, 97, 99, 109, 112, 113, 114, 119, 138, 139, 154, 155

Callmann, Rudolf – 267
Cambrenghi, Vincenzo Caputi – 81
Cameira, Nuno – 231
Campana, Marie-Jeanne – 273
Campos, J. A. Segurado e – 17
Cancela, Mário – 184, 197, 231
Canotilho, Gomes – 80, 82
Carbonnier, Jean – 29, 31, 192, 200, 224, 237, 242, 244, 259
Cardoso, Alziro – 145
Carlos, Adelino da Palma – 43
Carneiro, Manuel Borges – 42, 43, 49, 70, 108, 175
Carvalho, Joaquim de – 182
Carvalho, Maria da Purificação – 232
Carvalho, Orlando de – 278
Carvalho, Tomé de – 181
Casal, Bogalhão do – 60, 119
Casanova, Salazar – 60
Casimir, Jean-Pierre – 274
Casimiro, Monteiro – 147
Cassese, Sabino – 63, 269
Castro, Armando de – 140
Caupers, João – 80
Caussain, Jean-Jacques – 274
Chabas, François – 254, 255
Chantraine, Pierre – 14
Chimienti, Laura – 174
Chiusi, Tiziana J. – 16
Chorão, Mário Bigotte – 170
Cian – 276
Cícero – 15, 16, 98
Cimamonti, Sylvie – 29, 56
Claro, João Martins – 115, 121, 128
Cluny, Lima – 202
Coelho, Baltazar – 249
Coelho, Ribeiro – 196
Coing, Helmut – 16, 26, 30, 37, 116, 236
Colognesi, L. Capograssi – 133
Colombini, Giovanna – 81
Colussi, Vittorio – 277
Cordeiro, António Barreto Menezes – 289, 308, 314, 315
Cordeiro, António Menezes – 42, 47, 53, 178, 263, 264, 269, 280, 286

Índice onomástico

Cordeiro, Pedro – 173
Corrales, Carlos – 174
Correia, António Ferrer – 125, 278
Correia, Fernando Alves – 129
Correia, José Manuel Sérvulo – 80, 129
Correia, Luís Brito – 266, 281, 282, 283
Corte-Real, Eudoro Pamplona – 257
Cortese, Ennio – 62, 63
Costa, Alves – 252
Costa, Bruto da – 196
Costa, Cardoso da – 289
Costa, Castanheira da – 143
Costa, Carvalho – 100
Costa, Emídio – 146
Costa, Ludovico da – 233
Costa, Martins da – 156, 252
Costa, Mota e – 142
Costa, Pedro Lima – 147
Costa, Salvador da – 145, 146
Costi, Renzo – 269
Cottino, Gastone – 277
Couret, Alain – 274
Cretella, Júnior José – 74
Crezelius, Georg – 271
Crome – 176, 257
Cruz, Emídio Pires da – 177
Cruz, Luís – 215
Cruz, Sebastião – 17, 23
Cuiacius, Iacobus – 28, 29
Cunha, Paulo – 121, 255, 256, 257, 260
Cunha, Vieira e – 148, 149

Dalla, Danilo – 20
Daubermann, Erich A. – 235
Dekeuwer-Défossez, Françoise – 273
Denozza, Francesco – 277
Dernburg, Heinrich – 34, 154, 162, 212, 223, 231, 231, 236
Derrida, Fernand – 274
Dias, José Eduardo Figueiredo – 131
Dias, Paz – 196
Dias, Vítor Manuel Lopes – 116, 117
Dilcher, Gerhard – 37, 225, 228, 242, 304
Döllerer, Georg – 270
Domat, Jean – 29

Donnellus, Hugo – 19, 28, 29, 238
Druey, Jean Nicolas – 270
Duarte, Maria Luísa – 289, 322
Duden, Konrad – 272
Dufour, Arnaud – 171

Ebel, Hans-Rudolf – 215
Eccher, Bernhard – 32
Eckardt, Karl August – 267
Ehlers, Dirk – 66, 272
Eichenberger, Jan – 304
Eichhorn, Karl Friedrich – 25
Eidenmüller, Horst – 54
Einstein, Albert – 222
Ellenberger, Jürgen – 164, 303
Emmerich, Volker – 269
Endemann, Wilhelm – 263
Engelhardt, W. W. – 271
Engelmann, R. – 34
Enneccerus – 260
Erbel, Günter – 290, 291, 295
Erbguth, Wilfried – 67
Ermont, A. – 13, 14
Ernst, Wolfgang – 19
Escarra, Jean – 273
Esmein, Paul – 253
Estorninho, Maria João – 80
Evers, Hans-Ulrich – 214

Fabião, Fernando – 197
Fabre-Magnan, Muriel – 255
Falcão, Meneses – 196
Fanelli, Giuseppe – 276
Fazio, Mariano Scarlata – 246, 247
Fechner, Erich – 268
Fedele, Pio – 27
Ferid – 37
Fernandes, Aurélio – 184
Fernandes, F. Pinto – 185, 186
Fernandes, José Pedro – 85, 99, 100
Fernandes, Luís Carvalho – 161, 162, 178, 180, 190, 198, 203, 222, 225, 226, 245, 246, 248
Fernandes, Margarida Almeida – 147
Ferrão, F. Af. da Silva – 155

336 *Tratado de Direito civil*

Ferreira, Araújo – 84
Ferreira, Cardona – 182, 197, 279
Ferreira, José Dias – 45, 72, 73, 90, 108, 154, 162, 176
Ferreira, Eduardo Paz – 269
Ferreira, Jaime – 148
Ferreira, Sá – 143
Ferri, Pier Giorgio – 121
Ferro-Luzzi, Paolo – 277
Fialho, Manuela – 149
Figueira, Barata – 89
Figueira, Eliseu – 283
Figueiredo, Ernâni – 88
Figueiredo, Joaquim – 251
Fikentscher, Wolfgang – 269
Flume, Werner – 18
Fonseca, Granja da – 145
Fonseca, Martins da – 191
Fonseca, Rodrigo da – 117
Forcellini, Aegideo – 13
Forsthoff, Ernst – 65
Franceschelli, Remo – 39, 40, 277
Franco, Norberto – 321
Freire, Pascoal José de Mello – 41, 42
Freitas, Serafim de – 97
Freitas, Silva – 138, 146
Friedrichs, Karl – 64

Gaeta, Dante – 106
Galhardo, Manuela – 125
Gallesio-Piuma, Maria Elena – 277
Gareis, Carl – 35
Gaspari, Carlo – 27
Gaudemet, Yves – 63
Gaul, Hans Friedhelm – 195
Gény, François – 254, 257
Gessler, Ernst – 272
Geweke, Götz – 172
Ghernaouti-Hélie, Solange – 171
Giacobbe, Giovanni – 26
Gierke, Julius von – 269, 270, 284
Gierke, Otto von – 34, 36, 259
Gieseke, Paul – 268
Giesen, Richard – 195
Gilbert, William – 210

Girão, Ferreira – 145, 146
Giudice, Vincenzo del – 27
Glück, Christian Friedrich – 32, 175, 258
Goddé, Pierre – 274
Godinho, João Carlos – 281
Godinho, José Magalhães – 143
Gomes, Carla Amado – 131, 289, 322, 323
Gomes, Nuno Sá – 178, 184
Gomes, Quinta – 230
Gonçalves, Luiz da Cunha – 45, 49, 51, 69, 81, 85, 97, 104, 107, 155, 176, 178, 192, 202, 208, 225, 226, 228, 230, 237, 278
Gonçalves, Padrão – 142
Gonçalves, Pedro – 121
Göppert, Heinrich – 235
Gouveia, Jaime de – 80, 84, 177
Gouveia, Jorge Bacelar – 289, 323
Graça, Pereira da – 60, 84
Gralheiro, Jaime – 133, 134, 140, 141, 142, 157
Gralheiro, João Carlos – 133, 151, 152
Graul, Eva – 304
Grimm, Jacob – 25
Griss, Irmgard – 32
Grossmann, Adolf – 265, 281
Grotius, Hugo – 97
Guedes, Armando Marques – 80, 97, 131
Guedes, Correia – 251
Guerreiro, J. A. Mouteira – 200
Guimarais, António de Castro – 177
Günther, Eberhard – 272
Gusmão, Miranda – 60, 140, 252
Guth Wilfried – 67, 272

Hachenburg – 265
Hack, Martin – 215
Hade, Ulrich – 66, 67
Halpérin, Jean-Louis – 22, 27, 29
Hardinghaus, Herbert – 65
Harte-Bavendamm, Henning – 173
Hasse – 236
Hausmann, Fritz – 266
Hedemann, Justus Wilhelm – 37, 264
Hefermehl, Wolfgang – 272
Heimbach, Gustav Ernst – 247

Índice onomástico

Heineccius, Johann Gottlieb – 43, 70, 116, 162, 175
Henkel, Heinrich – 56
Herrler, Sebastian – 187
Hildesheim, Ulrich – 187
Hill, Herbert – 38
Hirschfeld, Otto – 61
Hofacker, Carl Christoph – 236, 242
Höfling, Wolfram – 66, 67
Holch – 304
Hölder – 258
Holthöfer, Ernst – 194, 236, 238, 241, 242
Hommelhoff, Peter – 270, 272
Hoop, Gerold – 58
Hörster, Heinrich Ewald – 47, 178
Hövermann, Jan – 211, 214
Hubmann, Heinrich – 270
Hübner, Rudolf – 38
Huffer, Uwe – 272
Husserl, G. – 16

Ibañez, Vicente Blasco – 317
Inês, Sousa – 143
Ingrosso, Gustavo – 27
Ippolito, Benjamin – 274
Irelli, Vincenzo Cerulli – 81

Jacobi, Erwin – 265, 267
Jadaud, Bernard – 274
Jaeger, Pier Giusto – 265, 277
Jakobs, Horst Heinrich – 37
Jersch, Ralf – 173
Jessen, Jens – 268
Jhering, Rudolf von – 19, 225, 255, 259
Jickeli, Joachim – 58, 164, 176, 195, 229
Joost, Detlev – 267, 272
Jsay, Rudolf – 264
Juglart, Michel de – 274
Jürgenmeyer, Michael – 265

Kalb, Werner – 38, 53
Kälim, Oliver – 53, 58
Kant, Immanuel – 31, 32, 33, 34, 44, 291
Kaplan, Helmut F. – 291
Karlowa, Otto – 225

Kaser, Max – 19, 20, 22, 23, 24, 61, 116, 208, 223, 227, 235, 247, 250
Kayasseh, Eveline Schneider – 303
Keller, Hans – 18
Kessler, Manfred H. – 285
Kilian, Wolfgang – 171, 172, 173
Kipp, Theodor – 34, 36, 223, 224, 227, 258
Knütel, Rolf – 20
Koch, Wolfgang – 285
Kohler, Josef – 35, 36, 241, 258
Kopp, Ferdinand – 66
Köppen, C. F. A. – 257
Koppensteiner, Hans-Georg – 271
Korn, Fritz – 295
Koziol, Helmut – 32, 213
Krause, Hermann – 264, 265, 266, 268, 291
Krause, Karl Christian Friedrich – 291
Krings, Günter – 296
Kromer, Michael – 65, 68
Kropff, Bruno – 272
Krüger, Paul – 17, 21, 223, 235, 241
Kuebler, Bernhard – 17
Kunze, Otto – 271, 272
Küper, Wilfried – 304
Kupisch, Berthold – 20
Kurt, Michael – 172

Laband, Paul – 35, 264, 265, 269
Labetoulle, Daniel – 63
Lambert-Faivre, Yvonne – 273, 274
Lambertini, Renzo – 20
Lameira, Sousa – 148
Lange, Heinrich – 259
Lange, Hermann – 224
Larenz, Karl – 57, 154, 225, 238, 244, 268, 303
Laubadère, André de – 63, 97, 99, 106, 112
Lauffer, Hans-Martin – 270
Lazarski, Henry – 274
Le Court – 274
Lehmann, Julius – 266
Lehmann, Mathias – 20, 55, 165
Leible, Stefan – 20, 33, 55, 165
Leitão – 155
Leitão, Alexandra – 104, 322

338 _Tratado de Direito civil_

Leitão, Luís Menezes – 165, 178, 180, 238, 283
Leite – 155
Leite, Sousa – 147, 207
Lemos, Cândido – 147
Leonhard, Rudolf – 13, 16, 246
Lersner, Heinrich Freiherr von – 297
Levy, Ernst – 23
Libonati, Berardino – 269, 277
Lima, A. Pires de – 46, 49, 52, 59, 85, 91, 142, 177, 178, 180, 189, 190, 192, 193, 222, 224, 225, 226, 228, 232, 238, 243, 244, 248
Lima, Correia de – 60, 119
Linding, Joachim – 187
Lingenthal, Carl Sal. Zachariä von – 259
List, Friedrich – 213
Lobo, Mário Tavarela – 97, 99, 100, 156, 157, 190
Loebell – 212
Loiseau, Gregoire – 93
Longo, Carlo – 20
Longobardi, Nino – 277
Lopes, Hugo – 130
Lopes, Martins – 157
Lorz, Albert – 303, 304
Lourenço, Francisco – 182
Luchterhandt, Hans-Friedrich – 272
Ludewig – 212
Lühr, Rolf-Peter – 65

Machado, Bernardino – 318
Machado, Manuel dos Santos – 281
Machete, Rui – 63, 112
Mackeldey, Ferdinand – 32, 43
Magalhães, Barbosa de – 278
Magalhães, José – 60, 143
Magalhães, Sousa – 183
Mandry – 258
Mannkopff, A. J. – 212
Manthe, Ulrich – 17, 18, 22
Marchetti, Piergaetano – 269
Marcos, Rui Manuel de Figueiredo – 116
Mariano, Cura – 251
Marly, Jochen P. – 172

Marques, Costa – 165, 252
Marques, João Lima Amaral – 177
Marques, José Dias – 47, 50, 237
Marques, Oliveira – 134
Marquitz, Werner – 267
Martins, Barateiro – 145
Martins, Rogério da Costa – 147
Marzo, Salvatore di – 175
Mateus, Virgílio – 252
Matos, Ana Cardoso – 215
Matos, Cesário – 60
Matos, Coelho de – 156
Matos, Joaquim de – 197
Mattfeld, Antje – 271
Maunz, Theodor – 65
Mayer, Franz – 66
Mayer, Otto – 64, 65, 84
Mayer-Maly, Theo – 194
Maynus, Jason (Glason del Maino) – 236
Mazeaud, Henri – 254, 255
Mazeaud, Jean – 254
Medeiros, Rui – 82
Medicus, Dieter – 304
Meier-Haioz, Arthur – 214
Meillet, A. – 13, 14
Meist, K. R. – 32
Mellerowicz, Konrad – 270
Melo, Afonso de – 197
Mendes, Armindo Ribeiro – 87
Mendes, Castro – 47, 165, 170, 178, 180, 196, 226, 232, 235, 237, 239, 245,
Mendes, Fátima – 215
Mendes, Joana Maria Pereira – 104, 131
Meneses, Miguel Pinto de – 41, 42
Merêa, Manuel Paulo – 46
Merle, Werner – 271
Mestmäcker, Ernst Joachim – 271, 272
Meyer, Barbara Elisabeth – 268
Meyer-Landrut – 282
Michaelis, Karl – 195
Milhano, Ianquel Silbarcant – 60
Millé, Antonio – 174
Milone, Filippo – 236
Mira, Almeida – 119
Miranda, Jorge – 82, 115, 121, 124

Índice onomástico

Mocci, Antonio – 110
Mommsen, Theodor – 21, 116, 223, 235, 241, 250
Moncada, Cabral de – 51, 85, 94, 155, 170, 237
Moniz, Ana Raquel Gonçalves – 80
Monteiro, António Pinto – 47
Monteiro, Pinto – 142, 167, 173
Monteiro, Santos – 142, 143
Montessori, Roberto – 275
Moreira, Carlos – 80, 81, 138, 148
Moreira, Guilherme Alves – 45, 49, 51, 72, 85, 155, 163, 170, 176, 180, 236, 237, 242, 244, 248, 255
Moreira, Vital – 82
Morgado, Mário – 174
Moritz, Hans-Werner – 170, 173
Mosich, Walther – 187
Mossa, Lorenzo – 275
Mottelay, P. Fleury – 210
Moura, João – 60, 240
Mühe, Gregor – 304
Mühlenbruch, Christian Friedrich – 236
Müller-Erzbach, Rudolf – 265
Münzberg, Wolfgang – 304

Namora, Matos – 233
Nattini, Angelo – 276
Nell-Breuning, Oswald von – 271
Neto, Ferreira – 87
Netter, Oskar – 266, 267
Neuhaus, Rolf – 321
Neuner, Jörg – 58, 154, 164, 176, 195, 225, 228, 229, 238, 244, 247, 260, 305,
Neves, Ataíde das – 193
Neves, Castanheira – 80, 119, 289
Neves, Cortez – 60, 119
Neves, Helena Telino – 289
Niculau, Gustavo Rene – 48
Niederländer, Hubert – 250
Niessen, Ludwig – 213
Nipperdey – 195, 260
Nobel, Peter – 271
Nóvoa, Sampaio da – 191
Nunes, Barreto – 197

Obergfall, Eva Inés – 296
Oertmann, Paul – 236
Ohlen, Jürgen von – 172
Ohmeyer, Kamillo Edlen von – 264, 265
Oliveira, Dias de – 73
Oliveira, Maria José Carranca de – 62
Oliveira, Pamplona de – 60, 84
Olivero, Giuseppe – 117
Oppikofer, Hans – 265
Oro, Aldo dell' – 235, 236
Osório, Vasques – 157

Pacheco, Bessa – 60
Paillusseau, Jean – 274
Pais, Antonino – 182
Palma, Maria Fernanda – 130
Panucchio, Vincenzi – 277
Pape, W. – 14
Papier, Hans-Jürgen – 64, 66, 67
Pappermann, Ernst – 65, 66
Passow, Richard – 267
Paulus – 223
Pauly, Holger – 304
Paver, Uwe – 271
Peine, Franz-Joseph – 67
Peixoto, Alves – 183
Pereira, Alexandre Dias – 173
Pereira, André Dias – 289, 323
Pereira, Beça – 202
Pereira, Carlos Frederico Bianchi Barata Gonçalves – 263
Pereira, Fernanda Isabel – 182
Pereira, Sá – 193
Pereira, Silva – 173
Pereira, Teles – 147
Pernice, Alfred – 154
Petri, Martina – 213, 244
Peukert, Alexander – 58
Peyramaure, Philippe – 274
Pfleghart, A. – 212, 213
Pflüger, H. H. – 19
Piette-Coudoz, Thierry – 172
Pikart, Hans – 209
Pimentel, Serpa – 155
Pinheiro, Carvalho – 197

340 *Tratado de Direito civil*

Pinheiro, Góis – 60
Pinheiro, Nuno Santos – 130
Pinner, Albert – 266
Pino, Augusto – 40
Pinto, Carlos Alberto da Mota – 47
Pinto, Eduardo Vera-Cruz – 121
Pinto, Lopes – 214, 222
Pinto, Paulo Mota – 47
Pinto, Teixeira – 167
Pinto, Varela – 119
Pisko, Oskar – 264, 265
Piva, Giorgio – 121
Planiol, Marcel – 30
Polleri, Vittorio – 277
Pontes, Custódio – 203
Portugal, Thomas Antonio de Villa Nova –
    135
Pothier, Robert-Joseph – 29
Prazeres, Gama – 182
Preto, Valadas – 60, 82
Priester, Hans-Joachim – 270
Puchelt, Sigismund – 176, 259
Puchta, Georg Friedrich – 33, 259
Pufendorf, Samuel – 28
Pugliatti, Salvatore – 26
Püttner, Günther – 269
Pütz, Bernd – 303

Queiró, Afonso – 80, 84, 88, 98, 99
Querci, Francesco Alessandro – 96

Rainho, Manso – 150, 157
Raiser, Thomas – 271
Ramos, Azevedo – 148, 157, 203
Ramos, Ferreira – 140, 142
Ramos, José Luís Bonifácio – 59, 69, 80,
    107, 113, 121, 129, 131, 289, 308, 314
Ramos, Sílvia de Mira da Costa – 289
Ranouil, Véronique – 254
Rathenau, Walther – 265, 266
Rau, Frédéric-Charles – 30, 176, 253, 254,
    257, 259
Regelsberger, Ferdinand – 33, 36, 223, 228
Rehbein, H. – 32
Rehbinder, Manfred – 166

Reichel, Hans – 247
Reincke, O. – 32
Reuber, Klaus – 270
Ribeiro, Almeida – 142, 249
Ribeiro, Aníbal Aquilino – 139, 249
Ribeiro, Neves – 47, 86
Riboldi, Cesare – 110
Riedl, Richard – 27
Ring, Gerhart – 163
Riposati, Benedetto – 15
Rittner, Fritz – 271, 272, 280
Rocco, Alfredo – 275
Rocha – 155
Rocha, Albuquerque – 183
Rocha, Coelho da – 41, 43, 44, 49, 70, 71,
    175, 192, 248, 251
Rocha, Manuel Lopes – 156
Rodrigues, Álvaro – 148, 157
Rodrigues, Manuel – 85, 133, 136, 138,
    140, 141, 142, 247, 251
Roque, Gil – 323
Rosa, Salvatore – 106, 119
Roth, Herbert – 187
Rougevin-Baville, Michel – 63
Rüfner, Thomas – 18, 32, 33, 37, 195, 223,
    228, 241, 291
Ruhwedel – 187
Rümelin, Gustav – 230

Saavedra, Rui – 171
Schoenichen, Walther – 295
Säcker, Franz Jürgen – 187
Saczwedel, Jürgen – 66
Saint, Marc Renaud Denoix de – 63
Salanitro, Niccolò – 277
Salazar, Silva – 138, 148, 320
Salinas, Joana – 147
Salpico, Pires – 197
Sampaio, Sequeira – 197
Sandulli, Aldo M. – 81, 83, 86, 106, 109,
    116
Santo, Luís Espírito – 60
Santos, António Furtado dos – 251
Santos, António Marques dos – 125
Santos, Cristina – 323

Índice onomástico

Santos, M. Pinto dos – 148
Santos, Madeira dos – 323
Santos, Silva – 167
Satta, Salvatore – 169
Savagnone, Guglielmo – 223
Savigny, Friedrich Carl von – 33, 44, 163, 223, 224
Schering – 32
Schlatter, Sibylle – 174
Schmidt – 67, 282
Schmidt, Eberhard – 266
Schmidt, Karsten – 270, 304
Schmidt, Ralf Bodo – 270, 271
Schmidt, Thomas Benedikt – 305
Schmidt-Jortzig – 67
Schmidt-Leithoff, Christian – 280, 281
Schönbauer, Ernst – 175
Schöneich, Anja – 165
Schoppenhauer, Arthur – 291
Schubert, Werner – 37
Schulte, H.– 187
Schultze-Fielitz, Helmut – 296
Schulze, Paul – 214
Scialoja, Vittorio – 20, 25
Scotto, Ignazio – 63
Scozzatava, Oberdan Tommaso – 40
Seabra, António Luiz de – 71, 106
Seckel, Emil – 17
Seidel, Ulrich – 172
Seiler, Hans Hermann – 20, 176
Seldon – 97
Sendin, Paulo M. – 278
Séneca – 15
Silva, Anabela Dias da – 149
Silva, J. Cardoso da – 186
Silva, Marta Tavares da – 115, 121
Silva, Moreira da – 226
Silva, Pereira da – 60
Silva, Vasco Pereira da – 115
Simon, Jürgen – 36
Singer, Peter Albert – 291, 292
Sintenis, Carl Friedr. Ferdinand – 163
Soares, Fernando Luso – 85
Soares, Machado – 143, 197, 252
Soares, Quirino – 149

Soares, Rogério Ehrhardt – 134, 155
Sohm, Rudolf – 37, 212
Sokolowski, Paul – 15
Sonnenberger – 37
Sortais, Jean-Pierre – 274
Sousa, Pais de – 183
Spielbücher, Karl – 303
Staudinger – 20, 37, 154, 164, 172, 176, 187, 194, 195, 228, 304
Stebut, Dietrich von – 285
Steding, Rolf – 304
Steinmann, Horst – 271
Stenglein – 212
Stephan, Henri – 14
Sterling, Christopher H. – 171
Steuck, Heinz-Ludwig – 271
Stieper, Malte – 20, 58, 67, 172, 176, 194, 229
Stintzing, R. – 224
Stober, Rolf – 66
Stresemann, Christina – 37, 58, 164, 176, 194, 229, 242, 247, 305
Studmunt, Wilhelm – 17
Stühff, Grundrun – 23

Talice, Carlo – 109
Taubenschlag, Rafael – 116
Tavares, José – 52, 85, 155, 278
Tching, Rosa – 149, 252
Teixeira, António Ribeiro de Liz – 49
Teixeira, Jorge – 252
Telles, Inocêncio Galvão – 237
Telles, J. H. Corrêa – 43, 49
Teodoro, Pedro Pereira – 289
Teonesto, Ferrarotti – 39
Teubner, Gunther – 285
Thibaut, Anton Friedrich Justus von – 32, 228
Torga, Miguel – 317
Tosi, Jean-Pierre – 274
Trabucchi – 276
Trifone, Romualdo – 247
Trimarchi, Vincenzo Michele – 259
Triunfante, Lemos – 60
Trochu, Michel – 274

342   *Tratado de Direito civil*

Tüngler, Stefan – 215
Turner, Georg – 187
Tybusseck, Barbara – 170, 173

Ulmer, Peter – 270

Vale, Fernandes do – 190
Vangerow, Karl Adolf von – 224
Varão, Deolinda – 150
Varela, Antunes – 85, 91, 178, 180, 189, 190, 226
Vasconcelos, Jorge – 142
Vasconcelos, Oliveira – 147
Vasconcelos, Pedro Pais de – 47, 53
Veiga, Antero – 145
Velha, Ricardo da – 230, 248
Veloso, Francisco José – 42, 153
Veloso, José António – 174
Venezia, Jean-Claude – 63
Ventura, Raúl – 20, 21, 194, 223, 228, 229, 230, 234, 235
Viana, Solano – 60
Vicente, Dário Moura – 106, 165, 205, 207
Vidigal, José Henriques Ferreira – 142
Vieira, Augusto – 183
Vieira, José Alberto Coelho – 163, 171, 179, 180, 188, 238
Vinken – 271
Visscher, Fernand de – 116
Vítor, Távora – 60
Vogel, Joachim – 212
Voit, Wolfgang – 172
Volterra, Edoardo – 224, 234, 241, 247
Völzmann-Stickelbrock, Barbara – 38, 225, 303

Wächter, Carl Georg von – 33, 230
Walde, A. – 13
Warnkönig – 236
Watson, Alan – 98
Weick – 154
Weise, Oscar – 14
Wellhöfer, Werner – 285
Welser, Rudolf – 213
Wendehorst, Christiane – 58
Wendt, Otto – 33
Wengler, Leopold – 17
Werner, Horst S. – 272
Werner, Weber – 295
Westermann, Harry – 271
Westphalen, Friedrich Graf von – 172
Wieacker, Franz – 16, 17, 23, 27, 57, 259
Windscheid, Bernhard – 34, 36, 223, 224, 227, 258
Wolf, Manfred – 57, 58, 154, 164, 176, 195, 225, 228, 229, 238, 244, 247, 260, 303, 305
Wolff, Hans J. – 66

Xavier, Vasco da Gama Lobo – 283

Zachariä – 176, 253
Zasii, Vdalrici – 224
Zayas, Rodrigo de – 321
Zech, Herbert – 20, 33, 55, 165
Zeno-Zencovich, Vincenzo – 39, 52
Zentner, Laura Maria – 304
Zippelius, Reinhold – 64
Zitelmann, Ernst – 38
Zöllner, Wolfgang – 272

ÍNDICE BIBLIOGRÁFICO

Abreu, A. J. Teixeira d' – *Curso de Direito Civil*, 1 – *Introducção*, 1910.

Abreu, Jorge Coutinho de – *Definição de empresa pública*, 1990;
– *Da empresarialidade (as empresas no Direito)*, 1994.

Albuquerque, Pedro de – *Direito de preferência dos sócios em aumentos de capital nas sociedades anónimas e por quotas*, 1993.

Alessi, Renato – *Sistema istituzionale del diritto amministrativo italiano*, 3.ª ed., 1960.

Alfandari, Elie – *Droit des affaires*, 1993.

Allara, Mario – *Dei beni*, 1984.

Amaral, Diogo Freitas do – *A utilização do domínio público pelos particulares*, 1965.

Amaral, Diogo Freitas do/Fernandes, José Pedro – *Comentário à lei dos terrenos do domínio hídrico/Decreto-Lei n.º 468/71, de 5 de Novembro*, 1978.

Amelio, Mariano d' – em *Codice civile/Libro della proprietà/Commentario*, 1942.

Amira, Karl von – *Grundriss des germanischen Rechts*, 3.ª ed., 1913.

Ammannati, Laura – *Le privatizzazioni delle imprese pubbliche in Italia*, 1995.

Andrade, Manuel de – *Teoria geral da relação jurídica*, 1 – *Sujeitos e objecto*, 1972, 3.ª reimpr..

Andriske, Wolfgang – *vide* Pappermann, Ernst.

Anthero, Adriano – *Comentario ao Codigo Commercial Portuguez*, vol. I, 1913.

Anthero, Adriano – *O Direito aereo*, 1920.

Antunes, Henrique Sousa – Apontamentos sobre o regime da ocupação de animais, RDC 2018, 575-581.

Apolloni, Ettore – *Biblioteca* V (1959), 332-345.

Aquino, S. Tomás de – *Opera omnia*, ed. Leão XIII, IV (1887), *Summa Theologica*, Pars I, Quaestio XLVII e V (1889), *Summa Theologica*, Pars I, Quaestio CXVIII.

Araújo, Fernando – *A hora dos animais*, 2003;
– *Teoria económica do contrato*, 2007;
– *A tragédia dos baldios e dos anti-baldios/O problema económico do nível óptimo de apropriação*, 2008.

Aristóteles – *De anima*, II, XI = ed. bilingue grega e ingl. trad. W. S. Hett, *Aristotle in twenty-three volumes*, vol. VIII, 1975.

Arndt, H. W. – *Sache*, no HWörtPh 8 (1992), 1090-1096.

Ascensão, José de Oliveira – *Direitos Reais*, 1.ª ed., 1971.
– *Terrenos vagos e usucapião*, RDES XXIII (1976), 23-62;
– *Lições de Direito Comercial*, I – *Parte Geral*, 1986/87;
– *A protecção jurídica dos programas de computador*, ROA 1990, 69-118;
– *Direito civil/Direito de autor e direitos conexos*, 1992;

344   *Tratado de Direito civil*

– *Direito civil/Reais*, 5.ª ed., 1993;
– *Lições de Direito Comercial*, vol. IV – *Sociedades Comerciais*, 1993;
– *Direito comercial* – vol. II – *Direito industrial*, 1994, reimp.;
– *Direito civil/teoria geral*, 1, 1997 = 2.ª ed., 2000.

Ascensão, José de Oliveira/Cordeiro, António Menezes – *Cessão de exploração de estabelecimento comercial, arrendamento e modalidade formal*, ROA 1987, 845-927;

Asmuth, B. – *Sachlichkeit*, no *Historisches Wörterbuch der Rhetorik*, publ. Gert Veding 8 (2007), 369-393.

Asquini, Alberto – *Codice di commercio, codice dei commercianti o codice misto di diritto privato?*, RDComm XXV (1927) 1, 507-524.

Astuti, Guido – *Cosa (storia)*, ED XI (1962), 1-19.

Atias, Christian – *Droit civil/Les biens*, 4.ª ed., 1999.

Aubry, Charles/Rau, Frédéric-Charles – *Cours de Droit Civil français*, tomo II, 6.ª ed., 1935;
– *Droit civil français*, 6.ª ed. por Paul Esmein, tomo IX, 1953.

Auletta, Giuseppe/Salanitro, Niccolò – *Diritto Commerciale*, 8.ª ed., 1993.

Axer, Peter – *Die Widmung als Schlüsselbegrif des Rechts der öffentlichen Sachen als Rechtsgebiet*, 1994.

Azara, António – *Beni di famiglia*, NssDI (1958), 353.

Azevedo, Álvaro Villaça/Niculau, Gustavo Rene – *Código Civil Comentado* I, *Das pessoas e dos bens*, 2007.

Baas, Dieter – *Leitungsmacht und Gemeinwohlbindung der AG*, 1976.

Bachof, Otto – *vide* Wolff, Hans J..

Backhaus, Jürgen – *Öffentliche Unternehmen*, 2.ª ed., 1980.

Baldus, Christian – *Res incorporales im römischen Recht*, em Stefan Leible/Mathias Lehmann/Herbert Zech, *Unkörperliche Güter im Zivilrecht* (2011), 7-31.

Ballerstedt, Kurt – *Das Unternehmen als Gegenstand eines Bereicherungsanspruchs*, FS W. Schilling (1973), 289-307.

Barata, J. F. Nunes – *Domínio privado*, Pólis II (1984), 695-706;
– *Domínio público*, Pólis II (1984), 706-711.

Barros, Henrique da Gama – *História da Administração Pública em Portugal nos Séculos XII a XV*, 8, 2.ª ed., 1950.

Bartlsperger, Richard – *Verkehrssicherungspflicht und öffentliche Sache*, 1970.

Bártolo, Diogo – *Da noção de coisa no Código Civil e da distinção que este faz entre coisas imóveis e móveis*, Est. Neves Ribeiro (2007), 281-302.

Bartsch, Michael – *Das BGB und die modernen Vertragstypen*, CR 2000, 3-11.

Bassenge, Peter – no Palandt/BGB, 72.ª ed., 2013, § 905.

Baur, Jürgen F. – *Sinn und Unsinn einer Energierechtsreform*, FS Lukes (1989), 253-269.

Beater, Axel – *Der Schutz von Eigentum und Gewerbetrieb vor Fotografien*, JZ 1998, 1101-1109.

Becker, Christoph – *Die "res" bei Gaius – Vorstufe einer Systembildung in der Kodifikation?/ /zum Begriff des Gegenstandes im Zivilrecht*, 1999.

Behrends, Okko/Knütel, Rolf/Kupisch, Berthold/Seiler, Hans Hermann – *Corpus Iuris Civilis/Die Institutionen (Text und Übersetzung)*, 1993.

Índice bibliográfico 345

Bekker, Ernst Immanuel – *Aristotelis opera*, 4 vols., 1831-1835, reimpr., 1960;
– *System des heutigen Pandektenrechts*, I, 1886, reimp., 1979), §§ 40-43;
– *Grundbegriff des Rechts und Missgriffe der Gesetzgebung*, 1910.

Bekker, Walter – *Die einheitliche Sachen als wirtschaftlicher Wert und als Rechtsbegriff*, ZAkDR 1936, 84-87.

Benedetto, Maria Ada – *Demanio (storia del diritto)*, NssDI V (1960), 423-427

Bentes, João Inácio Formosinho – *Do baldio Serra Grande Serpa*, 1918.

Bergel, Jean-Louis/Bruschi, Marc/Cimamonti, Sylvie – *Traité de Droit Civil* (dir. Jacques Ghestin), *Les biens*, 2000.

Berndt, H. – *Stiftung und Unternehmen*, 3.ª ed., 1978.

Bertacchini, Elisabetta – *Oggetto sociale e interesse tutelato nelle società per azioni*, 1995.

Bertrand, André – *Las obras informáticas en el derecho de autor: razones y perspectivas*, no II Congresso Íbero-Americano do Direito de Autor e Direitos Conexos, sobre o tema *Num Novo Mundo de Direito de Autor?* (1994), tomo I, 315-328.

Bertrand, André/Piette-Coudoz, Thierry – *Internet et le droit*, 1999.

Beudant, Ch. – *Cours de Droit Civil Français*, tomo IV, 2.ª ed. – *Les biens*, colab. Pierre Voikin, 1938.

Biedenkopf, Kurt H. – *Answirkungen der Unternehmensverfassung auf die Grenzen der Tarifautonomie*, FS Kronstein (1967), 79-105.

Biermann, Johannes – *vide* Dernburg, Heinrich.

Binder, Julius – *Der Gegenstand*, ZHR 59 (1907), 1-78;
– *Vermögensrecht und Gegenstand*, AbürglR 34 (1910), 209-260.

Biondi, Biondo – *La dottrina giuridica della universitas nelle fonti romana*, BIDR LXI (1958), 1-59;
– *Cosa*, NssDI IV (1959), 1006-1007;
– *Cosa corporale ed incorporale*, NssDI IV (1959), 1014-1015;
– *Los bienes*, trad. cast. de Martínez-Radio, 1961.

Birkmeyer, Karl – *Das Vermögen im juristischen Sinn*, 1879.

Blume, W. von – *Beiträge zur Auslegung des deutschen BGB*, JhJb 39 (1898), 390-462.

Böhm, Franz – *Der Zusammenhang zwischen Eigentum, Arbeitskraft und dem Betreibe eines Unternehmens*, FS Kronstein (1967), 11-45.

Bonfante, Pietro – *Res mancipi e res nec mancipi*, 1888;
– *Corso di diritto romano*, II – *La proprietà*, sez. 1, 1926.

Borvon, Gérard – *Histoire de l'electricité / de l'ambre à l'électron*, 2009.

Brau, Johann – *Symbolische Gesetzgebung und Folgelast – Erfahrungen im Umgang mit § 90a BGB in einer Examensklausur*, JuS 1992, 758-761.

Brecher, Fritz – *Das Unternehmen als Rechtsgegenstand/Rechtstheoretische Grundlegung*, 1953.

Brito, Miguel Nogueira de – *A justificação da propriedade privada numa democracia constitucional*, 2007.

Brückner, Bettina – no *Münchener Kommentar*, 7.ª ed., 2017.

Brüggemeier, Gert–*Organisationshaftung/DeliktsrechtlicheAspekteinnerorganisatorischer Funktionsdifferenzierung*, AcP 191 (1991), 33-68

Brüninghaus, Birgit – *Die Stellung des Tieres im Bürgerlichen Gesetzbuch*, 1993.

346 *Tratado de Direito civil*

Brunner, Heinrich – *Zur Rechtsgeschichte der römischen und germanischen Urkunde,* I – *Die Privaturkunden Italiens, das angelsächsische Landbuch, die fränkische Privaturkunde,* 1880, reimp., 1961;
  – *Deutsche Rechtsgeschichte* 1, 2.ª ed., 1906.

Bruschi, Marc – *vide* Bergel, Jean-Louis.

Buchda, Gerhard – *Geschichte und Kritik der deutschen Gesamthandlehre,* 1936.

Budde, Emil – *Energie und Recht / Eine physikalisch-juristische Studie,* 1902.

Büdenbender, Ulrich – *Energierecht,* 1982;
  – *Die Kartellaufsicht über die Energiewirtschaft,* 1995;
  – *Der Werkvertrag,* JuS 2001, 625-635.

Burckas, Leo – *Eigentumsrecht. Urheberrecht und Persönlichkeitsrecht an Briefen,* 1907.

Burdese, Alberto – *Manuale di diritto privato romano,* 3.ª ed., 1987.

Burgat, Florence – *La protection de l'animal,* 1997.

Bussmann, Kurt – *Die Rechtsstellung der gemischtwirtschaftlichen Unternehmungen/unter besonderer Berücksichtigung der Gross-Hamburger Elektrizitätswirtschaft,* 1922.

Bydlinski, Peter – *Der Sachbegriff im elektronischen Zeitalter: zeitlos oder anpassungsbedürftig?,* AcP 198 (1998), 287-328.

Cabral, Filipe – *Fundamentação dos direitos dos animais / A existencialidade jurídica,* 2015.

Caetano, Marcello – *Portugal e a internacionalização dos problemas Africanos (História de uma batalha: da liberdade dos mares às Nações Unidas),* 4.ª ed., 1971;
  – *Manual de Direito administrativo,* 2, 9.ª ed., col. Freitas do Amaral, 1972.

Callmann, Rudolf – *Der Unternehmensbegriff im gewerblichen Rechtsschutz,* ZHR 97 (1932), 129-152.

Cambrenghi, Vincenzo Caputi – *Beni pubblici (uso dei),* em *Digesto delle Discipline Pubblicistiche,* 2 (1987), 304-318.

Campana, Marie-Jeanne – *Code de Commerce,* 1991.

Campos, J. A. Segurado e – *Instituições/Direito privado romano/Gaio,* tradução do texto latino, introdução e notas de J. A. Segurado e Campos, 2010.

Canotilho, Gomes – *A utilização do domínio público pelos cidadãos,* em Est. Freitas do Amaral (2010), 1073-1086.

Canotilho, Gomes/Moreira, Vital – *Constituição da República Portuguesa Anotada,* 1, 4.ª ed., 2007.

Carbonnier, Jean – *Droit civil – 3 – Les biens,* 19.ª ed., 2000.

Carlos, Adelino da Palma – *Manuel Borges Carneiro,* em *Jurisconsultos portugueses do século XIX,* 2 (1960), 1-25.

Carneiro, Manuel Borges – *Direito civil de Portugal/contendo três livros/I. Das pessoas; II. Das cousas; III. Das obrigações e acções;* saíram 4 volumes: 1, 1826, 2, 1827, 3, 1828 e 4, 1840, póstumo.

Carvalho, Orlando de – *Critério e estrutura do estabelecimento comercial,* I – *O problema da empresa como objecto de negócios,* 1967.

Casimir, Jean-Pierre/Couret, Alain – *Droit des affaires/gestion juridique de l'entreprise,* 1987.

Índice bibliográfico 347

Cassese, Sabino – *I beni pubblici/Circolazione e tutela*, 1969;
 – *L'impresa pubblica: storia di un concetto*, em Berardino Libonati/Paolo Ferro-Lizzi, *L' impresa* (1985), 167-182.
Castro, Armando de – *Baldios*, DHP I (1975), 277-282.
Caupers, João – *O domínio público*, Themis VIII (2009), 108-116.
Caussain, Jean-Jacques – *vide* Paillusseau, Jean.
Chantraine, Pierre – *Dictionnaire étymologique de la langue grecque/histoire des mots*, 2009.
Chimienti, Laura – *Banche di dati e diritto d'autore*, 1999.
Chiusi, Tiziana J. – *Res: Realität und Vorstellung*, FS Theo Mayer-Maly (2002), 101-112.
Chorão, Bigotte – *Teoria geral do Direito civil 2*, 1972-73.
Chronica Constitucional do Porto, n.° 32, de 21-ago.-1832, 150-152.
Cian/Trabucchi – *Commentario breve al Codice Civile*, 4.ª ed., 1992.
Cícero – *Topica*, 5, 26 e 27 = ed. bilingue lat. e franc. trad. Henri Bornecque, *Cicéron, Divisions de l'art oratoire/topiques*, 1990, 3.ª reimpr.), *Topica*.
Cimamonti, Sylvie – *vide* Bergel, Jean-Louis.
Claro, João Martins – *Direito do património cultural/Bibliografia sumária*, em *Direito do património cultural*, org. Jorge Miranda/João Martins Claro/Marta Tavares da Silva (1996), 547-558;
 – *Enquadramento e apreciação crítica da Lei n.° 13/85*, em *Direito do património cultural*, org. Jorge Miranda/João Martins Claro/Marta Tavares da Silva (1996), 279-328.
Codex iuris canonici, ed. Carlo Gaspari, 1917.
Coing, Helmut – *Zum Einfluss der Philosophie des Aristoteles auf die Entwicklung der römischen Rechts*, SZRom 69 (1952), 24-59;
 – *Europäisches Privatrecht 1500 bis 1800/*I – *Alteres Gemeines Recht*, 1985;
 – *Europäisches Privatrecht 1800 bis 1914* – II *19. Jahrhundert*, 1989.
Collecçaõ das Leis, Decretos e Alvarás que comprehende o feliz reinado de Elrei fidelissimo D. José o I, desde o ano de 1761 até o de 1769, tomo II, 1801.
Colognesi, L. Capograssi – *La terra in Roma antica/Forme di proprietà e rapporti produttivi* I (*Età Arcaica*), 1981.
Colombini, Giovanna – *Demanio e patrimonio dello Stato e degli enti pubblici*, em *Digesto delle Discipline Pubblicistiche*, 5 (1990), 1-31
Colussi, Vittorio – *Capacità e impresa* I – *L' impresa individuale*, 1974.

Cordeiro, António Barreto Menezes – *A natureza jurídica dos animais à luz da Lei n.° 8/2017, de 3 de março*, RDC 2017, 317-333.
Cordeiro, António Menezes – *Direito da Economia 1*, 1986;
 – *Direitos reais 1*, 1979 e *Reprint*, 1993;
 – *Teoria geral do Direito civil/Relatório*, 1988;
 – *Aquisição de empresas / Anotação ao acórdão do Tribunal Arbitral de 31-Mar.-1993*, ROA 55 (1995), 37-104;
 – *Venda com reserva de propriedade, incorporação de elevadores e novo regime dos assentos*, anot. a STJ(P) 31-jan.-1996, ROA 1996, 307-329;
 – *Da responsabilidade civil dos administradores das sociedades comerciais*, 1997;

348   *Tratado de Direito civil*

– *A posse/Perspectivas dogmáticas actuais*, 3.ª ed., 2000;
– *O levantamento da personalidade colectiva no Direito civil e comercial*, 2000;
– *Código das Sociedades Comerciais Anotado*, 2.ª ed., 2011;
– *Direito bancário*, 6.ª ed., 2016;
– Direito comercial, 4.ª ed., 2016;
– Direito dos seguros, 2.ª ed., 2016;
– *Tratado de Direito civil*, 12 volumes, com várias edições;
– *vide* Ascensão, José de Oliveira.
Cordeiro, Pedro – *A lei portuguesa de "software"*, ROA 1994, 713-735.
Corpus iuris canonici, publ. Justus Boehmer, Lípsia, 1839), 968/II = *Decretais*, VI, Liv. III, tit. IX.
Corrales, Carlos – *Programas de computador, sistemas multimedia e interactividad*, no II Congresso Íbero-Americano do Direito de Autor e Direitos Conexos, sobre o tema *Num Novo Mundo de Direito de Autor?*, 1994), tomo I, 671-679.
Correia, António Ferrer – *A venda internacional de objectos de arte*, em *Direito do património cultural*, org. Jorge Miranda/João Martins Claro/Marta Tavares da Silva (1996), 43-60.
Correia, Fernando Alves – *Propriedade de bens culturais – restrições de utilidade pública, expropriações e servidões administrativas*, em *Direito do património cultural*, org. Jorge Miranda/João Martins Claro/Marta Tavares da Silva (1996), 393-418.
Correia, José Manuel Sérvulo – *Procedimento de classificação de bens culturais*, em *Direito do património cultural*, org. Jorge Miranda/João Martins Claro/Marta Tavares da Silva (1996), 329-353.
Correia, Luís Brito – *Direito Comercial, 2, Sociedades Comerciais*, 1989.
Cortese, Ennio – *Demanio (diritto intermedio)*, ED XII (1964), 75-83;
– *Demanio (diritto romano)*, ED XII (1964), 70-74.
Costi, Renzo – *Privatizzazione e diritto delle società per azioni*, GiurComm 22.1 (1995), 77-100.
Cottino, Gastone – *Diritto commerciale/Imprenditori, impresa e azienda*, vol. I, tomo 1.º, 3.ª ed., 1993.
Couret, Alain – *vide* Casimir, Jean-Pierre.
Cretella Júnior, José – *Tratado do domínio público*, 1984.
Crezelius, Georg – em Karl Peter/Georg Crezelius, *Neuzeitlich Gesellschaftsverträge und Unternehmensformen*, 5.ª ed., 1987.
Crome – *vide* Zachariä.
Cruz, Sebastião – *Da solutio II/1*, 1974;
– *Direito romano I – Introdução. Fontes*, 3.ª ed., 1980.
Cuiacius, Iacobus – *Opera ad parisiensem fabrotianam editionem*, 11, *Index*, ed. 1783
Cunha, Paulo – *Do património*, I, 1934;
– *Da garantia nas obrigações*, tomo I, 1938-1939, por Eudoro Pamplona Côrte-Real.

Dalla, Danilo/Lambertini, Renzo – *Istituzioni di diritto romano*, 1996.
Daubermann, Erich A. – *Die Sachgesamtheit als Gegenstand des klassischen römischen Rechts*, 1993.
Dekeuwer-Défossez, Françoise – *Droit commercial*, 4.ª ed., 1995.

Índice bibliográfico

Denozza, Francesco – *vide* Jaeger, Pier Giusto.
Dernburg, Heinrich – *Lehrbuch des Preussischen Privatrechts* 1, 5.ª ed., 1894;
  – *Diebstahl an Elektrizität*, DJZ 1896, 473-474;
  – *Nochmals Diebstahl an Elektrizität*, DJZ 1897, 76-78.
Dernburg, Heinrich/Biermann, Johannes – *Pandekten*, 7.ª ed., 1902, § 67, I.
Derrida, Fernand/Goddé, Pierre/Sortais, Jean-Pierre – *Redressement et liquidation judiciaires des entreprises*, DS hors série 1986, 2.ª ed.;
  – *Cinq années d'application de la loi du 25-Jan.-1985*, 3.ª ed., 1991.
Dias, José Eduardo Figueiredo/Mendes, Joana Maria Pereira – *Legislação ambiental/ Sistematizada e comentada*, 1999.
Dias, Vítor Manuel Lopes – *Cemitérios/Jazigos e sepulturas*, 1963.
Dilcher, Gerhard – no *Staudingers Kommentar*, 13.ª ed., 1995, § 91;
Dilcher – *vide* Staudinger.
Döllerer, Georg – *Zum Gewinnbegriff des neuen Aktiengesetzes*, FS Gessler (1971), 93-110.
Domat, Jean – *Les loix civiles dans leur ordre naturel*, ed. 1756.
Donnellus, Hugo – *Opera*, 12, *Index*, 1828.
Druey, Jean Nicolas – *Geheimsphare des Unternehmens*, 1977.

Duarte, Maria Luísa/Gomes, Carla Amado (org.) – *Direito (do) animal*, 2016
Duden, Konrad – *Zur Methode der Entwicklung des Gesellschaftsrechts zum "Unternehmensrecht"*, FS W. Schilling (1973), 309-331.
Dufour, Arnaud – *vide* Ghernaouti-Hélie, Solange.

Ebel, Hans-Rudolf – *Energielieferungsverträg / Recht der Elektrizitäts-, Gas- und Fernwärmeversorung industrieller Sonderabnehmer*, 1991.
Eccher, Bernhard/Griss, Irmgard – em Helmut Koziol e outros, *Kurzkommentar zum ABGB*, 4.ª ed., 2014.
Eckardt, Karl August – *Betrieb und Unternehmen/Ein Beitrag zur juristischen Terminologie*, ZHR 94 (1929), 1-30.
Ehlers, Dirk – *Der Schutz wirtschaftlicher Unternehmen vor terroristische Anschlägen, Spionage und Sabotage*, FS Lukes (1989), 337-357.
Eichenberger, Jan/Zentner, Laura Maria – *Tiere im Kaufrecht*, JuS 2009, 201-206.
Eichhorn, Karl Friedrich – *Einleitung in das deutsche Privatrecht, mit Einschluss des Lehnrechts*, 1836.
Eidenmüller, Horst – *Effizienz als Rechtsprinzip*, 2.ª ed., 1998.
Einstein, Albert – *Ist die Trägheit eines Körpers von seinem Energieinhalt abhängig?*, Annalen der Physik 323 (1905), 639-643.
Ellenberger, Jürgen – no Palandt *Kommentar*, 79.ª ed., 2019.
Emmerich, Volker – *Das Wirtschaftsrecht der öffentlichen Unternehmen*, 1969.
Endemann, Wilhelm – *Das deutsche Handelsrecht/Systematisch dargestellt*, 2.ª ed., 1868, Heidelberg, § 15 = 4.ª ed., 1887, Leipzig, § 18.
Engelhardt, W. W. – *Sind Genossenschaften gemeinwirtschaftliche Unternehmen?*, 1978.
Engelmann, R. – *Das Preussische Privatrecht*, 4.ª ed., 1890.
Enneccerus/Nipperdey – *Allgemeiner Teil des Bürgerlichen Rechts*, 15.ª ed., 1, 1959, § 131.

350 *Tratado de Direito civil*

Entwurf eines Gesetzes über Aktiengesellschaften und Kommanditgesellschaften auf Aktien sowie Entwurf eines Einführungsgesetzes nebst erläuternden Bemerkungen, 1930, Berlim.

Erbel, Günter – *Rechtsschutz für Tiere – Eine Bestandsaufnahme anlässlich der Novellierung des Tierschutzgesetzes*, DVBl 1986, 1235-1258.

Erbguth, Wilfried – *Recht der öffentlichen Sachen*, Jura 2008, 193-200.

Ermont, A./Meillet, A. – *Dictionnaire étymologique de la langue latine/histoire des mots*, 4.ª ed., 1959.

Ernst, Wolfgang – *Das Kaufrecht in den Institutionen des Gaius*, FS Theo Mayer-Maly (2002), 159-173.

Escarra, Jean – *Cours de Droit Commercial*, 1952.

Estorninho, Maria João – *A utilização do domínio público por particulares, de Diogo Freitas do Amaral, revisitado (quase) 50 anos depois*, em Est. Freitas do Amaral (2010), 119-126.

Evers, Hans-Ulrich – *Das Recht der Energieversorgung*, 2.ª ed., 1983;
– *Entstehungsgeschichte, Ziele, Konzeption, Grundsätze und Änderung des Energiewirtschaftsgesetzes* em *Das Energiewirtschaftsgesetz im Wandel von fünf Jahrzehnten* (1987), 15-42.

Fabre-Magnan, Muriel – *Propriété, patrimoine et lien social*, RTDCiv 1997, 583-613.

Fanelli, Giuseppe – *Introduzione alla teoria giuridica dell'impresa*, 1950.

Fazio, Mariano Scarlata – *Frutti (diritto romano)*, ED XVIII (1969), 189-198.

Fechner, Erich – *Das wirtschaftliche Unternehmen in der Rechtswissenschaft*, 1942.

Fedele, Pio – *Beni ecclesiastici (diritto ecclesiastico)*, ED V (1959), 181-206.

Ferid/Sonnenberger – *Das französische Zivilrecht*, II, 2.ª ed., 1986.

Fernandes, F. Pinto/Silva, J. Cardoso da – *Código da Contribuição Autárquica*, 2.ª ed., 1990.

Fernandes, José Pedro – *Domínio público/Mitologia e realidade*, sep. RDES, 1975;
– *vide* Amaral, Diogo Freitas do.

Fernandes, Luís Carvalho – *Teoria geral do Direito civil* 1, 3.ª ed., 2001 e 5.ª ed., 2009.

Ferrão, F. Af. da Silva – *História da legislação dos baldios* RLJ 8 (1875), 337-338.

Ferreira, Eduardo Paz – *Sumários de Direito da Economia*, I, 1995.

Ferreira, José Dias – *Codigo civil portuguez annotado* 1, 2.ª ed., 1894.

Ferri, Pier Giorgio – *Os bens culturais no direito italiano*, em *Direito do património cultural*, org. Jorge Miranda/João Martins Claro/Marta Tavares da Silva (1996), 111-149.

Ferro-Luzzi, Paolo – *vide* Libonati, Berardino.

Figueira, Eliseu – *Disciplina jurídica dos grupos de sociedades/Breves notas sobre o papel e a função do grupo de empresas e a sua disciplina jurídica*, CJ XV (1990) 4, 35-59.

Fikentscher, Wolfgang – *Wirtschaftsrecht*, II – *Deutsches Wirtschaftsrecht*, 1983.

Flume, Werner – *Die Bewertung der Institutionen des Gaius*, SZRom 79 (1962), 1-27.

Forcellini e outros, Aegideo – Lexicon Totius Latinitates, IV, 1940.

Forsthoff, Ernst – *Res sacrae*, AöR 70 (1940), 209-254;
– *Lehrbuch des Verwaltungsrechts* – 1, *Allgemeiner Teil*, 10.ª ed., 1974.

Franceschelli, Remo – *L'oggetto del rapporto giuridico (con riguardo ai rapporto di diritto industriale)*, RTDPC XI (1957), 1-60;

Índice bibliográfico 351

– *Imprese e imprenditori*, 1972, reimpr. da 3.ª ed..
Franco, Norberto – *O porquê de Barrancos*, 2.ª ed., 2005.
Freitas, Serafim de – *De iusto imperio lusitanorum asiatico*, 1625.
Friedrichs, Karl – *Bürgerliches und öffentliches Sachenrecht*, AöR 40 (1921), 257-348.

Gaeta, Dante – *Demanio aeronautico*, ED XII (1964), 84-85.
Gai Institutiones secunde um codicis veronensis apographum studemundianum et reliquias in aegypto repertas, ed. M. David, 1948.
Galhardo, Manuela – *As convenções da UNESCO no domínio do património cultural*, em *Direito do património cultural*, org. Jorge Miranda/João Martins Claro/Marta Tavares da Silva (1996), 95-100.
Gallesio-Piuma, Maria Elena/Polleri, Vittorio – *Elementi di diritto commerciale*, 2.ª ed., 1996.
Gareis, Carl – *Das Deutsche Patentgesetz vom 25. Mai 1877 erläutert*, 1877.
Gaudemet, Yves – *vide* Laubadère, André de.
Gaul, Hans Friedhelm – *Sachenrechtsordnung und Vollstreckungsordnung im Konflikt/ Fehlerhafte Mobiliarvollstreckung in wesentliche Grundstucks bestandteile*, NJW 1989, 2509-2515.
Gény, François – *Methode d'interprétation et sources en droit privé positif/Essai critique* 1, 2.ª ed., 1954; a 1.ª ed. é de 1899.
Gessler, Ernst – *Der Schutz der abhängigen Gesellschaft*, FS Walter Schmidt (1959), 247-278;
– *Das "Unternehmen" im Aktiengesetz*, FS Knur (1972), 145-164.
Geweke, Götz – *vide* Voit, Wolfgang.
Ghernaouti-Hélie, Solange/Dufour, Arnaud – *De l'ordinateur à la société de l'information*, 1999).
Giacobbe, Giovanni – *Beni di famiglia*, NssDI (1958), 353;
– *Beni di famiglia*, ED V (1959), 238-244.
Gierke, Julius von – *Das Handelsunternehmen*, ZHR 111 (1948), 1-17;
– *Firmenuntergang und Firmenverlegung*, ZHR 112 (1949), 1-11.
Gierke, Otto von – *Deutsches Privatrecht*, I – *Allgemeiner Teil und Personenrecht*, 1895.
Gieseke, Paul – *Die rechtliche Bedeutung des Unternehmens*, FS Ernst Heymann (1940), 112-147.
Giesen, Richard – *Scheinbestandeil/Beginn und Ende*, AcP 202 (2002), 689-721.
Gilbert, William – *De magnete, magnetisque corporibus, et de magne tellure*, ed. Londres, 1600.
Giudice, Vincenzo del – *Beni ecclesiastici (diritto canonico)*, ED V (1959), 206-238.
Glück, Christian Friedrich – *Ausführliche Erläuterung der Pandecten* 2, 2.ª ed., 1800.
Goddé, Pierre – *vide* Derrida, Fernand.
Godinho, João Carlos – *vide* Machado, Manuel dos Santos.
Gomes, Carla Amado – *Ambiente e desporto: ligações perigosas/A propósito do acórdão da RG de 25-set.-2007*, D&D VI, n.º 17 (2009), 213-256;
– *vide* Duarte, Maria Luísa;
– *vide* Ramos, José Luís Bonifácio.
Gomes, Nuno Sá – *Os conceitos fiscais de prédio*, 1967.

352   *Tratado de Direito civil*

Gonçalves, Luiz da Cunha – *Comentário ao Código Comercial Português*, 1.° vol., 1914;
    – *Tratado de Direito Civil em comentário ao Código Civil Português*, vol. III, 1930.

Göppert, Heinrich – *Über einheitliche, zusammengesetze und Gesammt-Sachen nach römischem Recht*, 1871;

Gouveia, Jaime de – *A construção jurídica da propriedade*, 1919;
    – *Direitos reais*, por António de Castro Guimarais, Emídio Pires da Cruz e João Lima Amaral Marques, 1935.

Gouveia, Jorge Bacelar – *A prática de tiro aos pombos, a nova lei de protecção dos animais e a Constituição Portuguesa*, em *Novos Estudos de Direito público* (2002), 209-274.

Gralheiro, Jaime – *Comentário à(s) lei(s) dos baldios*, 1990.

Gralheiro, João Carlos – *Dos baldios, até à Lei 75/2017, de 17 de agosto*, 2018.

Graul, Eva – *Zum Tier als Sache i. S. des StGB*, JuS 2000, 215-220.

Grimm, Jacob – *Deutsche Rechtsalterthümer*, 2, 4.ª ed., 1899.

Griss, Irmgard – *vide* Eccher, Bernhard.

Grossmann, Adolf – *Unternehmensziele im Aktienrecht/Eine Untersuchung über Handlungsmassstäbe für Vorstand und Aufsichtsrat*, 1980.

Grotius, Hugo – *De iure praede*, 1603.

Guedes, Armando Marques – *A concessão* I, 1954;
    – *Direito do Mar*, 2.ª ed., 1998.

Guerreiro, J. A. Mouteira – *Noções de Direito Registral*, 2.ª ed., 1994.

Günther, Eberhard – *Das Unternehmen im Wettbewerb*, FS Bartholomeyczick (1973), 59-
-74.

Guth, Wilfried – FS Semler (1993), 713-719.

Hachenburg – *Vom Aktienwesen im Grossbetriebe*, JW 1918, 16-18.

Hack, Martin – *Energie-Contracting*, 2003.

Hade, Ulrich – *Das Recht der öffentlichen Sachen*, JuS 1993, 113-118.

Halpérin, Jean-Louis – *Histoire du droit des biens*, 2008.

Hardinghaus, Herbert – *Öffentliche Sachherrschaft und öffentliche Sachwaltung/eine Untersuchung des deutschen Rechts der öffentlichen Sachen verglichen mit dem französichen Recht des Domaine public*, 1966.

Harte-Bavendamm, Henning e outros – *Gewerblicher Rechtsschutz und Urheberrecht*, em Wolfgang Kilian/Benno Heussen, *Computerrechts-Handbuch*, act. 2001.

Herrler, Sebastian – no *Palandt*, 79ª ed., 2019.

Hasse – *Ueber Universitas juris und rerum, und über Universal- und Singular- Succession*, AcP 5 (1822), 1-68.

Hausmann, Fritz – *Die Aktiengesellschaft als "Unternehmen an sich"*, JW 1927, 2953-
-2956;
    – *Vom Aktienwesen und vom Aktienrecht*, 1928;
    – *Gesellschaftsinteresse und Interessenpolitik in der Aktiengesellschaft*, Bank-Archiv XXX (1930/31), 57-65 e 86-95.

Hedemann, Justus Wilhelm – *Die Lehre von den Rechtsgegenständen*, AbürglR 31 (1908), 322-333;
    – *Das bürgerliche Recht und die neue Zeit*, 1919.

Hefermehl, Wolfgang – *Der Aktionär als "Unternehmen" im Sinne des Konzernrechts*, FS Gessler (1971), 203-217.

Índice bibliográfico

Heimbach, Gustav Ernst – *Die Lehre von der Frucht*, 1843, reimp. 1970.

Heineccius, Johann Gottlieb – *Elementa juris civilis secunde um ordinem pandectarum*, usamos a 3.ª ed., 1732;
– *Elementa juris civilis secunde um ordinem Institutionum*, 1749, ed. póstuma.

Heinrichs, Helmut – no Palandt *Kommentar*, 59.ª ed., 2000), § 90.

Henkel, Heinrich – *Einführung in die Rechtsphilosophie*, 2.ª ed., 1977.

Hildesheim, Ulrich – *Zum Umfang des Herrschaftsrechts des Grundstückseigentümers nach §§ 903, 905 BGB – BVerfGE 58, 300*, JuS 1985, 996-1000.

Hill, Herbert – *Der Sachbegriff im deutschen und österreichischen Zivilrecht*, 1940.

Hirschfeld, Otto – *Der Grundbesitz der römischen Kaiser in den ersten drei Jahrhunderten*, KLIO 2 (1902), 45-72.

Hofacker, Carl Christoph – *Principia iuris civilis romano-germanici*, tomo II, 2.ª ed., por Christian Gmelin, 1801), §§ 716 ss..

Höfling, Wolfram – *Grundzüge des öffentlichen Sachenrechts*, JA 1987, 605-611.

Holch – *Münchener Kommentar*, 3.ª ed., 1993), § 90a.

Hölder – recensão a Karl Birkmeyer, *Das Vermögen im juristischen Sinn* (1879), ZHR 24 (1879), 609-616.

Holthöfer, Ernst – *Sachteile und Sachzubehör im römischen und gemeinen Recht*, 1972.

Hommelhoff, Peter – *Die Konzernleitungspflicht/Zentrale Aspekte eines Konzernverfassungsrechts*, 1982.

Hommelhoff, Peter/Priester, Hans-Joachim – *Bilanzrichtliniengesetz und GmbH*, 1986.

Hoop, Gerold – *Kodifikationsgeschichtliche Zusammenhänge des Abtretungsverbots/Die vermöglichensrechtliche Konzeption ausgewählter naturrechtlicher und pandketischer Kodifikationen und deren Verflechtung (ABGB, ALR, CC, ZGB, BGB, Liechtenstein/Der weite Sachbegriff als Bindeglied zwischen Sachen und Schuldrecht zum Oberbegriff Vermögensrecht*, 1992.

Hörster, Heinrich Ewald – *A parte geral do Código Civil português / Teoria geral do Direito civil*, 1992.

Hövermann, Jan – *Recht und Elektrizität / Der juristische Sachbegriff und das Wesen der Elektrizität 1887 bis 1938*, 2018.

Hubmann, Heinrich – *Das Recht am Unternehmen*, ZHR 117 (1955), 41-81.

Hübner, Rudolf – *Grundzüge des deutschen Privatrechts*, 2.ª ed., 1913.

Huffer, Uwe – *Gesellschaftsrecht*, 4.ª ed., 1996.

Husserl, G. – *Der Rechtsgegenstand/Rechtslogische Studien zu einer Theorie des Eigentums*, 1933.

Ibañez, Vicente Blasco – *Sangre y Arena*, 1.ª ed., 1908.

Ingrosso, Gustavo – *Beni della corona*, NssDI II (1958), 352;
– *Demanio (diritto moderno)*, NssDI V (1960), 427-428

Ippolito, Benjamin – *vide* Juglart, Michel de.

Irelli, Vincenzo Cerulli – *Beni pubblici*, em *Digesto delle Discipline Pubblicistiche*, 2, 1987), 273-303.

Jacobi, Erwin – *Betrieb und Unternehmen als Rechtsbegriffe*, FS Ehrenberg (1927), 1-39.

354   *Tratado de Direito civil*

Jakobs, Horst Heinrich/Schubert, Werner – *Die Beratung des Bürgerlichen Gesetzbuchs in systematischer Zusammenstellung der unveröffentlichen Quellen / Allgemeiner Teil*, I, §§ *1-240*, 1, 1985.

Jadaud, Bernard – *Le redressement et la liquidation judiciaires des entreprises*, 1986.

Jaeger, Pier Giusto – *L'interesse sociale*, 1964, reimpr., 1972.

Jaeger, Pier Giusto/Denozza, Francesco – *Appunti di diritto commerciale* I – *Impresa e società*, 2.ª ed., 1993 = 1.ª ed., 1989.

Jersch, Ralf – *Ergänzenden Leistungsschutz und Computersoftware (Rechtsschutz für innovative Arbeitsergebnisse durch UWG und BGB)*, 1993.

Jessen, Jens – *Unternehmen und Unternehmensrecht*, ZHR 96 (1931), 37-94.

Jhering, Rudolf von – *Beiträge zur Lehre von der Gefahr bein Kaufcontracte*, JhJb 4 (1861), 366-438.

Jickeli, Joachim/Stieper, Malte – no *Staudingers Kommentar zum BGB*, §§ 90-124; 130-133/*Allgemeiner Teil* 3 (2012), prenot. §§ 90-103 e § 90.

Joost, Detlev – *Betrieb und Unternehmen als Grundbegriffe im Arbeitsrecht*, 1988.

Jsay, Rudolf – *Das Recht am Unternehmen*, 1910.

Juglart, Michel de/Ippolito, Benjamin – *Traité de Droit Commercial*, 2, *Les sociétés*, 3.ª ed., 1980.

Jürgenmeyer, Michael – *Das Unternehmensinteresse*, 1984.

Kalb, Werner – *Der Sachbegriff im Sachenrecht des Bürgerlichen Gesetzbuches*, 1954, hekt..

Kälim, Oliver – *Der Sachbegriff im schweizwerischen ZGB*, 2002.

Kant, Immanuel – *Die Methaphysik der Sitten/*I – *Metaphysische Aufangsgründe der Rechtslehre*, 1798), XXIII = *Kant's Werke*, ed. Berlim, VI, 1907), 223 (lin. 30); – *Die Metaphysik der Sitten*, II – *Metaphysische Anfangsgründe der Tugenlehre*, § 17 = *Metaphysik der Sitten*, publ. Karl Vorländer, 3.ª ed., 1991.

Kaplan, Helmut F. – *Tierrechte / Modetrend oder Moralfortschritt?*, 2012; – *Tierrechte / Wider den Speziesismus*, 2016; – *Tierrechte / Das Ende einer Ilusion? / Warum es die Tierrechtsbewegung so schwer hat*, 2017.

Karlowa, Otto – *Ueber den Begriff der fungiblen Sachen und die Anwendung desselben bei den verschieden Rechtsverhältnissen und Rechtsgeschäften des römischen Rechts*, GrünhutsZ 16 (1889), 407-456.

Kaser, Max – *Das Geld im Sachenrecht*, AcP 143 (1937), 1-27; – *Typen der römischen Bodenrechte in der späteren Republik*, SZRom 75 (1942), 1-81; – *Eigentum und Besitz im älteren römischen Recht*, 1943; – *Gaius und die Klassiker*, SZRom 70 (1953), 127-178; – *Partus ancillae*, SZRom 75 (1958), 156-200; – *Vulgarrecht*, PWRE 18 (1967), 1283-1304; – *Das römische Privatrecht*, I – *Das altrömische, das vorklassische und klassische Recht*, 2.ª ed., 1971; – *Das römische Privatrecht/2 – Die nachklassischen Entwicklungen*, 2.ª ed., 1975.

Kayasseh, Eveline Schneider – *Haftung bei Verletzung oder Tötung eines Tieres/unter besonderer Berücksichtigung des Schweizerischen und U.S. Amerikanischen Rechts*, 2009.

Keller, Hans – *Res als Zentralbegriff des Institutionensystems*, SZRom 61 (1948), 572-599.

Kessler, Manfred H. – *Die Leitungsmacht des Vorstandes einer Aktiengesellschaft*, AG 1995, 61-76 e 120-132.

Kilian, Wolfgang – *Haftung für Mangel der Computer-Software*, 1986.

Kipp, Theodor – *vide* Windscheid, Bernhard.

Knütel, Rolf – *vide* Behrends, Okko.

Koch, Wolfgang – *Das Unternehmensinteresse als Verhaltensmassstab der Aufsichtsratsmitglieder im mitbestimmten Aufsichtsrat einer Aktiengesellschaft*, s/d, 1985.

Kohler, Josef – *Das Autorrecht, eine zivilistische Abhandlung, zugleich ein Beitrag zur Lehre vom Eigenthum, vom Miteigenthum, vom Rechtsgeschäft und vom Individualrecht* I, JhJb XVIII (1879), 129-138 e II, JhJb XVIII (1879), 329-442;
– *Zur Lehre von den Pertinenzen*, JhJb 28 (1888), 1-184;
– *Das Individualrecht als Namensrecht*, AbürglR V (1891), 77-110;
– *Die Ideale im Recht* V (1891), 161-265;
– *Das Recht an Briefen*, AbürglR 7 (1893), 94-149;
– *Das Vermögen als sachrechtliche Einheit*, AbürgR 20 (1903).

Kopp, Ferdinand – *vide* Mayer, Franz.

Köppen, C. F. A. – *System des heutigen römischen Erbrechts*, 1862.

Koppensteiner, Hans-Georg – *Internationalen Unternehmen im deutschen Gesellschaftsrecht*, 1971.

Korn, Fritz – *Kommentar zum Reichs-Tierschutzgesetz vom 24.November 1933*, 1934.

Koziol, Helmut/Welser, Rudolf – *Grundriss des bürgerlichen Rechts*, II – *Sachenrecht, Familienrecht, Erbrecht*, 9.ª ed., 1991.

Krause, Hermann – *Kaufmannsrecht und Unternehmensrecht*, ZHR 105 (1938), 69-132;
– *Unternehmer und Unternehmung/Betrachtungen Rechtsgrundlage des Unternehmertums*, 1954.

Krause, Karl Christian Friedrich – *Vorlesungen über Naturrecht oder Philosophie des Rechtes und des Staates*, publ. Richard Mucke, 1892.

Krings, Günter – em Bruno Schmidt-Bleibtreu/Franz Klein, *Kommentar zum Grundgesetz*, 14ª ed., 2018.

Kromer, Michael – *Sachenrecht des öffentlichen Rechts/Probleme und Grundlage eines Allgemeinen Teils des öffentlichen Sachenrechts*, 1985.

Kropff, Bruno – *Konzerneingangskontrolle bei der qualifiziert konzerngebundenen Aktiengesellschaft*, FS Goerdeler (1987), 259-278.

Krüger, Paul – *vide* Mommsen, Theodor.

Krüger, Paul/Studmunt, Wilhelm – *Gai Institutiones ad codicis Veronensis apographum Studemundianum*, 1877.

Kuebler, Bernhard – *vide* Seckel, Emil.

Kunze, Otto – *Bemerkungen zu Inhalt und Methode einer Unternehmensrechtsreform*, FS Gessler (1971), 47-57;
– *Bemerkungen zum Verhältnis von Arbeits- und Unternehmensrecht*, FS W. Schilling (1973), 333-361;

356 *Tratado de Direito civil*

– *Unternehmen und Gesellschaft*, ZHR 147 (1983), 16-20.
Küper, Wilfried – *Die "Sachen mit den Tieren" oder: Sind Tiere strafrechtlich noch "Sachen"?*, JZ 1993, 435-441.
Kupisch, Berthold – *vide* Behrends, Okko.
Kurt, Michael – *Software – eine Sache?*, DB 1994, 1505-1509.

Laband, Paul – recensão a Endemann, *Das deutsche Handelsrecht*, ZHR 8 (1865), 638-649;
– recensão a Carl Gareis, *Das Deutsche Patentgesetz vom 25. Mai 1877 erläutert* (1877), ZHR 23 (1878), 621-624.
Labetoulle, Daniel – *vide* Rougevin-Baville, Michel.
Lambert-Faivre, Yvonne – *L'entreprise et ses formes juridiques*, RTDComm XXI (1968), 907-975.
Lange, Heinrich – *Zum System des deutschen Vermögensrechts. Zur einer Schrift von Franz Wieacker*, AcP 147 (1941), 290-303.
Lange, Hermann – *Römisches Recht im Mittalter* – I, 1997.
Larenz, Karl/Wolf, Manfred – *Allgemeiner Teil des Bürgerlichen Rechts*, 8.ª ed., 1997, 9.ª ed., 2004.
Laubadère, André de/Venezia, Jean-Claude/Gaudemet, Yves – *Traité de Droit Administratif* 2, 9.ª ed., 1992.
Lauffer, Hans-Martin – *Der notwendige Unternehmensgewinn/Eine Analyse des bilanziellen Mindestgewinns*, 1968.
Lazarski, Henry – *vide* Paillusseau, Jean.
Le Court – *L'entreprise/Environnement juridique-economique*, 1988.
Le privatizzazioni: forma di società per azioni e titolarità pubblica del capitale (Seminario), 1995.
Lehmann, Julius – *Soll bei einer künftigen Reform des Aktienrechts eine Annährung an das englisch-amerikanische Recht in grundlegenden Fragen stattfinden?*, DJT 34 (1927) 1, 258-331.
Leitão, Alexandra – *A utilização do domínio público hídrico por particulares*, 2012;
– *Os espetáculos e outras formas de exibição de animais*, em Maria Luísa Duarte/ Carla Amado Gomes, *Direito (do) animal* (2016), 15-40.
Leitão, Luís Menezes – *Pressupostos da exclusão de sócio nas sociedades comerciais*, 1989;
– *Direito de autor*, 2011;
– *Direitos reais*, 3.ª ed., 2012.
Leonhard, R. – *Fructus*, PWRE 7, 1 (1910), 120;
– *Res*, PWRE 24, 2 (1914), 616-618.
Lersner, Heinrich Freiherr von – *Gibt es Eigenrechte der Natur?*, NVwZ 1988, 988-992.
Les cinq codes, 1811.
Levy, Ernst – *West Roman vulgar law/the law of property*, 1951;
– *Weströmisches Vulgarrecht/Das Obligationenrecht*, 1956;
– *Westöstliches Vulgarrecht und Justinian*, SZRom 76 (1959), 1-36.
Libonati, Berardino/Ferro-Luzzi, Paolo (org.) – *L' impresa*, 1985.
Lima, Pires de – *Das coisas*, BMJ 91 (1959), 207-222.
Lima, Pires de/Varela, Antunes – *Código civil anotado*, 1, 4.ª ed., 1986; 3, 2.ª ed., 1984.

Índice bibliográfico

Linding, Joachim – *Über die fiktive und funktionelle Gegenständlichkeit des Grundstückes*, AcP 169 (1969), 459-482.

Lingenthal, Carl Sal. Zachariä von – *Handbuch des Französischen Civilrechts*, 6.ª ed. por Sigismund Puchelt, III, 1875), § 573

List, Friedrich – *Elektrische Strömungs- und elektrische Schwigungs-Energie*, 1931.

Lobo, Mário Tavarela – *Manual de Direito de Águas*, 2.ª ed., 2 volumes, 1999.

Loebell – *Elektrizität im Civil und Strafrecht*, DJZ 1897, 36-37.

Loiseau, Gregoire – *Typologie des choses hors du commerce*, RTDC 2000, 47-63.

Longo, Carlo – *Corso di diritto romano/Le cose – La proprietà e i suoi modi di acquisto*, 1946, reimpr..

Longobardi, Nino – *Crisi dell'impresa e intervento pubblico*, 1985.

Lorz, Albert – *Tier = Sache?*, MDR 1989, 201-204;
– *Das Gesetz zur Verbesserung der Rechtsstellung des Tieres im bürgerlichen Recht*, MDR 1990, 1057-1061.

Luchterhandt, Hans-Friedrich – *Der Begriff "Unternehmen" im Aktiengesetz 1965*, ZHR 132 (1969), 149-174

Ludewig – *Ueber den rechtlichen Charakter der durch die neuere Entwicklung der Elektrizität hervorgerufenen Verträge und ihr Verhältniss zum preussischen stempelgesetze vom 7 März 1822*, ZHR 35 (1888), 14-36.

Lühr, Rolf-Peter – *vide* Pappermann, Ernst.

Machado, Manuel dos Santos/Godinho, João Carlos – *Novo regime de fiscalização das sociedades anónimas anotado*, 1970.

Machete, Rui – *O domínio público e a rede eléctrica nacional*, ROA 2001, 1367-1411

Mackeldey, Ferdinand – *Lehrbuch des heutigen römischen Rechts*, 10.ª ed., 1833;
– *Manuel de droit romain*, trad. de J. Beving, 3.ª ed., 1846.

Magalhães, Barbosa de – *Do estabelecimento comercial*, 2.ª ed., 1951.

Mandry – recensão a Karl Birkmeyer, *Das Vermögen im juristischen Sinn* (1879), AcP 62 (1879), 361-367.

Mannkopff, A. J. – *Allgemeines Landrecht für die Preussischen Staaten*, 1, 1837.

Manthe, Ulrich – *Gaius, Institutiones/Die Institutionen des Gaius*, ed. bilingue latim/alemão, publicada, traduzida e comentada, 2004.

Marchetti, Piergaetano (org.) – *Le privatizzazioni in Italia/Saggi, leggi e documenti*, 1995.

Marcos, Rui Manuel de Figueiredo – *Em torno do "jus sepulchry" romano. Alguns aspectos de epigrafia jurídica*, BFD 63 (1987), 153-182.

Marly, Jochen P. – *Die Qualifizierung der Computerprogramme als Sache nach § 90 BGB*, BB 1991, 432-436.

Marques, José Dias – *Teoria geral do Direito civil* 1, 1958;
– *Código civil anotado*, 1968;
– *Índice dos vocábulos do Código civil português*, RFDUL XXVII (1986), 327-390.

Marques, Oliveira – *Lei das Sesmarias*, DHP V (1975), 543-545;
– *Sesmarias*, DHP V (1975), 542-543.

Marquitz, Werner – *Der Rechtsschutz des kaufmännischen Unternehmens durch die §§ 823 ff. BGB*, 1937.

Marzo, Salvatore di – *Res immobiles*, BIDR IL-L (1947), 236-240.

358 Tratado de Direito civil

Mattfeld, Antje – no *Münchener Handbuch des Gesellschaftsrechts*, I, 1995), § 46.

Maunz, Theodor – *Hauptprobleme des öffentlichen Sachenrechts/Eine Studie zur Methodik und Dogmatik des deutschen Verwaltungsrechts*, 1933.

Mayer, Franz/Kopp, Ferdinand – *Allgemeines Verwaltungsrecht*, 5.ª ed., 1985.

Mayer, Otto – *Eisenbahn und Wegerecht*, AöR 16 (1901), 38-87 e 203-243;
  – *Le droit administratif allemand*, com pref. de H. Berthélemy, 1905 ;
  – *Deutsches Verwaltungsrecht*, 2, 2.ª ed., 1917 e 3.ª ed., 1924.

Mayer-Maly, Theo – recensão a Ernst Holthöfer, *Sachteile und Sachzubehör im römischen und gemeinen Recht* (1972), SZRom 90 (1973), 512-515.

Maynus, Jason (Glason del Maino) – *Commentaria*, Venetiis, 1590, VIII, 9.

Mazeaud, Henri e Léon/Mazeaud, Jean – *Leçons de Droit Civil*, I/1., *Introduction à l'étude du droit*, 11.ª ed. por François Chabas, 1996.

Mazeaud, Jean – *vide* Mazeaud, Henri.

Mazeaud, Léon – *vide* Mazeaud, Henri.

Medicus, Dieter – *Allgemeiner Teil des BGB/Ein Lehrbuch*, 10 ed., 2010.

Meier-Haioz, Arthur – *Schweizerisches Zivilgesetzbuch / Berner Kommentar*, IV – *Das Sachenrecht*, 1 – *Das Eigentum*, 4.ª ed., 1966.

Meillet, A. – *vide* Ermont, A..

Meist, K. R. – *Sache/Kant, Hegel, Phänomenologie*, no HWörtPh 8 (1992), 1096-1099.

Mellerowicz, Konrad – *Der Wert der Unternehmung als Ganzes*, 1952.

Mendes, Joana Maria Pereira – *Direito administrativo da água*, em Paulo Otero/Pedro Gonçalves, *Tratado de Direito administrativo especial* 2 (2009), 12-134;
  – *vide* Dias, José Eduardo Figueiredo.

Mendes, João de Castro – *Direito civil (teoria geral)*, 2, 1968, polic..

Merêa, Manuel Paulo – *Codigo Civil brazileiro anotado*, 1917.

Merle, Werner – *Personenhandelsgesellschaften als Unternehmer im Gewerberecht*, FS Bartholomeizcik (1973), 279-288.

Mestmäcker, Ernst Joachim – *Zur Systematik des Rechts der Verbundenen Unternehmen im neuen Aktiengesetz*, FG Kronstein (1967), 129-150;
  – *Europäisches Wettbewerbsrecht*, 1974.

Meyer, Barbara Elisabeth – *Das subjektive Recht am Unternehmen*, 1933.

Meyer-Landrut – *vide* Schmidt.

Michaelis, Karl – *Voraussetzungen und Auswirkungen der Bestandsteilseigenschaft*, FS Nipperdey 70. (1965), 1, 553-579.

Millé, Antonio – *Uso de obras por la informática*, no II Congresso Íbero-Americano do Direito de Autor e Direitos Conexos, sobre o tema *Num Novo Mundo de Direito de Autor?* (1994), tomo I, 329-353.

Milone, Filippo – *Le universitates rerum*, 1894, reimp., 1971.

Miranda, Jorge – *O património cultural e a Constituição – tópicos*, em *Direito do património cultural*, org. Jorge Miranda/João Martins Claro/Marta Tavares da Silva (1996), 253-277.

Miranda, Jorge/Medeiros, Rui – *Constituição Portuguesa Anotada*, II, 2006.

Mocci, Antonio – *Ferrovie dello Stato*, ED XVII (1968), 219-262.

Mommsen, Theodor – *Zum römischen Grabrecht*, SZRom 16 (1895), 203-220.

Mommsen, Theodor/Krüger, Paul – *Corpus iuris civilis*, I, 6.ª ed., 1954.

Índice bibliográfico

Moncada, Cabral de – *Lições de Direito Civil/Parte geral* 2, 3.ª ed., 1959, = 4.ª ed. póstuma, 1995.

Moniz, Ana Raquel Gonçalves – *A concessão de uso privativo do domínio público: instrumento de dinamização dos bens dominiais*, Est. Castanheira Neves 3 (2010), 293-366.

Montessori, Roberto – *Il concetto di impresa negli atti di commercio/Dell' art. 3 Cod. di Comm.*, RDComm X (1912) 1, 408-445 e 497-523.

Moreira, Carlos – *Do domínio público*, 1 – *Os bens dominiais*, 1931.

Moreira, Guilherme Alves – *Instituições do Direito Civil Português*, 1 – *Parte geral*, 1907;
 – *Patrimónios autónomos nas obrigações segundo o direito civil português*, BFD VII (1921-23), 49-64;
 – *As águas no Direito civil português*, 1, 2.ª ed., 1960.

Moreira, Vital – *vide* Canotilho, Gomes.

Moritz, Hans-Werner/Tybusseck, Barbara – *Computersoftware/Rechtsschutz und Vertragsgestaltung*, 2.ª ed., 1992.

Mosich, Walther – *Das Grundeigentum und seine Begrenzung nach §§ 905 und 906 BGB*, JhJb 80 (1930), 255-330.

Mossa, Lorenzo – recensão a Wieland, *Handelsrecht*, RDComm XIX (1921) 1, 283-287;
 – *I problemi fondamentali del diritto commerciale*, RDComm XXIV (1926) 1, 233--252;
 – *Per il nuovo codice di commercio*, RDComm XXVI (1928) 1, 16-33;
 – *Trattato del nuovo diritto commerciale/Secondo il Codice Civile del 1942* – I – *Il livro del lavoro/L' impresa corporativa*, 1942.

Mottelay, P. Fleury – *On the Loadstone and Magnetic Bodies, and on the Great Magnet the Earth*, ed. de 1893.

Mühe, Gregor – *Das Gesetz zur Verbesserung der Rechtstellung des Tiers im bürgerlichen Recht*, NJW 1990, 2238-2240.

Mühlenbruch, Christian Friedrich – *Ueber die s.g, iuris und facti universitatis*, AcP 17 (1834), 321-379.

Müller-Erzbach, Rudolf – *Die Erhaltung des Unternehmens*, ZHR 61 (1908), 357-413;
 – *Deutsches Handelsrecht*, 2.ª e 3.ª ed., 1928.

Münzberg, Wolfgang – *Pfandungsschutz für Schuldnergefühle gegenüber Tieren*, ZRP 1990, 215-216.

Nattini, Angelo – *Lezioni di diritto commerciale/Impresa* – *Azienda* – *Società* – *Titoli di credito-cambiali*, 1950.

Nell-Breuning, Oswald von – *Unternehmensverfassung*, FG Kronstein (1967), 47-77.

Netter, Oskar – *Zur aktienrechtlichen Theorie des "Unternehmens an sich"*, FS Albert Pinner (1932), 507-612.

Neuhaus, Rolf – *Kunst oder Barbarei / Apologie und Ablehmung des Stierkampfs*, em *idem Der Stierkampf* (2007), 9-46.

Neuner, Jörg – *vide* Wolf, Manfred.

Neves, Helena Telino – *A natureza jurídica dos animais*, 2006.

Niculau, Gustavo Rene – *vide* Azevedo, Álvaro Villaça.

360   *Tratado de Direito civil*

Niederländer, Hubert – *Zur Herkunft der römischen Impensen-Dreiteilung*, SZRom 75 (1958), 201-219.

Niessen, Ludwig – *Die privatrechtliche Stellung der Elektrizität und des Elektrizitätslieferungsvertrag*, 1925.

Nipperdey – *vide* Enneccerus.

Nobel, Peter – *Anstalt und Unternehmen/Dogmengeschichtliche und vergleichende Vorstudien*, 1978.

Obergfall, Eva Inés – *Ethischer Tierschutz mit Verfassungsrang*, NJW 2002, 2296-2298.

Oertmann, Paul – *Zum Rechtsproblem der Sachgesamtheit*, AcP 136 (1932), 88-104.

Ohlen, Jürgen von – *Die rechtliche Einordnung des Softwareüberlassungsvertrages*, 1990.

Ohmeyer, Kamillo Edlen von – *Das Unternehmen als Rechtsobjekt/Mit einer systematischen Darstellung der Spruchpraxis betreffend die Exekution auf Unternehmen*, 1906.

Oliveira, Maria José Carranca de – *Notas para o estudo da propriedade das* res publicae *no período clássico de Roma*, Estudos Martim de Albuquerque 2 (2010), 301-368.

Olivero, Giuseppe – *Cimitero (diritto canonico)*, ED VI (1960), 998-999.

Oppikofer, Hans – *Das Unternehmensrecht in geschichtlicher, vergleichender und rechtspolitischer Betrachtung*, 1927.

Ord. Fil., Liv. III, tít. XLVII (= ed. Gulbenkian, Livros II e III) e Liv. IV, tít. XLVIII (= ed. Gulbenkian, Livros IV e V).

Ord. Man., Liv. IV, tít. LXVII, §§ 8 e 9 (= ed. Gulbenkian, IV, 169-170).

Oro, Aldo dell' – *Le cose collettive nel diritto romano*, 1963.

Paillusseau, Jean/Caussain, Jean-Jacques/Lazarski, Henry/Peyramaure, Philippe – *La cession d'entreprise*, 1988.

Palma, Maria Fernanda – *Protecção penal dos bens culturais numa sociedade multicultural*, em *Direito do património cultural*, org. Jorge Miranda/João Martins Claro/Marta Tavares da Silva (1996), 375-392.

Panucchio, Vincenzi – *Teoria giuridica dell'impresa*, 1974.

Papa Pio V – *De salute gregis dominici*; há trad. alemã na *Net: Stierkampfverbot: 1. De salutate gregis dominici*.

Pape, W. – *Griechisch-Deutsches Handwörterbuch* I, 1954.

Papier, Hans-Jürgen – *Recht der öffentlichen Sachen*, 3.ª ed., 1998;
– *Recht der öffentlichen Sachen*, em Dirk Ehlers/Hermann Pünder, *Allgemeines Verwaltungsrecht*, 15.ª ed., 2016.

Pappermann, Ernst – *Grundfälle zum öffentlichen Sachenrecht*, JuS 1979, 794-799.

Pappermann, Ernst/Lühr, Rolf-Peter/Andriske, Wolfgang – *Recht der öffentlichen Sachen*, 1987.

Passow, Richard – *Betrieb, Unternehmen, Konzern*, 1925.

Paulus – D. 12. 1. 2. 1. = Mommsen/Krüger, 6.ª ed. (1954), 190-191.

Pauly, Holger – *§ 90a BGB – blosse juristische Begriffskosmetik?*, JuS 1997, 287-288.

Paver, Uwe – *Eignet sich die Stiftung für den Betrieb erwerbwirtschaftlicher Unternehmen?*, 1967.

Peine, Franz-Joseph – *Das Recht der des öffentlichen Sachen/neue Gesetze und Rechtsprechung im Überblick*, JZ 2006, 593-608.

Índice bibliográfico

Pereira, Alexandre Dias – *Programas de computador, sistemas informáticos e comunicações electrónicas: alguns aspectos jurídico-contratuais*, ROA 59 (1999), 915-948.

Pereira, André Gonçalo Dias – anotação a RGm 29-out.-2003 e a STJ 19-out.-2004, CDP 12 (2005), 36-53;
– *"Tiro aos pombos"/A jurisprudência criadora de Direito*, Est. Castanheira Neves, II (2008), 539-569.

Pereira, Carlos Frederico Bianchi Barata Gonçalves – *O sistema de proibição de voto e o artigo 58.°, n.° 1, b), do Código das Sociedades Comerciais*, 1994, polic..

Pernice, Alfred – *Die sogenannten res communes omnium*, FG Dernburg (1900), 125-149.

Petri, Martina – em Pietro Rescigno (org.), *Codice civile* 1, 7.ª ed. (2008), art. 815°.

Peukert, Alexander – *Güterzuordnung als Rechtsprinzipi*, 2008.

Peyramaure, Philippe – *vide* Paillusseau, Jean.

Pfleghart, A. – *Die Elektrizität als Rechtsobjekt*, I – *Allgemeiner Teil*, 1901 e II – *Spezieller Teil*, 1902;
– *Die Sachqualität der elektrischen Energie*, AbürgR 24 (1904), 300-324.

Pflüger, H. H. – *Über körperliche und unkörperliche Sachen*, SZRom 65 (1947), 339-343.

Piette-Coudoz, Thierry – *vide* Bertrand, André.

Pikart, Hans – *Die sachenrechtliche Behandlung von Geld und Wertpapieren in der neueren Rechtsprechung*, WM 1980, 510-520.

Pinheiro, Nuno Santos – *O papel do Instituto Português do Património Arquitectónico e Arqueológico na protecção do património*, em *Direito do património cultural*, org. Jorge Miranda/João Martins Claro/Marta Tavares da Silva (1996), 499-515.

Pinner, Albert – DJT 34 (1927) 2, 611-678.

Pino, Augusto – *Contributo alla teoria giuridica dei beni*, RTDPC (1948), 825-855.

Pinto, Carlos Alberto da Mota – *Teoria geral do Direito civil*, 4.ª ed. por António Pinto Monteiro e Paulo Mota Pinto, 2005.

Pinto, Eduardo Vera-Cruz – *Contributos para uma perspectiva histórica do direito do património cultural em Portugal*, em *Direito do património cultural*, org. Jorge Miranda/João Martins Claro/Marta Tavares da Silva (1996), 205-251.

Pisko, Oskar – *Das Unternehmen als Gegenstand des Rechtsverkehrs*, 1907.

Piva, Giorgio – *Cose d'arte*, ED XI (1962), 92-121.

Planiol, Marcel – *Traité Élémentaire de Droit Civil*, tomo I, 3.ª ed., 1904.

Polleri, Vittorio – *vide* Gallesio-Piuma, Maria Elena.

Portugal, Thomas Antonio de Villa Nova – *Sobre a Cultura dos terrenos Baldios que ha no Termo de Villa de Ourem*, em *Memorias Economicas da Academia Real das Sciências de Lisboa*, II (1790), 413-430.

Pothier, Robert-Joseph – *Traité des choses*, 1772;
– *Traité du Droit de domaine et de proprieté* (1772), em *Oeuvres* 9, 1846.

Priester, Hans-Joachim – *vide* Hommelhoff, Peter.

Projecto de Codigo Civil Portuguez, 1867.

Puchta, Georg Friedrich – *Pandekten*, 8.ª ed. póstuma, 1856;
– *System und Geschichte des römischen Privatrechts*, 10.ª ed., 1893, § 193.

Pufendorf, Samuel – *De iure naturae et gentium libri octo*, Liv. IV, cap. III = ed. alemã de Frankfurt, 1711.

Pugliatti, Salvatore – *Beni (teoria generale)*, ED V (1959), 164-169.

362 *Tratado de Direito civil*

Püttner, Günther – *Die öffentlichen Unternehmen/Ein Handbuch zu Verfassungs- und Rechtsfragen der öffentlichen Wirtschaft*, 2.ª ed., 1985.

Pütz, Bernd – *Zur Notwendigkeit der Verbesserung der Rechtstellung des Tieres im Bürgerlichen Recht*, ZRP, 1989, 171-174.

Queiró, Afonso – *Lições de Direito administrativo*, 2, 1959;
– *As praias e o domínio público*, RLJ 96 (1964), 321-324, 337-341 e 353-355.

Querci, Francesco Alessandro – *Demanio marittimo*, ED XII (1964), 92-110.

Raiser, Thomas – *Unternehmensrecht als Gegenstand juristischer Grundlagenforschung*, FS Erich Potthoff (1989), 31-45.

Ramos, José Luís Bonifácio – *O regime e a natureza jurídica do direito dos recursos geológicos dos particulares*, 1994;
– *As coisas públicas nos finais do século XX*, Estudos em Honra de Pedro Soares Martinez 2 (2000), 547-570;
– *Bens culturais subaquáticos: património da Humanidade*, Estudos Oliveira Ascensão 1 (2008), 667-698;
– *O achamento de bens culturais subaquáticos*, 2008;
– *Direito administrativo da cultura*, em Paulo Otero/Pedro Gonçalves, *Tratado de Direito administrativo especial* 2 (2009), 255-374;
– *O animal: coisa ou* tertium genus?, O Direito 141 (2009), 1071-1104;
– *Bens culturais: posse não vale título*, O Direito 142 (2010), 885-930;
– *O domínio público e o domínio privado: mitos e sonhos*, Est. Sérvulo Correia II (2010), 487-522 = O Direito 141 (2009), 815-852;
– *Bem cultural: a Filosofia do Direito do neo-kantismo de Direito*, Est. Centenário Prof. Paulo Cunha (2012), 441-480;
– *Novas fronteiras do património cultural no dealbar do século XXI: contribuição da Unesco, consequências no Direito português e brasileiro*, Estudos Jorge Miranda 5 (2012), 213-232;
– *O navio afundado como património cultural, Jornadas de Direito marítimo* 2 (2012), 441-480.

Ramos, José Luís Bonifácio/Gomes, Carla Amado – *Direito da cultura e do património cultural*, 2011.

Ramos, Sílvia de Mira da Costa – *A protecção dos direitos dos animais*, em Estudos em honra de Cardoso da Costa (2003), 789-794.

Ranouil, Véronique – *La subrogation réelle en droit civil français*, 1985.

Rathenau, Walther – *Vom Aktienwesen/Eine geschäftliche Betrachtung*, 1918.

Rau, C. – *vide* Aubry, C..

Reconhecimento dos baldios do Continente, publicada, sem indicação de autoria, pelo Ministério da Agricultura/Junta de Colonização Interna, I, 1939.

Regelsberger, Ferdinand – *Pandekten* 1, 1893.

Regime jurídico dos terrenos do Estado no Ultramar, sem indicação de autoria, na *Gazeta dos Advogados da Relação de Loanda*, ano II (1932), nᵒˢ 1 a 3, I-X.

Rehbein, H./Reincke, O. – *Allgemeines Landrecht für die Preussischen Staaten* I, 1894.

Rehbinder, Manfred – *Urheberrecht*, 16.ª ed., 2010.

Índice bibliográfico 363

Reichel, Hans – *Der Begriff der Frucht im römischen Recht und im deutschen B.G.B.*, JhJb 42 (1901), 205-308.

Reincke, O. – *vide* Rehbein, H..

Reis, Pascoal José de Melo Freire dos – *Institutiones juris civilis lusitani*, 4 tomos, 3.ª ed., reimp. 1842 – foram traduzidas em português, no BMJ 161 (1966), 89-200 e 162 (1967), 31-139 (*Livro I – Direito público*), BMJ 163 (1967), 5-123 e 164 (1967), 17-147 (*Livro II – Do Direito das pessoas*), BMJ 165 (1967), 39-156 e 166 (1967), 45-180 (*Livro III – Dos Direitos das coisas*) e BMJ 168 (1967), 27-165, 170 (1967), 89-134 e 171 (1967), 69-168 (*Livro IV – Das Obrigações e Acções*), por Miguel Pinto de Meneses.

Reuber, Klaus – *Die haftungsrechtliche Gleichbehandlung von Unternehmensträgern/ Der allgemeine Gleichheitssatz (Art. 3 Abs. 1GG) als Wertungskriterium für die Anwendung des § 31 BGB auf Unternehmensträger*, 1990.

Riboldi, Cesare – *Ferrovie concesse*, ED XVII (1968), 263-288.

Riedl, Richard – *Der Sachbegriff des codex iuris canonici*, 1950.

Ring, Gerhart – no *NomosKommentar/BGB*, 1, 2.ª ed., 2012.

Riposati, Benedetto – *Studi sui "topica" di Cicerone*, 1947.

Rittner, Fritz – *Unternehmen und Freier Beruf als Rechtsbegriffe*, 1962;
– *Zur Verantwortung des Vorstandes nach § 76 Abs 1, AktG 1965*, FS Gessler (1971), 139-158;
– *Unternehmenspenden an politische Parteien*, FS Knur (1972), 205-233;
– *Unternehmensverfassung und Eigentum*, FS W. Schilling (1973), 363-384;
– *Zur Verantwortung der Unternehmensleitung*, JZ 1988, 113-118.

Rocco, Alfredo – *Principii di diritto commerciale/Parte generale*, 1928.

Rocha, Coelho da – *Instituições de Direito civil portuguez*, 8.ª ed., 1917, equivalente à de 1846.

Rocha, Manuel Lopes – *Dos baldios/Decreto-Lei n.º 39/76, de 19 de Janeiro/Notas*, ROA 1975, 473-488.

Rodrigues, Manuel – *A posse*, 3.ª ed. póstuma por Fernando Luso Soares, 1980;
– *Os baldios*, 1987.

Rosa, Salvatore – *Cimiterio (diritto amministrativo)*, ED VI (1960), 990-998;
– *vide* Sandulli, Aldo M..

Roth, Herbert – *vide* Staudinger.

Rougevin-Baville, Michel/Saint Marc, Renaud Denoix de/Labetoulle, Daniel – *Leçons de droit administratif*, 1989.

Rüfner, Thomas – *Vertretbare Sachen?/Die Geschichte der res, quae pondere numero mensura constant*, 2000;
– no *Historisch-kritischer Kommentar zum BGB I, Allgemeiner Teil*/§§ 1-240 (2003), §§ 90-103;
– *Savigny und der Sachbegriff des BGB*, em Stefan Leible/Matthias Lehamnn/Herbert Zech, *Unkörperliche Güter im Zivilrecht* (2011), 33-48.

Ruhwedel – *Fluglärm und Schadensausgleich im Zivilrecht*, NJW 1971, 641-648.

Rümelin, Gustav – *Zur Lehre von der Theilung der Rechte. Bedeutung der Begriffsbildung und legislatorische Behandlung*, JhJb 28 (1889), 386-484.

364   *Tratado de Direito civil*

Saavedra, Rui – *A protecção jurídica do software e a internet*, 1998.

Säcker, Franz Jürgen – *Münchener Kommentar*, 5.ª ed., 2009, § 905.

Säcker, Franz Jürgen – *Unternehmensgegenstand und Unternehmensinteresse*, FS Lukes (1989), 547-557.

Saczwedel, Jürgen – em Hans-Uwe Erichsen (org.), *Allgemeines Verwaltungsrecht*, 10.ª ed. (1995), § 42.

Saint Marc, Renaud Denoix de – *vide* Rougevin-Baville, Michel.

Salanitro, Niccolò – *vide* Auletta, Giuseppe.

Sandulli, Aldo M. – *Autostrade*, ED IV (1959), 525-529;
 – *Bene pubblici*, ED V (1959), 277-300.

Sandulli, Aldo M./Rosa, Salvatore – *Aerodromo*, ED I (1958), 637-641.

Santos, António Marques dos – *Projecto de Convenção do UNIDROIT sobre a restituição internacional dos bens culturais roubados ou ilicitamente exportados*, em *Direito do património cultural*, org. Jorge Miranda/João Martins Claro/Marta Tavares da Silva (1996), 61-83.

Satta, Salvatore – *Cose e beni nell'esecuzione forzata*, RDComm LXII (1964) I, 350-361.

Savagnone, Guglielmo – *La categoria delle res fungibiles*, BIDR LV-LVI (1952), 18-64.

Savigny, Friedrich Carl von – *Vom Beruf unserer Zeit für Gesetzbung und Rechtswissenschaft*, 1814;
 – *Das Recht des Besitzes/Eine civilistische Abhandlung*, 1.ª ed., 1803, 6.ª ed., 1837, 2;
 – *System des heutigen römischen Rechts*, 1, 1840; 6, 1847, § 268;
 – *Pandektenvorlesung* 1824/25, ed. Horst Hammen, 1993.

Schering – *Allgemeines Landrecht für die Preussischen Staaten*, 1857.

Schlatter, Sibylle – *La presentación visual de programas de ordenador*, no II Congresso Íbero-Americano do Direito de Autor e Direitos Conexos, sobre o tema *Num Novo Mundo de Direito de Autor?* (1994), tomo II, 681-706.

Schmidt, Eberhard – *Bedarf das Betriebsgeheimnis einer verstärkten Schutz?*, DJT 36 (1930) 1, 101-230.

Schmidt, Karsten – *Vom Handelsrecht zum Unternehmens- Privatrecht?*, JuS 1985, 249-257;
 – *Sind Hunde Plastiktüten?*, JZ 1989, 790-792.

Schmidt, Ralf Bodo – *Wirtschaftslehre der Unternehmung*, 1969.

Schmidt, Thomas Benedikt – *Das Tier – ein Rechtssubjekt?/eine rechtsphilosophische Kritik der Tierrechtsidee*, 1996.

Schmidt/Meyer-Landrut – *AktG/Grosskomm*, 2.ª ed., 1961, § 70.

Schmidt-Jortzig – *Vom öffentlichen Eigentum zur öffentliche Sache*, NVwZ 1987, 1025-1031.

Schmidt-Leithoff, Christian – *Die Verantwortung der Unternehmensleitung*, 1989.

Schönbauer, Ernst – *Beiträge zur Geschichte des Liegenschaftsrechtes im Altertum*, 1924.

Schöneich, Anja – *Der Begriff der Dinglichkeit im Immaterialgüterrecht*, 2017.

Schoppenhauer, Arthur – *Die beiden Grundprobleme der Ethik* II, *Abhandlung: Grundlage der Moral*, 1841, = *Sämtliche Werke*, 2.ª ed., 1950, IV.

Schubert, Werner – *vide* Jakobs, Horst Heinrich.

Schulte, H. – *Freiheit und Bindung des Eigentums im Bodenrecht*, JZ 1984, 297-304.

Índice bibliográfico   365

Schultze-Fielitz, Helmut – em Horst Freier, *Grundgesetz Kommentar* 1, 2.ª ed. (2006), Art. 20a.

Schulze, Paul – *Elektrizität und Sachbegriff im Bürgerlichen Recht*, 1934.

Scialoja, Vittorio – *Teoria della proprietà nel diritto romano/Lezioni ordinate curate edite da Pietro Bonfante*, I, 1933.

Scotto, Ignazio – *Diritto amministrativo*, 2.ª ed., 1993.

Scozzatava, Oberdan Tommaso – *Dei beni/Art. 810-821*, 1991.

Seabra, António Luiz de – *A propriedade. Philosophia do Direito. Para ser de introducção ao commentario sobre a lei dos foraes*. Vol. I, Parte I, 1850.

Seckel, Emil/Kuebler, Bernhard – *Jurisprudentiae Anteiustinianae reliquias*, 1908, reimp., 1988.

Seidel, Ulrich – *vide* Westphalen, Friedrich Graf von.

Seiler, Hans Hermann – no Staudinger, III – *Einleitung zum Sachenrecht; §§ 854-882/ /Allgemeines Liegenschaftsrecht* 1, 2012;
– *vide* Behrends, Okko.

Seldon – *Mare clausum seu de dominio maris*, 1635.

Sendin, Paulo M. – *Artigo 230, Código Comercial, e teoria jurídica da empresa mercantil (um primeiro apontamento)*, 1989, sep. dos *Estudos em Homenagem ao Prof. Doutor Ferrer Correia*.

Séneca – *Ad Lucilium epistulae morales*, 6,58,11 = ed. bilingue lat. e al. trad. Manfred Rosenbach, com texto latino fixado por François Préchac e publ. em Seneca, *Philosophische Schriften*, ed. 1974.

Silva, J. Cardoso da – *vide* Fernandes, F. Pinto.

Silva, Vasco Pereira da – *O património cultural da Igreja*, em *Direito do património cultural*, org. Jorge Miranda/João Martins Claro/Marta Tavares da Silva (1996), 475-497.

Simon, Jürgen – *Das allgemeine Persönlichkeitsrecht und seine gewerblichen Erscheinungsformen/Ein Entwicklungsprozess*, 1981.

Singer, Peter Albert – *Animal Liberation/A New Ethics for our Treatment of Animals*, 2.ª ed., 1995.

Sintenis, Carl Friedr. Ferdinand – *Das practische gemeine Civilrecht*, 1, 2.ª ed., 1860.

Soares, Rogério Ehrhardt – *Sobre os baldios*, sep. da RDES 1968.

Sohm, Rudolf – *Der Gegenstand/Ein Grundbegriff des Bürgerlichen Gesetzbuches*, 1905;
– *Vermögensrecht, Gegenstand, Verfügung*, AbürglR 28 (1906), 173-206;
– *Noch einmal der Gegenstand*, JhJb 53 (1908), 373-394.

Sokolowski, Paul – *Die Philosophie im Privatrecht* – I – *Sachbegriff und Körper in der klassischen Jurisprudenz und der modernen Gesetzgebung*, 1907, reimp., 1959.

Sohm, Rudolf – *Noch einmal der Gegenstand*, JhJb 53 (1908), 373-394.

Sonnenberger – *vide* Ferid.

Sortais, Jean-Pierre – *vide* Derrida, Fernand.

Spielbücher, Karl – em Peter Rummel, *Kommentar zum ABGB*, 1, 2.ª ed., 1990), § 285a.

Staudinger/Dilcher – *BGB*, 13.ª ed., 1995), § 90a.

Staudinger/Roth, Herbert – *BGB*, 13.ª ed., 1996), § 905.

Staudinger/Weick – *BGB* 13.ª ed., 1994), Int. §§ 21 ss..

Stebut, Dietrich von – *Geheimnisschutz und Verschwiegenheitspflicht im Aktienrecht*, 1972.

366   *Tratado de Direito civil*

Steding, Rolf – *§ 90a BGB: nur juristische Begriffskosmetik? – Reflexionen zur Stellung des Tieres im Recht*, JuS 1996, 962-964.

Steinmann, Horst – *Das Grossunternehmen im Interessenkonflikt/Ein wirtschaftswissenschaftlicher Diskussionsbeitrag zu Grundfragen einer Reform der Unternehmensordnung in hochentwickelten Industriegesellschaften*, 1969.

Stenglein – *Die Frage ob Elektrizität gestohlen werden kann*, DJZ 1895, 102-103.

Stephan, Henri – *Thesaurus Linguae Graecae*, 1842-1847.

Sterling, Christopher H. – *Histories of Computers ... From Aiken to Zuse*, CBQ 33 (2002), 221-242.

Steuck, Heinz-Ludwig – *Die Stiftung als Rechtsform für wirtschaftliche Unternehmen*, 1967.

Stieper, Malte – no *Staudinger Kommentar zum BGB*, §§ 90-124 (*Sachen und Tiere*), 2017; – *vide* Jickeli, Joaquim.

Stintzing, R. – *Geschichte der Deutschen Rechtswissenschaft*, I, 1880.

Stober, Rolf – *vide* Wolff, Hans J..

Stresemann, Christina – no *Münchener Kommentar zum BGB* I, 8.ª ed., 2018.

Studmunt, Wilhelm – *vide* Krüger, Paul.

Stühff, Grundrun – *Vulgarrecht im Kaiserrecht/unter besonderer Berücksichtigung der Gesetzgebung Konstantins der Großen*, 1966.

Talice, Carlo – *Strade*, ED XLIII (1990), 1111-1130.

Taubenschlag, Rafael – *Miszellen aus dem römischen Grabrecht*, SZRom 38 (1917), 242-262.

Tavares, José – *Das emprezas no direito commercial : estudos sobre o artigo 230.º do Código commercial portuguez*, 1898;
– *Sociedades e empresas comerciais*, 2.ª ed., 1924;
– *Os princípios fundamentais do Direito civil*, 2 – *Pessoas, cousas, factos jurídicos*, 1928.

Teixeira, António Ribeiro de Liz – *Curso de Direito civil portuguez*, 1843/1844, 2, 1848.

Telles, Inocêncio Galvão – *Das universalidades*, 1940.

Telles, J. H. Corrêa – *Digesto Portuguez*, 1909, reed..

Teodoro, Pedro Pereira – *O contínuo entre espécies e os direitos dos animais*, 2007.

Teonesto, Ferrarotti – *Commentario teorico pratico comparato al codice civile italiano*, II, 1873.

Teubner, Gunther – *Corporate fiduciary duties and their beneficiaries: a functional approach to the legal institutionalization of corporate responsability*, em Klaus J. Hopt/Gunther Teubner, *Corporate Governance and Directors' Liabilities/Legal, economic and sociological analyse on corporate social responsability* (1985), 149-177.

Thibaut, Anton Friedrich Justus von – *System des Pandekten-Rechts*, 6.ª ed., 1828; a 1.ª ed. é de 1805.

Torga, Miguel – *Os bichos*, 1.ª ed., 1940.

Tosi, Jean-Pierre – *Introduction au droit de l'entreprise*, 1970.

Trabucchi – *vide* Cian.

Trifone, Romualdo – *Frutti (diritto intermedio)*, ED XVIII (1969), 198-204.

Índice bibliográfico 367

Trimarchi, Vincenzo Michele – *Patrimonio (nozione)*, ED XXXII (1982), 271-280.

Trochu, Michel – *L'entreprise: antagonisme ou collaboration du capital et du travail*, RDComm XXII (1969), 681-717.

Tüngler, Stefan – *Zur Einführung: Das Recht der Energiewirtschaft*, JuS 2001, 739-745.

Turner, Georg – *Zur Auslegung des 905 BGB*, JZ 1968, 250-254.

Tybusseck, Barbara – *vide* Moritz, Hans-Werner.

Ulmer, Peter – *Begriffsvielfalt im Recht der Verbundenen Unternehmen als Folge des Bilanzrichtlinien – Gesetzes – Eine systematische Analyse*, FS Goerdeler (1987), 623-648.

Vangerow, Karl Adolf von – *Lehrbuch der Pandekten* 1, 7.ª ed., 1863.

Varela, Antunes – *vide* Lima, Pires de.

Vasconcelos, Pedro Pais de – *Teoria geral do Direito civil*, 7.ª ed., 2012.

Veloso, Francisco José – *Baldios, maninhos e exploração silvo-pastoril em comum*, SI III (1953-54), 123-148;

– *Prefácio* às *Instituições de Direito criminal português*, de Pascoal de Melo, BMJ 155 (1966), 5-41.

Veloso, José António – *A informática no direito de autor. Alguns aspectos de uma revolução sem termo à vista*, no II Congresso Íbero-Americano do Direito de Autor e Direitos Conexos, sobre o tema *Num Novo Mundo de Direito de Autor?* (1994), tomo I, 355-358.

Venezia, Jean-Claude – *vide* Laubadère, André de.

Ventura, Raúl – *Direito romano*, II – *Direito das coisas*, 1968, polic..

Vicente, Dário Moura – *Unkörperliche Güter im romanischen Rechtskreis*, em Leible/ Lehmann/Zech, *Unkörperliche Güter im Zivilrecht* (2011), 75-93;

– (org.) *Estudos de Direito aéreo*, 2012;

– *O estatuto jurídico da aeronave*, em *Estudos de Direito aéreo* (2012), 571-589.

Vidigal, José Henriques Ferreira – *Os baldios estão fora do comércio jurídico*, sep. da SI 1979.

Vieira, José Alberto – *A protecção dos programas de computador pelo Direito de autor*, 2005;

– *Direitos reais*, 2008;

– A posse / Estudo sobre o seu objeto e extensão / Perspectiva histórica e de Direito português, 2008.

Vinken – *Die Stiftung als Trägerin von Unternehmen und Unternehmensteilen*, 1970.

Visscher, Fernand de – *Le droit des tombeaux romains*, 1963.

Vogel, Joachim – *Strafgesetzbuch / Leipziger Kommentar* VIII, 12ª ed., 2010.

Voit, Wolfgang/Geweke, Götz – *Der praktische Fall – Bürgerliches Recht: Der tükische Computervirus*, JuS 2001, 358-364.

Volterra, Eduardo – *Istituzioni di diritto privato romano*, 1961.

Völzmann-Stickelbrock, Barbara – no PWW/BGB, 13ª ed., 2018.

Wächter, Carl Georg von – *Ueber Theilung und Theilbarkeit der Sachen und Rechte*, AcP 27 (1844), 155-197;

368 *Tratado de Direito civil*

– *Pandekten* 1, 1880.
Walde, A. – *Lateinnisches Etymologisches Wörterbuch*, II, 3.ª ed., 1954), por J. B. Hofmann.
Schoenichen, Walther – *vide* Werner, Weber.
Warnkönig – *Ueber den Begriff und die juristische Wichtigkeit der sogennanten Universitas rerum*, AcP 11 (1828), 169-204.
Watson, Alan – *The Law of Property in the Lates Roman Republic*, 1968.
Weick – *vide* Staudinger.

Weise, Oscar – *Die griechischen Wörter im Latein*, 1882, reimp., 1964.
Wellhöfer, Werner – *Die Ausübung der Aktionärsrechte zur Verfolgung politischer und gemeinnütziger Interessen auf den Hauptversammlungen deutscher und amerikanischer Aktiengesellschaften*, 1977.
Welser, Rudolf – *vide* Koziol, Helmut.
Wendehorst, Christiane – *Rechtsobjekte*, em Robert Alexy, *Juristische Grundlagenforschung*, ARSPO BH 104 (2005), 71-81.
Wendt, Otto – *Lehrbuch der Pandekten*, 1888.
Wengler, Leopold – *Die Quellen des römischen Rechts*, 1953.
Werner, Horst S. – *Der aktienrechtliche Abhängigkeitstatbestand/Eine Untersuchung der Herrschaftsmöglichkeiten von Unternehmen über Unternehmen in der faktischen Konzernverbindung*, 1979.
Werner, Weber/Schoenichen, Walther – *Der Schutz von Pflanzen und Tieren/nach der Natyrschultzverordnung vom 18. März 1936*, 1936, com atualização, 1941.
Westermann, Harry – *Gedanken zum Unternehmensschutz im Recht der Personenhandelsgesellschaft*, FS Bartholomeizcik (1973), 395-414.
Westphalen, Friedrich Graf von/Seidel, Ulrich – *Aktuelle Rechtsfragen der Software-Vertrags- und Rechtspraxis*, 2.ª ed., 1989.
Wieacker, Franz – *Zum System des deutschen Vermögensrechts/Erwägungen und Vorschläge*, 1941;
– *Sachbegriff, Sacheinheit und Sachzuordnung*, AcP 148 (1943), 57-104;
– *Griegchische Wurzeln des Institutionensystems*, SZ Rom 70 (1953), 93-126;
– *Vulgarismus und Klassizismus im Recht der Spätantike*, 1955;
– *Privatrechtsgeschichte der Neuzeit*, 2.ª ed., 1967, reimp., 1996;
– *Römisches Rechtsgeschichte/Quellenkunde, Rechtsbildung, Jurisprudenz und Literatur* I, 1988.
Windscheid, Bernhard/Kipp, Theodor – *Lehrbuch des Pandektenrechts* 1, 9.ª ed., 1906.
Wolf, Manfred – *vide* Larenz, Karl.
Wolf, Manfred/Neuner, Jörg – *Allgemeiner Teil des bürgerlichen Rechts*, 10.ª ed., 2012 e 11.ª ed., 2016.
Wolff, Hans J./Bachof, Otto/Stober, Rolf – *Verwaltungsrecht* – 1, 10.ª ed., 1994.

Xavier, Vasco da Gama Lobo – *Anulação de deliberação social e deliberações conexas*, 1976.

Zachariä, *Handbuch des Französischen Civilrechts*, 6.ª ed., por Sigismund Puchelt, 1, 1875;
Zachariä/Crome – *Handbuch des Französischen Civilrechts* 1, 8.ª ed., 1894.

Índice bibliográfico

Zasii, Vdalrici – *Commentaria, seu Lecturas eiusdem in titulos primae Pandectarum partis*, 1, 1550, reimpr. do Scientia Verlag, 1964.

Zayas, Rodrigo de – *La tauromaquia Banif el afán totalitario de su prohibición*, 2010.

Zech, Herbert – *Unkörperliche Güter im Zivilrecht/Einführung und Überblick*, em Stefan Leible/Matthias Lehmann/Herbert Zech, *Unkörperliche Güter im Zivilrecht*, 2011.

Zeno-Zencovich, Vincenzo – *Cosa*, DDP/SCiv IV (1990), 438-460.

Zentner, Laura Maria – *vide* Eichenberger, Jan.

Zippelius, Reinhold – *Grundfragen des öffentlichen Sachenrechts und das Bayerische Strassen- und Wegegesetz*, DöV 1958, 838-850.

Zitelmann, Ernst – *Das Recht des bürgerlichen Gesetzbuchs/Allgemeiner Teil*, 1900.

Zöllner, Wolfgang – *Zum Unternehmensbegriff der §§ 15 ff AktG*, ZGR 1976, 1-32.

ÍNDICE IDEOGRÁFICO

ABGB, 32, 33, 58, 194
accessorium principale sequitur, 243, 244
advertências, 5
aerarium, 61
aeronaves, 96, 115, 203, 205, 206, 207
águas, 189
 – gestão, 103
 – lei das, 99, 100
 – minerais, 106, 107
 – públicas, 60
 – territoriais, 83, 95
ALR, 32
Angola, 74, 77, 79
animais, 287
 – estatuto jurídico de 2017, 307
 – – ambiência geral, 307
 – – observações de política legislativa, 312
 – fundamentação ética, 289
 – fundamentação sócio-cultural, 292
 – natureza jurídica, 313
 – perigosos, 299, 300
 – proteção jurídica, 294
 – – anomalias ibéricas, 316
 – – desenvolvimento histórico, 294
 – – proteção civil, 303
 – – proteção internacional, 297
 – – tutela em Portugal, 300
arbustos, 190, 191
Aristóteles, 15, 16
árvores, 190
 – corte, 191, 232
auto-estradas, 108, 109, 178
automóveis, 188, 203, 204, 229, 239
 – bloqueio, 87
 – definição, 204

 – proibição, 99

baladi, 133
baldios, 133
 – águas, 145
 – anulabilidade dos atos, 141, 146
 – assembleia de compartes, 139, 140, 152,
 – Estado Novo, 155
 – evolução, 133
 – finalidade, 151
 – Lei de 1933
 – – alterações, 149
 – – âmbito, 144
 – Leis de 2014 e de 2017, 151
 – natureza, 13
 – noção legal, 151
 – personalidade limitada, 158
 – República, 136
 – tragédia, 159
 – uso e fruição, 149
 – usucapião, 147, 148, 155
Barrancos, 320, 321
benfeitorias, 44, 47, 250
 – modalidades, 250
bens, 40, 45, 49
 – culturais, 121
 – da Coroa, 68
 – de personalidade, 34, 50, 51, 54
 – imateriais, 26, 31, 34, 50, 52, 55, 58, 128
 – intelectuais, 164, 165, 167, 169, 202
BGB, 36, 38, 46, 52
Brasil, 36, 46, 47, 74

Caminhos de ferro, 72, 109

372 · Tratado de Direito civil

cartões bancários, 209
causa, 25
cemitérios, 60, 116, 117, 118, 120
– competências, 118
Cícero, 15, 16, 98
Codex iuris canonici, 27
codificações, 29
– tardias, 38
Código de Seabra, 44, 46, 49, 51, 71, 75, 80
Código Napoleão, 29, 31, 45, 49, 52, 187, 192
Código Vaz Serra, 38, 46
Códigos brasileiros, 38, 46, 47
Coelho da Rocha, 43, 44, 70, 71
Coisas, 13, 49
– acessórias, 43, 44, 241
– características, 53
– classificações legais, 161
– classificações romanas, 19
– compostas, 234
– – *ex contingentibus*, 235, 238, 239
– – *ex distantibus*, 235, 238, 239
– – *natureza*, 238
– comuns, 21
– consumíveis, 22, 46, 227
– corpóreas, 20, 38, 50, 162
– deterioráveis, 229
– dimensões, 51
– Direito lusófono, 41
– divisíveis, 230
– dogmática de Gaio, 16
– duradouras, 229
– e o âmbito civil, 59
– elementos germânicos e canónicos, 25
– evolução inicial, 13
– evolução tardia, 23
– fungíveis, 223-227
– futuras, 232
– imobiliárias, 177
– imóveis, 175
– incorpóreas, 164
– municipais, 70
– no BGB, 37, 52, 56
– no Código italiano, 35
– noção, 57

– papel, 56
– pensamento clássico, 14
– presentes, 232
– principais, 241
– públicas, 72, 82
– representativas, 200, 208
– sentido jurídico, 56
– simples, 234
Convenção de Chicago, 105
Convenção de Genebra sobre Aeronaves, 206
Convenção Europeia para Proteção do Património Arqueológico, 126
Declaração Universal dos Direitos do Animal, 296
Direção-Geral do Património Cultural, 302
direitos de personalidade, 34, 35, 36, 38
domínio privado do Estado, 90
domínio público, 63
– construção dualista, 65
– critérios, 81
– delimitação, 100
– Direito alemão, 64, 67
– Direito romano, 61
– evolução lusófona, 69
– experiência brasileira, 73
– natureza, 83
– período intermédio, 61
– regime, 83, 85
– teoria, 80
– Ultramar, 73
– uso comum, 87
– utilização pelos particulares, 86, 89
domínios públicos em especial, 93
– aéreo, 104
– classificação, 93
– elétrico, 111
– ferroviário, 83, 103, 110
– geológico, 106
– hídrico e marítimo, 94, 95, 98
– militar, 115
– mineiro, 94
– rodoviário, 107
– telegráfico e telefonia, 111

Índice ideográfico

economicidade, 53
eletricidade, 111, 210
– acolhimento jurídico, 211
– eletrificação do País, 213
– natureza jurídica, 219
– situação atual, 213
empresa, 263
– experiência portuguesa, 277
– tradição alemã, 263
– tradição latina, 273
energia – vide eletricidade
estabelecimento, 285
experiência lusófona, 41
– origens, 41

fiscum, 61
fontes públicas, 96
frutos, 246
– naturais e civis, 249

Gaio, 16
– *institutiones*, 18
Gewere, 25
Guilherme Moreira, 45, 49, 51, 85

hardware, 171

imóveis, 175
– classificados, 122, 124, 125, 129
– papel, 200
– por destinação, 180, 192
– regime, 198
– vide prédios
impensae, 250
índice
– bibliográfico,
– de jurisprudência,
– geral, 7
– ideográfico,
– onomástico,
instrumentum fundi, 241
institutiones
– de Gaio, 17, 18
– de Justiniano, 20
interesse da empresa, 265

IPPAR, 130
invenções, 166, 275
ius commune, 23
ius imperii, 84, 90

Lei da água, 99, 100
– princípios, 101

mar territorial, 97
marcas, 167
mare clausum, 97
materialidade, 58
móveis, 202
– sujeitos a matrícula, 203
– sujeitos a registo, 203
Moçambique, 78, 79
monumentos, 60
Museus, 114

navios, 204, 207
– militares, 96, 115

objeto, 51
obras literárias, 165, 173

pandetística, 28, 31, 33, 36, 38, 43
partes integrantes, 191
– regime, 198
Pascoal de Melo, 42
patentes, 34
património, 253
– arqueológico, 128, 130
– – Comvenção Europeia (1992), 125
– cultural, 112, 114, 121
– evolução, 253
– no Código Civil, 261
– subaquático, 131
– teoria clássica, 253
– teoria de Paulo Cunha, 256
– teoria moderna, 254
pertenças, 176, 192, 193, 194, 241
– regime, 243
posse, 13, 33, 54, 76, 89
praias, 24, 61, 70, 98, 100
pré-codificação, 41

374 *Tratado de Direito civil*

prédios, 43, 94, 179
  – conceito fiscal, 184, 185
  – limites verticais, 187
  – rústicos, 179, 182
  – teorias, 180
  – urbanos, 179
programação de computador, 170
quia jurídicos, 165

raridade, 55
receções do Direito romano, 19, 28
recursos geológicos, 106
recursos hídricos, 103
rede elétrica, 111
registo, 200
res, 13, 27
  – *communes omnium*, 21, 61, 98
  – *corporalis*, 32, 164
  – *divini iuris*, 21
  – *extra commercium*, 59, 61, 92
  – *incorporales*, 31
  – *mancipi*, 21, 22
  – *mobilis*, 175

– *quae usu consummuntur*, 227
– *spirituales*, 27
rex, 24

S. Francisco, 290
S. Tomás de Aquino, 305
Savigny, 33, 37, 44, 163, 223
Serpa, 135, 136
software, 170

tertium genus, 156, 238
tiro aos pombos, 296, 307, 313, 317, 323
títulos de crédito, 208
touradas, 296, 302, 313, 316
  – inadmissibilidade, 321
  – proibição, 300, 318

universalidades, 238
utilidades, 54

vulgarização do Direito, 23

Zasius, 224